Manual de repaso para el examen de PSP y guía de estudio

David G. Patterson, CPP, PSP

Primera edición, agosto de 2007

Derechos de autor © ASIS International

ISBN 978-1-887056-71-8

NOTA IMPORTANTE

LAS PREGUNTAS QUE APARECEN EN ESTA GUÍA DE ESTUDIO SON ÚNICAMENTE PREGUNTAS DE "MUESTRA" Y ESTÁN DISEÑADAS PRINCIPALMENTE PARA ENFATIZAR LOS CONCEPTOS DE SEGURIDAD INVOLUCRADOS. SI ALGUNA PREGUNTA EN ESTE ESTUDIO ESTUVIERA REDACTADA EXACTAMENTE IGUAL A UN PREGUNTA EN EL EXAMEN DEL PSP, ES TOTALMENTE POR ACCIDENTE YA QUE LOS EDITORES NO HAN HECHO UN ESFUERZO POR OBTENER UN LISTADO DE LAS VERDADERAS PREGUNTAS.

Contenido

Prefacio

El propósito de esta guía de estudio es proporcionar información para profesionales en seguridad que tienen la intención de tomar el examen para Profesional en seguridad física (PSP).

El material en esta guía de estudio se refiere a los siguientes temas:

Capítulo 1 – Análisis de riesgo

Capítulo 2 – Evaluaciones de seguridad física

Capítulo 3 – Sistemas exteriores de protección física

Capítulo 4 – Sistemas de protección física interna

Capítulo 5 – Sistemas integrados de protección física

Capítulo 6 – Implementación de los sistemas de protección física

Capítulo 7 – Administración del proyecto de sistemas de protección física

Capítulo 8 – Instalación y operación de los sistemas de protección física

El material en cada capítulo se presenta en el formato de "Conceptos clave" seguido de ejercicios para ayudar al lector a entender el material. Cada capítulo tiene preguntas de práctica en un formato de selección múltiple. No se tiene conocimiento en cuanto a que las preguntas estén redactadas de manera similar a las verdaderas preguntas en el examen del PSP sino que han sido creadas para ayudar al lector a comprender los conceptos de cada capítulo. Se citan referencias adicionales para que el lector pueda estudiar información más detallada sobre cada tema.

Quisiera agradecer a mis colegas Bob Granger, CPP; William Lee, CPP; y Frank Carpency, CPP, PSP; por sus significativas contribuciones al desarrollo del material de revisión del curso. También estoy muy agradecido con Charlie Pierce por su contribución en las partes de CCTV en esta guía de estudio.

David G. Patterson
Diciembre de 2006

NOTA IMPORTANTE

El material en esta Guía de estudio está diseñado como una herramienta educativa para repasar el tema general cubierto en el examen para PSP. El formato de preguntas simplemente sirve como un método conveniente para que el lector determine su conocimiento de un área de tema específico.

El autor/instructores de esta guía/curso son profesionales de seguridad reconocidos que han desarrollado este material basado únicamente en su experiencia, conocimiento y material de referencia. No tienen ninguna afiliación con el Programa del PSP o con la Junta de Certificación Profesional y no tienen conocimiento del proceso, estructura o contenido del examen para PSP que no esté disponible para el público en general.

La única similitud entre las preguntas en esta guía y aquellas contenidas en el verdadero examen es que son de selección múltiple con cuatro opciones de respuesta. El autor de esta guía no tuvo acceso a las verdaderas preguntas del examen para profesional en seguridad física (PSP).

El material contenido en esta Guía de estudio y sus referencias incluye, pero no está limitado a, el listado oficial de lecturas sugeridas.

COMUNÍQUESE CON EL DEPARTAMENTO DE CERTIFICACIÓN EN LAS OFICINAS CENTRALES DE ASIS PARA OBTENER TODA LA INFORMACIÓN OFICIAL EN RELACIÓN AL CONTENIDO DEL EXAMEN, EL LISTADO DE LECTURAS DEL PSP, EL PROCESO DE SOLICITUD, EL PROCESO DE CALIFICACIÓN DEL EXAMEN O CUALQUIER OTRO ASUNTO RELACIONADO CON EL MISMO.

Sobre el autor

David G. Patterson, CPP, PSP

El señor Patterson es director de Steele Foundation's Global Consulting Services y tiene más de 30 años de experiencia internacional como consultor de seguridad y protección de compañías del Fortune 500, escuelas y gobiernos.

Es autor de *Implementing Physical Protection Systems: A Practical Guide,* (Implementación de sistemas de protección física: una guía práctica) que se utiliza como texto de referencia para el programa de certificación del Profesional en seguridad física (PSP, por sus siglas en inglés) y para la Asociación Internacional de Consultores de Seguridad Profesionales (IAPSC, por sus siglas en inglés). Adicionalmente, ha publicado numerosos artículos sobre seguridad y con frecuencia habla en seminarios y talleres de trabajo sobre temas actuales de seguridad y planificación de contingencia.

El señor Patterson tiene una licenciatura en ingeniería eléctrica y una maestría en administración de ingeniería. Está certificado por la Junta como Profesional certificado en protección (CPP, por sus siglas en inglés) y como Profesional en seguridad física (PSP, por sus siglas en inglés) así como Examinador certificado de fraudes (CFE, por sus siglas en inglés). Es miembro del Consejo de seguridad física de ASIS International, la Asociación de examinadores certificados de fraudes y la Escuela Superior Americana de Examinadores Forenses así como miembro de la facultad del CPM Group.

Capítulo 1: Análisis de riesgo

Temas del capítulo

Este capítulo cubre los siguientes temas:

- Visión general del análisis de riesgo.
- Evaluación del valor del activo.
- Evaluación de amenazas.
- Evaluación de riesgos.
- Evaluación de vulnerabilidades.
- Administración de riesgos.

El modelo del análisis de riesgo

Como se muestra en la **Figura 1.1 - Diagrama de flujo del análisis de riesgo,** el análisis de riesgo es un proceso para identificar valores de activos, amenazas y vulnerabilidades para constatar riesgos. El resultado final es identificar las opciones de moderación de amenazas y seleccionar medidas que proporcionen el mayor beneficio por la inversión. Esto se conoce como administración de riesgo.

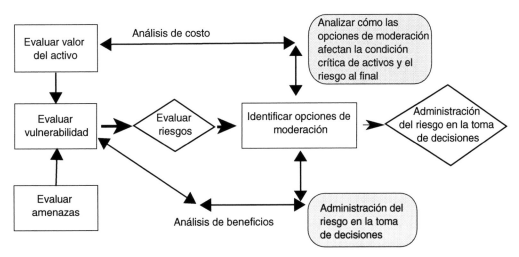

Figura 1.1 Diagrama de flujo del análisis de riesgo

Riesgo es la posibilidad de pérdida de, o daño a, un activo, tal como un edificio o empleados. Se mide con base al valor del activo en relación con las amenazas y vulnerabilidades que se relacionan con éste. El riesgo se basa en la posibilidad o probabilidad de incidencia de la amenaza o peligro y las consecuencias o gravedad del incidente que resulte.

La evaluación de riesgo analiza los valores de activos, las amenazas, su probabilidad asociada de incidencia, consecuencias de que la amenaza se lleve a cabo y vulnerabilidades de los activos para constatar el nivel de riesgo de cada activo contra cada amenaza que aplique. La evaluación de riesgo proporciona a los gerentes de seguridad los perfiles de riesgo correspondientes, los cuales definen qué activos están en mayor peligro contra amenazas específicas.

Conceptos clave de riesgo

- No se debe implementar ningún programa de seguridad sin antes identificar los activos a proteger, las amenazas contra esos activos y qué tan vulnerables son los activos ante las diversas amenazas.

- Riesgo puede definirse como la posibilidad de una pérdida o daño a un activo. Toma en consideración el **valor del activo,** las **amenazas o peligros** que posiblemente impacten al activo y la **vulnerabilidad** del activo ante la amenaza o peligro.

- Se puede asignar valores a estos tres componentes de riesgo para proporcionar una clasificación general de riesgo de seguridad.

El riesgo de seguridad para cada activo puede cuantificarse mediante la siguiente ecuación:

Clasificación de riesgo de seguridad = clasificación del valor del activo x clasificación de posibilidad de la amenaza x clasificación de la gravedad del incidente x clasificación de vulnerabilidad

El ordenar los activos por Clasificación de riesgo nos ayuda a tomar decisiones sobre qué activos necesitan protegerse.

Proceso de análisis de riesgo

El proceso de análisis de riesgo es un examen detallado que incluye evaluación de riesgo, evaluación de vulnerabilidad, análisis de costo/beneficio y alternativas de administración de riesgo, que se lleva a cabo para comprender la naturaleza de consecuencias negativas y no deseadas ante la vida humana, salud, propiedad o el ambiente.

- Los aspectos para determinar el valor de activos, amenazas, su posibilidad de incidencia, impacto en los activos y luego determinar la vulnerabilidad, es lo que se conoce como el proceso de **evaluación de riesgo.**

- Las medidas y defensas para mitigar las amenazas y reducir las vulnerabilidades, incluyendo el análisis de costo/beneficio, es lo que se conoce como **administración de riesgo.**

Visión general del análisis de riesgo

*Beneficios del análisis de riesgo**

Un análisis de riesgo llevado a cabo adecuadamente puede ofrecer muchos beneficios:

- El análisis demostrará la postura de seguridad vigente de la empresa.

- Destacará las áreas en las que se necesita más (o menos) seguridad.

- Ayudará a formular algunos de los hechos necesarios para el desarrollo y justificación de contramedidas económicas.

- Aumentará la información sobre seguridad al evaluar y luego informar las fortalezas y debilidades en seguridad a todos los niveles organizacionales, desde el administrativo hasta el operativo.

Evaluación de riesgos

Existen varios enfoques distintos en la evaluación de riesgo, sin embargo, básicamente se dividen en dos tipos: **cuantitativo y cualitativo.**

---

*Fuente: Broder, James F., CPP. (2006). *Risk Analysis and the Security Survey* (Análisis de riesgo y evaluación de seguridad), 3a. edición Butterworth-Heinemann, Burlington, MA.

Definamos los términos:

- **Cuantitativo:** Relacionado con, concerniente o con base en la cantidad o número de algo, capaz de medirse o expresarse en términos numéricos.

- **Cualitativo:** Relacionado con aquello que es característico de algo y que lo hace lo que es.

Evaluación cuantitativa de riesgo

- Los métodos cuantitativos se utilizan cuando el profesional posee muy buena información con respecto al costo actual de la pérdida o impacto de un evento de amenaza y la frecuencia con la cual ocurrirá.

- Probabilidad es una medida (que se expresa como un porcentaje o proporción) de la cantidad de resultados en un conjunto exhaustivo de posibles e iguales resultados que producen un evento dado en un número de posibles resultados.

Un concepto básico es: mientras más formas hay de que un evento particular pueda ocurrir en una circunstancia dada, mayor es la probabilidad de que ocurra. Para una evaluación efectiva de una probabilidad cuantitativa, deben conocerse y reconocerse la mayoría de tales circunstancias que podrían producir la pérdida.

Este enfoque emplea dos elementos fundamentales: 1) la probabilidad o posibilidad de que ocurra un evento y 2) el cálculo de la pérdida probable en caso de que ocurra el evento. El análisis cuantitativo de riesgo utiliza una cifra única producto de estos elementos. A esto se llama Expectativa de pérdida anual (ALE, por sus siglas en inglés). Este valor se calcula para cada amenaza, multiplicando el valor de la pérdida potencial del activo (impacto o consecuencia) por la probabilidad o posibilidad de que ocurra la amenaza o:

ALE = probabilidad de amenaza x el valor de la pérdida potencial

Por lo tanto, teóricamente es posible clasificar eventos en orden de ALE, lo cual proporciona un valor cuantitativo por el "riesgo" y nos permite tomar decisiones con base en este valor.

Los problemas que presenta este tipo de análisis de riesgo, generalmente se relacionan con la disponibilidad, falta de fiabilidad e inexactitud de la información relativa a los costos de reemplazo de los activos y la probabilidad de que las amenazas ocurran.

ALE también se calcula utilizando la fórmula siguiente:

$$ALE = 10^{(f+i+3)}/3$$

En donde i o impacto de la pérdida se representa por los siguientes valores:

Valor de i	Impacto de pérdida $
1	10
2	100
3	1000
4	10,000
5	100,000
6	1,000,000
7	10,000,000
8	10,000,000

Tabla 1.1

La frecuencia de incidencia (f) se representa como sigue:

Valor de f	Frecuencia de Incidencia
1	Una vez en 300 años
2	Una vez en 30 años
3	Una vez en 3 años
4	Una vez en 100 días
5	Una vez en 10 días
6	Una vez por día
7	10 veces por día
8	100 veces por día

Tabla 1.2

La probabilidad raramente puede ser precisa y en algunos casos este aspecto puede promover pasividad. Además, algunas veces los controles y contramedidas abordan una cantidad de eventos potenciales y los eventos mismos a menudo están interrelacionados. A pesar de los inconvenientes, cierto número de organizaciones han adoptado con éxito el análisis cuantitativo de riesgo. Ahora se discutirá otro enfoque cuantitativo.

La figura 1.2 indica cómo calcular los posibles daños antes y después de implementar una recomendación de seguridad. La mitad superior del diagrama de resolución de problemas, la cual trata la situación antes de implementar una recomendación, indica que existe una probabilidad desconocida (A) de que un agresor intente atacar un activo. Si no existe la intención, no puede haber daño, de manera que cuando utilizamos la ecuación siempre establecemos el valor de A en 1, lo cual indica que hubo un intento. Con la intención determinada, las condiciones que rodean al activo pueden prevenir un ataque (con probabilidad P_b, que no da lugar a daño) o no prevenir un ataque (con probabilidad $1-P_b$). Dado que las circunstancias no previenen el intento de un agresor, las circunstancias pueden prevenir el éxito (con probabilidad S_b), que no da lugar a daño o no prevenir el éxito (con probabilidad $1-S_b$).

El posible riesgo o daño potencial a un activo antes de implementar las defensas de seguridad, se expresa mediante la siguiente ecuación:*

Db = (1- Pb)(1- Sb)* Valor del activo

En donde:

- Db = Daño al activo si ingresa el adversario.

- Pb = Probabilidad de prevenir el ataque de un adversario antes de implementar las defensas.

- Sb = Probabilidad de prevenir el éxito del ataque (por ejemplo, interrupción por la respuesta de la fuerza de seguridad).

- A = Probabilidad de que se considere el intento de un agresor.

- Valor del activo = Consecuencias del ataque de un adversario.

Nota: Si Pb es la probabilidad de prevenir un ataque antes de implementar defensas, entonces (1-Pb) es la probabilidad de que ocurra un ataque. Así también, si Sb es la probabilidad de prevenir el éxito, entonces (1-Sb) es la probabilidad de que el adversario tenga éxito en el ataque a un activo. Para que ocurra un daño, el valor de A se establece en uno (1), lo que indica que se llevará a cabo un ataque.

*Fuente: U.S. Department of Energy (Departamento de Energía de los EE.UU.). _Vulnerability Assessment Methodology: Electric Power Infrastructure_ (Metodología de Evaluación de Vulnerabilidad de la Infraestructura Eléctrica). Washington, DC.

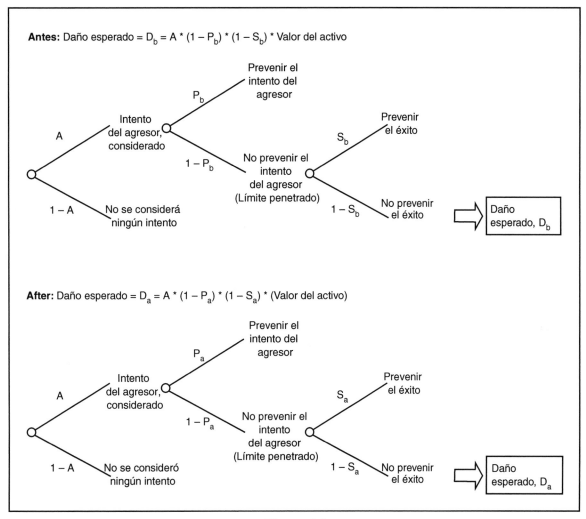

Figura 1.2

La mitad inferior de la **Figura 1-2** trata de la situación después de implementar una recomendación. La probabilidad desconocida A de que un agresor trate de atacar un activo, es la misma que la de antes de implementar una recomendación y la lógica también es la misma. Por lo tanto, el nivel del daño posible después de implementar una recomendación es:

Da = A * (1 - Pa) * (1 - Sa) * (Valor del activo)

El riesgo o daño potencial a un activo después de implementar defensas de seguridad, se expresa mediante la siguiente ecuación:*

Da* = A* (1-Pa) x (1-Sa) x valor del activo

En donde:

- Da = Daño al activo si ingresa el adversario.
- Pa = Probabilidad de prevenir el ataque de un adversario después de implementar las defensas.

- Sa = Probabilidad de prevenir el éxito del ataque (por ejemplo, interrupción por la respuesta de la fuerza de seguridad).

- A = Probabilidad de que se considere el intento de un agresor.

- Valor del activo = Consecuencias del ataque de un adversario.

Nota: Si Pa es la probabilidad de prevenir un ataque después de implementar defensas, entonces (1-Pa) es la probabilidad de que ocurra un ataque. Así también, si Sa es la probabilidad de prevenir el éxito después de implementar defensas, entonces (1-Sa) es la probabilidad de que el adversario tenga éxito en el ataque a un activo. Para que ocurra un daño, el valor de A se establece en uno, lo que indica que se llevará a cabo un ataque.

El beneficio denominado como B, de implementar una recomendación, es la diferencia entre el posible daño antes de implementar defensas y el daño después o:

B = Db – Da

Por último, para obtener un valor numérico para B, el valor de A se establece momentáneamente en 1 (que asume que un agresor organizará un ataque) y el valor del activo se establece como el nivel de la consecuencia o daño que sufrió el activo. Esto da como resultado un elemento mayor en la proporción de costo-beneficio (B/C, por sus siglas en inglés). Una recomendación en donde B < 0, no puede justificarse en base a este tipo de análisis. Otros factores podrían anular los efectos de B < 0, como valores muy altos de activos, consecuencias graves y costos operativos mejorados.

El costo, C, de implementar una recomendación es la suma del costo de implementación, IC y el valor neto actual (NPV, por sus siglas en inglés) de costos operativos recurrentes (OC, por sus siglas en inglés): C = IC + NPV(OC). Para realizar cálculos NPV, el costo de capital se establece en 7 por ciento y el horizonte cronológico se establece en 10 años.

Al utilizar estas ecuaciones, podemos determinar si implementamos defensas o no.

Metodología de evaluación de riesgo (RAM™)

Sandia Corporation proporcionó otro enfoque cuantitativo en sus Metodologías de evaluación de riesgo (RAM, por sus siglas en inglés) desarrolladas en 2002. La metodología RAM, que se ilustra en la **Figura 1-3,** es un enfoque "en base a consecuencia", que hace énfasis en la evaluación de la efectividad de un sistema de seguridad de protección (Sandia Corporation 2002). Este enfoque les ofrece a los profesionales un enfoque sistemático, enfoque defendible de sistemas de protección de seguridad, ayuda a los profesionales a identificar esos componentes del sistema que son críticos para que el sistema funcione y a su vez, ayuda a priorizar actualizaciones de seguridad o modificar políticas y procedimientos operativos para mitigar riesgos identificados. También ofrece a las empresas una manera de desarrollar sistemas de protección de seguridad balanceados, de manera que los recursos adecuados se asignen a las áreas en donde más se necesitan para reducir riesgos.

Evaluación cualitativa de riesgo

Este es sin duda alguna el enfoque más utilizado en el análisis de riesgo. No se requiere información de probabilidad vigente y se utiliza únicamente el impacto o la estimación de pérdida potencial.

El enfoque cualitativo de la evaluación de riesgo asigna un valor relativo a los activos que deben protegerse con base en su costo de reemplazo, criticidad o impacto en la recuperación de la empresa.

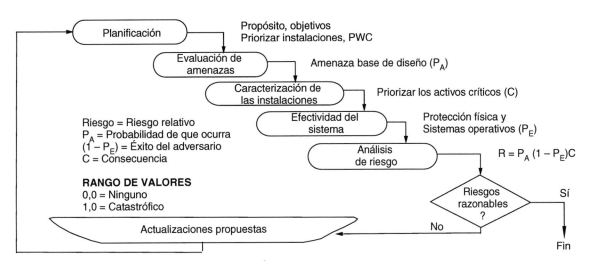

Figura 1.3 Metodología RAM

Por ejemplo, la metodología para calcular el valor de activos de FEMA, utiliza una combinación de una escala lingüística de siete niveles y una escala numérica de diez puntos. Observe la tabla a continuación para calcular el valor de activos:

Muy alto	10
Alto	8-9
Alto mediano	7
Mediano	5-6
Bajo mediano	4
Bajo	2-3
Muy bajo	1

Tabla 1.3 Escala de valor del activo

Muy alto: La pérdida o daño de los activos tendrían consecuencias graves excepcionales, como pérdida de vida de gran propagación, lesiones graves de gran alcance o pérdida total de servicios primordiales, procesos centrales y funciones.

Alto: La pérdida o daño de los activos tendrían graves consecuencias, como pérdida de la vida, lesiones graves, pérdida de servicios primordiales o pérdida importante de procesos y funciones centrales por un amplio período de tiempo.

Alto mediano: La pérdida o daño de los activos tendrían consecuencias graves, como lesiones graves o deterioro de procesos y funciones centrales por un amplio período de tiempo.

Mediano: La pérdida o daño de los activos tendría consecuencias moderadas a graves, como lesiones o deterioro de funciones y procesos centrales.

Bajo mediano: La pérdida o daño de los activos tendría consecuencias moderadas, como lesiones de menor gravedad o deterioro de menor seriedad de funciones y procesos centrales.

Bajo: La pérdida o daño de los activos tendría consecuencias o impactos de menor importancia, como un impacto mínimo en las funciones y procesos centrales por un corto período de tiempo.

Muy bajo: La pérdida o daño de los activos tendría consecuencias o impactos insignificantes.

7

De manera similar, a las amenazas se les asigna valores relativos con base en la probabilidad de que puedan ocurrir. FEMA utiliza un valor de uno (1) a diez (10) con base en la probabilidad (1 = muy bajo, 10 = muy alto).

Fuente: FEMA 426, Reference Manual to Mitigate Potential Terrorist Attacks Against Buildings

Naturaleza y tipos de activos

La primera tarea es llevar a cabo una evaluación del valor del activo, la cual identifica los valores de los activos y personal de una instalación. La clave de este proceso es entrevistar a los interesados, incluyendo a los propietarios, personal de las instalaciones e inquilinos.

- Un activo es un recurso de valor que requiere protección.

- Un activo es cualquier cosa que usted desea proteger debido a su valor, su necesidad para mantener la continuidad del negocio o su dificultad para reemplazarlo dentro de un plazo de tiempo requerido.

- Un activo puede ser tangible:

    o Edificios, instalaciones, equipo.

    o Actividades, operaciones, información.

- Un activo puede ser intangible:

    o Procesos, información o reputación de la empresa.

- Criticidad del activo. Para entender la criticidad de un activo es necesario comprender la misión de la organización, los recursos que se utilizan para llevar a cabo la misión, cómo interactúan esos recursos entre sí para alcanzar las metas y qué haría la empresa para hacerle frente o mantener la continuidad de los negocios si alguno de esos activos se perdiera.

- En términos generales, el valor del activo se puede considerar el costo de reemplazo económico de infraestructura y equipo.

Punto clave: Los empleados son el activo más importante de una empresa.

Identificación de activos

En este paso, el objetivo es determinar los activos más importantes de la empresa que harán posible que la empresa continúe funcionando o proporcione servicios después de haber estado sujeta a una amenaza. Enfoca la evaluación en las áreas críticas de la empresa. Los factores incluyen:

- ¿Cuáles son los servicios primordiales?

- ¿Qué actividades críticas se llevan a cabo en la empresa?

- ¿Quiénes son los ocupantes y visitantes del lugar?

La identificación de los activos críticos de una empresa es un proceso de tres pasos:

Paso 1: Definir y entender las principales funciones y procesos de negocios de la empresa.

Paso 2: Identificar la infraestructura y sistemas del lugar y edificio.

- Componentes críticos.

- Sistemas para la seguridad de la vida y áreas de refugio seguro.
- Áreas seguras y restringidas.

Paso 3: Identificar los activos críticos tangibles e intangibles de la empresa.

- Personas.
- Sistemas de información y datos.
- Propiedad intelectual.
- Activos únicos.
  - Activos de gran valor.

Cálculo del valor de activos

Para ayudar a asignar un valor y clasificar activos críticos por prioridad, tome en consideración los siguientes factores:

- Lesiones o muertes relacionadas con daños a la instalación o infraestructura.
- Costos de reemplazo de activos.
- Pérdida de ingresos debido a funciones perdidas.
- Existencia de copias de seguridad y redundancia de sistemas.
- Disponibilidad de reemplazos.
- Acuerdos de soporte crítico y líneas vitales de comunicación establecidas.
- Valor de información crítica o delicada.
- Impacto en la reputación y pérdida de ingresos.

Los costos directos en la determinación de los valores de los activos incluyen:
- Pérdidas financieras asociadas con el evento, como el valor de productos o mercancías perdidas o robadas.
- Incremento en las primas de seguros durante varios años después de una pérdida considerable.
- Gastos del deducible en la cobertura del seguro.
- Pérdida de negocios derivado de un evento de pérdida inmediato (por ejemplo, los productos o mercancías robados no pueden venderse a los consumidores).
- Gastos de mano de obra incurridos como resultado de un evento (por ejemplo, incremento en la cobertura de seguridad después de un evento de pérdida).
- Administración del tiempo en atención al desastre o evento (por ejemplo, atención a los medios de comunicación).
- Concesiones de daños punitivos que no cubre el seguro común.

Los costos indirectos podrían incluir:
- Cobertura negativa de los medios de comunicación.
- Percepción negativa de largo plazo por parte de los consumidores (por ejemplo, que la ubicación de determinado negocio no es segura).
- Costos adicionales de relaciones públicas para superar problemas de mala imagen.

9

- Falta de cobertura de seguros debido a una categoría de más alto riesgo.

- Mayores salarios necesarios para atraer a futuros empleados debido a percepciones negativas de la empresa.

- Procesos judiciales secundarios en contra de los accionistas por mala administración.

- Moral baja de los empleados, que conduce a paralización del trabajo, rotación de personal, etc.

Métodos para cuantificar los valores de los activos

Básicamente, existen dos maneras de establecer los valores de los activos:

Valor relativo

Asigne un valor relativo a cada activo con base en su prioridad (por ejemplo, 1 = bajo; 3 = mediano; 5 = alto) o alguna otra escala cualitativa como se muestra en la **Tabla 1.3.**

Fórmula de costo de pérdida

Considerar el peor escenario y analizar cada riesgo de pérdida de seguridad, ante una pérdida máxima probable durante un incidente único del evento de riesgo. La siguiente ecuación se puede utilizar para establecer ese costo:

K= Cp + Ct + Cr + Ci) – I en donde:

- K = costo total de pérdida.

- Cp = costo de reemplazo permanente.

- Ct = costo de sustituto temporal.

- Cr = costos totales relacionados (sustracción del activo viejo, instalación del nuevo, etc.).

- Ci = costo del ingreso perdido.

- I = indemnización o seguro disponible.

Amenazas o peligros

Nuevamente nos referimos a nuestro diagrama de flujo del análisis de riesgo (**Figura 1.1**), el segundo paso principal en la metodología de análisis de riesgo es identificar los tipos de eventos o incidentes que podrían ocurrir en un lugar con base en la historia de eventos o incidentes anteriores en ese lugar, eventos en lugares situados igualmente (por ejemplo, crímenes) que puedan ser comunes a ese tipo de negocio, desastres naturales característicos de ciertas ubicaciones geográficas u otras circunstancias, acontecimientos recientes o tendencias.

Las amenazas se definen como un intento de daño o lesión, una indicación de algo inminente.

Los peligros se definen como una fuente de daño potencial o condición adversa.

Por lo general, las amenazas se asocian con personas y los peligros con la naturaleza.

Punto clave: Se conoce como un perfil de evento de pérdida a la lista de las clases de amenazas que afectan los activos que se protegen.

Naturaleza de las amenazas

Las amenazas o eventos de riesgo de pérdida se clasifican en tres categorías distintas:

- Crímenes.
- Eventos no criminales como incidentes causados por el hombre o desastres naturales.
- Eventos resultantes ocasionados por las relaciones de una empresa con otra organización, cuando la mala o negativa reputación de la organización afecta adversamente a la empresa.

Fuentes de datos de eventos criminales

Hay muchas fuentes de información o datos sobre eventos relacionados con crímenes que pueden impactar a una empresa. El profesional de seguridad podría considerar alguna de las siguientes fuentes para identificar amenazas criminales:

- Estadísticas de crímenes de la policía local y llamadas de emergencia en el lugar y el vecindario inmediato por un período de tres a cinco años.
- Informes policíacos de crímenes, publicados por el Departamento de Justicia de los EE.UU. (U.S. Department of Justice) para la comunidad.
- Los registros internos de la empresa de actividades criminales anteriores reportadas anteriormente.
- Datos de condiciones demográficas o sociales que proporcionan información acerca de condiciones económicas, densidad poblacional, transitoriedad de la población, porcentaje de desempleo, etc.
- Quejas criminales o civiles previas presentadas en contra de la empresa.
- Inteligencia de las agencias de orden público, locales, estatales o federales referente a amenazas o condiciones que podrían afectar a la empresa.
- Grupos de profesionales o asociaciones que comparten datos y otra información sobre problemas específicos de la industria.

Amenazas no criminales relacionadas

Los profesionales de seguridad deben considerar dos subcategorías de los eventos no criminales relacionados: desastres naturales y "causados por el hombre"

- Los desastres naturales son eventos tales como huracanes, tornados, tormentas significativas, terremotos, maremotos, inundaciones, rayos e incendios ocasionados por desastres naturales. Los datos relacionados con amenazas naturales están disponibles en varias fuentes, incluyendo FEMA (Agencia federal para el manejo de emergencias), el Servicio Metereológico Nacional y el USGS (Investigación geológica de los EE.UU.).
- Los desastres o eventos causados por el hombre incluyen huelgas laborales, accidentes de aviones, colisiones de embarcaciones, fugas de plantas nucleares, actos terroristas (que también podrían ser eventos relacionados con el crimen), fallas eléctricas y agotamiento de recursos esenciales.

Amenazas de eventos resultantes

Un evento "resultante" es aquel por el que, a través de la relación entre eventos o entre dos organizaciones diferentes, la empresa sufre algún tipo de pérdida como una consecuencia de ese evento o afiliación. Un evento resultante también es cuando el evento o las actividades de una organización daña la reputación de la otra.

Por ejemplo, si una empresa se involucra en actividades ilegales o fabrica un producto dañino, podría ser que la reputación de otra empresa se viera perjudicada por el hecho de estar afiliada con la empresa que cometió el acto, sin que la empresa inocente hubiese actuado en contra de la ley. Una investigación "meticulosa" de todas las empresas con las que usted se encuentra asociado, le ayudará a recabar información para ayudarle a proteger a su empresa de estos tipos de amenazas, al descubrir actividades potencialmente dañinas.

Probabilidad de incidencia de amenazas/peligros

El siguiente paso en la evaluación de riesgo es determinar la posibilidad o probabilidad de incidencia de una amenaza. La probabilidad de pérdida no se basa en certeza matemática, es la consideración de la probabilidad de que un evento de riesgo de pérdida pueda ocurrir en el futuro, con base en datos históricos del lugar, la historia de eventos parecidos en empresas similares, la estructura del vecindario y vecindad inmediata, ubicación general geográfica, condiciones políticas y sociales, cambios en la economía y algún otro factor que podría afectar el que una amenaza pudiera ocurrir.

Por ejemplo, una empresa ubicada en una zona de inundaciones o área costera, podría tener una mayor probabilidad de inundación y huracanes que una empresa ubicada tierra adentro y alejada del agua. Aunque una inundación o huracán no haya ocurrido antes, los riesgos son mayores cuando la ubicación se presta a la posibilidad para este tipo de evento de riesgo de pérdida. En otro ejemplo, un negocio que tiene una historia de actividad criminal tanto en su propiedad como en sus alrededores, posiblemente tendrá mayor probabilidad de sufrir crímenes en el futuro si no se toman las acciones para mejorar las medidas de seguridad y todos los otros factores permanecen relativamente constantes (por ejemplo, problemas económicos, sociales y políticos).

La probabilidad de que ciertas amenazas ocurran, afectará el proceso de toma de decisiones al determinar la solución adecuada que debe aplicarse al riesgo potencial creado por estas amenazas.

Otras condiciones que afectan la probabilidad

Las condiciones y series de condiciones que empeoran o aumentan la exposición del activo a un riesgo de pérdida, puede dividirse en las siguientes categorías principales:

- Ambiente físico (construcción, ubicación, composición, configuración).
- Entorno social (datos demográficos, índice de criminalidad, características de la población).
- Ambiente político (tipo y estabilidad del gobierno, administración y recursos locales para el cumplimiento de la ley).
- Experiencia histórica (tipo y frecuencia de eventos de pérdida anteriores).
- Procedimientos y procesos (cómo se utilizan, almacenan y aseguran los activos).
- Lo último en criminalidad (tipo y efectividad de los criminales y las herramientas de agresión).

Cuantificación de la probabilidad de amenazas

Luego que el análisis ha identificado las amenazas o riesgos específicos, se puede registrar los detalles que hacen la incidencia de cada evento más o menos probable. El profesional posee varios enfoques alternos para llegar a una estimación razonable de la probabilidad que una amenaza ocurra.

- Un enfoque es el método CARVER desarrollado por el Ejército como una técnica para determinar objetivos probables de ataque. Este método clasifica cada activo de acuerdo con seis categorías: **C**riticidad, **A**ccesibilidad, **R**ecuperación, **V**ulnerabilidad, **E**fectos y **R**econocimiento (CARVER) utilizando una escala de cinco puntos.

- Luego se compara cada activo crítico contra los diferentes escenarios de amenaza utilizando una técnica llamada comparación en pares. (Una explicación de esta técnica está más allá del alcance de este curso, consulte las referencias.)

- Los resultados le proporcionan al profesional una lista de prioridades de las amenazas o peligros más probables.

- Otro método más sencillo es preparar una matriz o tabla en orden de par de activos y amenazas que muestre los impactos o consecuencias como la ordenada y la posibilidad o probabilidad como el abscisa (consulte la **Figura 1.4**).

La matriz de amenaza

La matriz de amenaza es una tabla o matriz para cada par de activos y activos. Los impactos o consecuencias se muestran en los ejes verticales y la posibilidad o probabilidad en los ejes horizontales (consulte la **Figura 1.4.**).

Las casillas gris oscuro (parte superior derecha) indican amenazas que deben mitigarse.

Las casillas negras (en el medio) indican las áreas sobre las cuales se deben tomar decisiones respecto a protección de seguridad con base en costo/beneficio cuando se asignen recursos.

Las casillas gris claro (parte inferior izquierda) indican amenazas que son aceptables "en el estado actual" o que requieren seguridad limitada o cambios de procedimiento.

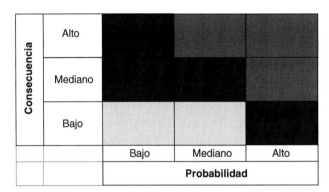

Figura 1.4 Matriz de amenaza

Vulnerabilidad

Nuevamente nos referimos a nuestro diagrama de flujo (**Figura 1.1**), el siguiente paso en el proceso de análisis de riesgo es determinar la vulnerabilidad de los activos críticos ante amenazas específicas. Definamos vulnerabilidad:

Vulnerabilidad: cualquier debilidad que un agresor puede aprovechar (terrorista o criminal) o lograr que un activo sea susceptible al daño derivado de peligros naturales o eventos resultantes.

Evaluación de vulnerabilidad

El proceso de evaluación de vulnerabilidad requiere que examinemos cada par de activo y amenaza y, que comparemos todos los otros pares de activos y amenazas para elaborar una clasificación por prioridad. Combinar la vulnerabilidad con los pares de activos o amenazas con los valores más altos, nos proporciona la base para determinar las medidas de moderación para proteger los activos críticos. Al igual que con la criticidad de los activos y probabilidad de amenazas, el objetivo de la evaluación de amenaza es concluir en cierta clasificación o valor que pueda utilizarse para identificar los activos y amenazas que requieren la primera atención al implementar medidas de moderación. Este paso requiere que ordenemos todos los pares de amenazas de activos en una tabla descendente de riesgo. Los riesgos más graves se indican primero y luego los otros riesgos en orden de importancia descendente hasta que todos estén en la lista. Luego analizamos cada par de activos o amenazas para determinar hasta qué grado son vulnerables.

Evaluación de vulnerabilidades

Los factores que deben considerarse cuando se determina si un activo es vulnerable o no, son:

- Falta de redundancia o soporte para funciones críticas o sistemas. Si éstos se dañan, dará como resultado la pérdida de capacidad o interrupción inmediata de la empresa.

- Puntos únicos de falla.

- Colocación de sistemas, organizaciones o componentes críticos.

- Capacidad de respuesta inadecuada para recuperarse de un ataque.

- Facilidad para que un agresor tenga acceso a la instalación.

- Implementación de medidas de seguridad inadecuadas.

- Presencia de materiales peligrosos.

- Posibilidad de daño colateral de otras empresas del área.

Clasificación de vulnerabilidades

El paso final en la metodología de evaluación de vulnerabilidades es asignar un valor relativo de vulnerabilidad a los pares de activos o amenazas.

FEMA utiliza la siguiente escala:

Muy alto: Se han identificado una o varias debilidades principales que hacen que el activo sea extremadamente susceptible ante un agresor o peligro.

Alto: Se han identificado una o varias debilidades principales que hacen que el activo sea altamente susceptible ante un agresor o peligro.

Alto mediano: Se ha identificado una debilidad importante que hace que el activo sea muy susceptible ante un agresor o peligro.

Mediano: Se ha identificado una debilidad que hace que el activo sea bastante susceptible ante un agresor o peligro.

Bajo mediano: Se ha identificado una debilidad que hace que el activo sea de cierta forma susceptible ante un agresor o peligro.

Bajo: Se ha identificado una debilidad menor que aumenta levemente la susceptibilidad del activo ante un agresor o peligro.

Muy bajo: No existen debilidades.

Esta escala se muestra como ejemplo y no representa necesariamente un método recomendado.

Diagramas de secuencia del adversario

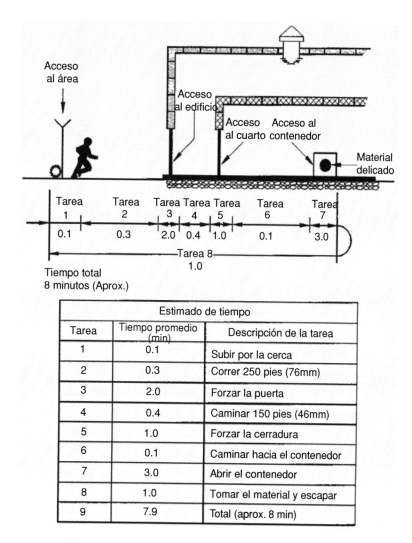

Figura 1.5 Diagrama de secuencia del adversario

Los diagramas de secuencia de adversario son una herramienta útil que ayuda a los profesionales a determinar el tiempo que requiere un adversario para infringir su seguridad. Conocer el tiempo que se requiere puede ayudarle a implementar más medidas para impedir, demorar y detectar al intruso. Consulte la **Figura 1.5** arriba para ver un ejemplo que se encuentra en el U.S. Army Physical Security Field Manual, FM 3-19.30. (Manual de campo de seguridad física del Ejército de los Estados Unidos).

Administración de riesgo

Después de determinar la manera en que ciertas amenazas específicas impactan potencialmente a un activo, el profesional de seguridad puede trabajar con especialistas en seguridad y riesgo para identificar las medidas de moderación para reducir riesgos. Debido a que no es posible eliminar los riesgos completamente, es importante determinar qué nivel de protección se desea y las opciones para lograr este nivel a través de la administración de riesgo. La administración de riesgo incorpora un entendimiento de la vulnerabilidad de los activos hasta las consecuencias de las amenazas y peligros. El objetivo es reducir la vulnerabilidad de los activos mediante varias acciones administrativas.

Moderación del riesgo

La moderación del riesgo es una metodología sistemática que utiliza la alta gerencia para reducir los riesgos operativos en general. La moderación del riesgo se puede alcanzar por medio de una de las siguientes opciones:

Suposición del riesgo.

Aceptar el riesgo potencial y continuar las operaciones de seguridad en su estado actual o implementar algunos controles para reducir el riesgo a un nivel aceptable. (Sin costo)

Prevención del riesgo.

Prevenir el riesgo eliminando su causa o consecuencia (por ejemplo, el traslado de los activos a otra ubicación). (Algún costo)

Limitación del riesgo.

Limitar el riesgo implementando controles que minimicen el impacto adverso de la ejecución de una vulnerabilidad de amenaza (por ejemplo, el uso de controles preventivos, de detección y respuesta). (Algún costo)

Transferencia del riesgo.

Transferir el riesgo utilizando otras opciones para compensar la pérdida, como por ejemplo la compra un seguro. (Algún costo)

Fortalecimiento del lugar.

Fortalecer el lugar en contra de tantas amenazas como sea posible para que haya la menor cantidad de riesgo (Costo muy alto).

Selección de opciones de moderación

Se debe considerar la misión y las metas de una organización al seleccionar alguna de las opciones de moderación de riesgo antes descritas. No es práctico abordar todos los riesgos identificados, por lo que se debe dar prioridad a los pares de activos o amenazas que pueden ocasionar impacto o daño importante a la misión. Debido al ambiente y objetivos únicos de cada empresa, la opción que se utilice para litigar el riesgo y los métodos que se utilicen para implementar los controles pueden variar al momento de salvaguardar la misión y activos de una empresa. La mejor estrategia es utilizar las tecnologías adecuadas de los muchos sistemas efectivos de seguridad, junto con las opciones arquitectónicas adecuadas y el fortalecimiento de la política y medidas de control de procedimientos.

Opciones para moderar el riesgo

El profesional de seguridad cuenta con una gran variedad de opciones disponibles para abordar los tipos de eventos de riesgo de pérdida que enfrenta una empresa. Algunas opciones podrían no estar disponibles debido a que no son factibles o por ser demasiado costosas, ya sea financieramente o de otra manera. Las opciones incluyen medidas de seguridad que están disponibles para reducir el riesgo de un evento. Las mejoras arquitectónicas, sistemas de seguridad, políticas y procedimientos, prácticas administrativas y personal de seguridad son las categorías generales de las opciones relativas a la seguridad. Sin embargo, existen otras opciones, que incluyen transferir el riesgo financiero de la pérdida por medio de coberturas de seguro o términos de contrato (por ejemplo, cláusulas de indemnización en contratos de servicio de seguridad) o simplemente aceptar el riesgo como parte del costo de los negocios. Cualquier estrategia u opción que se elija debe evaluarse en términos de disponibilidad, asequibilidad y factibilidad de aplicación en la operación de la empresa.

Selección de defensas

Se deben tomar en cuenta las consideraciones prácticas de cada opción o estrategia en esta etapa de la evaluación de riesgo de seguridad. Si bien es cierto que por lo regular el costo financiero es un factor, una de las consideraciones más comunes es si la estrategia interferirá sustancialmente con la operación de la empresa. Por ejemplo, las tiendas minoristas sufren pérdidas derivadas del robo de productos o mercancías. Una estrategia de prevención de pérdida podría ser cerrar la tienda y mantener fuera a los ladrones. En este simple ejemplo, tal solución no es factible porque la tienda también estaría manteniendo fuera a clientes legítimos y por lo tanto iría a la quiebra.

En un ejemplo menos obvio, una empresa que está abierta al público decide incrementar sus procedimientos y políticas de control de acceso tan dramáticamente que se crea un ambiente negativo al desanimar a las personas a entrar a dicha instalación como clientes potenciales y, por lo tanto, pierde negocios debido a la dificultad de obtener acceso a las instalaciones. El desafío para el profesional de seguridad es encontrar el balance entre una estrategia legítima de seguridad y la consideración de las necesidades operacionales de la empresa, así como también el impacto psicológico en las personas y en la cultura afectada por el programa de seguridad.

Contramedidas contra amenazas

Al seleccionar contramedidas, el profesional de seguridad debe considerar lo siguiente:

- Las contramedidas individuales y efectividad de los sistemas de seguridad dependen de los adversarios y las amenazas.

- Los niveles diferentes de efectividad de contramedidas y el desempeño del sistema se necesitan para hacer frente a amenazas diferentes.

- Conforme se incrementa el nivel de sofisticación de la amenaza, también se debe incrementar el nivel de efectividad de las contramedidas o se debe administrar el riesgo adicional mediante el uso de otros medios.

Una matriz de consecuencia (como se muestra a continuación) le ayudará a evaluar qué podrían ser riesgos y qué contramedidas podrían ser efectivas a niveles diferentes de riesgo.

Espectro de amenaza*			
Bajo	*Mediano*	*Alto*	*Clasificado*
Único intruso	Arriba de bajo:	Arriba de mediano:	Arriba de alto:
Sin tecnología	Múltiples intrusos	Una persona de la misma empresa	?
Sin armas	Cierta tecnología	Herramientas grandes	
Poco financiamiento	Herramientas manuales	Explosivos	
No violento	Conocimiento	Financiamiento amplio	
	Financiamiento mediano	Violento	
↑Sistema actual($) Costo más bajo	↑Opción No. 1 ($$) Más costo	↑Opción No. 2 ($$$) Más costo	↑Opción No. 3 ($$$$) Costo más alto

Figura 1.6 Matriz de consecuencia

*Fuente: García, Mary Lynn. (2001). *Design and Evaluation of Physical Security Systems.* (Diseño y evaluación de sistemas de protección física), Butterworth/Heinemann, Burlington, MA.

Análisis de costo/beneficio

El paso final al llevar a cabo un análisis de riesgo de seguridad es considerar el costo contra el beneficio de una estrategia de seguridad dada. El profesional de seguridad debe determinar cuáles son los costos actuales de la implementación de un programa y sopesar esos costos contra el impacto de la pérdida, financieramente o de otra clase. Por ejemplo, no tendría sentido gastar $100,000 en equipo de seguridad para prevenir el robo de un artículo de $1,000.

Matriz de decisión

La tabla siguiente proporciona cierta guía al tomar decisiones respecto a la Administración de riesgo.

Gravedad de la pérdida	Frecuencia de la pérdida*		
	Alto	Mediano	Bajo
Alto	Prevención	Prevención de pérdida y Prevención	Transferencia a través de contrato de seguro
Mediano	Prevención y pérdida Prevención	Prevención de pérdida y Transferencia a través de contrato de seguro	Suposición y contribución
Bajo	Prevención de pérdida	Prevención de pérdida y Suposición	Suposición

*Fuente: Broder, James F., CPP. (2006). *Risk Analysis and the Security Survey* (Análisis de riesgo y evaluación de seguridad), 3a. edición Butterworth-Heinemann, Burlington, MA.

Conclusión

Cuando todos los riesgos se han clasificado por vulnerabilidad, la tarea formal de la evaluación de riesgo está completa y debería reflejar la exposición de riesgo de la empresa a partir de la fecha en la que se realizó la evaluación.

Sin embargo, recuerde que ninguna evaluación de riesgo es permanente y que, dependiendo del grado y de la rapidez de los cambios dentro de la empresa, se requerirán nuevas evaluaciones siempre que ocurran cambios importantes o por lo menos una vez al año.

Glosario de términos para análisis de riesgo

Activo

Cualquier objetivo potencial sujeto a ataque terrorista, por lo general personas, equipo, un edificio o lugar al aire libre (completo o en parte).

Amenazas

Lo que puede resultar mal o que puede "atacar" el sistema de procesamiento. Las amenazas están presentes siempre.

Análisis de amenaza

En antiterrorismo, el análisis de amenazas es un proceso continuo de examen y recopilación de toda la información referente a actividades terroristas potenciales por parte de grupos terroristas que podrían apuntar a una instalación. Un análisis de amenazas revisa los factores de la existencia de un grupo terrorista, sus capacidades, intenciones, historial y objetivo, así como el ambiente de seguridad en el que operan fuerzas amigas. El análisis de amenazas es un paso importante en la identificación de probabilidades de ataques terroristas y da como resultado una evaluación de amenaza. También consulte antiterrorismo.

Antiterrorismo

Medidas de defensa que se utilizan para reducir la vulnerabilidad de las personas y la propiedad contra actos terroristas, que incluye respuesta limitada y contención por parte de las fuerzas militares locales.

Armas de largo alcance

Armas que se disparan al objetivo (armas contra tanques, lanzabombas, etc.) desde lejos.

Armas nucleares, biológicas o químicas (NBC, por sus siglas en inglés)

También se les llama Armas de destrucción masiva (WMD, por sus siglas en inglés). Armas que se caracterizan por su capacidad de producir bajas en masa.

Concienciación sobre antiterrorismo

Conocimiento fundamental de la amenaza terrorista y medidas para reducir la vulnerabilidad personal ante el terrorismo. También consulte antiterrorismo.

Contorno de vulnerabilidad por explosión

Los recursos alrededor de un dispositivo explosivo que resultan dañados por la explosión.

Contrainteligencia

Información recopilada y actividades dirigidas a proteger en contra de espionaje, otras actividades de inteligencia, sabotaje o asesinatos llevados a cabo por o en nombre de fuerzas extranjeras, organizaciones o personas o actividades terroristas internacionales, excluyendo programas de seguridad de personal, físicos, de documentos y de comunicaciones.

Contraterrorismo (CT, por sus siglas en inglés)

Medidas ofensivas que se toman para prevenir, impedir y responder al terrorismo.

Controles

Las contramedidas para las vulnerabilidades. Existen tres tipos: Los controles preventivos reducen la probabilidad de un ataque deliberado, protegen vulnerabilidades y hacen que un ataque no tenga éxito o reduce su impacto, los controles correctivos reducen el impacto de un ataque y restablecen la planta a su funcionamiento normal y los controles de detección descubren ataques y activan controles preventivos o correctivos.

19

Cortinas contra explosión	Cortinas pesadas hechas de materiales resistentes a explosiones que podrían proteger a los ocupantes de una habitación de restos de explosivos.
Efecto interno	Algo que absorbe parte o todo el impacto de una explosión.
Engaño	Acciones adversarias dirigidas a superar elementos del sistema de protección física por la presentación normal ante un elemento con la expectativa que no se detectarán condiciones no autorizadas, tal como como una placa falsa o material blindado.
Equipo vital	Equipo, sistemas o componentes cuya falla o destrucción ocasionaría interrupción inaceptable a un programa de seguridad nacional o un impacto inaceptable en la salud y seguridad de la población. Las oficinas de operaciones son responsables de identificar al equipo vital ubicado en las instalaciones bajo su competencia.
Fuerza	Acciones adversarias dirigidas a superar elementos del sistema de protección física por medio de actividades agresivas manifiestas, que el adversario espera que se detecten y por lo tanto está preparado para defender a la fuerza en contra de la respuesta.
Furtivo	Acciones adversarias dirigidas a superar elementos del sistema de protección física por medio de la desactivación o de eludir estos elementos en un intento por prevenir la detección.
Instalación militar	Una instalación que está sujeta a custodia, jurisdicción o administración de un Componente del Departamento de Defensa, (DoD, por sus siglas en inglés). Este término incluye, pero no se limita a reservas militares, instalaciones, bases, puestos, campos, estaciones, arsenales o laboratorios en donde un Componente del DoD tiene responsabilidad operativa y es responsable por la seguridad y defensa de la instalación.
Largo alcance	La distancia entre un activo y una amenaza.
Materiales deducibles	Materiales que son flexibles y que absorben cargas de impacto sin romperse.
Objetivos de alto riesgo	Algún activo o instalación que, debido a la sensibilidad de la misión, facilidad de acceso, aislamiento y valor simbólico, podría ser un objetivo terrorista de especial atractivo o accesibilidad.
Protección de fuerza	Programa de seguridad diseñado para proteger al personal militar, empleados civiles, miembros de las familias, instalaciones y equipo en todas las instalaciones y situaciones, que se logra a través de la aplicación planificada e integrada del combate en contra del terrorismo, seguridad física, seguridad en operaciones, servicios de protección al personal y apoyados por inteligencia, contrainteligencia y otros programas de seguridad.

Refugio seguro	Áreas seguras dentro del interior de la instalación. Un refugio seguro se debe diseñar de manera que se requiera más tiempo para que pueda ser penetrado por un ataque terrorista, del que le toma a la fuerza de respuesta para llegar al área protegida para rescatar a los ocupantes.
Seguridad física	La parte de la seguridad que se refiere a las medidas o conceptos diseñados para defender al personal, prevenir acceso no autorizado al equipo, instalaciones, material y documentos; y para defenderlos en contra de espionaje, sabotaje, daño y robo.
Sistemas de seguridad electrónica (ESS, por sus siglas en inglés)	La parte de la seguridad física que se refiere a las defensas del personal y propiedad mediante el uso de sistemas electrónicos. Estos sistemas incluyen, pero no se limitan a, sistemas de detección de intruso (IDS, por sus siglas en inglés), sistemas de control de acceso automatizado (AECS, por sus siglas en inglés) y sistemas de evaluación de vídeo.
Techo o pared prescindible	Paredes o techos que se pueden perder en una explosión sin que se cause daño al activo primario.
Terrorismo	**1.** El uso calculado de violencia o amenaza de violencia para infundir miedo, con el propósito de coaccionar o intimidar a gobiernos o sociedades para alcanzar metas que por lo general son políticas, religiosas o ideológicas. **2.** El uso ilegal o uso amenazante de fuerza o violencia en contra de personas o propiedades para coaccionar o intimidar a gobiernos o sociedades, regularmente para alcanzar metas religiosas u objetivos ideológicos.
Terrorismo nacional	Terrorismo perpetrado por los ciudadanos de un país en contra de sus conciudadanos. Incluye actos en contra de ciudadanos de un segundo país cuando se encuentran en el país anfitrión y el objetivo no es el principal o deseado.
Vulnerabilidad	**1.** La susceptibilidad de una nación o fuerza militar ante alguna acción por cualquier medio, mediante el cual se pueda reducir su efectividad de combate o potencial de guerra o bien, disminuir su voluntad de combatir. **2.** Las características de un sistema que ocasionan que sufra una degradación definitiva (incapacidad para llevar a cabo la misión designada) como resultado de haber estado sujeto a cierto nivel de efectos en un ambiente hostil no natural (hecho por el hombre).
Zona despejada	Un área que está despejada de obstrucciones visuales y materiales de plantas que podrían ocultar una amenaza o un adversario.
Zona exclusiva	Un área cerca de un activo que tiene acceso controlado y cuyo ingreso es altamente restringido.
Zona no exclusiva	Un área cerca de un activo que tiene acceso controlado pero cuyo ingreso está menos restringido que en una zona exclusiva.

Preparación para el examen de Profesionales en seguridad física (PSP, por sus siglas en inglés)

Examen sobre riesgos

Responda las siguientes preguntas. Las respuestas aparecen en la siguiente página.

1. Mencione dos métodos para cuantificar riesgos.

2. Defina vulnerabilidad según aplique al análisis de riesgo.

3. ¿Por qué es importante evaluar la vulnerabilidad de los activos?

4. ¿Cuáles son los cinco enfoques en la moderación del riesgo?

5. Se dice que "la perfección es el enemigo de lo bueno". ¿Cómo podría este dicho aplicarse al análisis y moderación del riesgo?

6. Describa el motivo principal al utilizar un análisis de costos/beneficios para determinar opciones de moderación del riesgo.

Respuestas al examen sobre riesgos

1. El método C.A.R.V.E.R. del Ejército y la "Matriz de amenaza".

2. Cualquier debilidad que un agresor puede aprovechar para que un activo sea susceptible al daño.

3. Porque permite desarrollar una clasificación por prioridad que puede facilitar decisiones sobre qué riesgos considerar primero y cómo administrar dichos riesgos.

4. Suposición de riesgo, prevención, limitación, transferencia y fortalecimiento del lugar.

5. Es imposible eliminar los riesgos por completo, por tanto los profesionales de seguridad deben determinar un nivel adecuado de protección para cada vulnerabilidad identificada. El intentar crear un ambiente completamente libre de riesgos podría resultar en un resultado opuesto a lo esperado y terminar por costarle recursos excesivos y "buen nombre" a la instalación sin ningún beneficio considerable y muy poco rendimiento.

6. Cuando se trata de moderación del riesgo, el profesional tiene varias opciones disponibles. Cada opción puede evaluarse en términos de su costo y beneficio de la función de protección del activo en general.

Referencias

ASIS International. (2003). *General Security Risk Assessment Guideline* (Lineamientos generales para la evaluación de riesgo de seguridad). Alexandria, VA.

ASIS International. (2004). *Protection of Assets Manual* (Manual de protección de activos). Alexandria, VA.

Broder, James F., CPP, (2006). *Risk Analysis and the Security Survey* (Análisis de riesgo y evaluación de seguridad), 3a. edición. Butterworth-Heinemann, Burlington, MA.

Fay, John J. (1993). *Encyclopedia of Security Management* (Enciclopedia de administración de riesgo): *Techniques and Technology.* Butterworth-Heinemann, Burlington, MA.

FEMA. (2003). *Reference Manual to Mitigate Potential Terrorist Attacks Against Buildings* (Manual de referencia para mitigar ataques terroristas potenciales contra edificios). Washington, DC.

Fischer, Robert J., y Green, Gion. *Introduction to Security, 7th ed.* (Introducción a la seguridad, 7a. edición) Butterworth-Heinemann, Burlington, MA.

Purpura, Philip P. (2002). *Security and Loss Prevention* (Seguridad y prevención de pérdida): 4a. edición. Butterworth-Heinemann, Burlington, MA.

U.S. Department of the Army (Departamento del Ejercito de los EE.UU.). (2001). *Physical Security FM 3-19.30* (Seguridad física) (Extracto). Disponible en ASIS Internacional, Alexandria, VA.

U.S. Department of Defense (Departamento de Defensa de los EE.UU.). (1993). *MIL-HDBK 1013/1A, Design Guidelines for Phisical Security of Facilities* (Diseño de lineamientos para la seguridad física de instalaciones). Washington, DC.

Capítulo 1: Preguntas de práctica

Pregunta 1. Cuando evaluamos la probabilidad de que ocurra un evento de pérdida, nos damos cuenta que mientras existan más formas en que pueda ocurrir un evento en particular, éste puede darse en determinadas circunstancias:
a) No tiene efecto en la probabilidad que pueda ocurrir.
b) Mayor es la probabilidad que pueda ocurrir.
c) Menor es la probabilidad que pueda ocurrir.
d) Hace que sea imposible determinar la probabilidad que pueda ocurrir.

Pregunta 2. Una lista de las clases de amenazas que afectan los activos que se protegen se conoce como:
a) Un perfil de evento de pérdida.
b) La lista de criticidad del evento de pérdida.
c) La tabla de cálculo de la tasa de seguro.
d) Una lista de observación de cumplimiento de la ley.

Pregunta 3. Las amenazas no criminales por lo general se clasifican como:
a) Manifiestas o furtivas.
b) Criminales o terroristas.
c) Humanas o naturales.
d) Persona de la misma empresa o intruso.

Pregunta 4. El proceso de determinar el valor de los activos, amenazas, su probabilidad de incidencia e impacto en los activos para luego determinar la vulnerabilidad se conoce como:
a) Análisis de probabilidad.
b) Análisis de riesgo.
c) Análisis de pérdida potencial.
d) Evaluación de seguridad física.

Pregunta 5. La expectativa de pérdida anual es el producto de:
a) Valor y probabilidad de incidencia.
b) Impacto y probabilidad de incidencia.
c) Riesgo e impacto de pérdida.
d) Amenaza y consecuencia de incidencia.

Pregunta 6. Durante la primera fase, al equilibrar costos contra beneficios (para determinar la proporción costo/beneficio) tomamos en consideración:
a) Eficiencia contra costo.
b) Ciclo de vida contra efectividad.
c) Costo contra impacto o pérdida potencial.
d) Eficiencia contra efectividad.

Pregunta 7. ¿Cuáles son los tres elementos para determinar el valor de un activo?
a) Alguna medida de valor relativo, vulnerabilidad a ataque y medidas existentes de seguridad física vigentes.
b) Criticidad para el usuario, dificultad o período de tiempo para reemplazo y alguna medida de valor relativo.
c) El costo del activo, valor de publicidad para un grupo de amenazas específicas y dificultad o período de tiempo para reemplazo.
d) El costo del activo para reemplazo, criticidad para el usuario y valor para un grupo de amenazas específicas.

Pregunta 8. Riesgo puede definirse como:
a) Incidencia potencial y efectividad de contramedidas vigentes.
b) Costo de seguro de riesgo y capacidad de una pérdida potencial.
c) Capacidad de pérdida potencial y habilidad para responder.
d) La posibilidad de una pérdida o daño de un activo.

Pregunta 9. Una técnica para poner en orden de prioridad la posibilidad de pérdida es el uso de una "matriz de decisión", la cual utiliza adjetivos como alto, mediano y bajo como factores de medida:
a) Nivel de amenaza contra frecuencia de pérdida.
b) Costo de contramedidas contra frecuencia de pérdida.
c) Consecuencias de pérdida contra probabilidad de pérdida.
d) Nivel de amenaza contra consecuencia.

Pregunta 10. Cuando se consideran cuestiones de riesgo, "probabilidad" se define como:
a) El porcentaje de incidentes pasados en la posibilidad de incidentes futuros.
b) El porcentaje del número de resultados en un ambiente exhaustivo de resultados probables iguales que ocasionan un evento dado en el número total de resultados posibles.
c) El porcentaje de casos resueltos comparado con el número total de casos reportados.
d) El porcentaje de casos locales comparado con el total de casos nacionales del mismo evento.

Pregunta 11. Administración de riesgo es:
a) Determinar medidas y defensas para moderar amenazas y reducir vulnerabilidades.
b) Comprar un seguro para cubrir pérdidas.
c) Identificar el impacto de varias amenazas sobre activos.
d) Cuantificar el costo de eventos de pérdida.

Pregunta 12. Básicamente existen dos enfoques en el análisis de riesgo:
a) Humano contra natural.
b) Costo contra frecuencia.
c) Cuantitativo contra cualitativo.
d) Matemático contra histórico.

Pregunta 13. Los activos pueden ser:
a) Humano contra natural.
b) Cuantitativo contra cualitativo.
c) Tangible contra intangible.
d) Orgánico contra inorgánico.

Pregunta 14. Cuando se describen amenazas y peligros en términos generales:
a) Las amenazas se asocian con edificios y los peligros con personas.
b) Las amenazas se asocian con personas y los peligros con edificios.
c) Las amenazas se asocian con la naturaleza y los peligros con las personas.
d) Por lo general, las amenazas se asocian con personas y los peligros con la naturaleza.

Pregunta 15. Vulnerabilidad se define como:
a) La cuantificación de las amenazas contra activos.
b) El costo para recuperar los activos.
c) Alguna debilidad que un agresor puede aprovechar.
d) La probabilidad de incidencia de pérdida.

Respuestas a las preguntas del capítulo 1

1. b) Es mayor la probabilidad que pueda ocurrir.

2. a) Un perfil de evento de pérdida.

3. c) Humano o natural.

4. b) Análisis de riesgo.

5. b) Impacto y probabilidad de incidencia. *Risk Analysis and the Security Survey (Análisis de riesgo y Evaluación de seguridad), 3a. Edición*

6. b) Impacto o pérdida potencial contra costo. *Risk Analysis and the Security Survey (Análisis de riesgo y Evaluación de seguridad), 3a. Edición*

7. b) Criticidad para el usuario, dificultad o período de tiempo para reemplazo y alguna medida de valor relativo.

8. d) La posibilidad de una pérdida o daño de un activo.

9. c) Consecuencias de pérdida contra probabilidad de pérdida.

10. b) El porcentaje del número de resultados en un conjunto exhaustivo de posibles e iguales resultados que producen un evento dado en el número total de posibles resultados.

11. a) La determinación de medidas y defensas para moderar amenazas y reducir vulnerabilidades.

12. c) Cuantitativo contra cualitativo.

13. c) Tangible contra intangible.

14. d) Por lo general, las amenazas se asocian con personas y los peligros con la naturaleza.

15. c) Alguna debilidad que un agresor puede aprovechar.

Capítulo 2: Evaluaciones de seguridad física

Temas que cubre

Los siguientes temas se cubren en este capítulo:

- Una visión general del Programa de seguridad física.

- La Evaluación de seguridad física: Descripción, enfoques, componentes, evaluaciones y auditorías y beneficios.

- Conducción de la evaluación.

- Desarrollo de una estrategia de protección: Razón, moderación, círculos concéntricos de protección y contramedidas contra amenazas.

- Asuntos legales.

- Informe de resultados.

Introducción

Los profesionales de seguridad deben cerciorarse que la planificación de seguridad personal sea una parte integral de la selección, construcción o modificación de las instalaciones. El no tomar en cuenta las implicaciones de seguridad personal de los empleados y activos, puede dar como resultado modificaciones o adecuaciones costosas, considerable tiempo perdido y responsabilidad civil. Un programa de seguridad física debe incluir, como mínimo, los elementos siguientes:

- Una evaluación de seguridad física por cada instalación en la empresa para identificar los activos, amenazas, vulnerabilidades y medidas de moderación de amenazas que se deben implementar.

- Una evaluación continua programada o no programada de las instalaciones para garantizar que se está cumpliendo con los requerimientos especificados en el programa de seguridad así como con las normas y regulaciones federales, estatales y locales.

- Una educación continua y completa sobre seguridad personal y un esfuerzo por hacer conciencia para lograr el interés y el apoyo de los empleados, contratistas, consultores y visitantes.

- Un proceso de procedimientos de emergencia para tomar una acción inmediata, positiva y sistemática para salvaguardar la vida y la propiedad durante una emergencia.

- Un conjunto adecuado de políticas de seguridad personal y procedimientos para hacer frente a condiciones de amenaza.

Fases en el desarrollo de un plan de seguridad

Un plan de seguridad personal se debe desarrollar siguiendo cuatro fases distintas:

- Análisis de riesgo: Un examen detallado que incluye evaluación de riesgo, evaluación de vulnerabilidad y alternativas de administración de riesgo, que se lleva a cabo para comprender la naturaleza de consecuencias negativas y no deseadas ante la vida humana, salud, propiedad o el ambiente.

- Diseño del programa de seguridad personal: La selección de contramedidas para moderar riesgos.

- Implementación: Poner en práctica soluciones económicas.

- Mantenimiento: Un proceso continuo para garantizar la efectividad de las soluciones.

En este capítulo se discute la evaluación de seguridad física (PSS, por sus siglas en inglés), que es el método recomendado como primer paso en la implementación de un plan de seguridad física.

Evaluación de seguridad Física

Ya sea que se haya establecido o no un programa de seguridad personal, el profesional de seguridad utiliza la evaluación de seguridad física para evaluar la implementación del programa de una empresa. Una evaluación de seguridad física es un análisis exhaustivo del programa de seguridad física de una instalación o grupo de instalaciones, para determinar el grado de medidas de seguridad que se han implementado para proteger al personal, propiedad e información en el lugar. Por lo general, la evaluación incluirá un análisis de riesgo (a menos que se haya realizado uno recientemente); éste ayuda a determinar los niveles de protección requeridos en la instalación y las deficiencias en aspectos arquitectónicos, de sistemas de seguridad y operativos. La determinación de deficiencias se basa en la experiencia del profesional, quien compara la instalación que se evalúa con otras que ya se han evaluado.

El resultado final de una PSS es recomendar medidas de seguridad físicas necesarias para salvaguardar al personal, prevenir el acceso no autorizado al material y equipo y proteger en contra de sabotaje, daño y robo. Si no se ha realizado un análisis de riesgo para la instalación, entonces el profesional lo lleva a cabo utilizando una de las muchas metodologías disponibles.

Diferencias entre una PSS y las inspecciones o auditorías

Una inspección o auditoría de seguridad personal difiere de una PSS en que una inspección o auditoría compara las medidas de seguridad física de una instalación contra un cierto grupo de estándares, para constatar si un programa de seguridad personal cumple con dichos estándares. Se utiliza para evaluar los estándares de implementación, la concienciación de seguridad de los empleados, la administración de seguridad y los controles vigentes de administración interna. Los estándares de seguridad personal son un conjunto de criterios o requisitos que generalmente se han acordado por medio de una empresa u organización. El profesional de seguridad debe utilizar las PSS y las auditorías como herramientas para llevar a cabo sus labores de supervisión de seguridad.

Beneficios de una PSS

¿Por qué deben llevar a cabo las empresas una PSS periódicamente? La respuesta es para comprender mejor las amenazas y vulnerabilidades, determinar niveles de riesgo aceptables, estimular acciones para moderar vulnerabilidades detectadas e identificar debilidades en la implementación de programas. Los beneficios directos de llevar a cabo una PSS incluyen los siguientes:

- Desarrollar y ampliar la concienciación: El proceso de la PSS dirige la atención de la administración ejecutiva hacia la seguridad. Los temas de seguridad personal, riesgos, vulnerabilidades, opciones de moderación y mejores prácticas se vuelven evidentes. La concienciación es uno de los métodos más efectivos y menos costosos para mejorar la postura de seguridad de la empresa.

- Establecer o evaluar contra una línea de base: Si una línea de base se ha establecido previamente en consideración a una PSS, otra PSS es una oportunidad para comprobar y estimar la mejora o deterioro de la postura de seguridad personal de una empresa. Si no se ha desarrollado ninguna línea de base antes (o el trabajo no fue uniforme o completo), una PSS es una oportunidad para integrar y unificar esfuerzos anteriores, definir métricas comunes y establecer una línea de base definitiva. La línea de base también puede compararse contra mejores prácticas para proporcionar perspectiva en la postura de seguridad personal de una empresa.

- Clasificar en categorías los activos e impulsar el proceso de administración de riesgo: Una PSS puede ser el medio para alcanzar consenso corporativo en la jerarquía de activos críticos. Esta clasificación, en combinación con las amenazas, vulnerabilidad y análisis de riesgo, se encuentra en el núcleo del proceso de la administración de riesgo.

- Desarrollar y crear habilidades internas y pericia profesional: Una PSS pude ser una excelente oportunidad para desarrollar habilidades de seguridad y pericia profesional dentro de una organización. No importa el nivel de sofisticación actual de una organización, una meta a largo plazo debe ser el llevar a esa organización hacia una capacidad para la auto evaluación.

- Promover acción: Una PSS bien diseñada y ejecutada no sólo identifica vulnerabilidades y hace recomendaciones, sino también obtiene la participación ejecutiva, identifica actores clave y establece grupos organizacionales que pueden llevar a la acción esas recomendaciones.

- Iniciar un esfuerzo continuo de seguridad personal: Una PSS se puede utilizar como un catalizador para involucrar a las personas de toda la organización en temas de seguridad personal al aprovechar el dinamismo generado por la PSS para desarrollar un esfuerzo continuo de seguridad institucional.

Comprensión del proceso

El propósito de revisar el programa de seguridad física de la empresa es identificar qué nivel de seguridad es adecuado, según se ha determinado a través del enfoque de la administración de riesgo. La revisión de la seguridad física le proporciona a la administración, la información concerniente al valor de gastos de seguridad actuales, posibles mejoras de bajo costo y reducción potencial de riesgo con actualizaciones de seguridad económicas. El nivel adecuado de seguridad física de la empresa depende del valor de sus activos, las amenazas potenciales y el costo relacionado con la protección de los activos. Estas relaciones deben considerarse cuando se realiza una evaluación de los elementos de seguridad personal.

En términos generales, los elementos de seguridad personal de bajo costo deben estar establecidos en todos los activos críticos. Entre éstos podemos mencionar cerrar las puertas con seguro, utilizar placas de identificación y acompañar a los visitantes. Estos tipos de elementos de seguridad mejoran la postura de seguridad personal sin ningún costo significativo y también desarrollan concienciación de seguridad en los empleados.

La implementación de los elementos de seguridad personal más estrictos (puntos de control de acceso, cámaras, alarmas, fuerza de seguridad) requiere un enfoque de costo/beneficio. El recomendar que una empresa elimine un elemento de seguridad personal debido al alto costo, puede colocar a los activos en un riesgo injustificado; por otra parte, el recomendar la implementación de elementos de seguridad personal puede ser costoso y representar una pequeña mejora en la postura general de seguridad.

Enfoques de PSS

Existen dos enfoques en las PSS que utilizan los profesionales:

De afuera hacia adentro, aquí el profesional comienza en el perímetro de la instalación y se traslada al interior en busca de varias medidas de protección que se deben burlar para obtener acceso a los activos críticos. Se describe como el concepto de **protección profunda.**

El otro método, que por lo regular se utiliza en el cumplimiento de la ley, se conoce como **de adentro hacia afuera** y aquí el profesional empieza desde los activos críticos y se desplaza hasta el perímetro. Esto es parecido a solucionar el crimen antes de que suceda.

Investigación

Cuando se realiza una evaluación, el profesional debe empezar por obtener un plano de las instalaciones, en el cual se representen las áreas dentro de la instalación, puntos de acceso, estacionamientos, bodegas y algún área adjunta que pertenezca a la instalación.

El profesional debe entrevistar a los funcionarios de la administración de la empresa para determinar la misión y naturaleza de las operaciones, clasificación o nivel de sensibilidad de la información y el valor de los activos.

El profesional también debe reunir la siguiente información en ayuda de la evaluación:

- La dirección de la instalación, número de edificios y metros útiles, organizaciones inquilinas, población aproximada y nombres de los funcionarios clave de la administración.
- Misión de la empresa, valores y documentos de ética.
- Una descripción de las características de la instalación y las condiciones que generan vulnerabilidades, como por ejemplo, la configuración física de la oficina o instalación para guardar información sensible o clasificada.
- Las agencias del orden público, departamento de bomberos y otras organizaciones responsables por responder ante emergencias, incluyendo el tiempo de respuesta.
- La contratación de la agencia o empresa de fuerza de seguridad y su tiempo de respuesta.
- Tipo de construcción de los edificios de la instalación.
- El valor determinado de los activos o equipo único o sensible, el más alto nivel de clasificación de información u otros activos críticos o sensibles.
- Descripción de controles de acceso, servicios de seguridad y contenedores de seguridad.
- Recomendaciones para mejorar las instrucciones de seguridad personal y de implementación correspondientes.
- Los informes de la PSS de seguridad física generados por otros, incluyendo cuándo se realizó el informe de PSS por escrito y pruebas de apoyo, como por ejemplo planos y especificaciones.
- Procedimientos y políticas de la empresa relacionados con la seguridad física.
- Planos de los sistemas de seguridad instalados.
- Organigramas y descripciones de trabajo.
- Planes de contratación.
- Registros de capacitación.
- Copia de informes de incidentes de seguridad personal de los últimos dos años.
- Algún dato de crímenes en el área que esté disponible.
- Alguna protección de las instalaciones que esté documentada y que aborde las diferentes condiciones de amenaza.
- Copia de órdenes de puestos de los oficiales de seguridad.

Recopilación de datos

Los profesionales utilizan una diversidad de métodos para recopilar datos.

- **Revisión de documentos:** Los documentos de políticas, documentos de sistemas de protección física, incluyendo guías de usuario y manuales de administración del sistema de seguridad. Documentación relacionada con seguridad (como informes de las PSS anteriores, informes de análisis de riesgo, pruebas del sistema, planes de seguridad y políticas de seguridad y procedimientos) pueden proporcionar información confiable acerca de los controles de seguridad utilizados y planificados para el lugar. El análisis de impacto de la misión de una organización o evaluación de criticidad de un activo proporciona información relativa a la criticidad y sensibilidad de un activo. Normalmente, los documentos de políticas incluyen planes de seguridad personal, políticas y guías de procedimientos. Otros registros de interés incluyen registros administrativos, registros de control de documentos, informes de seguimiento solicitados en revisiones anteriores, registros de capacitación, mantenimiento de equipo o registros de calibración y registros de inventario.

- **Observaciones in situ:** Por medio de las observaciones los profesionales pueden ver la manera en que el personal del lugar realiza su trabajo y evaluar su desempeño de labores bajo condiciones normales. Tales observaciones proporcionan los mejores datos en cuanto a si el personal del lugar sigue los procedimientos establecidos y si manejan adecuadamente el equipo por el que son responsables. Las observaciones se deben llevar a cabo en tantos puntos clave del lugar como sea práctico.

- **Cuestionarios:** Para recopilar información relevante, el profesional puede elaborar un cuestionario relacionado con los controles operativos y de administración planificados o utilizados para la seguridad física del lugar. Este cuestionario debe distribuirse al personal pertinente que apoye la seguridad física. El mismo cuestionario se debe utilizar durante visitas in situ y verificar en entrevistas con varios puntos.

- **Entrevistas in situ:** Las entrevistas con el personal pueden permitirle al profesional recopilar información útil acerca de los sistemas de seguridad (por ejemplo, cómo se opera y administra el sistema). Las visitas in situ también le permiten al profesional observar y reunir información acerca de aspectos de seguridad operativa, de sistemas y arquitectónica de la instalación.

- **Pruebas de conocimiento:** La clave para la implementación exitosa de un programa es qué tan bien conoce y desarrolla el personal sus labores. El conocimiento del trabajo normalmente se evalúa al entrevistar al personal involucrado en el tema o subtema durante la inspección; sin embargo, se pueden generar pruebas específicas orales, escritas o la combinación de ellas.

- **Pruebas de desempeño:** Las pruebas de desempeño son los métodos más valiosos de recopilación de datos que se utilizan durante la inspección. En contraste con la prueba de conocimiento, la prueba de desempeño se diseña para determinar si el personal tiene las capacidades y habilidades para desempeñar sus labores, si funcionan los procedimientos y si el equipo y los sistemas son funcionales y adecuados. Algunas pruebas se pueden llevar a cabo bajo condiciones completamente normales, en donde las personas no están al tanto de la prueba. Otras pruebas se deben llevar a cabo bajo condiciones ficticias, aunque debe considerarse primeramente el máximo realismo posible. Ejemplos de pruebas de desempeño son intentar ingresar a áreas con activos críticos, forzando las puertas o utilizar métodos de suplantación de identidad para que los dispositivos de control de acceso abran las puertas.

33

Visita al lugar

Aunque algunas de la recopilaciones de datos se llevan a cabo durante la planificación de la evaluación, la mayoría tiene lugar durante la visita in situ. La visita al lugar es un período de actividad intensa y variada para el profesional y mucho del personal del sitio se involucra en la PSS. Esta etapa de la evaluación es crucial porque el profesional recolecta la mayoría de la información necesaria para determinar si los programas de protección cumplen con los requisitos y si son efectivos. Es muy importante que se realice una planificación cuidadosa y previa del personal conocedor del sitio.

Planos y esquemas

El análisis de los planos y de varias estructuras del lugar es muy útil al prepararse para la evaluación y al decidir si se deben implementar medidas de moderación. Los planos y esquemas siguientes son útiles:

- Planos del lugar.
- Perímetro de la instalación.
- Barreras del perímetro.
- Ubicaciones existentes de lectores de tarjetas.
- Puntos de alarma existentes.
- Puntos de ingreso y egreso.
- Carreteras exteriores.
- Ubicaciones de almacenaje.
- Ubicaciones de puertas, ventanas y aberturas similares.
- Esquemas de sistemas de seguridad existentes que muestran conexiones eléctricas y de señal.

Análisis de datos

La PSS proporciona un examen o análisis de los sistemas de seguridad, defensas y procedimientos de una instalación u organización para determinar si se apega a los requisitos o a su efectividad. En el caso de debilidades o incumplimientos, la PSS debe proporcionar recomendaciones adecuadas y necesarias para moderar el riesgo.

Estrategia de protección

Si la empresa o instalación ya tiene una estrategia de protección, la PSS debe validarla. Si no existe una estrategia de protección de la instalación, entonces se debe desarrollar una para:

- Proyectar una imagen de una instalación de seguridad bien protegida a intrusos potenciales (disuasión).
- Detectar cualquier intruso en los puntos del perímetro (detección).
- Retrasar a los intrusos en varios niveles, desde el perímetro hasta los activos de valor (retraso).

- Evaluación rápida de alarmas por parte del operador de consola de seguridad que observa las alarmas y vídeo para enviar oportunamente la respuesta(evaluación).

- Respuesta rápida a intentos de intrusos con personal adecuado (respuesta).

Criterios de diseño de medidas de moderación

Al momento de seleccionar medidas de moderación de amenazas para implementarlas, el profesional debe considerar los siguientes criterios de diseño:

- Costo de implementación: (incluye costos únicos, como el costo del equipo, mano de obra para instalarlo y cambios de estructuras existentes) y período de implementación (en semanas). Obviamente, el costo es una característica importante y el período de tiempo para implementación podría ser una consideración importante para algunas recomendaciones.

- Cambio en el costo operativo relacionado con la implementación de cada recomendación: (incluye costo de mantenimiento, artículos de consumo y horas hombre para monitorear o supervisar). Si la recomendación diera como resultado la sustitución de algún procedimiento o actividad, se considerará el ahorro en costos asociado con la sustitución, así como también el costo operativo de la recomendación. Por ejemplo, reemplazar los bombillos de luz incandescente con bombillos fluorescentes representaría una reducción de costo operativo porque, por el mismo requerimiento de luz, los fluorescentes utilizan menos electricidad. (El costo de los bombillos sería el costo de implementación). Esta característica es otro componente del costo total de una recomendación.

- Valor del activo: El valor del activo se refiere a diferentes niveles de idoneidad relacionados con niveles de impacto potenciales de la empresa.

- Nivel de consecuencia: Este criterio se refiere específicamente a diferentes niveles de consecuencias económicas potenciales.

- La probabilidad de prevenir el intento de un agresor antes y después de que se implemente la recomendación. La dificultad técnica y cultural relacionada con la implementación de la recomendación. Este criterio se refiere a la posibilidad de que la recomendación pueda tener sentido, pero que requiera algunos ajustes culturales para que sea efectiva (por ejemplo, muchas personas se negaron a usar placas de identificación durante años hasta que los datos de beneficios fueron claros).

- Dependencia en otras infraestructuras: Este criterio se refiere hasta qué grado cambia la recomendación la dependencia en otras infraestructuras, incluyendo telecomunicaciones, agua, carretera, ferrocarril, servicios de emergencia, banca y finanzas y servicios del gobierno.

Prioridades de moderación

Las siguientes recomendaciones se resaltan de acuerdo con algunas características deseables. Por ejemplo:

- Bajo costo (implementación combinada y costo operativo anual relativamente bajo).

- Gran aumento en la probabilidad de prevenir el intento de un agresor.

- Gran aumento en la probabilidad de evitar el éxito de un agresor.

- La mayoría de activos de valor (recomendaciones que se refieren a activos que tienen altos niveles de impacto potencial si se aprovechan exitosamente).

35

- Consecuencias de gran magnitud (recomendaciones que se refieren a importantes impactos potenciales).

- Proporciones altas de costo/beneficio.

La selección de medidas de protección física debe basarse en documentación formal para justificar la razón para implementar las medidas seleccionadas. Esta es la razón de por qué seguimos un proceso formal de identificación de activos críticos, amenazas contra los activos, el impacto en la organización si se materializa una amenaza y la vulnerabilidad para cada par de activos y amenazas.

Comparación de técnicas de moderación

La figura 2.1 muestra la relación de la efectividad de contramedidas contra el costo. Tome en cuenta que la modificación del comportamiento de los empleados durante las evaluaciones de seguridad y auditorías, políticas y procedimientos, capacitación y concienciación son elementos mucho menos costosos pero más efectivos para lograr la seguridad. Agregar cerraduras, control de acceso, detección de intrusos, iluminación y otros sistemas de seguridad agrega costos, pero puede ayudar a obtener una mejor seguridad y a reducir recursos humanos.

El componente más costoso de un programa de seguridad es el personal, sin embargo, debemos hacer énfasis en que el personal es también el elemento más importante.

Figura 2.1

Al llevar a cabo evaluaciones de seguridad, se analizarán las interrelaciones de los tres elementos básicos del programa de seguridad:

- Elementos de seguridad arquitectónica, como son protección del perímetro, iluminación exterior, servicios críticos de edificios, control del vestíbulo, operaciones de estacionamiento, instalaciones de descarga, escaleras de salida, adyacencias de espacio, etc.

- Elementos organizacionales como personal de seguridad, elementos de procedimientos y políticas, por ejemplo, control de visitantes, contratación de personal de seguridad, ejecución y asignación de órdenes de los puestos, supervisión y administración de sistemas de seguridad, proceso de entrega, etc.

- Elementos de los sistemas electrónicos, como control de acceso automatizado, alarmas de intrusos, televisión de circuito cerrado, comunicaciones inalámbricas y de interfono y sistemas de supervisión, etc.

Comprensión de medidas de protección física

Anillos concéntricos de protección

Los conceptos y estrategias que deben recomendarse durante la evaluación deben seguir los principios reconocidos de seguridad de "prevención de crímenes a través de diseño ambiental" (CPTED, por sus siglas en inglés) y "círculos concéntricos de protección". CPTED es un concepto que intenta utilizar recursos planificados como barreras arquitectónicas, línea de observación, jardines e iluminación en conjunto con elementos tradicionales de seguridad personal para reducir las vulnerabilidades ante el crimen.

El concepto de "círculos concéntricos de protección" (que se muestran en la **Figura 2.2**) se basa en diferentes niveles de protección que se originan en el perímetro del lugar, perímetro del edificio, áreas del vestíbulo y áreas del interior de control especializado. Se vuelve mucho más estricto conforme se procede a través de cada nivel para alcanzar las áreas más críticas.

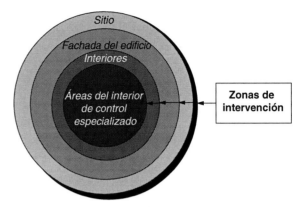

Figura 2.2 Anillos concéntricos

Este concepto y diagrama se han modificado al introducir el concepto de "zonas de intervención". Estas zonas de intervención proporcionan una oportunidad para respuesta, evaluación y control de intrusos o personas no autorizadas al canalizar a todo el personal a través de estas áreas.

Contramedidas contra amenazas

El propósito de revisar el programa de seguridad física de la empresa es identificar qué nivel de seguridad es adecuado, según se ha determinado a través del enfoque de la administración de riesgo. La revisión de la seguridad física le proporciona a la administración, la información concerniente al valor de gastos de seguridad actuales, posibles mejoras de bajo costo y reducción potencial de riesgo con actualizaciones de seguridad económicas. El nivel adecuado de seguridad física de la empresa depende del valor de sus activos, las amenazas potenciales y el costo relacionado con la protección de los activos. Estas relaciones deben considerarse cuando se realiza una evaluación de las contramedidas.

En términos generales, los elementos de seguridad personal de bajo costo deben estar establecidos en todos los activos críticos. Entre éstos podemos mencionar cerrar las puertas con seguro, utilizar placas de identificación y acompañar a los visitantes. Estos tipos de elementos de seguridad mejoran la postura de seguridad personal sin ningún costo significativo y también desarrollan concienciación de seguridad en los empleados. La implementación de elementos de seguridad personal más estrictos y más costosos (puntos de control de acceso, cámaras, alarmas, fuerza de seguridad) requiere un enfoque de costo/beneficio. Recomendar que una empresa elimine un elemento de seguridad personal debido al alto costo, puede colocar a los activos en un riesgo injustificado. Por otra parte, recomendar la implementación de elementos de seguridad personal puede ser costoso sin que se logre ninguna mejora en la postura general de seguridad.

37

Espectro de amenaza contra desempeño de PPS

En la tabla a continuación se explica la relación de las amenazas que enfrentan las instalaciones y el costo de las medidas de seguridad.

Espectro de amenaza			
Bajo	*Mediano*	*Alto*	*Clasificado*
Único intruso	Arriba de bajo:	Arriba de mediano:	Arriba de alto:
Sin tecnología	+ Múltiples intrusos	+ Una persona de la misma empresa	
Sin armas	+ Cierta tecnología	+ Herramientas grandes	
Bajo $	+ Herramientas manuales	+ Explosivos	?
No violento	+ Conocimiento	+ Grande $$	
	+ Mediano $	+ ¿Violento ?	
↑ Sistema actual($)	↑Opción No. 1 ($$)	↑Opción No. 2 ($$$)	↑Opción No. 3 ($$$$)

Asuntos legales y medidas de protección física

En los Estados Unidos y en otros países, el sistema de justicia le da un gran valor a los derechos y protección de los ciudadanos. El profesional de seguridad necesita estar consciente de algunas de las consecuencias legales de sus actividades laborales. Consideremos algunas definiciones:

Tort: palabra francesa para ofensa. Cierta conducta ilegal que causa lesión física, interfiere con la seguridad física de la persona, su libertad de movimiento, daño o pérdida a su propiedad que a menudo da como resultado que alguien sea responsable. Las acciones ofensivas son causa civil de acción en donde una persona presenta una demanda judicial en contra de otra para obtener una compensación monetaria.

Ofensa intencional: una ofensa cometida intencionalmente para causar daño.

Ofensa por negligencia: una ofensa cometida debido a falta de poner en práctica el suficiente cuidado al hacer lo que de otra manera es permitido.

Deber no delegable: algunas responsabilidades que no pueden transferirse completamente.

Negligencia: falta de poner en práctica el grado de cuidado considerado razonable bajo las circunstancias, que da como resultado una lesión no intencionada o accidental a otra parte.

Responsabilidad: a lo que uno está obligado legalmente, una obligación, responsabilidad o deuda.

Negligencia imputable: atribuir falta o responsabilidad a una parte debido a responsabilidad por otra parte.

Responsabilidad delegada: tener el poder de controlar las acciones de otra parte involucrada en una relación o contrato.

Responsabilidad de los establecimientos

La responsabilidad de los establecimientos es una acción civil en la cual la parte demandante intentará hacer responsable a un dueño de propiedad o gerente de propiedad por las lesiones causadas durante un ataque criminal violento cometido en sus instalaciones. Los daños pueden ser tanto por lesiones físicas como psicológicas sufridas después del ataque. Por lo general se acusa al dueño de la propiedad de haber contribuido a la lesión del demandante por no proporcionar la seguridad adecuada en la propiedad.

Para que la demanda de seguridad inadecuada tenga éxito, el demandante debe probar que el dueño de la propiedad violó su deber de cuidado al no cumplir con proporcionar medidas de seguridad personal razonables, bajo las circunstancias. Por lo general, esto se hace, por ejemplo, demostrando que las cerraduras de las ventanas o puertas estaban defectuosas y no se repararon, que las luces no funcionaban durante semanas antes del asalto al demandante o que, comparado con otras instalaciones, se habían implementado medidas de seguridad insuficientes. El enfoque también podría involucrar a un empleado del dueño de la propiedad. El alegato por negligencia se puede enfocar en los métodos utilizados para la contratación, capacitación y supervisión del gerente del edificio, el personal de mantenimiento, los oficiales de seguridad u otro tipo de personal. El profesional de seguridad debe asegurarse que se aborden las amenazas legales cuando se lleven a cabo las evaluaciones de seguridad física.

Otros asuntos legales y medidas de protección física

El profesional de seguridad deberá comprender que:

- La selección de medidas de protección física debe basarse en documentación formal para justificar la razón para implementar las medidas seleccionadas. Esta es la razón de por qué seguimos un proceso formal de identificación de activos críticos, amenazas contra los activos, el impacto en la organización si se materializa una amenaza y la vulnerabilidad para cada par de activos y amenazas.

- El proceso legal revisará la "razón" de sus decisiones conforme a la información que tuvo disponible el profesional de seguridad al momento de la evaluación.

- La presencia de "negligencia" se evaluará a la luz de lo que ha sucedido en comparación con la probabilidad de lo que podría pasar.

Revisión legal de políticas y procedimientos

Las políticas de respuesta a incidentes de una empresa debe revisarlas periódicamente un asesor legal. La revisión legal debe garantizar que los procedimientos:

- Se pueden defender y hacer cumplir conforme a la ley.

- Cumplen con los procedimientos y políticas generales de la empresa.

- Reflejan las mejores prácticas reconocidas de la industria y demuestran el ejercicio del debido cuidado.

- Cumplen con las regulaciones y leyes locales, estatales y federales.

- Protegen al personal contra demandas.

Garantizar que el asesor legal tome en consideración:

- Cuándo presentar una demanda y qué debe hacerse para demandar a una persona a quien se descubrió violando las reglas de acceso a la instalación.

- Los procedimientos que se deben incluir para asegurar la admisibilidad de la evidencia.

- Cuándo informar de un incidente a las agencias del orden público locales, estatales o nacionales.

Otros puntos que el asesor legal debe tomar en consideración para ayudar a desarrollar procedimientos y en la capacitación de oficiales de seguridad para evitar problemas que por lo general son causa de demandas:

- Ceñirse a los lineamientos del deber: los oficiales deben cumplir con establecer estándares de conducta que no van más allá de sus funciones establecidas.

- Incumplimiento del deber: los oficiales no se involucran en conductas poco razonables.

- Causalidad: los oficiales no les causan lesiones a sus víctimas.

- Previsibilidad: ¿Existen eventos, especialmente aquellos que pueden ocasionar pérdida, lesión o daño y que los oficiales o la administración pudieron haber determinado que era probable que sucedieran?

Resumen del informe de PSS

Introducción

La introducción debe ser corta, probablemente no más de dos páginas en cualquier caso y escrita de manera concisa. Debe incluir el tipo de PSS, el personal que la llevó a cabo y dónde y cuándo se realizó. También debe incluir el alcance y enfoque de la actividad y, si es adecuado, por qué se condujo la actividad.

Antecedentes

El informe debe contener información limitada de antecedentes en lo que concierne al desempeño anterior, incluyendo áreas importantes de problema relacionadas con las últimas evaluaciones, inspecciones, etc. Si hubo problemas importantes, se puede incluir un comentario breve de las acciones correctivas que se han tomado. Se debe incluir los cambios recientes principales, como cambios de contratos, de presupuesto, de misión, etc. Proporcionar una explicación de dónde pueden encontrarse los varios tipos de información en el informe.

Resumen ejecutivo

Esta sección proporciona una evaluación del resumen de resultados de la actividad de la PSS. Se toman en consideración los resultados importantes de la PSS, los menos importantes no se tienen que mencionar específicamente. Esta sección es una breve sinopsis de las principales fortalezas y debilidades relacionadas con el estado del programa para brindar una indicación de la conclusión antes de leer los detalles de los resultados de la PSS. En esta sección no se consideran los resultados por área, pero se trata de combinar los resultados de todas las áreas y en particular se trata de identificar las tendencias o similitudes de todas las áreas por tema. Esta sección presenta una discusión balanceada de los atributos positivos y negativos del programa y de qué manera afectan todo el desempeño del programa.

Informe detallado

Activos: Enumera concisamente los activos críticos/clave de la instalación y las áreas que requieren protección.

Amenazas: Enumera las amenazas que se relacionan con los activos críticos y áreas de la instalación.

Vulnerabilidad: Enumera las debilidades en procedimientos, controles administrativos, controles internos, etc. que podrían aprovecharse para tener acceso a los activos críticos.

Atributos positivos del programa

Esta sección describe las cosas importantes que las organizaciones responsables han venido realizando adecuadamente y que contribuyen a la mejora o refuerzo del programa. Podría incluir cosas como iniciativas o desempeño adecuado y sólido de un área del programa en particular, atención adecuada de parte de la administración, acciones especiales que se han tomado para corregir deficiencias pasadas, etc. Si es pertinente, esta sección debe incluir uno o más párrafos que resuman los aspectos positivos de defensas integradas en el lugar y los beneficios que se han logrado.

Debilidades del programa y puntos que requieren atención

Observaciones, recomendaciones y justificación: ofrecen descripciones breves de las vulnerabilidades, cuál es el estándar (o mejor práctica) recomendado y las contramedidas de seguridad que se recomiendan. Incluir fotos digitales, según sea apropiado. Priorizar cada observación "alta", "mediana" o "baja" con base en el riesgo potencial de los activos identificados. Proporcionar una justificación de por qué se debe implementar la recomendación para reducir riesgo, economizar costos, reducir recursos humanos, mejorar respuestas, etc.

En esta sección se identifica y discute las debilidades que garantizan la atención de la administración. Se debe explicar ampliamente el problema o área del problema (incluyendo ejemplos, si es necesario) para promover la comprensión; se deben explicar las circunstancias importantes de moderación y cualquier acción correctiva inmediata que se haya identificado.

Las consecuencias de debilidades potenciales o de impacto se deben identificar, si es apropiado. Si corresponde, se debe incluir uno o más párrafos que consideren los estándares o mejores prácticas de varias defensas según se relacionen con las debilidades identificadas. En donde sea posible, se debe analizar las causas del origen de las debilidades en términos de las mejores prácticas.

Conclusión

Esta sección debe establecer brevemente la conclusión general derivada de la PSS. Debe presentar una discusión del estado general del programa, relevante al alcance de la actividad de la PSS. Podría discutir si el programa mejora o empeora.

Debe identificar áreas importantes que requieren corrección o necesitan la atención de la administración. Debe indicar el impacto cumulativo de los resultados, buenos y malos, de la idoneidad general del desempeño del programa. Si se considera oportuno, debe incluir conclusiones sobre el estado de los esfuerzos continuos relacionados con las defensas integradas y la administración de seguridad.

Clasificación

De ser posible, el profesional debe proporcionar una declaración de clasificación de las áreas individuales revisadas y del programa en general que se evalúa. La clasificación se puede establecer como mejor que, igual a o no tan buena como otras empresas de tamaño y estatura similar.

Capítulo 2: Evaluaciones de seguridad física

Elementos clave para el informe de evaluación de seguridad física

- *Activos:* Enumerar concisamente las áreas críticas/clave de la instalación que requieren protección.

- *Amenazas:* Enumerar las amenazas que están relacionadas con las áreas críticas/clave de la instalación.

- *Fortalezas de seguridad:* Resaltar las medidas de seguridad y prácticas adecuadas.

- *Observaciones y recomendaciones:* Describir brevemente la vulnerabilidad, el estándar recomendado y la contramedida de seguridad recomendada. Incluir fotos digitales, según sea apropiado. Priorizar cada observación "alta," "mediana" o "baja" con base en el riesgo potencial de los activos identificados.

- Proporcionar un memorando de presentación que resuma el proceso.

- Llevar a cabo un seguimiento con la administración para identificar las contramedidas de seguridad aprobadas, los presupuestos y el programa de financiamiento.

- Establecer prioridades y un orden cronológico para el proyecto de actualización de seguridad.

Criterio para presentación de informes

Verifique la información suministrada por el recurso del cliente. Solicítele a alguien más que lea el informe para garantizar que es claro para el lector que no es de seguridad. No escriba una novela, sea conciso y relevante a los temas en revisión. La credibilidad del informe depende de que el documento sea oportuno. Los informes deben ser imparciales. Evite "tergiversar" el informe para adecuarlo a intereses especiales.

Resumen

- Los profesionales de seguridad utilizan las evaluaciones de seguridad física para evaluar el programa de seguridad física de una empresa. La evaluación analiza el riesgo, determina los niveles de protección requeridos y analiza las deficiencias sistemáticas en la arquitectura, operación y seguridad.

- Las evaluaciones de seguridad implican seis pasos interrelacionados y entrecruzados: llevar a cabo la investigación, recopilar datos, visitar un lugar, realizar entrevistas, elaborar y analizar planos y esquemas y analizar los datos recopilados.

Después de la evaluación de seguridad, los profesionales deben informar sus hallazgos y recomendaciones, incluyendo estrategias de protección que tomen en consideración las consecuencias legales de sus actividades laborales. También deben realizar un seguimiento con la administración para identificar contramedidas de seguridad aprobadas, presupuestos y financiamiento y establecer prioridades y un orden cronológico para las actualizaciones de seguridad.

Preparación para el examen de Profesionales en seguridad física (PSP, por sus siglas en inglés)

P: ¿Por qué se deben llevar a cabo evaluaciones de seguridad?
R: Para comprender mejor las amenazas y vulnerabilidades, determinar niveles de riesgo aceptables, estimular acciones para moderar vulnerabilidades identificadas e identificar debilidades en la implementación de programas.

P: ¿Cuáles son los beneficios directos que se derivan de realizar dichas evaluaciones?
R: Seis nos vienen a la mente:
1. Crear y ampliar concienciación entre la administración ejecutiva.
2. Establecer o evaluar contra la línea de base para estimar la mejora o deterioro de la postura de seguridad personal de una empresa.
3. Clasificar en categorías los activos críticos e impulsar el proceso de administración de riesgo.
4. Desarrollar y crear habilidades internas y pericia profesional.
5. Promover la acción al obtener la participación ejecutiva e identificar a los actores clave.
6. Iniciar un esfuerzo de seguridad continuo.

Enumere los **5 elementos básicos** de un plan de seguridad.
Indique **4 fases** en el desarrollo de un plan de seguridad.
Enumere **3 beneficios** derivados de la realización de una evaluación de seguridad física.
Indique **2 enfoques** de la evaluación de seguridad física.
Explique al menos **1 diferencia** entre una evaluación de seguridad y una auditoría de seguridad.

Respuestas:

Los 5 elementos básicos de un plan de seguridad: (1) evaluación, (2) evaluación continua programada/sin programación, (3) esfuerzo de concienciación y educación en seguridad, (4) procedimientos de seguridad establecidos, (5) políticas y procedimientos de seguridad

Las 4 fases en el desarrollo de un plan de seguridad: (1) análisis de riesgo, (2) diseño de un plan de seguridad, (3) implementación, (4) mantenimiento

Los 3 beneficios de realizar una evaluación de seguridad física—3 de estos 6: desarrollo de concienciación entre la administración ejecutiva, establecimiento de una línea de base, clasificación de activos e impulso de la administración de riesgo, desarrollo de habilidades internas y pericia profesional, promoción de acción, inicio de un esfuerzo continuo

Los 2 enfoques de la evaluación de seguridad física: de afuera hacia adentro (muy utilizado por los oficiales de seguridad), de adentro hacia afuera (utilizado generalmente por los oficiales del orden público)

1 diferencia entre una evaluación de seguridad y una auditoría de seguridad

Enumere los **5 propósitos** para desarrollar una estrategia de protección.
Indique al menos **4 criterios de diseño** que utilizan los profesionales de seguridad para seleccionar medidas de moderación.
Enumere los **3 elementos básicos del programa de seguridad** que se analizará en la evaluación de seguridad.
Indique al menos **2 principios de seguridad reconocidos** que debe seguir toda recomendación de evaluación.
Explique al menos **1 forma de determinar el nivel adecuado de seguridad física** para una instalación.

43

Respuestas:

5 propósitos para desarrollar una estrategia de seguridad: Disuadir, detectar, retrasar, facilitar la rápida evaluación de alarmas, facilitar la pronta respuesta

4 criterios de diseño que utilizan los profesionales de seguridad para seleccionar medidas de moderación.

- **Costo de implementación** (costos únicos, como el costo de equipo, mano de obra para instalarlo y cambios de estructuras existentes) **y período de implementación** (en semanas).

- **Cambio en el costo operativo relacionado con la implementación de cada recomendación.**

- **Atractivo del activo.**

- **Nivel de consecuencia.**

- **Probabilidad de prevenir el intento de un agresor antes y después de que se implemente la recomendación.**

- **Determinado el intento, la probabilidad de prevenir el éxito de un agresor antes y después de que se implemente la recomendación.**

- **Dificultad técnica y cultural.**

- **Dependencia en otras infraestructuras.**

3 elementos básicos del programa de seguridad que se analizarán en la evaluación de seguridad. Arquitectura, operaciones y sistemas de seguridad.

2 principios de seguridad reconocidos que debe seguir toda recomendación de evaluación: Prevención del crimen por medio del diseño ambiental, círculos concéntricos de protección y zonas de intervención.

1 forma de determinar el nivel adecuado de seguridad física para una instalación: Uso del enfoque de costo/beneficio.

Glosario de términos para evaluaciones de seguridad

**Amenaza base de diseño
(DBT, por sus siglas en inglés)**

El adversario contra el cual se debe proteger los servicios públicos. Para determinar la DBT se requiere que se considere el tipo de amenaza, tácticas, modo de operaciones, capacidades, nivel de amenaza y la probabilidad de incidencia.

Bujía-pie

Una unidad de intensidad luminosa definida como la cantidad de luz que se mide en una superficie a un pie/0.30 metros de un punto uniforme de fuente de luz igual a la luz de una candela. Una bujía-pie es igual a un lumen por pie cuadrado.

Cadena daisy o margarita

Es una conexión en serie que se engancha a una cad na común que bloquea una entrada.

Chicana

Una serie de curvas apretadas en una carretera utiliz da para frenar los vehículos.

Conducto

Un canal que transporta algo hacia y desde un lugar.

Contramedidas

Una reacción o defensa en contra de una acción hostil para hacer frente a una situación de amenaza.

Criminal

Un individuo que actúa solo o en grupo y utiliza recur sos personales y cierto conocimiento de activos de los servicios públicos con la intención de obtener ganancias económicas. Existe la posibilidad de que un criminal pueda tener armas y pueda hacer daño.

Disparadores

Niveles de acción predeterminados que inician una respuesta.

Espacio de portones para vehículos

Portones que se bloquean entre sí dentro de un área cercada, en donde los conductores que ingresan pasan el primer portón y se detienen en el segundo. Cuando ambos portones se encuentran cerrados y el vehículo se encuentra dentro de ese espacio, un guardia de seguridad confirma la identidad del conductor y si es necesario registra el vehículo para confirmar su contenido. Cuando se aprueba el ingreso del vehículo y del conductor, el segundo portón se abre y el vehículo puede proseguir a las instalaciones.

Fortalecer

Mejorar la fuerza física de una instalación.

**Ley de estadounidenses con
capacidades
(ADA, por sus siglas en inglés)**

Se convirtió en decreto en 1990, la ley pública 101-226 de **dis-** los EE.UU. prohíbe discriminación con base en dis capacidad, es decir, por incapacidad de realizar labores diarias utilizando métodos tradicionales.

**Ley de seguridad de salud pública y
Preparación contra bioterrorismo
y de Respuesta**

Se convirtió en decreto en 2002, la ley pública 107-188 de los EE.UU. requiere que se realicen evaluaciones de vulnerabilidad y se cree y actualice Planes de respuesta a emergencias para los sistemas de agua potable que prestan servicio a más de 3,300 personas.

45

Leyes de libertad de información	Leyes que permiten que los procedimientos del gobierno estén disponibles para la inspección de la población.
Puntos establecidos	Niveles de respuesta, altos y bajos, predeterminados para que un sensor active una señal de alarma.
Saboteador	Un individuo que actúa solo o en grupo con la intención de dañar las capacidades que tienen los servicios públicos para funcionar y responder y posiblemente lesionar a los empleados.
Sistema de mando del incidente (ICS, por sus siglas en inglés)	Un sistema de administración de respuesta estandarizado que es un componente clave de NIMS (Sistema nacional de manejo de incidentes). Es un enfoque de "todo peligro/todo riesgo" para operaciones de respuesta a crisis y no crisis mediante la mejora de capacidades de mando, control y comunicaciones.
Sistema nacional de manejo de incidentes (NIMS)	Un sistema que comprende cinco sub sistemas principales que conjuntamente proporcionan un sistema de enfoque total para el manejo de incidentes de riesgo. Estos sub sistemas son el Sistema de mando del incidente (ICS, por sus siglas en inglés) capacitación, calificaciones y certificación, manejo de publicaciones y tecnología de soporte.
Terrorista	Un individuo que actúa solo o en grupo con la intención de menoscabar la estabilidad e infundir terror a través de la destrucción de activos importantes o simbólicos y posiblemente del asesinato de personas. Los terroristas dedican mucho tiempo y recursos a seleccionar e informarse sobre sus objetivos y planean sus ataques.
Vándalo	Un individuo que actúa solo o en un grupo y utiliza pintura en spray para hacer dibujos de graffiti o herramientas de mano para causar daños menores a los activos de los servicios públicos.
Zona de influencia	Área de un sistema de distribución que se afecta por un evento de contaminación química.
Zona despejada	Un área alrededor del perímetro de una instalación que no tiene arbustos ni árboles y consiste de un jardín bien man tenido que no proporciona lugares para que un adversario se esconda.

Referencias

National Fire Protection Association (Asociación Nacional de Protección contra Incendios). (2006). *NFPA 730: Guide for Premises Security* (Guía para la seguridad de los establecimientos). Quincy, MA.

U.S. Department of Energy (Departamento de Energía de los EE.UU.). (2006). *Inspectors Guide* (Guía de inspectores). Washington, DC.

Capítulo 2: Evaluaciones de seguridad física

Capítulo 2: Preguntas de práctica

Las siguientes preguntas fueron tomadas del material cubierto en este capítulo. No se pretende que incluyan todo el material de este capítulo, ni que representen preguntas verdaderas del examen de certificación.

Sin embargo, estas preguntas tienen la intención de ayudarle a revisar información importante relacionada con evaluaciones de seguridad física. Se le anima a consultar los recursos adicionales que se encuentran al final de este capítulo para prepararse a fondo para el examen de certificación de ASIS.

Pregunta 1. Por lo general, la evaluación de seguridad física incluye un análisis de riesgo que ayuda a determinar los niveles de protección que se requieren en las instalaciones y las deficiencias en:
a) aspectos arquitectónicos, de sistemas de seguridad y operativos.
b) geográficos, tecnológicos y servicios de seguridad.
c) control de acceso, detección de intrusos y alumbrado.
d) procedimientos, recursos humanos y capacitación.

Pregunta 2. Existen muchos beneficios cuando se lleva a cabo una evaluación de seguridad física. ¿Cuál de estos no es un beneficio?
a) Clasificar en categorías los activos críticos e impulsar el proceso de administración de riesgo.
b) Promover acción por medio de la identificación de vulnerabilidades y hacer recomendaciones a los ejecutivos, identificar actores clave y establecer grupos organizacionales que puedan convertir esas recomendaciones en acciones.
c) Servir como una excelente oportunidad para crear habilidades de seguridad y pericia profesional dentro de una organización.
d) Crear y ampliar concienciación entre todos los empleados.

Pregunta 3. El enfoque de la evaluación de seguridad física que las agencias del orden pública utilizan regularmente, se llama:
a) De adentro hacia afuera, en el cual el profesional empieza desde los activos críticos y se desplaza hacia el perímetro.
b) De afuera hacia adentro, en el cual el profesional comienza en el perímetro de la instalación y se traslada al interior en busca de varias medidas de protección que se deben burlar para obtener acceso a los activos críticos.
c) Capas concéntricas
d) Círculos de protección

Pregunta 4. ¿Cuáles de los siguientes métodos básicos utilizan los profesionales para recopilar datos?
a) inventario de equipo, pruebas orales/escritas, barreras perimetrales, evaluaciones del lugar y estudios de iluminación.
b) capacitación, análisis de impacto, análisis de planos, muestreo en estadísticas y análisis de esquemas.
c) entrevistas, revisión de documentos, pruebas de desempeño, observaciones, cuestionarios y pruebas de conocimiento.
d) entrevistas, análisis de riesgo, análisis de trabajo, evaluaciones de desempeño, estudios de eficiencia y grupos de enfoque.

Pregunta 5. ¿Cuál de los siguientes no describe el criterio que utiliza el profesional al seccionar medidas de moderación?
a) La dificultad técnica y cultural relacionada con la implementación de la recomendación.
b) La probabilidad de prevenir el intento de un agresor antes y después de que se implemente la recomendación.
c) Los antecedentes culturales de los empleados.
d) Cambia la dependencia en otras infraestructuras.

Pregunta 6. Cuando se llevan a cabo evaluaciones de seguridad, se examinan las interrelaciones de tres elementos básicos del programa de seguridad para determinar la efectividad del programa
a) elementos de seguridad arquitectónica; elementos de organización, personal de seguridad, política y procedimientos y elementos del sistema de seguridad.
b) elementos arquitectónicos, de control de acceso y de iluminación.
c) organización, contratación de personal y órdenes de los puestos.
d) sistemas de seguridad, compromiso de la administración y distribución del lugar.

Pregunta 7. La responsabilidad de los establecimientos es una acción civil en la cual la parte demandante intentará hacer responsable a un dueño de propiedad o gerente de propiedad por las lesiones causadas durante un ataque criminal cometido en sus instalaciones. En estas demandas judiciales, el demandante debe probar que el dueño de la propiedad/gerente violó su deber de cuidado al no proporcionar medidas de seguridad razonables. ¿Cuál de estos no es un ejemplo?
a) se han implementado medidas de seguridad insuficientes en comparación con otras instalaciones similares.
b) las cerraduras de las ventanas o puertas estaban defectuosas y no se repararon.
c) los métodos utilizados para contratar y capacitar al personal y a los oficiales de seguridad eran inadecuados.
d) las luces no funcionaban durante semanas antes del asalto.

Pregunta 8. El asesor legal debe revisar periódicamente las políticas de respuesta a incidentes y la revisión legal debe garantizar que sus procedimientos incluyan varios temas. ¿Cuál de estos enunciados no es correcto?
a) Cumplir con los procedimientos y políticas generales de la empresa.
b) Cumplir únicamente con las regulaciones y leyes locales.
c) Reflejar las mejores prácticas reconocidas de la industria y demostrar el ejercicio del debido cuidado.
d) Proteger a su personal contra demandas.

Pregunta 9. El Resumen ejecutivo de la evaluación de seguridad presenta una evaluación del resumen de los resultados del estudio. ¿Cuál de los siguientes no se incluye en el Resumen ejecutivo?
a) En esta sección no se consideran los resultados por área, pero se trata de combinar los resultados de todas las áreas y en particular se trata de identificar las tendencias.
b) Presenta una discusión balanceada de los atributos positivos y negativos del programa y de qué manera afectan todo el desempeño del programa.
c) Ofrece descripciones breves de las vulnerabilidades, cuál es el estándar (o mejor práctica) recomendado y las contramedidas de seguridad que se recomiendan.
d) Esta sección es una sinopsis de las principales fortalezas y debilidades relacionadas con el estado del programa.

Pregunta 10. Cuando se realiza una evaluación, el profesional debe empezar por obtener un plano de las instalaciones, en el cual se representen las áreas dentro de la instalación, puntos de acceso, estacionamientos, bodegas y alguna área adjunta que pertenezca a la instalación. ¿Cuál de los siguientes no necesita obtener el profesional de seguridad?
a) tipo de construcción de los edificios de la instalación.
b) agencia del orden público, departamento de bomberos y otras organizaciones responsables para responder ante emergencias, incluyendo el tiempo de respuesta.
c) nombres y direcciones de todos los funcionarios de la administración.
d) el valor determinado de los activos o equipo único o sensible.

Pregunta 11. El nivel adecuado de seguridad física de la empresa depende del valor de sus activos, las amenazas potenciales y el costo relacionado con la protección de los activos. ¿Cuál de estos enunciados no es correcto?
a) Se deben colocar elementos de seguridad personal de bajo costo, como cámaras, alarmas, fuerza de seguridad en todos los activos críticos.
b) Recomendar que una empresa elimine un elemento de seguridad debido al alto costo, puede colocar a los activos en un riesgo injustificado.
c) Recomendar la implementación de elementos costosos de seguridad podría dar como resultado una pequeña mejora en la postura general de seguridad.
d) Cerrar las puertas con seguro, utilizar placas de identificación y acompañar a los visitantes, mejora la postura de seguridad sin ningún costo significativo.

Pregunta 12. ¿Cuál de los siguientes no debe incluirse en el informe de evaluación de seguridad física?
a) los activos críticos de las instalaciones que requieren protección.
b) descripciones breves de las vulnerabilidades, del estándar recomendado y contramedidas de seguridad recomendadas.
c) un memorando de presentación que resuma el proceso.
d) duración para el presupuesto de seguridad

Pregunta 13. Un plan de seguridad se debe desarrollar siguiendo cuatro fases distintas. ¿Cuál de estas no es correcta?
a) Diseño de programa de seguridad, el cual es la selección de contramedidas para moderar riesgos.
b) Análisis de riesgo, el cual es un examen superficial que incluye mantenimiento.
c) Ofrece descripciones breves de las vulnerabilidades, cuál es el estándar (o mejor práctica) recomendado y las contramedidas de seguridad que se recomiendan.
d) Mantenimiento que incluye un proceso continuo para garantizar la efectividad de las soluciones.

Pregunta 14. El resultado final de una evaluación de seguridad física es:
a) recomendar un amento para el gerente de seguridad.
b) obtener financiamiento para sistemas de seguridad nuevos.
c) recomendar medidas de seguridad física necesarias para salvaguardar al personal, prevenir el acceso no autorizado al material y equipo y proteger en contra de sabotaje, daño y robo.
d) validar los activos, amenazas y vulnerabilidades.

Pregunta 15. El tipo de contramedida más importante y que por lo general es la más costosa es:
a) hardware de seguridad.
b) software de computadoras.
c) personal.
d) inteligencia.

Respuestas a las preguntas del capítulo 2

1. a) Aspectos arquitectónicos, de sistemas de seguridad y operativos.

2. d) Crear y ampliar concienciación entre todos los empleados.

3. a) De adentro hacia afuera, en el cual el profesional empieza desde los activos críticos y se desplaza hacia el perímetro.

4. c) Entrevistas, revisión de documentos, pruebas de desempeño, observaciones, cuestionarios y pruebas de conocimiento.

5. c) Los antecedentes culturales de los empleados.

6. a) Elementos de seguridad arquitectónica; elementos de organización, personal de seguridad, política y procedimientos y elementos del sistema de seguridad personal.

7. c) Los métodos utilizados para contratar y capacitar al personal y a los oficiales de seguridad eran inadecuados.

8. b) Cumplir únicamente con las regulaciones y leyes locales.

9. c) Ofrece descripciones breves de las vulnerabilidades, cuál es el estándar (o mejor práctica) y las contramedidas de seguridad recomendados.

10. c) Nombres y direcciones de todos los funcionarios de la administración.

11. a) Elementos de seguridad personal de bajo costo, como cámaras, alarmas, fuerza de seguridad deben estar establecidos en todos los activos críticos.

12. d) Un plazo de tiempo para el presupuesto de seguridad personal.

13. b) Análisis de riesgo, el cual es un examen superficial que incluye mantenimiento.

14. c) Recomendar medidas de seguridad física necesarias para salvaguardar al personal, prevenir acceso no autorizado al material y equipo y proteger en contra de sabotaje, daño y robo.

15. c) Personal

Anexo

MUESTRA
DE LISTA DE VERIFICACIÓN DE LA EVALUACIÓN DE SEGURIDAD FÍSICA*

Región y oficina: _____

Nombre del edificio: _____

Dirección: _____

Persona que lleva a cabo la evaluación de seguridad física:

_____   _____

Nombre y cargo en letras de molde: Dirección y teléfono

Firma: _____

Fecha de la evaluación: _____

1. CONTACTOS

a. Oficial principal del edificio: _____

Teléfono: _____

b. Gerente de seguridad de las instalaciones:_____

Teléfono: _____

c. Agencia federal de orden público

Agencia: _____
Nombre, dirección y teléfono

Responderá a incidentes/ofensas: Sí ____ No ____

d. Agencia del departamento de Policía

Agencia: _____
Nombre, dirección y teléfono

Memorando de entendimiento con la Policía local: Sí ____ No ____

Se proporcionarán estadísticas de crímenes: Sí ____ No ____

Se llevarán a cabo programas de prevención de crímenes: Sí ____ No ____

Fuente*: U.S. Department of Defense (Departamento de Defensa de los EE.UU.). (2005). *U.S. Geological Survey (USGS) Physical Security Handbook (440-2)* (Encuesta geológica de los EE.UU. Manual de seguridad física). Washington, DC.

e. Agencia de contacto de alarmas

Agencia: _____

Nombre y cargo: _____

Teléfono en horas hábiles: _____ Teléfono en horas no hábiles: _____

Nombre y cargo: _____

Teléfono en horas hábiles: _____ Teléfono en horas no hábiles: _____

Agencia: _____

Teléfono en horas hábiles: _____ Teléfono en horas no hábiles: _____

Otros:

_____

_____

_____

_____

_____

_____

2. INFORMACIÓN DEL EDIFICIO/INSTALACIÓN

Propiedad federal: Sí _____ No _____ Alquilado: Todo_____ Parcial _____

Nombre del arrendador: _____

Dirección del arrendador: _____

Jurisdicción del edificio: Exclusiva _____ Conjunta_____ De propiedad _____

Fecha de construcción del edificio: _____

Composición del edificio: (ladrillo, block, concreto (prefabricado o vertido), paneles de metal, exterior de vidrio)

_____

_____

_____

_____

_____

Total de metros útiles: _____

Número total de pisos: Sobre la superficie _____ Debajo de la superficie_____

Nivel de seguridad: I II III IV (Encierre uno en un círculo)

53

Número total de ocupantes: _____ Número total de visitantes diarios: _____

Horario normal de funcionamiento: Días/semana _____ Abre _____ Cierra _____

Distancia en yardas/metros desde el edificio a la calle pública más cercana: _____

Distancia en yardas/metros desde el edificio al estacionamiento público más cercano en la calle: _____

Distancia en yardas/metros desde el edificio al establecimiento público más cercano: _____

¿Hay parques, plazas u otras áreas públicas inmediatamente contiguos al edificio?
Sí _____ No _____

¿Hay negocios comerciales (por ejemplo, restaurantes, farmacias, bancos) sin control de acceso externo en el edificio? Sí _____ No _____

Plan de emergencia para ocupantes: Sí _____ No _____

Procedimientos en caso de amenaza de bomba: Sí _____ No _____

Se utilizan tarjetas de datos: Sí _____ No _____

Se publican regulaciones y reglas del edificio: Sí _____ No _____

Comentarios:
_____
_____
_____
_____
_____

3. INFORMACIÓN DE EVALUACIÓN PREVIA

Fecha en que se evaluó el edificio por última vez: _____

Quién evaluó: _____

Se han implementado todas las recomendaciones de la última evaluación: Sí _____ No _____

En caso negativo, explique:
_____
_____
_____
_____

4. ESTACIONAMIENTO EN EL LUGAR

Estacionamiento subterráneo: Sí_____ No_____

En caso afirmativo, ¿cómo se controla el estacionamiento? ¿Cómo se controla el estacionamiento público?

_____
_____
_____
_____
_____
_____

Área de estacionamiento externo: Sí ____ No ____

En caso afirmativo, ¿cómo se controla el estacionamiento? ¿Cómo se controla el estacionamiento público?

_____
_____
_____
_____
_____
_____

¿Está el estacionamiento de empleados separado del estacionamiento público? Sí ____ No ____

En caso negativo, explique:

_____
_____
_____
_____
_____

¿Se detienen los vehículos al menos a 100 pies/30.48 metros de las instalaciones? Sí ____ No ____

En caso negativo, ¿hay algún guardia que registre los vehículo cuando éstos están a una distancia de 100 pies/30.48 metros de las instalaciones? Sí ____ No ____

¿Se han implementado y establecido los procedimientos para alertar al público acerca de políticas de remolque y retiro de vehículos no autorizados? Sí ____ No ____

¿Se han establecido procedimientos para identificar vehículos y los espacios de estacionamiento correspondientes? (letreros, calcomanías, tarjetas, etc.)? Sí ____ No ____

5. SEGURIDAD PERIMETRAL

Barreras físicas

¿Existen barreras externas alrededor del perímetro físico (es decir, barreras de concreto, macetas, bolardos, peñascos grandes, cercas, control de vehículos en los portones, etc.) de las instalaciones? Sí ____ No ____

¿Existen barreras de estacionamiento que separen el área de estacionamiento/entrega de personas de las instalaciones? Sí ____ No ____

Capítulo 2: Evaluaciones de seguridad física

En caso afirmativo, explique:

_____
_____
_____
_____
_____

Sistema de calefacción, ventilación y aire acondicionado (HVAC, por sus siglas en inglés) del edificio

¿Se ha evaluado el sistema de HVAC y se han tomado las medidas necesarias para reducir la vulnerabilidad del sistema de HVAC del edificio en contra de amenazas químicas, biológicas y radiológicas (CBR, por sus siglas en inglés)? Sí _____ No_____

Explique:

_____
_____
_____
_____
_____

¿Existen capacidades y procedimientos establecidos para cerrar el sistema de entrada de aire?
Sí _____ No_____

¿Existen sistemas de HVAC para los vestíbulos, área de correo y plataformas de carga?
Sí____ No _____

Supervisión del circuito cerrado de televisión (CCTV, por sus siglas en inglés)

¿Hay vigilancia por CCTV? Sí _____ No _____

En caso afirmativo, ¿cuál es la cobertura de CCTV? ¿Hay cobertura de 360 grados?

_____
_____
_____
_____
_____

¿Se hace la vigilancia y grabación por medio de CCTV durante las 24 horas? Sí _____ No _____

¿Tiene capacidad de acercamiento, inclinación y circular además de imagen fija? Sí _____ No _____

¿Las grabaciones de vídeo son durante lapsos de tiempo? Sí _____ No _____

¿Hay una sala de seguridad con dos oficiales supervisando el sistema de CCTV las 24 horas del día?
Sí _____ No _____

En caso negativo, explique:

_____
_____
_____
_____

¿Hay un monitor por cada ocho cámaras? Sí _____ No _____

¿Hay una fuente de alimentación de seguridad? Sí _____ No _____

¿Se mantienen las grabaciones por lo menos durante 30 días? Sí _____ No _____

¿Se publican señalizaciones de advertencia informando de la vigilancia por vídeo las 24 horas al día? Sí _____ No _____

Iluminación

¿Existe iluminación estándar de emergencia con código de seguridad en casi todas las áreas para cubrir las necesidades de evacuación segura de edificios en caso de desastre natural, corte de luz o actividades criminales/terroristas? Sí _____ No_____

¿Existe iluminación en el exterior con cobertura de 360 grados alrededor de las afueras de las instalaciones? Sí _____ No _____

¿Se cuenta con por lo menos con 30 minutos de fuente de alimentación de reserva de esta iluminación de emergencia? Sí _____ No _____

¿Es adecuada la iluminación para las áreas de estacionamiento? Sí _____ No _____

¿Se cumple con el mínimo de requisitos de iluminación para el CCTV? Sí _____ No _____

En caso de que haya respondido negativamente a alguna de las preguntas anteriores relacionadas con "Iluminación", explique:

_____
_____
_____
_____
_____

Recepción/envío

¿Se han auditado los estándares actuales de recepción/envío para mejorar la seguridad?
Sí _____ No _____
Después de auditar los procedimientos de recepción/envío, ¿se han implementado las mejoras de seguridad? Sí _____ No _____

En caso afirmativo, explique qué mejoras de seguridad se implementaron.

_____
_____
_____
_____
_____

¿Está restringido el acceso al área de recepción/envío para el personal y vehículos autorizados?
Sí _____ No _____

¿Se supervisa o asegura el área de recepción/envío? Sí _____ No _____

57

En caso afirmativo, explique:

_____

_____

_____

_____

_____

¿Existe un puesto fijo en el área de recepción/envío? Sí ____ No ____

¿Se somete a inspección de rayos X o inspección visual todo el correo y paquetes antes de ingresar a las instalaciones? Sí ____ No ____

En caso afirmativo, explique el proceso utilizado, tipo de equipo y ubicación:

_____

_____

_____

_____

_____

¿Se distribuye todo el correo entrante? Sí ____ No ____

¿Se proporciona capacitación periódica en seguridad respecto a cartas bomba/correo sospechoso al personal de correos? Sí ____ No ____

¿Están los contenedores de desechos en áreas seguras? Sí ____ No ____

En caso negativo, explique:

_____

_____

_____

_____

_____

Fuerza de seguridad

¿Existe una fuerza de seguridad? Sí ____ No ____

Fuerza de seguridad: Armada _____ o Desarmada_____

Si sus instalaciones poseen puntos de inspección con magnetómetros, ¿dotan los oficiales a estos puntos de verificación con personal que incluya guardias armados ambulantes y de respuesta? Sí ____ No ____ N/A ____

Contratista civil: _____

COR: _____Teléfono:_____

Patrullaje ambulante de seguridad: Sí ____ No ____ Horas de patrullaje y ubicaciones:

_____

_____

Servicio de seguridad de 24 horas en el lugar: Sí ____ No ____

¿Hay un Gerente de seguridad capacitado in situ? Sí ____ No ____

¿Hay puestos fijos en todas las entradas/salidas accesibles? Sí ____ No ____

¿El personal de seguridad verifica las identificaciones en estos puntos de acceso? Sí ____ No ____

En caso negativo, explique qué procedimientos de seguridad se han establecido para sus puntos de acceso. ¿La recepcionista u otra persona verifica las identificaciones en estos puntos de acceso?

_____
_____
_____
_____
_____

Número de puestos de turno con horario fijo con explicación:

_____
_____
_____
_____

Número de puestos de turno con horario variable con explicación:

_____
_____
_____
_____

¿Existe un sistema de comunicaciones fiable durante las 24 horas del día para todo el personal de seguridad? Sí ____ No ____

¿Existe un sistema de comunicaciones interoperable con otras organizaciones? Sí ____ No ____

Respuesta a ofensas/incidentes:

Servicio de protección federal: Sí ____ No ____ Tiempo de respuesta ante emergencias: _____

Guardias por contrato: Sí ____ No ____ Tiempo de respuesta ante emergencias: _____

Policía local: Sí ____ No ____ Tiempo de respuesta ante emergencias: _____

¿Se tiene acceso a una unidad K-9 de EOD o a una unidad de contra vigilancia diseñada para las 24 horas del día? Sí____ No ____

Control de acceso

¿Poseen todas las entradas exteriores cerraduras de alta seguridad (alguna cerradura mecánica de perno con por lo menos 6 pines, cerradura electromecánica, cerradura electrónica o combinación de cerraduras)? Sí ____ No ____

En caso negativo, explique:

_____
_____
_____
_____
_____

¿Existe una base de datos central que contenga la ubicación y número de serie de todas las llaves?
Sí ____ No ____

¿Existe un sistema lector de tarjetas de llave o sistema similar que grabe el horario de entrada/salida?
Sí ____ No ____

¿Existe un control de llaves para las puertas perimetrales? Sí ____ No ____

¿Están las bisagras en la parte interior de las puertas del exterior? Sí ____ No ____

¿Están las placas de seguridad en todas las cerraduras del exterior? Sí ____ No ____

¿Pueden cerrarse con llave las ventanas del exterior del primer piso? Sí ____ No ____

En caso negativo, explique:

_____
_____
_____
_____
_____

¿Existe un Sistema de detección de intrusos (sistema de alarma IDS) con capacidad de supervisión central las 24 horas del día? Sí ____ No ____

En caso afirmativo, ¿tienen alarma todos los puntos de acceso, como las puertas del exterior y puertas de la plataforma de carga? Sí ____ No ____

En caso afirmativo, ¿tienen alarma todas las ventanas? Sí ____ No ____

Explique:_____
_____
_____
_____
_____

¿Qué otras áreas tienen alarma dentro de las instalaciones (alarmas de pánico, alarma de cajas de seguridad, cooperativas de crédito, otras áreas en donde se guarda dinero, áreas clasificadas, áreas de material nuclear, etc.)

_____
_____
_____
_____

Si hay un sistema IDS, ¿está aprobado el equipo de alarma por el UL (Underwriter's Laboratory)? Sí ____ No ____

Si hay un sistema de IDS, ¿se realiza la supervisión en el lugar por parte del servicio de seguridad, la compañía local de supervisión de alarmas aprobada por el UL, el Servicio de protección federal o el departamento de policía?

_____
_____
_____
_____
_____

¿Se establecen todas las alarmas adecuadamente durante horas seguras? Sí ____ No ____

¿Se prueban periódicamente las alarmas? Sí ____ No ____

¿Utiliza el sistema IDS la supervisión de línea y energía de reserva? Sí ____ No ____

En caso negativo, explique.

_____
_____
_____
_____
_____

¿Existe un sistema de intercomunicación y de ojo mágico? Sí ____ No ____ (Este es un sistema de reconocimiento visual fácil y efectivo para oficinas pequeñas).

¿Existe un sistema de control de ingreso con CCTV y cerraduras eléctricas? Sí ____ No ____ (Esto permite que los empleados vean y se comuniquen remotamente con los visitantes antes de permitirles el ingreso).

¿Existen máquinas de rayos X y de magnetómetro en las entradas públicas con operadores capacitados? Sí ____ No ____

¿Existe un dispositivo de detección de radiación? Sí ____ No ____

En caso afirmativo, explique:

_____
_____
_____
_____
_____

6. SEGURIDAD INTERIOR

Identificación de empleados/visitantes

¿Existe un sistema de seguridad/control de visitantes vigente? (Como mínimo, las personas deben ingresar a las instalaciones a través de un sistema de detección, mostrar una placa temporal/de visitante en todo momento o hacerse acompañar a toda hora). Sí ____ No ____

Explique el sistema de detección y control de visitantes que posee:

_____
_____
_____
_____
_____
_____
_____
_____

¿Se han establecido métodos estrictos de control para las placas de visitante para asegurar que quienes las utilizan han pasado el punto de detección y están autorizados para estar en las instalaciones durante períodos de tiempo adecuados? Sí ____ No ____

Explique:

_____
_____
_____
_____
_____
_____
_____

¿Han implementado las instalaciones los procedimientos y han ejercido su autoridad para emitir identificaciones para empleados y visitantes según lo establecido en el Manual de evaluación 440.1, Tarjetas de identificación? Sí ____ No ____

En caso negativo, explique:

_____
_____
_____
_____
_____

¿Se requiere que se utilicen identificaciones con fotografía de USGS y que el personal de la empresa y los contratistas aprobados las usen en lugares visibles en todo momento? Sí ____ No ____

Procedimientos de control para el personal con contrato de servicio

¿Se establecen los procedimientos para garantizar la seguridad en donde el personal con contratos privados se ocupa de llevar a cabo verificaciones de antecedentes o para establecer procedimientos de control de seguridad para el personal con contrato de servicio? Sí ____ No ____

Explique:

_____

_____

_____

_____

_____

Servicios generales

¿Están seguras las áreas de servicios generales y el sistema de HVAC de manera que únicamente el personal autorizado pueda ingresar (es decir, gabinetes eléctricos, de teléfonos, áreas mecánicas, acceso por el techo, etc.)? Sí _____ No _____

¿Están protegidos los tanques de combustible propano y alguna otra fuente vulnerable de combustible? Sí _____ No _____

¿Está protegido el suministro de agua potable que va hacia las instalaciones? Sí _____ No _____

¿Están protegidas las plantas exteriores de energía y los generadores? Sí _____ No _____

En caso que haya respondido afirmativamente a alguna de las preguntas anteriores relacionadas con "Servicios generales", explique de qué manera:

_____

_____

_____

_____

_____

¿Se almacena combustible dentro del edificio? Sí _____ No _____

En caso afirmativo, ¿cómo se protege el combustible?

_____

_____

_____

_____

_____

Sistemas críticos

¿Se ha actualizado la detección de incendio, sistemas de supresión de incendios, etc., conforme a los estándares de seguridad de la vida actual? Sí _____ No _____

En caso negativo, explique:

_____

_____

_____

_____

_____

¿Cuentan con una fuente de alimentación de seguridad de por lo menos 30 minutos todos los sistemas de alarma, dispositivos de supervisión por CCTV, sistemas de detección de incendios, dispositivos de control de ingreso, sistemas críticos de comunicaciones, sistemas vitales/computadoras que supervisan la seguridad, etc.? Sí _____ No _____

63

En caso negativo, explique:

_____

_____

_____

_____

_____

7. PLANIFICACIÓN DE SEGURIDAD Y PROTECCIÓN

Planes de emergencia para ocupantes y de continuidad de operaciones

¿Posee la instalación un Plan de emergencia para ocupantes (OEP, por sus siglas en inglés)? Sí _____ No _____

¿Posee la instalación un Plan de continuidad de operaciones (COOP, por sus siglas en inglés)? Sí _____ No _____

¿Se han revisado y actualizado estos planes con relación a su exhaustividad y para reflejar el clima de seguridad vigente? Sí _____ No _____

¿Establece el COOP de la instalación reubicación primaria y lugares secundarios? Sí _____ No _____

¿Mantiene el OEP contactos actuales para la policía local, Departamento de Bomberos, Equipos de HAZMAT (MATERIAL PELIGROSO), equipo EOD, etc.? Sí _____ No _____

¿Se asignan y capacitan oficiales y se establecen planes de contingencia para atender la probable ausencia de oficiales del OEP en el evento de activación de emergencia del OEP? Sí _____ No _____

¿Existe capacitación anual de inquilinos del OEP? Sí _____ No _____

¿Ha recibido la instalación amenazas de bomba? Sí _____ No _____

En caso afirmativo, ¿cuántas, cuándo y dieron como resultado la evacuación del edificio?

_____

_____

_____

_____

_____

¿Existe un plan de "Refugio vigente"? Sí _____ No _____

¿Existe un Sistema de dirección pública en caso de emergencia en las instalaciones? Sí _____ No _____

Capacitación en seguridad e Intercambio de inteligencia

¿Se lleva a cabo una capacitación anual en concienciación de seguridad para todos los inquilinos? Como mínimo, se debe implementar programas de auto estudio utilizando vídeos y publicaciones. El material o resúmenes deben proporcionar información actualizada que cubra prácticas de seguridad, seguridad de los empleados, concienciación y seguridad personal, etc. Sí _____ No _____

Explique:

_____
_____
_____
_____
_____

¿Ha establecido procedimientos el FSO o gerente principal para garantizar que se entregue oportunamente a las personas adecuadas la inteligencia y alertas de amenazas proporcionadas por los Oficiales de seguridad regionales? Sí ____ No ____

Explique:

_____
_____
_____
_____
_____

¿Se han establecido procedimientos administrativos y de seguridad según lo dicta el Manual de Evaluación 440.5, Guía de condición de amenaza, para responder a alertas de amenazas entrantes (código verde, código azul, código amarillo, código naranja y código rojo)? Sí ____ No ____

Explique:

_____
_____
_____
_____
_____

¿Existe un Sistema de informes de incidentes en la instalación? Sí ____ No ____

Capítulo 3: Sistemas de protección física exterior

Temas del capítulo

Este capítulo cubre los siguientes temas:

- Revisión de los requerimientos para un programa completo de seguridad física.
- El triángulo de seguridad de funciones básicas: detección, retraso y respuesta.
- Una revisión del concepto de protección profunda.
- La aplicación de sistemas externos de protección física.
- Descripciones de los sistemas externos de protección física comunes.
- Barreras.
- Iluminación.
- Criterios de diseño para los Sistemas de detección de intrusos.
- Aplicaciones para los Sistemas exteriores de detección de intrusos.

Introducción

La protección perimetral es la primera línea de defensa que proporciona seguridad física en una instalación. Esto se logra instalando cercas u otras barreras físicas, iluminación exterior, portones con cerraduras, detectores de intrusos y personal de guardia. La protección perimetral también incluye paredes, puertas y ventanas con cerraduras, barrotes y rejillas, así como rutas de evacuación en caso de incendios.

Programa de seguridad física

Como se mencionó en algunos de los conceptos que abarcamos en el **Capítulo 2,** un programa de seguridad física debe incluir los siguientes elementos como mínimo:

- Una evaluación de seguridad física por cada instalación en la empresa para identificar los recursos, amenazas, vulnerabilidades y medidas de moderación de amenazas que se deben implementar.
- Una evaluación continua programada o no programada de las instalaciones para garantizar que se está cumpliendo con los requerimientos especificados en el programa de seguridad así como con las normas y regulaciones federales, estatales y locales.
- Una educación continua y completa sobre seguridad y un esfuerzo por hacer conciencia para lograr el interés y el apoyo de los empleados, contratistas, consultores y visitantes.
- Una fuerza de respuesta instituida así como procedimientos para tomar una acción inmediata, positiva y sistemática para salvaguardar la vida y la propiedad durante una emergencia.
- Un conjunto adecuado de los siguientes elementos para tratar las condiciones de amenazas cambiantes:
  - **Elementos arquitectónicos,** tales como barreras y cerraduras, iluminación exterior e interior, servicios indispensables en el edificio, distribución del espacio, estacionamiento, instalaciones de descarga, gradas de salida e instalaciones adyacentes.

○ **Elementos operativos,** tales como organización y contratación de personal, políticas y procedimientos, capacitación, control de visitantes, reclutamiento de personal de seguridad, asignación y ejecución posterior a las órdenes, evaluación de alarmas e incidentes, respuestas de incidentes, administración de sistemas de seguridad, proceso de entregas y respuesta a emergencias.

○ **Elementos de sistemas de seguridad,** tales como sistemas de control de acceso automatizado, sistemas de detección de intrusos y alarma, sistemas de circuito cerrado de televisión (CCTV), sistemas de comunicación y equipo del centro de control de seguridad.

Los elementos anteriores comúnmente se conocen como un Sistema de protección física (PPS, por sus siglas en inglés), el cual integra a las personas, procedimientos y equipo para la protección de activos o instalaciones contra robo, sabotaje u otras amenazas o ataques humanos malintencionados.

Prevención contra el crimen a través del diseño ambiental

Las estrategias de Prevención contra el crimen a través del diseño ambiental (CPTED, por sus siglas en inglés) disuaden el crimen al reducir las oportunidades de cometer crímenes, la probabilidad de que un crimen ocurra así como el temor al crimen generado por la experiencia relacionada con ciertas condiciones ambientales. Por lo general, la disuasión no se considera en algunas metodologías de evaluación de vulnerabilidad tales como la RAM™, sin embargo, la disuasión puede ser un método para reducir el riesgo. Los conceptos incluidos en las estrategias de CPTED, se pueden aplicar en todas las instalaciones, independientemente de amenazas específicas, lo que da como resultado una seguridad mejorada como parte integral del diseño. Debido a que las estrategias de CPTED se pueden implementar ampliamente y con rentabilidad como medidas prudentes, independientemente de las amenazas específicas, éstas se deben considerar entre las disposiciones de diseño básico de instalaciones de cualquier tamaño nuevas, mejoradas y ampliadas. Las estrategias de CPTED se pueden considerar dentro de las siguientes cuatro categorías.

Control de acceso

La orientación física de vehículos y personas que entran y salen de un lugar a través de la ubicación adecuada de entradas, salidas, jardines, iluminación y dispositivos de control (por ejemplo: estaciones de guardia y molinetes).

Refuerzo territorial

Atributos físicos que expresan propiedad y refuerzan la territorialidad al clasificar los espacios desde lugares públicos hasta áreas restringidas. Algunos ejemplos incluyen indicadores naturales (jardines, áreas de bloqueo), indicadores simbólicos (señalización, letreros), barreras físicas (cercas) y barreras de procedimientos (recepcionista, guardia).

Vigilancia

La colocación de dispositivos físicos, actividades, vehículos y personas para maximizar la visibilidad de otros durante sus actividades normales. La vigilancia puede ser natural o electrónica, informal (ventanas de la oficina ubicadas de tal manera que se facilite la vigilancia de las rutas de entrada) o formal (supervisión continua).

Imagen y mantenimiento

El estado alerta del lugar y el mantenimiento de las instalaciones indican que el espacio está en uso, que se le cuida con regularidad y que posiblemente esté ocupado. El mantenimiento adecuado de los jardines también contribuye a la vigilancia. Con frecuencia, las actividades de imagen y mantenimiento están relacionadas con la administración y las operaciones más que con el diseño.

Las siguientes estrategias de CPTED se deben considerar para el diseño de las instalaciones:

Estrategias de CPTED perimetrales

- Proporcionar acceso exterior a través de no más de dos entradas designadas y supervisadas.
- Colocar todas las entradas peatonales cerca de las entradas de vehículos.
- Controlar el acceso con cercas, portones o guardias.
- Proporcionar suficiente iluminación en todas las entradas.
- Crear puertas o entradas formales delineadas por jardinización, diferentes materiales de pavimentación, cercado y portones para separar las áreas públicas de las áreas controladas.
- Definir las entradas de vehículos mediante diferentes materiales de pavimentación y señalización.
- Evitar cercas, paredes y jardines oscuros que puedan proporcionar lugares para ocultarse a lo largo del perímetro.

Estrategias de CPTED del lugar

- Evitar caminos y rutas de acceso sin salida.
- Proporcionar acceso exterior en la parte delantera y trasera de los edificios para facilitar los patrullajes.
- Proporcionar áreas de estacionamiento cercanas para los trabajadores del tercer turno.
- Restringir el acceso a los techos desde los edificios adyacentes, contenedores de desechos, plataformas de carga, postes y escaleras.
- Ubicar las rutas de entrada y el estacionamiento de manera que queden visibles a las personas que están dentro del edificio, especialmente desde el área de recepción, centro de operaciones o estaciones de guardia.
- Utilizar paredes sólo donde sea necesario; considerar el uso del cable resistente distendido como una alternativa para obtener la máxima visibilidad.
- Evitar la creación de lugares que sirvan para ocultarse (por ejemplo rutas sin salida o parques de almacenamiento).
- Diseñar los parques de almacenamiento para facilitar el acceso visual del personal de las instalaciones y desde los vehículos de patrullaje, pero limitar el acceso de vehículos particulares.
- Utilizar plantas que crezcan dentro del espacio disponible en los jardines y que no obstruyan las instalaciones de luz.
- Utilizar plantas que eviten fácil acceso como delineadores de límites (por ejemplo, una corona de espinas y otros arbustos con espinas, acebos e izotes).
- Incluir señalizaciones muy visibles y adecuadas pero sin describir la función de las instalaciones ni los activos en dichas señalizaciones. Utilizar números de edificios en lugar de nombres que podrían identificar las ubicaciones de los activos potenciales.

Estrategias de CPTED para el contorno del edificio y otras estructuras

- Diseñar las entradas de manera que estén bien iluminadas, bien definidas y visibles a las áreas públicas, personal de las instalaciones o vehículos de patrullaje.

69

- Colocar elevadores cerca de las entradas principales. Todo el interior del elevador debe estar visible desde la entrada cuando las puertas están abiertas. Además toda la entrada debe ser visible desde el interior del elevador.

- Diseñar las gradas de manera que estén visibles, sin paredes sólidas.

- Colocar todas las entradas de los empleados cerca del estacionamiento para los vehículos de los empleados.

- Ubicar los baños de manera que se puedan observar desde las oficinas o áreas de trabajo cercanas.

- Diseñar las ventanas y puertas interiores de manera que proporcionen visibilidad hacia los pasillos.

El triángulo de seguridad

El Triángulo de seguridad representa tres funciones importantes que un Sistema de protección física debe alcanzar:

- Detectar la amenaza por anticipado en el proceso.
  - Utilizar sensores con alta probabilidad de detección y poca vulnerabilidad para ser burlados.

Esto deja tiempo para evaluar la amenaza y comunicarse con la fuerza de respuesta.

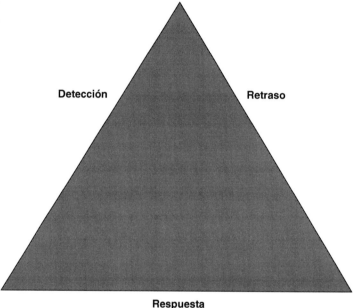

Figura 3.1 El Triángulo de seguridad

- Retrasar la amenaza, valiéndose de cualquier medio necesario.
  - Aumentar el tiempo para vencer los obstáculos y así retrasar el ataque y
  - Aumentar el tiempo de las fuerzas de respuesta para detectar y responder.

- Responder a la amenaza rápidamente.
  - Esto requiere la evaluación precisa de las alarmas y la ubicación del adversario.
  - Comunicación rápida con la fuerza de respuesta.
  - Proporcionar tiempo suficiente para el despliegue.
  - La fuerza de respuesta bien entrenada mejora la efectividad.

Protección profunda

Como se trató en el **Capítulo 2,** otro concepto a considerar cuando se diseñan los Sistemas de protección física es la **"protección profunda"** o las **"capas concéntricas o círculos de protección."** **Figura 3.2** ilustra el concepto y éste se implementa cuando el adversario burla ciertas medidas de protección en secuencia (por ejemplo: contenedor cerrado, cuarto interior con sensores, edificio con puertas cerradas con seguro, cerca perimetral con oficiales de seguridad). Cada medida adicional compensa la falla de una o más medidas, lo cual brinda una protección equilibrada (por ejemplo, el perímetro, paredes, puertas, compuerta del techo, ventilas de HVAC y ventanas, etc., son elementos que cuentan con una resistencia de penetración comparable).

Barreras: Línea principal de defensa

Específicamente, las barreras están diseñadas para reducir la cantidad de rutas de entrada y salida, facilitar el uso efectivo del personal de fuerza de protección, retrasar al adversario, proteger al personal de las acciones hostiles y dirigir a los adversarios hacia las zonas de neutralización previamente planificadas.

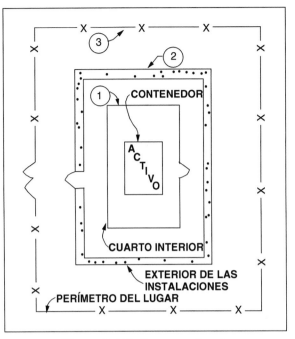

Figura 3.2 Defensa profunda

Las barreras ofrecen beneficios importantes para una postura de seguridad física. Éstas crean una disuasión sicológica para cualquier persona que piensa ingresar sin autorización. Dichas barreras pueden retrasar o incluso evitar el paso a través de ellas. Esto se evidencia en las barreras contra la entrada forzada y de vehículos. Las barreras tienen un impacto directo en la cantidad de puestos de seguridad necesarios y en la frecuencia de uso de cada puesto.

Las barreras no se pueden diseñar para todas las situaciones. Las consideraciones para las barreras estructurales de protección incluyen lo siguiente:

- Evaluar el costo de cerrar por completo grandes expansiones de tierra con barreras estructurales significativas contra la amenaza y el costo de tomar precauciones de seguridad alternas (tales como patrullajes, equipos integrados por hombres y perros, sensores del suelo, vigilancia electrónica y sensores aéreos).

- Clasificar un área restringida según el tamaño, con base en el grado de compartimientos requeridos y la complejidad del área. Como regla general, el tamaño se debe mantener al mínimo, siendo consistente con la eficiencia operacional. El tamaño de un área restringida se debe manejar según el uso que un agresor pueda hacer de determinadas tácticas. Por ejemplo, al proteger los activos de un carro bomba, generalmente se requiere de una distancia considerable de separación hasta los explosivos. En estos casos, resolver el problema del carro bomba sería más importante que minimizar el área restringida según sea necesario para la eficiencia operacional.

Funciones de las barreras

Las barreras proporcionan las siguientes funciones de seguridad:

- Proteger los activos individuales.

- Retrasar la entrada forzada.

- Proporcionar acceso controlado a los activos.

- Definir una zona de protección (distancia de separación) que ayude a mitigar los efectos de las explosiones, bolas de fuego y presión excesiva de bombas.

- Crear una disuasión sicológica al hacer que la entrada sin autorización parezca más difícil de lograr.

- Implementar el retraso físico al lograr que el adversario revise o circunvale cuidadosamente la barrera.

- Dirigir al adversario por los puntos de entrada controlados que los sistemas o el personal controlan.

- Establecer un punto de control para la verificación de credenciales.

- Las barreras complementan al personal de seguridad.

- Personal de distribución de barreras y tráfico vehicular en los puntos de entrada controlados.

- Ayudar a establecer la cantidad de puestos de seguridad.

- La cantidad de puestos establece los patrones de personal y la frecuencia.

Tipos de barreras

Las barreras pueden ser de diferentes tipos:

1. Barreras perimetrales.
   a) Barreras naturales.
      - Arroyos y ríos.
      - Acantilados.
      - Cañones.
      - Vegetación densa (por ejemplo, árboles, arbustos, muros de protección).
      - Otras características del terreno que dificultan el paso.
   b) Cercas y portones.
   c) Barreras de vehículos.

2. Barreras estructurales (pasivas).
   a) Cercas.
   b) Portones.
   c) Paredes.
   d) Puertas.

e) Techo.

f) Pisos.

g) Ventanas.

h) Bloqueos de rutas.

i) Bolardos fijos.

j) Peñascos grandes.

k) Barreras de concreto.

l) Cable resistente.

3. Barreras, estructurales, activas.

a) Túmulos.

b) Bolardos hidráulicos.

c) Bolardos neumáticos.

d) Brazos elevadores.

e) Portones accionados con motor.

Figura 3.3 Barreras de concreto

Cercas

Las cercas son las barreras perimetrales más comunes. La cerca de alambrado metálico es el tipo más común en la actualidad, ya que es fácil de instalar, relativamente económica y ahorra costos por mantenimiento.

Tipos de cercas

Hay varios tipos de cercas que incluyen:

- Alambrado metálico.

- Alambre de púas.

- Alambre espinoso concertina.

- Alambre espinoso (alambre de púas con electricidad).

- Malla metálica.

- Paneles fijos de alambre de púas.

Aplicación de la cerca

El alambrado metálico se puede utilizar en casi cualquier aplicación donde sea necesario definir los límites físicos de una instalación o para una barrera perimetral que sirva como una función de seguridad. Está disponible en una amplia variedad de alturas, con diferentes materiales y se instala de acuerdo con diversas especificaciones. Sin embargo, para una mayor eficacia, la cerca de alambrado metálico se debe diseñar e instalar conforme lo indican los estándares reconocidos nacionalmente. La Sociedad Americana de Pruebas y Materiales (ASTM, por sus siglas en inglés) publica **ASTM F567-00**, ***Práctica estándar para la instalación de la cerca de alambrado metálico,*** la cual proporciona especificaciones de materiales, requerimientos de diseño y procedimientos de instalación para el cercado de alambrado metálico.

Una cerca de alambrado metálico consta de postes, abrazaderas, rieles o cables de tensión, malla, la parte superior de la cerca y las entradas. Todos los materiales que se utilizan en la construcción de la cerca deben estar recubiertos de zinc, aluminio o cloruro de polivinilo para brindar protección contra los elementos naturales. Los siguientes son factores importantes a considerar en la construcción, diseño e instalación de una cerca de alambrado metálico, con base en los requerimientos de **ASTM F567-00**.

Línea de la cerca

La línea de la cerca debe ser tan recta como sea posible para facilitar la observación. Debe haber zonas despejadas en ambos lados de la cerca para proporcionar una vista libre de obstrucciones. Si es práctico, la cerca debe quedar a una distancia no menor de 50 pies (15.2 m) de los edificios o áreas de almacenamiento exterior y a 20 pies (6.1 m) de distancia de otras áreas, tales como estacionamiento, que podrían ocultar a un intruso. Los postes que estén adyacentes a la cerca deben contar con un "collar de seguridad", un dispositivo que evita escalar el poste hasta una altura mayor que la de la cerca.

Señalización

La señalización "Prohibido el paso" o "Propiedad privada" se deben colocar de manera segura en la malla de la cerca. Estas señalizaciones se deben colocar en varios puntos a lo largo de la línea de la cerca para evitar que un intruso ingrese de manera accidental o inadvertida.

Altura

Las cercas de alambrados metálicos están disponibles en alturas desde 4 pies (1.2 m) para aplicaciones residenciales, hasta 12 pies (3.7 m) o más para uso en prisiones. En las aplicaciones de seguridad industriales o comerciales, la altura mínima recomendada para una cerca de alambrado metálico es de 8 pies (5.5 m), que incluiría 7 pies (2.1 m) de malla (el material del alambrado metálico) y un protector superior (se tratará posteriormente) de aproximadamente 1 pie (0.3 m). Sin embargo, algunos fabricantes de cercas recomiendan que la altura del mismo sea de 9 pies (2.7 m), ya que a esta altura, la parte superior del alambrado está fuera del alcance de la mayoría de intrusos.

Postes

Los postes de una cerca de alambrado metálico incluyen los postes de terminal (extremo, esquina y portón) y postes de línea. Para una cerca cuya malla mide 7 pies (2.1 m) de alto, los postes se deben instalar en el concreto a una profundidad mínima de 36 pulgadas (0.9 m) y la superficie del concreto debe tener un borde que deje correr el agua. Los postes se deben instalar a 3 pulgadas (7.6 cm) más de profundidad por cada pie (0.3 cm) que aumente la altura de la cerca. El diámetro del agujero para un poste de terminal debe ser de por lo menos 12 pulgadas (30.1 cm) y para un poste de línea debe ser de 9 pulgadas (22.9 cm). Otros métodos de instalación son aceptables si proporcionan una resistencia equivalente o superior a la que se desarrolló con las bases de concreto. Los postes de la línea se deben espaciar de manera equidistante a intervalos que no excedan de 10 pies (3.0 m) al medir de centro a centro entre los postes de terminal. Los postes de extremo se deben instalar a 2 pulgadas (5.1 cm) de distancia de las paredes del edificio.

Refuerzo

Los postes de terminal se deben fijar a cada poste de línea adyacente. Las abrazaderas diagonales se deben asegurar firmemente al poste de terminal y al poste de línea, o a su base, de manera que el ángulo de separación entre la abrazadera y la parte inferior del poste de línea no sea mayor de 50 grados. Cuando se utiliza un protector superior, la abrazadera queda fija en el punto medio del poste de terminal; cuando falta el protector superior, la abrazadera se fija en la parte que está dos tercios arriba de la pendiente. Para el refuerzo horizontal, las abrazaderas con varillas tensoras se aseguran firmemente a la mitad de la altura de los postes de línea adyacentes y al poste de terminal.

Rieles y cables de tensión

Se debe suministrar un riel superior o cable de tensión superior como soporte para la malla de la cerca. El riel superior debe estar fijo en cada poste de línea de manera que exista una abrazadera continua de extremo a extremo en cada tramo de la cerca y éste debe estar firmemente asegurado a cada poste de terminal. Generalmente, el riel superior mide 18 pies (5.5 m) de largo y está unido con conectores que permiten su expansión y contracción. En las cercas que miden 12 pies (3.7 m) de altura y más, se necesita un riel central.

Un riel superior mejora la apariencia de la cerca, pero también sirve de asidero para alguien que intenta subirse por la misma. Por esta razón, generalmente se recomienda suprimir el riel superior y reemplazarlo por un cable de tensión superior. Los cables de tensión superiores deben quedar tirantes, sin holgura, de extremo a extremo en cada tramo de la cerca, a una altura de 1 pie (0.3 cm) de distancia de la parte superior de la malla y deben quedar firmemente asegurados a los postes de terminal. También debe haber un cable de tensión inferior en la parte inferior a 6 pulgadas (15.2 cm) de distancia de la malla. Algunas cercas tienen un riel inferior en lugar del cable de tensión inferior.

Malla

La malla para la cerca de alambrado metálico debe ser de alambre de acero, calibre n.° 9 o más grueso. El alambre está trenzado en un patrón con forma de diamante para crear una malla continua sin nudos o amarres, excepto en forma de retorcimiento o nudillo de los extremos del alambre para formar la orilla de la malla. Las aberturas de la malla no deben ser mayores de 2 pulgadas (5.1 cm) por lado.

El retorcimiento describe el tipo de orilla que se obtiene al retorcer entre sí los pares adyacentes de los extremos del alambre al dar tres vueltas completas en forma de espiral cerrada y al cortar los extremos del alambre en ángulo para que las puntas queden afiladas. Los extremos del alambre después del retorcimiento, deben medir por lo menos un cuarto de pulgada (0.6 cm) de largo. Los nudillos describen el tipo de orilla que se obtiene al bloquear entre sí los pares adyacentes de los extremos del alambre y luego doblar los extremos del alambre hacia atrás en un bucle cerrado.

En una aplicación de seguridad comercial o industrial, la malla debe tener una orilla retorcida en la parte superior y, por razones de seguridad, se recomienda que la orilla inferior tenga nudillos. En las cercas que miden menos de 6 pies (1.8 m) de altura y en aplicaciones residenciales, las orillas superior e inferior deben tener nudillos, esto también por razones de seguridad. La malla debe quedar tensa y firmemente asegurada a los postes a intervalos de 15 pulgadas (38.1 cm) de distancia. El borde superior de la malla debe estar fijo al riel superior o cable de tensión superior a intervalos no mayores de 24 pulgadas (61.0 cm) y el borde inferior del alambre debe estar fijo al riel inferior o cable de tensión inferior a intervalos no mayores de 24 pulgadas (61.0 cm).

La parte inferior de la malla se debe extender a 2 pulgadas (5.1 cm) de distancia del suelo firme o pavimento. En suelo poco firme, la malla se debe extender por debajo de la superficie del suelo o debe contar con estacas en forma de U, aproximadamente de 2 pies (0.6 m) de largo y se puede colocar por debajo del suelo para fijar la malla. Las alcantarillas, canaletas u otras aberturas que midan más de 96 pulgadas cuadradas (0.06 m^2) en el área, se deberán proteger con cercas o rejillas de hierro para evitar el ingreso no autorizado, sin afectar el drenaje adecuado.

El protector superior

La parte superior de la cerca, incluso todas las entradas, debe contar con un protector superior o cornisa para impedir los intentos para subir la cerca. Un protector superior consta de tres hilos del alambre de púas, calibre n.° 12, los cuales están firmemente asegurados a los brazos de soporte metálico (generalmente mide 18 pulgadas (45.7 cm) de largo) y fijos a los postes de la cerca ya sea verticalmente o en ángulo a aproximadamente 45 grados.

Cuando el protector superior es angular, los brazos o puntales deben ser lo suficientemente resistentes para soportar un peso de 250 lb (113.4 kg) aplicado al hilo exterior del alambre de púas. El hilo superior del alambre de púas debe estar a una altura de 12 pulgadas (30.5 cm) verticalmente, por encima de la parte superior de la malla, con los otros alambres espaciados de manera uniforme a lo largo del brazo.

El protector superior se puede instalar orientado hacia dentro o afuera de la línea de la cerca. Generalmente se recomienda que el protector superior quede orientado hacia fuera ya que se considera que de esta forma es más difícil que un intruso suba por la cerca desde el exterior. Sin embargo, si la cerca está en el límite de las instalaciones, el protector superior se debe instalar hacia dentro; de lo contrario, se extenderá hacia la propiedad del vecino o sobre las calles o carreteras públicas. Algunas cercas tienen doble cornisa, en forma de "V", lo cual dificulta aún más subir por la misma desde cualquier lado.

El alambre de púas, fabricado con acero para muelles, se puede transformar en espirales de alambre espinoso concertina y utilizar en lugar del protector superior para proteger la parte superior de la cerca. Debido a la configuración de espiral, el alambre espinoso concertina no requiere brazos de soporte y generalmente está fijo a la parte superior de la cerca con amarres de cables y abrazaderas.

Otro material utilizado para proteger la parte superior de una cerca de alambrado metálico es el alambre espinoso (razor ribbon). El alambre espinoso es de acero inoxidable, de 0.025 pulgadas (0.6 cm) de grosor y 1 pulgada (2.54 cm) o 1.25 pulgadas (3.2 cm) de ancho, con púas afiladas espaciadas por los centros de 4 pulgadas (10.2 cm). El alambre espinoso se debe asegurar firmemente a la parte superior de la cerca y al alambre superior que está tenso entre las extensiones verticales de la línea y los postes de terminal. Los fabricantes del alambre espinoso recomiendan que el material se utilice en cercas que tengan una altura mínima de 7 pies (2.1 m) para evitar la posibilidad de contacto con los transeúntes. El alambre espinoso nunca se debe utilizar en alturas menores de 7 pies (2.1 m).

Entradas

La cantidad de entradas debe ser mínima y éstas deben ser consistentes con el funcionamiento seguro y eficiente de las instalaciones. Las entradas pueden servir para el tráfico vehicular o para los transeúntes y por lo general permanecen cerradas con un portón o molinete.

Portones

Los portones pueden ser giratorios sencillos o dobles para los pasillos; con varios pliegues para entradas amplias; giratorios dobles y sencillos, levadizos, verticales y dobles, corredizos para los pasillos; sencillos levadizos y dobles y corredizos para los pasillos donde posiblemente exista una ruta de acceso superior o un portón levadizo vertical para propósitos especiales, como las plataformas de carga. Cualquiera de estos portones se puede accionar por medio de un motor.

Marcos

Los marcos de los portones se deben fabricar por medio de piezas tubulares soldadas entre sí por las esquinas o ensambladas con conectores y se deben suministrar con varillas tensoras o abrazaderas según sea necesario, para evitar pandeos o torceduras. La malla debe ser la misma que se utilizó en la cerca y se debe fijar al marco del portón a intervalos de 15 pulgadas (38.1 cm) de distancia. El portón se debe instalar de tal manera que no se pueda quitar de sus bisagras. La parte inferior del portón debe quedar a 2 pulgadas (5.1 cm) de distancia del suelo.

Molinetes

Los molinetes se utilizan en las cercas para el control de transeúntes y están disponibles en cualquiera de las dos alturas. Los molinetes a la altura de la cintura son de aproximadamente 36 pulgadas (91.4 cm) de alto y usualmente se utilizan para contar al personal en los puntos de acceso; no proporcionan un grado de seguridad a menos que sean constantemente cuidados. Los molinetes de altura completa, que son usualmente de 7 pies (2.1 m) de alto, rodean por completo a las personas en su paso. Estos molinetes de altura completa si funcionan como barreras de seguridad, debido a que se pueden cerrar para evitar el acceso o se pueden automatizar a través del uso de acceso electrónico.

Entradas sin vigilancia

Cuando las entradas no son atendidas, se pueden cerrar de manera segura, iluminarse en las horas de la noche y ser inspeccionadas periódicamente. Las entradas parcialmente activas, tales como portones sobre rieles o portones utilizados únicamente durante los períodos críticos de flujo de tráfico, se pueden mantener parcialmente cerrados, excepto cuando están en uso.

Cerraduras

Las cerraduras son partes esenciales de las cercas y de la protección que proporcionan. Por lo general, los portones se cierran mediante un candado. Los candados pueden ser de llave u operados por medio de una combinación, siendo el candado operado con llave el tipo preferido. El candado debe tener una argolla amortajada para resistir el corte de una sierra y cortadores de pernos y debe cerrar en los dos lados de la argolla (cierre de talón y punta). Éste se debe colocar de tal manera que no se pueda atacar fácilmente desde el lado de la calle con un martillo.

Cadenas

Si se utiliza una cadena y un candado para asegurar el portón, la cadena, como mínimo, debe ser endurecida. Si es posible, la cadena se debe instalar para que la cerradura quede en la parte interior del portón cuando esté cerrado. Las llaves del candado deben ser estrictamente controladas.

Resumen de la cerca de alambrado metálico

- Debe tener 7 pies de malla como mínimo, excluyendo al protector superior.

- Debe ser de alambre de calibre 9 o uno más grueso.

- Malla galvanizada con aberturas de 2 pulgadas.

- Orillas retorcidas y con púas en la parte superior e inferior de la línea de la cerca.

- Debe estar asegurado firmemente a:

- Postes de metal rígidos.

- Postes de concreto reforzados.

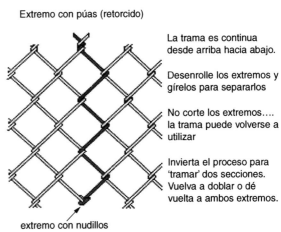

Extremo con púas (retorcido)

La trama es continua desde arriba hacia abajo.

Desenrolle los extremos y gírelos para separarlos

No corte los extremos…. la trama puede volverse a utilizar

Invierta el proceso para 'tramar' dos secciones. Vuelva a doblar o dé vuelta a ambos extremos.

extremo con nudillos

Figura 3.4 Orillas de cerca

- Todos los postes se deben colocar en concreto, lo suficientemente profundo para prevenir los efectos del ciclo congelación/descongelación.

- Se deben soldar todos los pernos y las tuercas que aseguran la cerca.

- La malla debe quedar a 2 pulgadas del suelo.

- Oculte la malla debajo de la superficie en suelo suave o arena o instale un borde de concreto debajo de la cerca.

Protector superior de la cerca

- El protector superior es una doble cornisa de alambre de púas o espinoso.

- Alambre de púas.

- Mínimo de 3 hilos cada uno con una distancia de separación de 6 pulgadas.

- Alambre de calibre 13.5 de hilo doble retorcido.

- Púas de cuatro puntos con la misma distancia de separación.

Alambre espinoso, resorte abierto

- Fijado permanentemente a postes colocados a 45 grados.

- Incrementa la altura de la cerca por aproximadamente 1 pie.

Portones de cerca perimetral

- Minimizar entradas y salidas para mantener el control.

La cantidad de portones requerido en base a:

- Flujo de tráfico pico.

- Requisitos de seguridad y emergencia.

Los portones deben incorporar:

- Barreras activas o pasivas.

- Iluminación adecuada.

- Oficiales de seguridad al abrir.

- Asegurar las cerraduras al momento de cerrar.

Cerca de alambre espinoso concertina

- Espiral de alambre de púas de alta resistencia.

- Sujetado en intervalos para formar un cilindro.

- Cada espiral abierto es de 50 pies de largo por 3 pies de alto.

**Figura 3.5 Cerca de alambre
espinosa Concertina**

Alambre espinoso/alambre de púas como barrera

- Alambre de púas, alambre espinoso fabricado de tira de metal.
- Contiene $7/16$ pulgadas (0.43 cm)en púas espaciadas a $1/2$ pulgadas (0.5 cm) en intervalos.
- Cada espiral abierto es de 3 pies de alto por 50 pies de largo.
- Colocado entre postes.
- Se requiere un mínimo de 3 rollos.
- Se extiende sin distorsión.
- Se retrae a un espiral cerrado.

Figura 3.6 Cerca de alambre espinosa

Paredes, pisos y techos

En la mayoría de los robos a comerciales, el punto de ataque es usualmente una puerta, ventana u otra abertura accesible. Sin embargo, si estas aberturas están seguras, el ladrón tratará de penetrar por las paredes exteriores, especialmente si dentro de la estructura hay artículos de valor alto. Los marcos de madera y la mampostería o concreto son los materiales básicos que se utilizan en la mayoría de las construcciones de paredes de comerciales.

Paredes

Las paredes de marco de madera son relativamente económicas, fáciles de construir, duraderas y son un buen aislante de ruido, clima y pérdida de calor; pero no proporcionan mucha resistencia a cualquier penetración. Por lo general, un intruso determinado puede penetrar una estructura de marco normal en unos pocos minutos, lo cual hace que la pared de marco no tenga la protección suficiente para las propiedades de valor alto, a menos que se complemente con un sistema de detección de intrusos.

Las paredes de mampostería y concreto son más costosas que las paredes de marco y se utilizan en las estructuras comerciales debido a su durabilidad, resistencia al fuego y aislamiento del clima, ruido y pérdida de calor. Usualmente se componen de concreto vertido o bloques de concreto y pueden tener una capa de ladrillo.

Las paredes de concreto vertido son relativamente difíciles de penetrar. Las paredes de bloques de concreto, que no se han llenado con concreto o reforzado con acero, pueden ser tan vulnerables al ataque como las paredes de marco de madera. Por último, cualquier pared de mampostería se puede penetrar en un ataque determinado.

Techos

Los techos inclinados son poco atractivos para los intrusos debido a que cualquiera que este en ese tipo de techo es generalmente visible desde el nivel del suelo. La misma inclinación presenta el riesgo de caer y las herramientas necesarias se deben colocar en su lugar mientras no se utilizan. Sin embargo, se deben analizar los techos inclinados por ductos de ventilación, tragaluces u otros posibles puntos de acceso.

Los techos planos que a menudo se encuentran en edificios comerciales pueden, por otro lado, ser muy atractivos para los intrusos. Debido a que las paredes de varios edificios comerciales se extienden unos pocos pies sobre la línea del techo, proporcionan un excelente escondite para cualquier intruso

79

que intente penetrar por el techo. Se pueden utilizar herramientas grandes y sofisticadas por un período de tiempo extendido y se puede hacer una cantidad de ruido considerable si el edificio está vacío. Debido a tales condiciones favorables, los techos planos, excepto los fabricados de concreto reforzado, pueden ser puntos de ataque atractivos para los ladrones. Sin embargo, la penetración por el techo es pocas veces requerida, ya que el típico techo plano comercial ofrece una cantidad de tragaluces, aberturas de ventilación, puertas de acceso a elevadores, escotillas y otras vías de acceso de mantenimiento que son puntos de entrada más convenientes. Tales puntos de acceso se pueden y se deben reforzar al punto que sean tan resistentes a la penetración como el techo en sí.

Aberturas accesibles

Las puertas y ventanas son los puntos de entrada preferidos por los ladrones. Por lo mismo, se deben proteger todas las puertas, ventanas y otras aberturas accesibles. Una abertura accesible es definida como una que es menor que 18 pies del nivel o techos adyacentes, menor que 14 pies de las aberturas horizontales o menor que 3 pies de las aberturas en la misma pared. A partir de la definición, es obvio que la mayoría de las puertas y ventanas se deben considerar accesibles. Sin embargo, si el techo es menor que 18 pies del nivel o un techo adyacente, entonces las aberturas tales como ventilas, tragaluces y vías de acceso de mantenimiento en un techo, también se deben considerar como accesibles.

Un ladrón podría intentar ingresar por la puerta o ventana, rompiendo un panel o tratar de abrir a la fuerza una ventana o puerta. Estos tipos de ataques se pueden prevenir a través del uso de dispositivos de seguridad, tal como cerraduras y herraje. Sin embargo, se le debe dar consideración a la construcción de las paredes que soportan las puertas y ventanas ya que estas afectan la seguridad proporcionada por las puertas y ventanas. Las paredes de concreto y mampostería proporcionan un soporte firme para los marcos de las puertas cuando están correctamente instalados. Por otro lado, la construcción de marco de madera es usualmente lo suficientemente flexible para permitir que el ladrón separe el marco de la puerta incluso cuando está firmemente sujeto a la estructura.

Ventanas

Las ventanas son un problema particularmente difícil en la seguridad de edificios. Sus funciones principales son proporcionar claridad, ventilación si se pueden abrir y servir como una barrera para los elementos. Generalmente no tiene la función de servir como una barrera de seguridad y mejorar su seguridad es normalmente difícil sin tener un impacto en su función principal o crear un peligro para la seguridad de la vida. Los métodos para mejorar la seguridad de ventanas incluyen el herraje y materiales de glaseado.

Herraje

El herraje, tal como barras transversales, portones y rejillas se utilizan en puertas y ventanas para proteger contra la intrusión no autorizada.

Barras transversales

Las barras transversales o abrazaderas de acero, son barras horizontales utilizadas en puertas exteriores secundarias y persianas (de madera y metal) en establecimientos mercantiles para proporcionar una rigidez adicional a la puerta o persiana para limitar la posibilidad de destruirla o abrirla a la fuerza. Las barras transversales permiten una buena seguridad si se ajustan fuertemente en sus abrazaderas y si cuentan con candados u otros medios para prevenir que sean destruidas fácilmente.

Una barra transversal de acero debe tener dimensiones de secciones cruzadas de por lo menos $1\frac{3}{4}$ x $\frac{1}{2}$ pulg (4.4 x 1.3 cm). La abrazadera debe tener una fuerza comparable con la barra y se debe fijar a la puerta o pared. Para prevenir que la barra se aserruche o se retire de la abrazadera de la parte exterior, el espacio entre la puerta y el marco o entre puertas de doble hoja, se debe cubrir con una placa de metal superpuesta.

Barras de hierro planas o redondas

Las barras de hierro se pueden utilizar para proteger ventanas, travesaños, tragaluces y ventilas. Las barras redondas deben ser de por lo menos ½ pulg (1.3 cm) de diámetro, mientras que las barras planas normalmente son de 1½ x ³/8 pulg (3.8 x 1 cm). Las barras redondas se pueden unir en la mampostería, moldeadas en un marco o diseñadas con barras transversales horizontales para añadir fuerza y soporte. Las barras verticales se deben colocar a una distancia de no más de 5 pulg (12.7 cm).

Las barras se deben asegurar al marco de la ventana con tornillos para madera pesados bien soldados o con pernos y tuercas remachadas, para evitar su fácil extracción. Para una instalación con bisagras, se deben tomar las estipulaciones necesarias para prevenir la eliminación de los pines de la bisagra o el ataque a la cerradura. Siempre se prefiere que el herraje se instale en la parte interior del sitio, detrás de la puerta o ventana. Las instalaciones exteriores están más expuestas a ser vigiladas, retiradas o de otra manera atacadas. Sin embargo, con las instalaciones en el interior, el intruso tendría que romper el vidrio o cortar a través de la puerta, por lo tanto haría ruido, antes de llegar a la seguridad sustancial, el herraje.

Los portones de hierro se pueden utilizar como dispositivos de seguridad en las entradas a las tiendas y ocupaciones mercantiles. Las barras redondas deben ser de por lo menos ½ pulg (1.3 cm) de diámetro, mientras que las barras planas deben ser de por lo menos 1½ x ³/8 pulg (3.8 x 1 cm); las barras verticales se deben colocar a una distancia de no más de 5 pulg (12.7 cm). La cerradura utilizada para asegurar el portón debe ser del tipo perno muerto con un tiro de perno de 1 pulg (2.5 cm) y protegida para que no se pueda alcanzar desde la parte exterior del portón. El marco del portón debe estar firmemente sujetado dentro de la abertura para prevenir que el marco se retire y el portón debe tener un borde de metal superpuesto en toda la orilla para cubrir la abertura entre el portón y el marco. Si el pin de la bisagra es desmontable, entonces se deben tomar medidas para asegurarlo.

Paneles de la puerta exterior

Las puertas de madera exteriores, especialmente las puertas huecas y tipo panel de madera, son vulnerables a los intentos de entrada al cortar o hacer un agujero a través de la puerta para obtener acceso a la cerradura o al establecimiento. Estas puertas se pueden reforzar con la instalación de un panel de hoja de acero de calibre no. 18 o una más gruesa. El panel debe estar adherido a la superficie interior de la puerta, cubriendo su longitud y grosor, con tornillos de un máximo de 6 pulg (15.2 cm) en el centro. Debido a que el panel le agregará peso extra a la puerta, es probable que se deban reemplazar las bisagras o se deba agregar una tercera bisagra, para aceptar el peso adicional. Además, tiene poco sentido mejorar la seguridad de la puerta sin reforzar el marco de la misma. Los paneles de hojas de acero también se pueden utilizar para recubrir las persianas de madera en ventanas accesibles.

Puertas de panel de vidrio

Para proteger las puertas de panel de vidrio, en donde se pueda romper el vidrio y llegar a abrir la puerta o como alternativa a las barras de hierro para la protección de ventanas, travesaños y tragaluces, se pueden utilizar pantallas de malla de alambre de calibre no. 9 en el marco. Las pantallas se deben atornillar en su lugar cuando se instalan en el exterior o se deben fijar con tornillos de mano o con un candado en el interior de las instalaciones en donde se podría quitar durante las horas de trabajo. Siempre es preferible que las pantallas se instalen en el interior de la abertura. Las pantallas grandes (de más de 15 pies cuadrados) deben contar con barras reforzadas soldadas a lo largo del centro. También están disponibles las pantallas tipo canasta que permiten la apertura de las ventanas con el propósito de ventilación. También se le pueden colocar bisagras y candados a las pantallas, con los últimos instalados dentro de la pantalla para limitar la vulnerabilidad al ataque.

Rejillas corredizas o enrollables

Las rejillas corredizas o enrollables de acero, aluminio o plástico poli carbonato las encontramos en centros comerciales, arcadas y vestíbulos de edificios, en donde se pueden utilizar para proteger una o una serie de tiendas. Son preferidas sobre los portones plegables, por su apariencia (ya que están diseñadas para retraerse y quedar fuera de vista) y su fácil uso (se pueden manejar por medio de motor). Las rejillas corredizas deben contar con un dispositivo de cierre en la parte superior e inferior, mientras que las rejillas enrollables se deben cerrar en cada guía lateral. En general, pueden ser operadas manualmente, con cadena o por medio de motor.

Paredes de edificios como barreras

Cuando un edificio de menos de tres pisos se utiliza para formar parte del perímetro, se debe utilizar un protector superior de alambre de púas o alambre espinoso concertina a lo largo de la pared exterior para impedir el acceso al techo. La paredes perimetrales de mampostería deben tener un mínimo de 7 pies de altura y deben tener un protector superior con 3 hilos de alambre de púas inclinado hacia afuera en un ángulo de 45 grados.

Resumen: puertas

- Se deben reducir y cerrar cuando no se utilizan para canalizar el tráfico.

- Deben ser de metal o madera sólida o deben utilizar un revestimiento, como se mencionó anteriormente.

- Se debe instalar un recubrimiento astragal para cubrir el perno.

- Deben estar instaladas de manera que las bisagras queden en la parte interior para evitar que se retiren los tornillos, el uso de cinceles o dispositivos para cortar.

- Los pines en las bisagras exteriores deben estar soldados, rebordeados o asegurados de algún otro modo, o se deben utilizar clavijas de bisagra para impedir que se pueda quitar la puerta.

- La calidad de la construcción de la puerta debe ser igual a la calidad de las cerraduras.

- Las puertas de salida de emergencia deben contar con alarmas audibles.

- Todas las puertas controladas por el Control de acceso electrónico, especialmente las puertas del almacén o la plataforma de carga deben tener alarmas de puerta abierta.

Resumen: ventanas

- Deben estar aseguradas en el interior con el uso de una cerradura, perno de cierre, barra deslizante o barra transversal con candado.

- Los marcos deben estar firmemente asegurados al edificio para que no se puedan sacar a la fuerza.

- Las ventanas necesitan protección adicional si:

  - Están a menos de 18 pies del suelo.

  - Están a menos de 14 pies de los árboles.

  - Son más grandes que 96 pulgadas cuadradas.

- Las barras deben ser de por lo menos ½ pulgada de diámetro, redondas y con una distancia entre si de seis pulgadas en el centro.

- Si se utilizan rejillas, el material debe ser una malla de dos pulgadas cuadradas y calibre nueve.

- Las bisagras exteriores de una ventana no deben tener pines desmontables. Los pines de las bisagras deben estar soldados, rebordeados o asegurados de otra manera para evitar que se extraigan.

- Las barras y rejillas deben estar firmemente aseguradas al marco de la ventana para que no se puedan retirar a la fuerza.

Resumen de aberturas de servicios generales en el perímetro

Las cubiertas de acceso de 10 pulg o más de diámetro deben estar cerradas con pasador y cerradura o soldadas. Las ventilas, ductos y alcantarillas, por encima de 96 pulgadas cuadradas o sobre 6 pulgadas en la dimensión más pequeña, deben estar protegidas con barras de acero, alambre de metal expandido, malla, rejillas o un sistema de detección de intrusos.

Glaseado

Existen diversos tipos de productos de vidrio plano para el uso industrial, automotriz y de construcción que aparentan ser distintos en su forma de acabado, los cuales originan tres tipos básicos de vidrio: **lámina, placa y flotado.** Al añadir químicos y a través del proceso durante su fabricación, estos tipos básicos de vidrio se pueden modificar para cumplir con los requisitos actuales de comodidad, seguridad y necesidades arquitectónicas.

Vidrio templado se trata para resistir quebraduras y se pueden utilizar para protección y seguridad. El vidrio templado es una opción lógica para instalarlo a lo largo de pasillos, en puertas de entrada y paneles adyacentes.

Vidrio cableado se puede utilizar en instalaciones interiores y exteriores y es requerido por las reglas de incendio y seguridad. Proporciona resistencia al impacto de objetos grandes, pero tiene riesgo de lesión por el vidrio destrozado. Además, este tipo de vidrio generalmente tiene poca aceptabilidad debido a razones estéticas. No ofrece resistencia ante la penetración de balas o misiles de energía de alto impacto.

Vidrio laminado es idóneo para su instalación en ventanas al nivel de la calle o en exhibidores, entradas y otras áreas de acceso en donde la seguridad es necesaria. Está compuesto por dos hojas de vidrio normal adheridas a una capa media o capas de material plástico resistente, generalmente PVB (butiral de polivinilo). El vidrio laminado es útil en áreas vulnerables a explosiones puesto que es altamente resistente a estallidos. Este tipo de vidrio se ha diseñado para proteger en contra de ataques de **"quebrar y tomar".** Un criminal que se encuentra con este tipo de vidrio y no puede penetrar rápidamente generalmente detendrá el ataque de robo típico. Este vidrio usualmente tiene $5/16$ pulgadas de grosor. La capa media es un plástico especial de alta resistencia.

Glaseado de plástico

El material del glaseado de plástico se puede dividir en dos categorías generales: **acrílico y policarbonato.** Una hoja **de material acrílico (Plexiglás)** tiene menos de la mitad del peso del vidrio. Está disponible en varios grosores y tiene más resistencia al impacto que el vidrio de ventanas de doble resistencia.

83

Las hojas de policarbonato, como las hojas de acrílico, pesan de 50 a 60 por ciento menos que el vidrio policarbonato, tiene 300 veces más resistencia al impacto que el vidrio y de 20 a 30 veces más fuerza de impacto que el acrílico. Este material plástico resistente se utiliza como uno de los materiales principales del vidrio laminado.

El vidrio resistente a las balas (BR, por sus siglas en inglés) es laminado y consta de múltiples capas de vidrio, policarbonato y otras películas de plástico para proporcionar varios niveles de resistencia balística.

El vidrio a prueba de ladrones (vidrio de blindaje) se utiliza para prevenir que los delincuentes ingresen a un edificio a la fuerza con el uso de un martillo, hacha, palanca y otros objetos similares utilizados como herramientas.

El vidrio de blindaje es un vidrio blindado laminado con una película difícil de penetrar de butiral de polivinilo (PVB). Este vidrio es de por lo menos 10 mm pulgadas de grosor y laminado con tres vidrios de 3 mm. y dos capas medias de 1.52 mm.

El vidrio blindado endurecido puede resistir un impacto directo, pero si se quiebra, lo hace en pequeños fragmentos y luego es fácil de penetrar. La resistencia a los robos se puede mejorar laminando los cristales de vidrio endurecido.

El vidrio a prueba de ladrones es un vidrio triplemente laminado con capas medias resistentes (1.52 mm). La construcción de vidrio seleccionada naturalmente depende de los requisitos. El nivel de protección más alto se puede lograr utilizando una combinación de vidrio en donde el vidrio laminado se coloca entre dos vidrios endurecidos.

Iluminación de seguridad

La iluminación de seguridad es un elemento disuasivo del crimen valioso y económico. Mejora la visibilidad para revisar documentos de identificación y personas en las entradas, inspeccionar vehículos, prevenir el ingreso ilegal y detectar a intrusos en el interior y exterior de los edificios y campos.

Términos de la iluminación

Flujo luminoso: Se refiere al monto bruto de luz generada por una fuente, sin tomar en cuenta la intensidad de la luz en una dirección determinada. La unidad de flujo luminoso es el lumen (lm).

Intensidad luminosa: Es el flujo luminoso por ángulo sólido unitario, en la dirección en la que se emite el flujo. La unidad de intensidad luminosa es la bujía (cd). En un tiempo, bujía fue llamada candela.

Iluminación: La concentración de luz sobre un área particular medida en lux, la cantidad de lúmenes por metro cuadrado o bujía-pie (fc), la cantidad de lúmenes por pie cuadrado. Una bujía-pie es equivalente a 10.76 lux (usualmente aproximado a una proporción de 1:10).

Luminosidad: Esto se relaciona con la intensidad luminosa de una superficie en una dirección determinada, por área unitaria de dicha superficie, como se observa desde esa dirección; a menudo referida incorrectamente como "resplandor." La unidad de luminosidad es bujía por metro cuadrado (cd/m2).

Lúmenes: La cantidad de luz emitida por por una lámpara es medida en unidades lúmenes.

Factor de reflexión: Cuando vemos un objeto, nuestros ojos perciben la luz reflejada desde ese objeto. La medida del factor de reflexión es la proporción de la calidad de la luz (media en lúmenes) que cae en ella, a la luz que se refleja de ella, expresada como un porcentaje.

Índice de rendición del color (CRI, por sus siglas en ingles): La habilidad de una lámpara para reproducir exactamente los colores vistos en un objeto. El CRI se mide en una escala de 0 a 100. Un CRI de 70 a 80 es considerado como bueno, sobre 80 es considerado excelente y el 100 por ciento es considerado luz del día.

Temperatura de color corregida (CCT, por sus siglas en inglés): La medida del calor o frescura de la luz. La CCT tiene un impacto considerable en el estado de ánimo y ambiente de los entornos.

Eficacia de la lámpara: La proporción de unidades lúmenes de luz a suministrar, cuanto más alto sea el número de eficacia, mejor será la eficiencia de la lámpara.

Principios de la iluminación de seguridad

Existen dos propósitos principales de la iluminación de seguridad:

- Para crear un disuasivo psicológico para los intrusos y la actividad criminal.
- Para facilitar la detección una vez que haya ocurrido una vulneración a la seguridad.

La iluminación de seguridad debe intentar cumplir con los siguientes objetivos:

- Se debe proporcionar iluminación de todas las áreas exteriores en una instalación, incluso entradas peatonales y de vehículos, línea de la cerca perimetral, áreas o estructuras privadas dentro del perímetro y áreas de parqueo, de acuerdo con las siguientes recomendaciones en el plano horizontal al nivel del suelo:*
  - Perímetro del área exterior: 0.15 fc
  - Perímetro del área restringida: 0.4 fc
  - Entradas de vehículos: 1.0 fc
  - Entradas peatonales: 2.0 fc
  - Áreas internas privadas: 0.15 fc
  - Estructuras internas privadas: 1.0 fc
  - Entradas (inactivas): 0.1 fc
  - Jardines abiertos: 0.2 fc
  - Plataformas/muelles: 1.0 fc
- Se deben desalentar o disuadir los intentos de los intrusos por ingresar efectuando una detección segura. La iluminación adecuada puede llevar a que el intruso potencial crea que la detección es inevitable.
- Se debe evitar cualquier reflejo que sea un impedimento para los guardias, moleste al trafico que pasa y a los ocupantes de las propiedades cercanas.
- El reflejo debe estar direccionado hacia los intrusos, donde sea apropiado, como un medio para obstaculizarlos.
- Los puestos de guardias y las cámaras de vigilancia de video deben estar colocadas en ubicaciones con poca luz para evitar que los intrusos las puedan identificar.

Fuente*: U.S. Department of the Army (Departamento del Ejercito de los EE.UU.). (2001). *Field Manual 3-19.30, Physical Security* (Manual de campo 3-19.30, Seguridad física). Washington, DC.

Capítulo 3: Sistemas de protección física exterior

- Se debe proporcionar redundancia para que el corte de luz de una lámpara no resulte en un punto oscuro vulnerable para el ingreso de intrusos.

- Se debe proporcionar una completa veracidad para que, en el evento de una falla de energía, la iluminación de reserva esté disponible.

La iluminación de seguridad debe ser resistente al vandalismo y sabotaje. Las lámparas se deben instalar en un punto alto, fuera del alcance de intrusos potenciales y deben ser del tipo resistentes al vandalismo.

La iluminación de seguridad debe estar incluida en el acuerdo de mantenimiento para que las reparaciones se realicen a su tiempo.

Componentes del sistema de iluminación

Un sistema de iluminación consiste en una cantidad de componentes, los cuales son importantes para la efectividad de la aplicación de iluminación. A continuación se encuentra un listado de los componentes principales y su función:

- Lámpara (también conocida como bombilla eléctrica) es una fuente de luz fabricada que incluye el filamento o un tubo en forma de arco, su cubierta de vidrio y los conectores eléctricos.

- El aparato de iluminación (también conocido como instalación de luz) es la unidad de iluminación completa que consiste en la lámpara, su sujetador, los reflectores y los difusores utilizados para distribuir y enfocar la luz.

- Los accesorios de montaje, tales como el soporte de pared o poste de luz, se utilizan para fijar el aparato de iluminación en la altura y ubicación correcta.

- La energía eléctrica opera la lámpara, balastos y foto celdas.

Tipos de aparato de iluminación

Un aparato de iluminación es una unidad de iluminación completa que consiste en una lámpara o lámparas, unidas con las partes diseñadas para distribuir la luz, colocar y proteger las lámparas y conectar las lámparas al suministro eléctrico. Un amplio rango de aparatos de iluminación están disponibles para la iluminación de protección. De estas, existen cuatro tipos generales que son las más utilizadas en el sistema de iluminación de protección.

- Reflectores
- Faroles
- Unidades de lentes Fresnel
- Alumbrado de búsqueda

El tipo más adecuado para una aplicación particular se basa en los patrones de distribución de luz deseado y la conveniencia del servicio, ya que el costo de mantenimiento afecta la aplicabilidad general de un sistema de iluminación de protección.

Tipos de lámpara

Las lámparas incandescentes se encuentran comúnmente en residencias. Son las menos eficientes y las más costosas, tienen una vida útil corta, pero tienen una rendición de color excelente.

Las lámparas de halógeno y halógeno de cuarzo son bombillas incandescentes llenas de gas halógeno y proporcionan aproximadamente el 25 por ciento de mejor eficacia y vida útil que las bombillas incandescentes ordinarias.

Las lámparas fluorescentes crean el doble de luz y el 50 por ciento menos calor que las bombillas incandescentes. No se utilizan mucho en exteriores, excepto en las señales y tienen una rendición de color excelente.

Las lámparas de mercurio gaseoso son gaseosas. Proporcionan una rendición de color buena.

Las lámparas de haluro de metal también son gaseosas y a menudo se utilizan en estadios de deportes. Estas lámparas tienen una rendición de color excelente, pero son las luces más costosas para instalar y mantener.

Las lámparas de sodio de alta presión (HPS, por sus siglas en inglés) son gaseosas y tienen una vida útil larga; son eficientes cuando se utilizan en calles, estacionamientos y en condiciones de niebla. Las lámparas están diseñadas para permitirle observar más detalles a una distancia mayor, pero tienen una rendición de color baja.

Las lámparas de sodio de baja presión (LPS, por sus siglas en inglés) son gaseosas e incluso más eficientes que las lámparas de sodio de alta presión. Estas lámparas son muy costosas para mantener y tienen una rendición de color bajo.

Iluminación de protección, consideraciones de planificación

Consulte la siguiente tabla para obtener un resumen de las características que un profesional de seguridad debe considerar al momento de decidir el tipo de iluminación de seguridad a utilizar.

Tipo de lámpara	Vida útil de lámpara (horas)	Eficacia de lámpara	Tiempo de re-inicio a total producción de luz (minutos)	CRI
Incandescente	Hasta 5K	12-20	instantáneo	100
Halógeno	2K-3K	20-23	instantáneo	100
Fluorescente	Hasta 17K	64-93	encendido rápido	50-80
Mercurio gaseoso	Hasta 24K	40-65	3-7 más enfriamiento	40-55
Haluro de metal	6K (10K-18K por dato fabricación)	80-100	Hasta 15	60-85
HPS	18K-24K	95-130	1-2	70
LPS	Hasta 20K	131-183	7-15	<20

Nota: Algunas lámparas necesitan tiempo para iniciar y volver a iluminar si se han apagado. El tiempo extendido para volver a iluminar es típico de las lámparas de tipo de descarga de alta intensidad (HID, por sus siglas en inglés). Además, las lámparas HID tardan tiempo para iniciar de su estado en frío para alcanzar sus niveles de producción de luz diseñados. Una caída de energía podría significar la perdida de la iluminación por un período de tiempo considerable.

Aplicaciones de iluminación

Se debe considerar la iluminación en distintas áreas de la instalación:

- Cercado perimetral: la iluminación actúa como una fuerza disuasiva para los intrusos. Si se utilizan sistemas de detección de intrusos, la iluminación también ayuda en el uso de sistemas CCTV para la evaluación de alarmas y la efectividad de la fuerza de respuesta. Las regulaciones especifican 0.2 fc de iluminación en el perímetro y en el área libre entre las dos cercas. También se debe considerar el traspaso de la luz en la solución del diseño.

- Enfoque del perímetro y jardines del lugar: Los aceras peatonales y caminos se iluminan por seguridad y protección. La iluminación vertical, que resplandece en el camino o acera, identifica objetos que pueden causar tropiezos. Sin embargo, cuando se instalan luces para que los peatones puedan ver claramente o para un uso más efectivo de las cámaras CCTV, algún componente de la luz debe ser horizontal para poder iluminar las superficies verticales. La iluminación a nivel del suelo enfocada hacia los árboles y arbustos es la manera más efectiva para disuadir los intentos de uso como lugares para ocultarse. Dicha iluminación también proporciona un fondo de alto contraste para detectar movimiento.

87

- **Los niveles de la iluminación típica son:**
  - 1-4 fc para aceras peatonales
  - 0.5-2 fc para caminos
  - 10 fc para entradas
  - 2 fc para jardines abiertos.

- **Fachada de edificios:** en donde los objetos exteriores no se pueden iluminar adecuadamente, proporcionar un alto contraste brindará una buena identificación de forma y movimiento. La iluminación con focos en la fachada de un edificio logra este objetivo. Si la fachada tiene un buen factor de reflexión, habrá una medida de luz horizontal para un observador ubicado entre la fachada y el objeto para identificar éste último. Los niveles de iluminación típica son de 0.5-2 fc.

- **Estructuras de estacionamiento:** Las estructuras de estacionamiento son difíciles de iluminar debido a que hay pocos elementos verticales en donde se puede reflejar la luz o proveer contraste a los objetos en movimiento. Algunas municipalidades requieren una brillante franja horizontal blanca en las paredes a la altura de la cintura, la cual mejora el contraste. La falta de espacio libre en el techo limita la altura de la iluminación y requiere que las instalaciones coloquen la luz horizontalmente. Esto es excelente para iluminar superficies verticales, sin embargo, si se utilizan cámaras CCTV, se debe seleccionar el diseño de aparato de iluminación para reducir el reflejo en el lente de la cámara. Un nivel de iluminación horizontal de 5 fc con una proporción de uniformidad de 4:1 proporciona un nivel de seguridad adecuado.

- **Estacionamiento abierto:** La altura del aparato de iluminación tiene menos restricciones en estacionamientos abiertos que en cerrados, a menos que las reglas locales y el traspaso de la luz se conviertan en factores. Las fuentes de luz más altas tienden a proporcionar iluminación horizontal. Los niveles de luz recomendados varían de un mínimo de 0.2 fc en estacionamientos generales y áreas peatonales con actividad baja a 2 fc en áreas vehiculares con actividad alta. Las áreas de control de acceso vehicular y de recolección de dinero se deben mantener en un mínimo de 5 fc.

- **Plataformas de carga:** Para mantener un nivel de seguridad adecuado para el área exterior sin estacionamiento de camiones, se recomienda colocar 1 fc en la fachada del edificio (puertas enrollables, escaleras, rampas, etc.) y 0.2 fc en jardines abiertos. La iluminación se debe incrementar a 5 fc, durante las operaciones nocturnas de envío y recepción. Las áreas de plataforma interior, tales como cuerpos de carga, deben estar iluminados a 15 fc y las áreas de desembalar y clasificar a 20 fc. Se recomienda que las áreas de empaque y envío estén a 30 fc.

- **Áreas de supervisión y control de seguridad:** La mayoría de las actividades deben estar iluminadas a 30-50 fc; en áreas de tareas, tales como un panel de control, la iluminación debe estar de 50 a 70 fc. La ubicación del aparato de iluminación y el ángulo de las pantallas son críticas para reducir el reflejo. Las pantallas planas y las que cuentan con una capa ó cubierta anti reflejo ayudarán a reducir el reflejo. Si la supervisión en pantallas (por ejemplo: alarma y CCTV) es la función predominante, el personal de supervisión deberá reducir los niveles de luz ambientales para reducir el reflejo e incrementar el contraste en las pantallas.

- **Estaciones de guardia y puertas:** El área que rodea una puerta o estación de guardia debe estar bien iluminada en el exterior durante la noche, de 2-5 fc. La iluminación de trabajo en el interior debe ser alta, 30 fc durante operaciones de día, pero debe reducirse en la noche por debajo de los niveles del exterior para permitir una buena visibilidad de los alrededores.

Iluminación de protección y CCTV

Se deben tomar consideraciones adicionales acerca de la selección y aplicación de iluminación en

Derechos de autor © 2007 de ASIS International

lugares donde se utilizan cámaras CCTV para asegurar que las escenas de la cámara sean útiles.

- **Índice de rendición de color** debe ser alto para obtener una alta reproducción e identificación de colores. La fuente de luz compatible con el tipo de cámara (consulte la tabla anterior de CRI). Para las cámaras monocromáticas cualquier lámpara funciona, pero para las cámaras a color elija una lámpara con CRI alto.

Punto clave: Tenga en cuenta que las luces de mercurio gaseoso y sodio de baja presión tienen valores de CRI muy bajos y no se deben utilizar en conjunto con las cámaras de color o donde la identificación de color es crítica. Por ejemplo, bajo una luz de sodio de baja presión, una camisa verde tendrá un tono azul.

- **Iluminación** se refiere a la cantidad de luz que necesita una cámara CCTV para percibir una escena y es la cantidad de luz que brilla sobre el área del lente. La iluminación debe estar diseñada para proporcionar una proporción claro a oscuro de cuatro a uno (medición del área clara/medición del área obscura=4.0). El nivel de iluminación debe estar diseñado según las especificaciones de la cámara para obtener un video <u>competo</u> no solo un video <u>útil</u>. Planifique en el caso de degradación de la lámpara con el paso del tiempo y acumulación de suciedad en el lente y el reflector.

- **Factor de reflexión** define lo que el ojo humano y el lente de la cámara ven. Debe aumentar el factor de reflexión de la escena (cuanto más cerca de 100 esté será mejor). Algunos ejemplos del factor de reflexión son:
  - Asfalto 10 por ciento.
  - Césped 20-25 por ciento.
  - Concreto sin pintura 35-40 por ciento.

- **Dirección** se refiere a la dirección de la iluminación reflejada (idealmente la luz reflejada debe estar en la misma dirección en la que está dirigida la cámara). Utilice los aparatos de iluminación de interrupción (direccionan la luz hacia la tarea y reducen la contaminación de la luz) y las luces de soporte sobre la vista de las cámaras CCTV.

Punto clave: Para las cámaras peatonales o normales, el nivel mínimo de luz reflejada para Detección es de 0.5 fc, para Reconocimiento 1.0 fc y para Identificación 2.0 fc.

Sistemas exteriores de detección de intrusos

Ahora prestaremos atención a los sistemas de protección física empleados en nuestro plan de protección de instalaciones exteriores. Para este capítulo, cubriremos los sistemas exteriores de detección de intrusos (IDS, por sus siglas en inglés).

Clasificación del sistema de detección de intrusos

Los sistemas de detección de intrusos generalmente se clasifican en tres tipos:

- Perímetro
- Área
- Objeto

Un sistema de detección de intrusos en las instalaciones debe contar con múltiples tecnologías, instaladas de manera que se compensen las debilidades de cada una y reducir las fuentes de interferencia de alarma. El sistema de sensor múltiple incrementará sustancialmente la probabilidad de detección de intrusos, lo cual permite la interacción de múltiples sensores para mejorar la capacidad de evaluación. Los siguientes párrafos describen las distintas opciones para instalar sensores de detección de intrusos y los tipos y características.

Opciones de instalación

1. Sensores instalados en la cerca

Los sensores instalados en la cerca son aquellos que requieren la presencia de, están fijados a o asociados con una cerca u otra estructura. Generalmente son los más fáciles y menos costosos de instalar.

2. Sensores ocultos

Los sensores ocultos se instalan debajo de la superficie de la tierra, fuera o dentro de la cerca o barrera. Estos sensores se utilizan con frecuencia para establecer una diferencia entre un área segura y un área insegura.

3. Sensores independientes

Los sensores independientes están instalados sobre la superficie del suelo y en sus propios sopotes. Los sensores independientes y ocultos no necesitan la presencia de una cerca para tener una operación efectiva; sin embargo, podría necesitarse una cerca para controlar las fuentes de interferencia de alarma, tales como animales o peatones.

Tipos y características del sensor de detección de intrusos

Los sensores exteriores tienen las siguientes características:

1. Activo

Los sensores activos transmiten energía hacia un área protegida y detectan cambios en esa energía ocasionados por el calor o movimiento del intruso. Los sensores activos son muy efectivos al distinguir las fuentes de interferencia de alarma.

2. Pasivo

Los sensores pasivos no emiten energía propia. Estos supervisan el área protegida y detectan la energía que emite un intruso o las interferencias que éste ocasiona en los campos eléctricos. La presencia y ubicación de los sensores pasivos, colocan en desventaja a los intrusos ya que son más difíciles de determinar que los dispositivos activos. Generalmente, los sensores pasivos son más seguros para utilizarlos en ambientes explosivos o peligrosos, ya que no emiten energía que pueda provocar una explosión.

3. Encubierto

Los sensores encubiertos están ocultos a la vista de un posible intruso. Los sensores encubiertos son más difíciles de ubicar y detectar, por lo tanto pueden operar de manera más efectiva. Adicionalmente, los sensores encubiertos son por lo general estéticamente más atractivos.

4. Evidente o visible

Los sensores evidentes o visibles están ubicados a la vista de los intrusos. Los sensores visibles tiene un efecto psicológico disuasivo. Los sensores visibles son generalmente menos costosos y menos difíciles de instalar y reparar que los dispositivos encubiertos.

5. Línea de observación

Los sensores de línea de observación requieren una línea de observación clara dentro del área de detección. Generalmente se requiere una superficie a nivel del suelo plana para tener una operación efectiva.

6. Seguimiento de terreno

Los sensores de seguimiento de terreno se detectan bien tanto en el terreno irregular como en el plano. El patrón de detección sigue el terreno, lo que resulta en una detección uniforme en toda el área protegida. La consideración principal es la preparación del lugar. La selección de un dispositivo de seguimiento de terreno normalmente evitará una preparación costosa del lugar.

7. Patrón volumétrico
Los sensores volumétricos detectan dentro de un volumen de espacio específico determinado por el patrón cubierto por el sensor. Generalmente, lo sensores volumétricos tienen un volumen de detección que no es visible, por lo tanto es difícil definir su ubicación exacta. Los sensores volumétricos pueden mostrar una proporción de interferencia de alarma más alta de lo normal, en áreas reducidas.

8. Patrón de detección de línea
Los sensores de línea detectan a lo largo de una línea. Los sensores de línea cuentan con patrones de detección fácilmente definidos y controlados.

Consideraciones de diseño de detección de intrusos
El tipo de sensores de detección de intrusos colocados en una instalación depende de varios factores:

- Inmunidad a interferencia externa electromagnética o eléctrica.
- Tipo de terreno, plano o irregular.
- Requisitos para operar en un ambiente explosivo.
- Grado de dificultad para vencer o eludir (vulnerabilidad a vencer, Vd, por sus siglas en inglés).
- Requisitos para estar ocultos o visibles.
- Facilidad y costo de la instalación.
- Requisitos para la energía externa.
- Facilidad de ajuste de sensibilidad.
- Probabilidad de detección de intrusos.
- Proporción de interferencia de alarmas.
- Facilidad de mantenimiento.
- Cantidad y tamaño de zonas.

Detectores de intrusos en la cerca
Para proporcionar una defensa básica en contra de intrusos rudimentarios se debe instalar un sistema de protección de cerca en todas las cercas del perímetro. Los cables del sensor han mostrado ser los más efectivos para adherirse a las cercas. Los tipos recomendados son:

- Cable coaxial de percepción de vibración microfónico: Este sensor consta de dos cables coaxiales guías unidos a la malla de la cerca y a un procesador de señal. El cable está diseñado para "escuchar" cuando se mueve la malla. Se transmite una señal al procesador cuando se mueve o se corta la cerca o malla. Si la frecuencia y el tiempo de duración de la alteración cumple con un criterio predeterminado, el procesador genera una alarma.

- Cable de fibra óptica: Estos sensores consisten en un cable de fibra óptica sensible unido a la cerca y una unidad electrónica de detección óptica que percibe cualquier presión, vibración, movimiento o sonido a lo largo del cable.

91

Estos dos tipos de cable ofrecen una característica de audio que ofrece al personal de guardia una capacidad de evaluación limitada, permitiéndoles escuchar los sonidos en cada zona. Los sensores de la cerca se deben conectar a lo largo de la misma en zonas de 100 a 300 metros para permitir una facilidad de evaluación y respuesta. Las zonas que son demasiado largas no permiten que el personal de guardia responda a la ubicación exacta. Además, los lentes de las cámaras de circuito cerrado de televisión que permiten observar más allá de los 300 metros son demasiado costosos. El cable del sensor debe "pasarse dos veces" sobre la malla de la cerca para incrementar la sensibilidad. Cada sensor de zona debe enviar un reporte individual y único a la estación de supervisión y la falla de un sensor en cualquier zona no debe afectar las otras zonas.

Los sensores de cerca proporcionarán la detección de intrusos rudimentarios, pequeños ladrones o vándalos que tratan de cortar, escalar o levantar la malla de la cerca. También funcionan como un disuasivo, ya que algunas veces los intrusos se intimidan por el cable visible en la cerca.

El mayor problema con sólo contar con una detección de intrusos en la cerca es la habilidad del personal de seguridad para analizar una alarma verdadera de una falsa, ya que la evaluación de audio no es totalmente efectiva. Puesto que las falsas alarmas se generan a menudo debido a fuertes vientos y animales, el personal de seguridad debe responder a las alarmas, enviando a patrullas a investigar. Esto requiere una gran cantidad de tiempo dependiendo de la distancia hacia el área afectada. Además de las falsas alarmas causadas por el viento y los animales, estos sistemas generan interferencias de alarma a las que no se les puede atribuir su origen a cualquier evento físico. Debido a estos problemas, los sensores de cerca se deben intensificar con un subsistema de evaluación visual tal como la vigilancia CCTV.

Detección de intrusos fuera de la línea de la cerca

Dependiendo de la importancia de la instalación y los riesgos y limitaciones presupuestarias asociadas, podría aumentar los sensores de cerca con otro tipo de tecnología para advertir cuando los intrusos se dirigen a la cerca. Esto eliminaría la amenaza de cruzar o cavar debajo de la cerca y proporcionaría una notificación anticipada de un intento de intrusión.

Así como los sensores de cerca son visibles para los intrusos y de este modo proporcionan un disuasivo en contra de perturbaciones, cortes o traspaso de la cerca, podría desear que los detectores exteriores estén encubiertos u ocultos de los atacantes. Los sensores ocultos son ideales para esta aplicación ya que son discretos, encubiertos, se pueden adaptar en áreas grandes y ofrecen bajas proporciones de interferencia y falsa alarma. Por lo tanto, los intrusos tienen libertad para acercarse a la cerca y son detectados incluso sin darse cuenta que hay un sistema de seguridad establecido. A continuación se especifican algunos tipos comunes de sensores utilizados fuera de la línea de la cerca:

1. Rollos de alambre de púas con cinta de sensor
Este sensor consta de un rollo doble de ensamble de alambre espinoso de acero inoxidable para muelles, con uno de los rollos colocado dentro del otro. Este sensor incorpora un cable inductor lineal incrustado dentro del ensamble del rollo interior para percibir los intentos para cortarlo, destrozarlo, escalarlo, forzarlo u cualquier otra manera para penetrar el sensor.

2. Cable de fibra óptica oculto
El cable de fibra óptica oculto utiliza un cable continuo a través de un área abierta. El sistema detecta la presión de un intruso a través de una ligera flexión de las fibras ópticas y cambios en la señal de luz producida.

3. Cables de campo electromagnético oculto

Los sensores de cable coaxial portador son sensores activos que consisten en uno o dos cables coaxiales ocultados en la tierra de forma paralela. Un transmisor está conectado a un cable y un receptor conectado a otro. Entre los cables se establece un campo de energía electromagnético. Cuando un intruso ingresa en este campo, el campo es alterado y esto resulta en una condición de alarma.

Sistemas de detección de intrusos dentro de la línea de la cerca

La parte interior de la cerca es considerada como territorio sagrado y se requiere tomar medidas extremas para detectar cualquier penetración en esta zona interna. Ya que los intrusos saben que en ese momento están dentro de la cerca, no hay razón alguna para que este tipo de sistema sea encubierto. Tiene más importancia seleccionar el sistema más eficiente. Considere lo siguiente al momento de seleccionar un sensor:

1. Subsistemas de detección de movimiento en video (VMDS, por sus siglas en inglés)

Para proporcionar protección en contra de los intrusos que penetran en el perímetro, que cuentan con más conocimientos, habilidades superiores y mejor equipo, se deben emplear más defensas. Los sensores de detección de movimiento en video (VMD, por sus siglas en inglés), utilizados en zonas alrededor de todo el perímetro, detectarán a los intrusos que utilizan escaleras o que cavan debajo de la cerca, así como a cualquier persona que se mueva dentro o fuera de la cerca en el área de detección.

Un sensor de detección de intrusos en video detecta intrusos humanos analizando los cambios en los cuadros de imagen en las cámaras de CCTV. Cuando se detecta un cambio, el intruso es rastreado por la tecnología de rastreo de prealarma a través de una cantidad de celdas de detección definidas por el usuario. Si el tamaño, velocidad, y ruta del objetivo corresponden a las características humanas, se genera una alarma y el intruso es interpretado por las gráficas en la pantalla.

Las cámaras VMD modernas añaden una zona de detección de hasta 200 metros de largo para aumentar la protección de la cerca mientras también proporciona la capacidad de evaluación de CCTV. Es esencial contar con zonas despejadas apropiadas en ambos lados de la línea de la cerca. Generalmente, las configuraciones de seguridad más altas utilizan líneas de cerca dobles. En este caso, se debe instalar una VMD para monitorear entre la línea de cerca doble.

2. Cables de campo electromagnético sobre la superficie

Un sensor de campo eléctrico consta de cables de campo, cables de sensor, hardware de soporte y un procesador de señal. Uno o dos cables están espaciados y extendidos uniformemente sobre la superficie, desde los conductores. La capacidad entre los cables es relativamente constante hasta que un intruso se acerca a los mismos.

A medida que un intruso se acerca, cambia la capacidad entre los cables. Entre más se acerca el cuerpo a los cables más cambia la capacidad. Este cambio de capacidad es percibido por el procesador de señal y se envía una alarma.

3. Infrarrojo

Los sensores activos de rayo infrarrojo detectan cambios en el poder de señal de un rayo infrarrojo en la línea de observación entre un transmisor y un receptor. Este tipo de sensor detecta a un intruso cuando hay una pausa en el rayo por un periodo de tiempo específico. Los sensores activos infrarrojos pueden ser sistemas de rayo simple o múltiple. Los sensores de rayo simple sólo proporcionan una línea estrecha de detección y puede ser fácilmente eludida. Los sistemas de rayo múltiple incorporan varios transmisores y receptores que actúan en conjunto para formar una "pared" de detección.

Los sensores infrarrojos pasivos perciben el calor corporal de energía térmica en frecuencias correspondientes a la temperatura corporal de 98 grados Fahrenheit. También detecta cambios en la energía térmica de fondo causada por alguien que se mueve a través del campo visual del detector. El campo visual para los detectores infrarrojos es el área delante del elemento del sensor térmico del detector.

4. Microondas

Un sistema de microondas está compuesto por un transmisor, receptor y una unidad de procesamiento de señal. El transmisor produce un patrón de energía tipo rayo direccionado hacia el receptor, el cual percibe el rayo. Una interrupción parcial o total del rayo ocasionará una alarma.

5. Cerca láser

Una cerca láser es un sensor activo formado por una unidad de transmisor que envía múltiples rayos láser a una unidad receptora. La interrupción de cualquiera de los rayos láser genera una alarma.

Los sensores de detección de intrusos dentro y fuera de la cerca, junto con los sensores de cerca se pueden utilizar para proporcionar una indicación positiva de que la integridad del perímetro está en riesgo y para establecer la dirección de los intrusos. Si los sensores exteriores alertan primero y luego los sensores de cerca, entonces sabemos que el intruso proviene del exterior y que hay una alta probabilidad de ataque. Si los sensores internos alertan antes que los sensores de cerca, entonces podremos establecer que el personal está involucrado en la penetración.

La incorporación de estas recomendaciones proporcionará una protección perimetral rentable, incorporando una alta probabilidad de detección con una baja proporción de interferencia de alarma. El sistema debe emplear los requisitos de energía ininterrumpida y redundancia de 100 por ciento. A menos que la combinación de medidas de protección disuada, retarde, detecte, evalúe y permita una respuesta efectiva, las instalaciones importantes están vulnerables a la penetración.

Resumen de consideraciones de diseño

Cuando se emplea el IDS perimetral en el lugar hay varios puntos que el profesional debe considerar:

- Topografía.
- Vegetación.
- Vida silvestre.
- Ruido de fondo.
- Clima y tiempo.
- Tierra, superficie, pavimento.
- Protección de iluminación.

Criterio de desempeño para los Sistemas electrónicos de protección física (PPS, por sus siglas en inglés)

Al momento de diseñar un PPS electrónico, se deben definir los siguientes criterios de desempeño:

- Probabilidad de detección: la precisión con la que el sistema detecta a un intruso, medida de 0 a 1.

- Nivel de confianza: cada probabilidad está usualmente asociada con el nivel de confianza, el cual es un término estadístico que proporciona la veracidad de los resultados de la experimentación. El nivel de confianza está normalmente expresado en un porcentaje tal como 90 a 95 por ciento.

- Vulnerabilidad para vencer: qué tan fácil es para el agresor vencer el PPS, una probabilidad medida de 0 a 1.

- Proporción de interferencia o falsa alarma. (Interferencia de alarma: causada por un factor además del intruso, por ejemplo el viento o animales). (Falsa alarma - causada por un mal funcionamiento del PPS). Estas alarmas se miden por la cantidad de alarmas por día, semana o mes.

Componentes del IDS

Los sistemas de detección de intrusos (IDS) se utilizan para detectar a un intruso que ingresa a un área que está protegida por sensores electrónicos y envía una alarma para que se realice respuesta apropiada. El IDS tiene los siguientes componentes:

- Dispositivos de percepción (detección) en el perímetro, protección de área/espacio o protección específica de activos/puntos.

- Panel de control/panel de campo/multiplexor que controla varios dispositivos de detección y se comunica con el subsistema de visualización y evaluación.

- Subsistema de comunicaciones/transmisión de señal: recibe información de control y comunica información de alarma al subsistema de visualización y evaluación.

- Subsistema de visualización y evaluación: permite que un operador controle la información de configuración a los dispositivos de detección y paneles de control y muestra las alarmas a los operadores. Algunos sistemas permiten que los operadores evalúen la causa de las alarmas antes de tomar acción para enviar recursos de respuesta.

Características de los sistemas de detección de intrusos

Un sistema de detección de intrusos en las instalaciones debe contar con múltiples tecnologías, instaladas de manera que se compensen las debilidades de cada una y reducir las fuentes de interferencia de alarma. El sistema de sensor múltiple incrementará sustancialmente la probabilidad de detección de intrusos y reducirá la vulnerabilidad a vencer, mientras permite la interacción de múltiples sensores para mejorar la capacidad de evaluación. El siguiente resumen le proporciona al profesional de seguridad la información necesaria para determinar el tipo de PPS que se debe seleccionar para cada aplicación.

Sensores de línea ocultos

- Presión o sísmico.

- Manguera llena de líquido presurizado.

- Serie de geóponos.

- Pasivo, encubierto, seguimiento de terreno, volumétrico.

- Reacciona ante los intrusos al percibir si caminan, corren, saltan o se arrastran sobre los sensores.

- Susceptible a animales, vibración de vehículos e iluminación.

Sensores instalados en la cerca

- Pasivo, visible, seguimiento de terreno, lineal.
- Puede detectar movimiento o choque.
- Reacciona si un intruso escala, corta o levanta la cerca.
- Susceptible a vientos fuertes y animales.

Tipos de sensor de campo magnético

- Serie de bucles de alambre ocultos.
- Pasivo, encubierto, seguimiento de terreno, volumétrico.
- Reacciona a los intrusos al percibir cambios en el campo magnético local.
- Susceptible a vehículos pesados y animales.

Cable coaxial portador (Tecnología RF)

- Cables coaxiales portadores simples o dobles (coaxial permeable).
- Activo, encubierto, seguimiento de terreno, volumétrico.
- Zona de detección de aproximadamente 3 pies sobre la superficie y 6 pies de ancho.
- Reacciona a intrusos con la alteración del campo de radiación entre cables.
- Susceptible a animales, vibración de vehículos y grandes charcos de agua.

Cable de fibra óptica

- Fibra simple o red enlazada en la tierra.
- Pasivo, encubierto, seguimiento de terreno, lineal.
- Reacciona a intrusos al detectar cambios en la cantidad de luz recibida (microflexión).
- Susceptible a la vibración de vehículos.

Infrarrojo activo

- Sensores autónomos.
- Activo, visible, línea de observación, lineal.
- Transmisor y receptor.
- Reacciona a intrusos cuando se interrumpe el rayo.
- Susceptible a nieve, animales, vientos de polvo y desechos.

Microonda

- Sensores autónomos.
- Activo, visible, línea de observación, volumétrico.
- Mono estático (transmisor receptor).

- Bi estático (transmisor y receptor).

- Reacciona a intrusos cuando se interrumpe el rayo.

- Susceptible a nieve, animales, vientos de polvo y desechos.

Sensor de campo electroestático

- Sensores autónomos.

- Activo, visible, seguimiento de terreno, volumétrico.

- Enlace de capacitancia.

- Responde cuando un intruso se acerca a los alambres.

- Susceptible a la nieve, vientos de polvo y desechos.

Alambre tenso

- Sensores autónomos.

- Pasivo, visible, seguimiento de terreno, lineal.

- Electro mecánico.

- Responde cuando un intruso dobla o corta los alambres.

- Susceptible a los animales grandes.

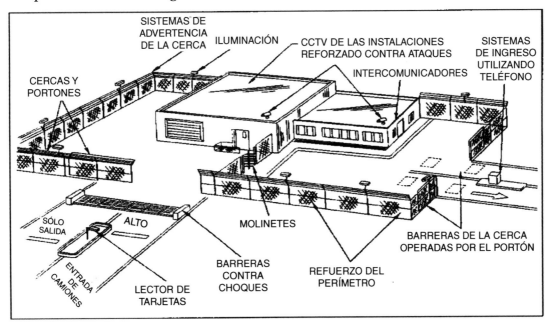

Figura 3.7 PPS Integrado

Sistema de protección física integrada de instalaciones

Figura 3.7 a continuación se muestra un ejemplo del sistema de protección física integrada que emplea varias de las medidas de protección exterior abarcadas en este capítulo.

Preparación para el examen de Profesionales en seguridad física (PSP, por sus siglas en inglés)

Enumere lo siguiente:

- Los **cinco elementos mínimos** de cualquier programa de seguridad física.

- **Cuatro medidas clave** de seguridad física externa.

- **Tres estándares mínimos** para aplicar el concepto de protección "triángulo de seguridad".

- **Dos nombres** para el concepto en donde se especifica que los intrusos tienen que vencer una cantidad de medidas de protección en secuencia antes de acercarse al activo protegido.

- **Un nombre** para los cinco elementos mínimos (consulte el primer enunciado) de protección de seguridad combinados.

- Tres tipos de sistemas de detección de intrusos.

Respuestas al listado:

- **Los cinco elementos mínimos de cualquier programa de seguridad física: Evaluación de seguridad, educación y conocimiento, fuerza de respuesta y SOP, triángulo de seguridad y estrategias de protección profunda y sistemas de seguridad, arquitectónicos y operativos.**

- **Cuatro medidas clave de seguridad física externa: barreras; puertas, ventanas y aberturas de servicios generales; iluminación y sistemas de detección de intrusos (IDS).**

- **Tres estándares mínimos para aplicar el concepto de protección "triángulo de seguridad". detectar, retrasar, responder.**

- **Dos nombres para el concepto en donde se especifica que los intrusos tienen que vencer una cantidad de medidas de protección en secuencia antes de acercarse al activo protegido: "protección profunda" o "círculos concéntricos de protección".**

- **Un nombre para los cinco elementos mínimos combinados, un programa de seguridad física (PSP).**

- **Tres tipos de sistemas de detección de intrusos: perimetral, área y objeto.**

Verdadero o falso: Identifique cada declaración como falso o verdadero. Cuando la declaración sea falsa, vuelva a escribirla para que sea verdadera.

1. La calidad de la construcción de la puerta debe ser igual a la calidad de la cerradura. Las bisagras se deben instalar en el interior para evitar que los intrusos las retiren.

2. Agregar químicos al vidrio tipo lámina, placa o flotado y ajustar los procesos de fabricación, puede resultar en vidrio templado, alambrado y laminado para cumplir con los requisitos de seguridad actuales.

3. El vidrio resistente a balas esta laminado con múltiples capas de vidrio, policarbonato y otras películas de plástico.

4. Existen tres categorías generales del glaseado plástico: acrílico, templado y policarbonato.

5. A menudo se prefiere el glaseado plástico que el vidrio debido a que es menos costoso.

6. El vidrio cableado se puede utilizar en instalaciones interiores y exteriores y es requerido por las reglas de incendio y seguridad.

7. El vidrio laminado no es el más adecuado para las aplicaciones a nivel de la calle y para los ataques "quebrar y tomar".

Respuestas a verdadero o falso

1. La calidad de la construcción de la puerta debe ser igual a la calidad de la cerradura. Las bisagras se deben instalar en el interior para evitar que los intrusos las retiren. **Verdadero.**

2. Agregar químicos al vidrio tipo lámina, placa o flotado y ajustar los procesos de fabricación, puede resultar en vidrio templado, alambrado y laminado para cumplir con los requisitos de seguridad actuales. **Verdadero.**

3. El vidrio resistente a balas esta laminado con múltiples capas de vidrio, policarbonato y otras películas de plástico. **Verdadero.**

4. Existen dos categorías generales del glaseado plástico: acrílico y policarbonato.

5. A menudo se prefiere el glaseado plástico que el vidrio debido a que es ligero y ofrece más resistencia a impactos.

6. El vidrio cableado se puede utilizar en instalaciones interiores y exteriores y es requerido por las reglas de incendio y seguridad. **Verdadero.**

7. El vidrio laminado es el más adecuado para las aplicaciones a nivel de la calle y para los ataques "quebrar y tomar".

Casos de situaciones hipotéticas

1. Suponga que se le ha solicitado asesorar a una instalación acerca de cómo mejorar su iluminación de seguridad. Enumere cinco principios que podría utilizar para guiar sus decisiones.

2. La instalación mencionada anteriormente es un complejo de apartamentos con varios edificios y una jardinización considerable que incluye árboles, arbustos, etc. Recientemente los residentes han sido objeto de robos personales y de vehículos (asaltos y allanamiento), los cuales generalmente se llevan a cabo al atardecer o a horas más tarde. Utilice la información en este capítulo para enumerar sus recomendaciones para incrementar la seguridad utilizando aplicaciones de iluminación.

Complete.

1. Para obtener una óptima efectividad, diseñe los sistemas electrónicos de protección física utilizando los criterios basados en _____ y _____.

2. Generalmente, los sensores exteriores se pueden instalar de tres maneras: en _____, en la _____, o _____.

Respuestas.

1. Para obtener una óptima efectividad, diseñe los sistemas electrónicos de protección física utilizando los criterios basados en **características** y **rendimiento**.

2. Generalmente, los sensores exteriores se pueden instalar de tres maneras: en **cercas**, en la **tierra** o **autónomos**.

Capítulo 3: Sistemas de protección física exterior

Complete el siguiente cuadro T

Cuadro T PPS: Aplicaciones exteriores	
Ideas principales	**Detalles o ejemplos**
PPS (revisión)	• **5 elementos:** evaluaciones de seguridad, educación y conocimiento, fuerza de respuesta y SOP, triángulo de seguridad y estrategias de protección profunda y sistemas de seguridad, arquitectónicos y operativos. • **Conceptos clave:**
Barreras	**Propósitos:** **Tipos/aplicaciones:**
Ventanas, puertas, aberturas de servicios generales	**Por qué estas necesitan atención especial:** **Tipos/aplicaciones de glaseado:**
Iluminación	**Propósitos:** **Principios:** **Tipos/aplicaciones:**
Sistemas de detección de intrusos	**Tipos:** **Consideraciones de diseño:** **Aplicaciones:**

Estándares ASTM [cercas]

El Comité ASTM F14 sobre Cercas se creó en 1973 y se reúnen dos veces al año. El Comité, con una membresía actual de aproximadamente 115 miembros, tiene jurisdicción de más de 25 estándares, publicados en el *Annual Book of ASTM Standards* (Libro anual de estándares ASTM).

Estándares publicados bajo la jurisdicción de F14.10: (Subcomité de aplicaciones específicas)

F1712-96a Especificación del estándar para los materiales del cercado de alambrado metálico de acero utilizados en instalaciones correccionales y de detención.

Estándares publicados bajo la jurisdicción de F14.40 (Subcomité de accesorios de alambrado y cercado de alambrado metálico).

A392-96 Especificación del estándar para la malla del cercado de alambrado metálico de acero, recubierto de zinc.

A491-96 Especificación del estándar para la malla del cercado de alambrado metálico de acero, recubierto de aluminio.

F552-94 Terminología del estándar relacionada con el cercado de alambrado metálico.

F567-93 (08) Práctica del estándar para la instalación del cercado de alambrado metálico.

F626-96a Especificación del estándar para accesorios de cerca.

F668-99a Especificación del estándar para la malla del cercado de alambrado metálico de acero recubierto de (Cloruro de polivinilo) (PVC) y otro polímero orgánico.

F900-94 Especificación del estándar para portones giratorios comerciales e industriales.

F1043-99 Especificación del estándar para recubrimientos de resistencia y de protección en estructuras de la cerca de alambrado metálico industrial.

F1083-97   Especificación del estándar para tubería, soldada, de acero, sumergido en recubrimiento de zinc (galvanizado) para estructuras de cercas.

F1183-96   Especificación del estándar para la malla del cercado de alambrado metálico de aleación de aluminio.

F1184-94   Especificación del estándar para portones deslizables horizontales comerciales e industriales.

F1345-96   Especificación del estándar para la malla de la cerca de alambrado metálico de acero con recubrimiento de aleación del 5 por ciento de zinc y aluminio con adición de tierras raras.

F1379-95   Terminología del estándar relacionada con el alambre espinoso.

F1553-96   Guía del estándar para especificar la cerca de alambrado metálico.

F1664-95   Especificación del estándar para el alambre de tensión de acero recubierto de (Cloruro de polivinilo) (PVC) utilizado con la cerca de alambrado metálico.

F1665-95   Especificación del estándar para el alambre de púas de acero recubierto de (Cloruro de polivinilo) (PVC) utilizado con la cerca de alambrado metálico.

F1910-98e1   Especificación del estándar para los obstáculos de alambre espinoso largo.

F1911-98   Práctica del estándar para la instalación del alambre espinoso.

EN RELACIÓN A LOS METALES EXPANDIDOS tal como el material utilizado en los Sistemas de cercas Secura:

Acero de carbono, ASTM A569 / A569M-85, especificación militar MIL-M-1719C

Acero inoxidable 304 - ASTM-A-240-90

Especificación militar MIL-S-46044A

Referencias

National Fire Protection Association (Asociación Nacional de Protección de Incendios). (2006). *NFPA 730: Guide for Premises Security* (Guía para la seguridad de establecimientos). Quincy, MA.

Capítulo 3: Preguntas de práctica

Las siguientes preguntas fueron tomadas del material cubierto en este capítulo. No se pretende que incluyan todo el material de este capítulo, ni que representen preguntas verdaderas del examen de certificación.

Sin embargo, estas preguntas tienen la intención de ayudarle a revisar información importante relacionada con las aplicaciones exteriores de los sistemas de protección física. Se le anima a consultar los recursos adicionales que se encuentran al final de este módulo del curso para prepararse a fondo para el examen de certificación ASIS.

Pregunta 1. ¿Cuáles de los siguientes elementos **no** están incluidos en un programa de seguridad física?
a) Un conjunto adecuado de los siguientes elementos para tratar las condiciones de amenazas cambiantes: arquitectónico, operativo y personal.
b) Una educación continua y completa sobre seguridad y un esfuerzo por hacer conciencia para lograr el interés y el apoyo de los empleados, contratistas, consultores y visitantes.
c) Una evaluación de seguridad física por cada instalación en la empresa para identificar los recursos, amenazas, vulnerabilidades y medidas de moderación de amenazas que se deben implementar.
d) Una fuerza de respuesta instituida así como procedimientos para tomar una acción inmediata, positiva y sistemática para salvaguardar la vida y la propiedad durante una emergencia.

Pregunta 2. Existen criterios de diseño basados en características y rendimiento para los sistemas de detección de intrusos. ¿Cuál de los siguientes **no** es criterio basado en características?
a) Línea de observación.
b) Patrón volumétrico.
c) Patrón de dirección lineal.
d) Frecuencia de representación de grabación.

Pregunta 3. ¿Cuál de las siguientes declaraciones es verdadera?
a) Las barreras crean una disuasión sicológica para cualquier persona que piensa ingresar sin autorización.
b) Las barreras se pueden diseñar para todas las situaciones.
c) Resolver el problema del carro bomba sería raramente más importante que minimizar el área restringida según sea necesario para la eficiencia operacional.
d) Las barreras tienen un impacto indirecto en la cantidad de puestos de seguridad necesarios y en la frecuencia de uso para cada puesto.

Pregunta 4. A menudo, las barreras naturales son algo más que un disuasivo para los vehículos. ¿Cuál de los siguientes son ejemplos de barreras naturales?
a) Barreras de concreto, peñascos grandes, bolardos hidráulicos.
b) Acantilados, cercas, arroyos.
c) Vegetación densa, cañones, ríos y arroyos.
d) Bolardos fijos, alambre espinoso concertina, muros de protección.

Pregunta 5. ¿Cuál de las siguientes declaraciones no es verdadera, con respecto a las cercas de alambrado metálico?
a) Debe ser de alambre de calibre 9 o uno más grueso.
b) Malla galvanizada con aberturas de 2 pulgadas.
c) Debe tener 6 pies de malla como mínimo, incluyendo al protector superior.
d) Orillas retorcidas y con púas en la parte superior e inferior de la línea de la cerca.

Pregunta 6. Los portones de cerca perimetral minimizan las entradas y salidas para mantener control. ¿Cuál de las siguientes características **no** debe incorporar un portón?
a) Una cornisa de alambre de púas o alambre espinoso.
b) Iluminación adecuada.
c) Oficiales de seguridad al abrir.
d) Asegurar las cerraduras al momento de cerrar.

Pregunta 7. ¿Cuál de las siguientes no es una característica del alambre espinoso/alambre de púas cuando se utiliza como barrera?
a) Se retrae a un espiral cerrado.
b) Se extiende sin distorsión.
c) Requiere un máximo de 3 rollos.
d) Colocado entre postes.

Pregunta 8. Existen tres variedades básicas del vidrio plano: lámina, placa y flotado. Al añadir químicos y a través del proceso durante su fabricación, estos tipos básicos de vidrio se pueden modificar para cumplir con los requisitos actuales de comodidad, seguridad y necesidades arquitectónicas. ¿Cuál de los siguientes no es un tipo de vidrio plano?
a) Vidrio laminado
b) Vidrio de blindaje
c) Vidrio cableado
d) Vidrio templado

Pregunta 9. ¿Cuál de los siguientes **no** es un principio general de la iluminación de protección?
a) Dirigir las luces deslumbrantes hacia los ojos del intruso.
b) Adecuar una iluminación uniforme en límites y vías de entrada.
c) Máxima iluminación en las rutas de patrullaje.
d) Contraste alto de luminosidad para el intruso y el fondo.

Pregunta 10. ¿Cuál es la definición de iluminación?
a) La medida del calor o frescura de la luz.
b) La proporción de unidades lúmenes de luz a suministrar; cuanto más alto sea el número de eficacia, mejor será la eficiencia de la lámpara.
c) La concentración de luz sobre un área particular medida en lux, la cantidad de lúmenes por metro cuadrado o bujía-pie (fc), la cantidad de lúmenes por pie cuadrado. Una bujía-pie es equivalente a 10.76 lux (usualmente aproximado a una proporción de 1:10).
d) La habilidad de una lámpara para reproducir exactamente los colores vistos en un objeto.

Pregunta 11. Un sistema de iluminación consiste en una cantidad de componentes, los cuales son importantes para la efectividad de la aplicación de iluminación. ¿Cuál de los siguientes describe de mejor manera los componentes principales de un sistema de iluminación?
a) Accesorios de montaje, energía eléctrica, lámpara, aparato de iluminación.
b) Poste, balastos, filamento, difusor.
c) Escuadra, energía, conectores, reflectores.
d) Montaje, foto celdas, cubierta, distribuidor.

Pregunta 12. ¿Cuál de las siguientes declaraciones es incorrecta?
a) Las lámparas fluorescentes crean el doble de luz y el 50 por ciento menos calor que las bombillas incandescentes. No se utilizan mucho en exteriores, excepto en las señales y tienen una rendición de color excelente.
b) Las lámparas de haluro de metal son gaseosas y a menudo se utilizan en estadios de deportes. Estas lámparas tienen una rendición de color excelente, pero son las luces más costosas para instalar y mantener.
c) Las lámparas de sodio de alta presión son gaseosas y tienen una vida útil larga; son eficientes cuando se utilizan en calles, estacionamientos y en condiciones de niebla. Las lámparas están diseñadas para permitirle observar más detalles a una distancia mayor, pero tienen una rendición de color baja.
d) Las lámparas de halógeno y halógeno de cuarzo son bombillas incandescentes llenas de gas halógeno y proporcionan aproximadamente el 50 por ciento de mejor eficacia y vida útil que las bombillas incandescentes ordinarias.

Pregunta 13. Se deben tomar algunas consideraciones adicionales acerca de la selección y aplicación de iluminación en lugares donde se utilizan cámaras CCTV para asegurar que las escenas de la cámara sean útiles. ¿Cuáles de las siguientes declaraciones son incorrectas?
a) La iluminación se refiere a la cantidad de luz que necesita una cámara CCTV para percibir una escena y es la cantidad de luz que brilla sobre el área del lente.
b) El factor de reflexión sólo define lo que el ojo humano ve.
c) El índice de rendición de color debe ser alto para obtener una alta reproducción e identificación de colores.
d) La dirección se refiere a la orientación de la iluminación reflejada (idealmente la luz reflejada debe estar en la misma dirección en la que está dirigida la cámara).

Pregunta 14. Cuando se emplea el IDS exterior en un lugar en particular hay varios puntos que el profesional debe considerar en el lugar: ¿Cuál de los siguientes describe de mejor manera las consideraciones de diseño?
a) Cantidad de puestos y oficiales de seguridad.
b) Presencia de cámaras CCTV e iluminación.
c) Topografía, clima, vegetación y animales del lugar.
d) Tamaño y forma de la instalación.

Pregunta 15. ¿Cuáles son cuatro características de los detectores de intrusos?
a) Lineales, volumétricos, alambre tenso y electroestáticos.
b) Línea de observación, seguimiento de terreno, cerca y coaxial permeable.
c) Activo, pasivo, evidente o encubierto.
d) Lineal, visible, rayos infrarrojos y microondas.

Pregunta 16. Los detectores de intrusos se pueden agrupar generalmente en cuál de las siguientes tres clases:
a) Lineales, volumétricos, independientes.
b) Inclusivo, exclusivo e inmediato.
c) perimetral, área y objeto.
d) Continuo, virtual y lógico.

Pregunta 17. ¿Qué tipo de sistema de detección de intrusos se debe instalar en un lugar que tiene una topografía diversa (por ejemplo: el lugar no está nivelado)?
a) Lineal.
b) Encubierto.
c) Seguimiento de terreno.
d) Volumétrico.

Capítulo 3: Sistemas de protección física exterior

Pregunta 18. ¿Qué tipo de sistema de detección de intrusos se instalaría para proporcionar un amplio patrón de detección?
a) Evidente.
b) Patrón de dirección lineal.
c) Sensor volumétrico.
d) Encubierto.

Pregunta 19. ¿Qué tipo de sistema de detección de intrusos se instalaría para detectar a un intruso que escala una cerca?
a) Sensor oculto.
b) Sensores independientes.
c) Sensores instalados en la cerca.
d) Sensor encubierto.

Pregunta 20. ¿Qué tipo de sistema de detección de intrusos se instalaría para proporcionar un patrón volumétrico y ser encubierto?
a) Sistema de cercado.
b) Microonda.
c) Cable oculto.
d) Campo eléctrico.

Derechos de autor © 2007 de ASIS International

Respuestas a las preguntas del capítulo 3

1. a) Un conjunto adecuado de los siguientes elementos para tratar las condiciones de amenazas cambiantes: arquitectónico, operativo y personal.

2. d) Frecuencia de representación de grabación.

3. a) Las barreras crean una disuasión sicológica para cualquier persona que piensa ingresar sin autorización.

4. c) Vegetación densa, cañones, ríos y arroyos.

5. c) Debe tener 6 pies de malla como mínimo, incluyendo al protector superior.

6. a) Una cornisa de alambre de púas o alambre espinoso.

7. c) Requiere un máximo de 3 rollos.

8. b) Vidrio de blindaje.

9. c) Máxima iluminación en las rutas de patrullaje.

10. c) La concentración de luz sobre un área particular medida en lux, la cantidad de lúmenes por metro cuadrado o bujía-pie (fc), la cantidad de lúmenes por pie cuadrado. Una bujía-pie es equivalente a 10.76 lux (usualmente aproximado a una proporción de 1:10).

11. a) Accesorios de montaje, energía eléctrica, lámpara, aparato de iluminación.

12. d) Las lámparas de halógeno y halógeno de cuarzo son bombillas incandescentes llenas de gas halógeno y proporcionan aproximadamente el 50 por ciento de mejor eficacia y vida útil que las bombillas incandescentes ordinarias.

13. b) El factor de reflexión sólo define lo que el ojo humano ve.

14. c) Topografía, clima, vegetación y animales del lugar.

15. c) Activo, pasivo, evidente o encubierto.

16. c) Perimetral, área y objeto.

17. c) Seguimiento de terreno.

18. c) Sensor volumétrico.

19. c) Sensores instalados en la cerca.

20. c) Cable oculto.

Capítulo 3: Sistemas de protección física exterior

Capítulo 4: Sistemas de protección física interna

Temas del capítulo

Este capítulo cubre los siguientes temas:

- La aplicación de sistemas de protección física interna (PPS)
- Descripciones de los sistemas de protección física interna más comunes
- Ventajas y desventajas de varios sistemas y procesos
- Sistemas de Detección de intrusos
- Sistemas de control de acceso
- Cerraduras
- Sistemas de Circuito Cerrado de Televisión
- Sistemas de comunicaciones

Información general de los subsistemas de seguridad de medidas de detección

Las medidas de detección descubren ataques y activan las medidas preventivas o correctivas. Las medidas de detección utilizan subsistemas de seguridad, procedimientos por escrito y recursos humanos que son los elementos esenciales de un Sistema de protección física. La implementación de un PPS es el enfoque principal de este capítulo y del **Capítulo 3**.

Subsistemas de seguridad personal. Los subsistemas de seguridad personal utilizan tecnología que les ayuda a detectar los medios que utilizan los adversarios para perpetrar un ataque en una instalación. Los subsistemas de seguridad para implementar en instalaciones incluyen:

- Subsistemas de visualización y evaluación de alarma
- Detección de intruso exterior e interior (alarmas contra ladrones)
- Identificación (subsistemas de identificación y de emisión de placa de identificación)
- Subsistemas de control de acceso (barreras, cerraduras y electrónica)
- Subsistemas de comunicaciones
- Subsistemas de búsqueda
- Patrullas de seguridad y personal de respuesta
- Circuito cerrado de televisión (CCTV)

Subsistema de visualización y evaluación de alarma

Este subsistema consta de tableros de control, estaciones de trabajo, computadoras, impresoras, grabadoras, equipo de comunicación y pantallas para supervisar a todos los subsistemas de seguridad, evaluar cualquier condición inusual y enviar a la fuerza de respuesta adecuada. Ayuda a evaluar alarmas, permite a la fuerza de protección dar seguimiento al progreso del intruso hacia un objetivo y ayuda a evaluar la actividad y características del intruso (por ejemplo, la cantidad de intrusos y si están armados). Normalmente, la fuerza de protección es responsable de supervisar y responder. También, el personal de la fuerza de protección es responsable de preparar informes de alarma e incidente y de distribuir copias, según sea adecuado. Los procedimientos de respuesta regularmente se encuentran en los planes de protección del lugar o instalación.

Subsistema de detección de intruso

Un subsistema de detección de intruso se implementa para alertar a un centro de supervisión interno o a una empresa de supervisión y a la policía local sobre un intento de ingreso de un intruso a través de una puerta o ventana de una instalación. Estos subsistemas son eficientes en cuanto a costos, comparados con tener un guardia de seguridad en el lugar para que supervise las instalaciones. El propósito principal de un subsistema de detección de intrusos es alertar a la fuerza de protección contra un intruso.

Generalmente, los subsistemas de detección de intruso constan de una alarma y de capacidad de evaluación y regularmente tienen niveles de aplicaciones interiores y exteriores. Los sistemas exteriores están diseñados para brindar la detección más inmediata posible de un intruso no autorizado, tan lejos de las instalaciones como se pueda. Los sistemas interiores de detección de intrusos se pueden dividir aún más en niveles, de acuerdo con la configuración de las áreas de seguridad y los niveles de protección requeridos. Además de las patrullas y la vigilancia que proporciona la fuerza de protección, los dispositivos de detección y alarma son componentes fundamentales de cualquier PPS. Para ser efectivas, las alarmas se deben visualizar adecuadamente y escuchar claramente.

Las pantallas de la alarma deben estar visibles, deben identificar la ubicación y tipo de alarma y la interfaz del operador que permita que el operador reconozca la alarma. Los dispositivos de alarma necesitan de supervisión continua para evitar cualquier intento furtivo de evadir el sistema de alarma y para garantizar una respuesta adecuada y oportuna. Para alcanzar un grado aceptable de seguridad de que el PPS funciona correctamente, la administración de seguridad debe proporcionar el equipo adecuado, una prueba de efectividad y programa de mantenimiento, así como suficiente personal capacitado para operar el equipo de detección de intrusos.

Subsistemas de detección de intruso

En algunas instalaciones importantes, normalmente el nivel extremo de los sistemas exteriores es un subsistema de detección de intrusos en el perímetro. Por lo general, éste consta de sensores electrónicos complementarios y múltiples, como sensores de microondas, infrarrojos y de campos eléctricos. También puede utilizar detectores de alteración en la cerca y sensores sísmicos. Los subsistemas exteriores deben tener la capacidad de soportar las condiciones ambientales en las cuales operan. Por lo general, los subsistemas diseñados adecuadamente utilizan dos o más tipos de sensores complementarios, dependiendo del ambiente operativo y de los parámetros de diseño. Aunque las características del diseño difieran dependiendo de los sistemas en uso, el propósito del sensor exterior es garantizar que cualquier persona que cruce el perímetro, ya sea que camine, corra, salte, se arrastre, ruede o escale, será detectada en cualquier punto de la zona de detección, independientemente del peso y límites de velocidad. Los subsistemas del sensor se requieren para tener cobertura adecuada en todas las condiciones climáticas y de iluminación. Se deben superponer para eliminar áreas muertas y ser lo suficientemente amplias para impedir la improvisación de puentes. Además, es importante que las zonas de detección no tengan depresiones o elevaciones de tierra u obstrucciones que proporcionen al individuo una ruta para evadir la detección. Los sistemas exteriores se cubrieron en detalle en el **Capítulo 3**, pero el material se repite aquí para mostrar que existen subsistemas exteriores e interiores para muchos elementos de seguridad.

Subsistemas interiores de detección de intruso

Los subsistemas interiores de detección de intrusos normalmente están diseñados para proteger áreas específicas dentro de las instalaciones, tales como centros de procesamiento de datos, bóvedas o áreas que contienen artículos valiosos. Estos sistemas utilizan varias tecnologías, tales como la detección de movimiento físico, calor, movimiento relacionado con la hora, tensión de cables, vibración, presión y capacitancia. La evaluación de las alarmas requiere el uso de una fuerza de protección para supervisar las alarmas y el uso de múltiples cámaras de CCTV fijas y algunas equipadas con características de base ajustable de movimiento horizontal y vertical y acercamiento.

Los sensores son básicos para un sistema de alarma que detecta un problema de seguridad o de incendio. Si el sensor es defectuoso, el resultado del sistema completo se limita severamente, volviéndose una carga mayor, en lugar de un beneficio. Los detectores de intruso diseñados para reportar a personas que intentan ingresar o movilizarse en áreas protegidas, se pueden dividir en tres clases generales:

- Perímetro o punto de ingreso
- Área general
- Objeto

Subsistemas de identificación

Comúnmente, los subsistemas de identificación emplean una placa que utiliza el empleado mientras se encuentra en el lugar de trabajo. Normalmente, la placa de identificación tiene una foto del empleado, así como también información de identificación sobre dónde trabaja el empleado. Los aspectos importantes del sistema de emisión de placas de identificación son:

- Emitir placas de identificación con foto empleando medidas que no se puedan falsificar, con números de control individuales, codificado de color por área de acceso autorizado.
- Recoger las placas de identificación cuando un empleado o contratista ya no esté asociado con la empresa.

Subsistema de control de acceso

Un subsistema de control de acceso es una medida de prevención y detección al mismo tiempo. Evita un ataque al hacer más difícil que un individuo peligroso ingrese a una instalación que esté protegida con un sistema de control de acceso. El individuo peligroso debe tener una tarjeta de control de acceso o tratar de ingresar detrás de otra persona que haya ingresado a una instalación con una tarjeta de control de acceso válida.

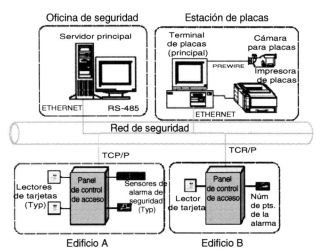

Figura 4.1 Sistema de control de acceso típico*

*Fuente: American Water Work Association (Asociación Americana de Trabajos del Agua). (2004). *Interim Voluntary Security Guidance for Water Utilities* (Guía de seguridad voluntaria interina para instalaciones de agua). Denver, CO.

Con frecuencia, los subsistemas de detección de intrusos y de control de acceso son subsistemas separados, conectados por interfaz para proporcionar información al operador del sistema de supervisión centralizado. En muchos sistemas, el control de acceso normal y otras actividades relacionadas con el trabajo se procesan sin la interacción del operador. Los registros de dichas transacciones generalmente se archivan para propósitos históricos. Muchos sistemas de control de acceso también incorporan las funciones de detección de intruso en el mismo sistema.

Subsistema de circuito cerrado de televisión

La implementación de un subsistema de circuito cerrado de televisión (CCTV) ofrecerá la capacidad de mantener vigilancia visual del lugar desde una fuente remota, tal como una compañía de supervisión o un sitio de supervisión manejado por el cliente. Además, el CCTV permitirá grabar las imágenes de la cámara y recuperarlas para ayudar a reconstruir lo que ocurrió en las instalaciones e identificar a los culpables involucrados en el incidente. Las cámaras deben ser instaladas en las áreas de parqueo, recepción, procesamientos críticos, almacenaje, carga y en las diferentes entradas y salidas del edificio. Los subsistemas modernos utilizan dispositivos digitales de grabación, almacenaje y reproducción para grabar imágenes y para investigar incidentes.

Por lo general, la mayoría de instalaciones críticas utilizan cobertura de cámara de CCTV en un lugar fijo para la evaluación oportuna de alarmas que se disparan alrededor del perímetro de las instalaciones. Normalmente, las alarmas dan aviso en el área de supervisión central donde los operadores de la consola del centro de control de seguridad pueden reconocerla, evaluar qué la causa y dirigir una respuesta según sea necesario.

Los sistemas de CCTV que se utilizan junto con sistemas de control de acceso o detección de intruso son más efectivos cuando tienen la capacidad de llamar la atención automáticamente al operador hacia una alarma asociada con la pantalla de la cámara y que la calidad de imagen de la cámara, el campo de vista y el tamaño de imagen sea tal que el operador pueda reconocer con facilidad la presencia humana. La protección tanto contra la interferencia como contra la pérdida de visibilidad de un aviso de alarma son características esenciales del sistema, si las cámaras sirven como medio principal de evaluación de alarmas. Las grabadoras de vídeo, cuando se utilizan con el sistema de CCTV y cuando se inician por medio de señales de alarma, son muy útiles cuando operan automáticamente y son lo suficientemente rápidas para grabar a un intruso apropiadamente. Los sistemas de captura de vídeo proporcionan imágenes de vídeo pre alarma, alarma y post alarma del área en que se disparó la misma, que son muy útiles para determinar la causa de las alarmas y rastrear a los intrusos.

Subsistema de comunicaciones

El subsistema de comunicaciones proporciona la capacidad de que todos los subsistemas de seguridad personal trabajen juntos. La red de comunicaciones es a menudo una red privada que sólo utiliza el personal de seguridad. En otros casos, los subsistemas de seguridad comparten la misma red utilizada para apoyar las funciones de la tecnología de información (IT, por sus siglas en inglés) de la empresa. Otras partes del sistema de comunicación son una parte importante de las medidas de detección, ya que proporcionan los medios para reportar problemas y solicitar ayuda cuando se descubren ataques. Los componentes incluyen equipo de intercomunicación, radio y teléfono.

Controles internos

Existen pocas instalaciones donde se tiene la intensión de tener acceso a cada área en la instalación. Consecuentemente, el acceso a algunas áreas es necesariamente controlado. Por ejemplo, los controles internos son necesarios para proteger la divulgación no autorizada de información clasificada, para evitar daño al área o equipo, para evitar interferencia con operaciones, con propósitos de seguridad o para una combinación de estas y otras razones.

Normalmente, los controles internos se aplican a áreas o espacios físicos específicos dentro de un edificio. El administrador responsable debe determinar si son necesarios los controles internos. Los controles del área de oficina pueden incluir sistemas de responsabilidad clave, dispositivos de cierre y sistemas de control de acceso, tal como firmar en registros y sistemas electrónicos.

Cuando se determina la magnitud de los controles internos, el valor monetario y de la misión, se debe considerar la condición crítica de los artículos o áreas a proteger, la vulnerabilidad de las instalaciones y el costo de los controles. Normalmente, el costo de los controles de seguridad personal no debe exceder el valor de los activos o de las áreas a proteger.

Designaciones de área

La decisión para designar áreas como un "área controlada" o un "área restringida" se debe realizar junto con una decisión de cerrar al público la propiedad o una porción de la misma.

Área controlada

Un área controlada se define como una habitación, oficina, edificio u otra forma de instalación a la cual se supervisa, limita o controla el acceso. La admisión a un área controlada se limita a personas que tienen negocios oficiales dentro del área. Los administradores responsables están autorizados a designar un área como área controlada después de que se implementen medidas de seguridad adecuadas. Normalmente las siguientes áreas mínimas se deben designar como áreas controladas:

1. Un área donde se maneje, procese o almacene información clasificada o altamente delicada. Una sala de correspondencia es considerada tal área.

2. Un área que guarde equipo que sea significativamente valioso o crítico para la continuación de operaciones o provisión de servicios.

3. Un área donde el acceso no controlado pudiera interferir o interrumpir al personal asignado al área en la realización de sus tareas oficiales.

4. Un área donde el equipo u operaciones constituyan un peligro potencial a la seguridad.

5. Un área que sea particularmente delicada, según lo haya determinado el administrador responsable.

Área restringida

Un área restringida es una habitación, oficina, edificio u otra forma de instalación, a la cual está controlado el acceso estrictamente. La admisión a un área restringida está limitada a personal asignado al área y a las personas que hayan sido autorizadas específicamente a tener acceso a esa área. Los visitantes a un área restringida deben ser escoltados por personal asignado al área y toda la información clasificada se debe proteger para que no sea observada, expuesta o retirada. El administrador responsable está autorizado a designar un área como restringida después de que se implementen medidas de seguridad adecuadas. Si aplica, las siguientes áreas mínimas deben ser designadas como restringidas:

1. Un área que guarde sistemas designados de información delicada o computadoras centrales.

2. Un área que sea altamente crítica o delicada, según lo haya determinado el administrador responsable.

113

Sistemas de detección de intrusos

Los sistemas de detección de intrusos tienen la intensión de disparar alarmas o alertar al personal de respuesta de un intruso real o un intento de ingreso a un área. Estos sistemas de advertencia detectan intrusos o intentos de ingreso, no los evitan. Cualquier sistema de detección de intrusos requiere una evaluación y una capacidad de respuesta para proporcionar protección a un área. Todos los sistemas tienen puntos vulnerables por medio de los cuales su funcionamiento se puede minimizar, interrumpir o evadir por completo.

Planificación de instalaciones de sistema de detección de intrusos

Los sistemas de detección de intrusos se utilizan para detectar intrusos. Se debe considerar lo siguiente cuando se planifique un sistema de detección de intrusos:

1. Sensibilidad o condición crítica de la operación.
2. Vulnerabilidad de las instalaciones a daño, interrupción, alteración u otro daño.
3. Sensibilidad o valor de la información o propiedad almacenada dentro o en las instalaciones.
4. Ubicación de las instalaciones y accesibilidad para los intrusos.
5. Otras formas de protección, implementadas o disponibles.
6. Capacidad de respuesta local o del orden público.

Componentes de un sistema de detección de intrusos

Un sistema de detección de intrusos está compuesto por uno o más sensores para detectar la presencia o acciones de un intruso y una unidad de control que constantemente supervisa los sensores y puede activar dispositivos de señalización, alarmas locales o transmitir una señal de alarma fuera de los establecimientos, cuando se active un sensor. Los componentes incluyen:

- Teclados: Se utilizan para activar y desactivar el sistema de detección de intrusos por medio del teclado o de una tarjeta. Normalmente se utiliza para sistemas de detección de intrusos que hacen todo sin ayuda.
- Código de usuario que se ingresa para operar.
- Los códigos personales se pueden asignar para pánico.
- Paneles de control: Se utilizan para sistemas de detección de intrusos y control de acceso integrado, consta de microprocesadores que reciben señales desde los sensores y procesan datos para determinar si existe una condición de alarma, luego comunican las señales a las alarmas y pantallas.
- Pantalla de alarma.
- Alarma local: Campana o dispositivo de sonido en el lugar.
- Conexión a la estación central por medio de:
  - Cable directo: Línea de teléfono dedicada desde el establecimiento protegido a la estación central.
  - Línea telefónica compartida: Cuentas múltiples en una línea.
  - Multiplex: Se combinan y envían varias señales. Reduce cargos de línea alquilada, proporciona un alto nivel de seguridad.
  - Discado telefónico: Discado de línea de voz telefónica.

- ○ Digital: Tecnología actual que utiliza un receptor y discado digital.

- ○ Celular: Soporte para la línea telefónica.

Los sistemas de detección de intrusos se pueden designar para que varias partes de un edificio tengan zonas o circuitos de sensor separados. Se pueden agregar circuitos de alarma de pánico o atraco a mano armada para permitir que los empleados llamen al personal de seguridad. La instalación de los componentes del sistema de detección de intrusos es muy importante y se debe poner atención a los estándares aplicables y a las especificaciones del fabricante. Los sensores individuales están diseñados para responder a estímulos específicos que indiquen la presencia de un intruso o intentos para obtener acceso a un área protegida. De manera similar, se deben montar sensores de interruptor para que detecten la apertura real de una puerta o ventana, pero que al mismo tiempo, que la forma de la instalación no tienda a interferir alarmas. Las condiciones que pueden causar interferencia de alarmas pueden incluir vibraciones de un camión que vaya pasando, ventanas o puertas que se abatan con el viento, calor proveniente de sistemas de ventilación, luces intermitentes, interferencia electromagnética de un radio móvil o una tempestad.

Clasificación general

Existen dos tipos generales de sensores de detección de intrusos: activo y pasivo. Los sensores activos transmiten energía hacia un área protegida y detectan cambios en esa energía ocasionados por el calor o movimiento del intruso. Los sensores activos son muy efectivos al distinguir las fuentes de interferencia de alarma. Los sensores pasivos no emiten energía propia. Estos supervisan el área protegida y detectan la energía que emite un intruso o las interferencias que éste ocasiona en los campos eléctricos. La presencia y ubicación de los sensores pasivos colocan en desventaja a los intrusos ya que son más difíciles de determinar que los dispositivos activos. Generalmente, los sensores pasivos son más seguros para utilizarlos en ambientes explosivos o peligrosos, ya que no emiten energía que pueda provocar una explosión.

Sensores activos
- ○ Producen una señal desde el transmisor enviada al receptor.

- ○ Ejemplo: Sensor de microondas.

- ○ Detecta cambios o reflejos de señal.

- ○ Transmisor: Estática doble, separada del receptor.

- ○ Transmisor: Estática simple, junto al receptor

Sensores pasivos
- ○ No producen señal. Simplemente son receptores, que comparan cambios del entorno.

- ○ Ejemplo: Infrarrojos pasivos que detectan a un hombre caminando a través del campo de vista.

- ○ Importancia práctica: Es más difícil que un intruso los determine a que los active.

Otras características de detección de intrusos

Como los sensores exteriores, existen otras características que se necesita considerar:

- ● Podría ser más efectivo encubrir, dificultar su detección, no molesta la apariencia de las instalaciones.

- ● Ejemplo: Línea de fibra óptica enterrada.

115

- Visible: Ubicados a plena vista, donde todos puedan verlos.

- Ejemplo: Contacto magnético en una puerta, más simple de instalar, puede desalentar al intruso.

- Volumétrico: Protege el volumen completo o una porción del volumen de una habitación.

- Ventaja: Detecta a un intruso, sin importar el punto de ingreso.

- Ejemplo: Sensor de movimiento de microonda en una habitación.

- Línea: Sólo detecta un punto de ingreso, ventana/puerta

- Ejemplo: Cinta de aluminio o luz infrarroja en la ventana.

Clasificación de aplicación de sensores internos

Los sensores internos también se clasifican por su aplicación para la estrategia de protección. Las clasificaciones son:

- Penetración de límite o perímetro.

- Volumétrico.

- Objeto o proximidad.

Perímetro

Los puntos más comunes para dispositivos de detección de perímetro son puertas, ventanas, ventilas y tragaluces. Estas aberturas se pueden proteger con dispositivos con la intensión de detectar su posición, forcejeo o rompimiento. Si ocurre una intrusión a través de techos o paredes sin protección, estos dispositivos pueden ser ineficaces.

Interruptores de contacto
Estos dispositivos normalmente son interruptores operados por medio de imanes, pegados a una puerta o ventana, de tal manera que al abrir la puerta o ventana más allá de una abertura específica, rompe un campo magnético y ocasiona que el interruptor se active (una alarma). Los interruptores de alta seguridad normalmente son interruptores balanceados o influenciados por imanes.

Aluminio metálico
La cinta de aluminio metálico para ventana es un método tradicional para detectar el rompimiento del vidrio. Se pegan franjas delgadas de aluminio a la superficie de un vidrio. Al romper el vidrio, también se fractura el aluminio, lo que interrumpe un circuito electrónico que causa que se active una alarma. El aluminio metálico se deteriora con el tiempo y puede requerir mantenimiento frecuente.

Cedazos
Las aberturas, tal como ventilas, ductos, tragaluces y aberturas similares pueden contar con alarmas por medio de finos filamentos de alambre que activan una alarma si se corta o rompe el cedazo. A menudo, los filamentos de alambre se colocan en un marco de varas de madera y requieren poco mantenimiento.

Rompimiento de vidrio (frecuencia ajustada)
Circuitos electrónicos que detectan un patrón de sonido de frecuencia específica cuando se rompe el vidrio.

Rompimiento de vidrio (inercia)

Un dispositivo conectado a una ventana o marco que puede detectar el rompimiento de vidrio desde paneles de vidrio múltiples o simples. Este dispositivo requiere de un "choque" que se genere durante la intrusión para activar el sistema de alarma, consecuentemente al abrir el circuito cerrado normalmente del bucle de protección en el sistema de seguridad. Algunos sensores de choque requieren un analizador separado para funcionar o utilizar el voltaje del bucle de protección de los sistemas de alarma para obtener energía.

Acordonamiento

El acordonamiento puede proteger paredes, puertas y cajas de seguridad contra la penetración. El acordonamiento es un patrón de tejido estrecho de aluminio metálico o cable frágil quebradizo en la superficie de un área protegida. Un intruso puede ingresar sólo al romper el aluminio o el alambre. Un panel sobre el acordonamiento lo protege de daño accidental.

Volumétrico

Los sensores de protección de volumen están diseñados para detectar la presencia de un intruso casi en cualquier lugar dentro de una habitación completa, desde el piso hasta el techo. Hay disponible un número de dispositivos volumétricos. Cada tipo de detector tiene limitaciones y ventajas inherentes. Por lo tanto, se debe seleccionar un dispositivo con consideración dada a factores ambientales específicos. Una ventaja mayor de los dispositivos volumétricos es que proporcionan un medio de detección altamente sensible e invisible en áreas de alto riesgo. La mayor desventaja es que la aplicación inadecuada puede dar como resultado frecuentes falsas alarmas.

Infrarrojo pasivo

Un detector de infrarrojo pasivo está diseñado para detectar la diferencia entre la temperatura del aire y la temperatura de una masa, cuando un intruso ingresa a su campo de protección del rango de detección. Este diferencial activa el dispositivo de iniciación.

Ultrasónico

Los detectores de movimiento ultrasónico generan una alta frecuencia de sonido que está fuera del rango normal del oído humano. Un intruso que interrumpa el patrón de onda ultrasónica, activa la alarma. Los dispositivos son propensos a falsas alarmas debido al exceso de corrientes de aire o al ruido ultrasónico de equipo mecánico y se disuade de utilizar en edificios.

Microonda

Los detectores de microondas utilizan ondas de radio de alta frecuencia para detectar movimiento. Debido a que la energía de microondas penetra materiales tales como vidrio y objetos de metal que la reflejan, pueden detectar movimiento fuera del área de protección y causar falsas alarmas si no se instalan adecuadamente.

Fotoeléctrico

Los dispositivos fotoeléctricos transmiten una luz a través de un área protegida. Cuando un intruso interrumpe esta luz, se interrumpe el circuito y se activa una alarma. Los dispositivos fotoeléctricos utilizan diodos que emiten una luz infrarroja invisible y normalmente pulsa rápidamente para evitar que se comprometa por medio de una substitución. Se debe considerar que las luces de detección son estrechas y un intruso las puede descubrir o evitar.

Proximidad

La protección de proximidad de objeto proporciona seguridad directa para activos personales.

Sensor de capacitancia

Un sensor de capacitancia se utiliza para proteger gabinetes para archivos, contenedores de seguridad y cajas de seguridad. Pueden ocurrir falsas alarmas si el contenedor se toca por descuido, cuando el dispositivo está activado.

Vibración

Estos dispositivos de detección sísmica utilizan un cristal piezoeléctrico o micrófono para detectar el patrón de sonido, tal como un impacto como de martillo en una superficie rígida. Estos dispositivos se conectan directamente a cajas de seguridad, gabinetes de archivo o a las paredes, techo y piso de bóvedas. Pueden ocurrir falsas alarmas con estos dispositivos debido a factores externos, tal como vehículos al pasar u objetos al caer.

Resumen: Protección interna del edificio

Microondas de estática simple

- Patrón de globo estirado.

- Detección, efecto no invasor.

- Detección óptima, cuando se moviliza hacia el detector.

- Penetra la mayoría de materiales así que es posible que se generen interferencias de alarmas en salones o pasillos adyacentes.

- Corte de rango variable continuo (RCO, por sus siglas en inglés) los circuitos evitan alarmas de objetos que se muevan más allá de un rango seleccionado previamente.

Infrarrojo pasivo

- Detecta cambios en la energía térmica.

- Energía contenida dentro de las paredes.

- Detección óptima, cuando se moviliza a través de un campo de detección.

Tecnología dual

- Sensor microondas más sensor de infrarrojo pasivo.

- Requiere que se activen ambos antes que la alarma.

- Reduce interferencia de alarmas.

Sensores sónicos

- Estática simple.

- Estática doble.

- Estática múltiple.

- Alarma generada al detectar efecto no invasor.

Alfombras de presión

- Cedazo o franjas de cobre con aislamiento en medio.

- La presión hace contacto y dispara la alarma.

Derechos de autor © 2007 de ASIS International

Resumen: Protección de objeto

- Protección de caja de seguridad, gabinete.

- Capacitancia: Si es crítica al límite del campo de detección sólo para el objeto protegido (por ejemplo, caja de seguridad o gabinete para archivos), el dispositivo de capacitancia puede ser la protección preferida. Un sensor de capacitancia es un condensador eléctrico grande que irradia energía y detecta cambio en la combinación de capacitancia entre una antena y el suelo. En una instalación típica, se conecta un alambre del sensor de capacitancia a un objeto que se vaya a proteger, como una caja de seguridad o un gabinete para archivos. Un intruso que toca el objeto absorbe un poco de energía eléctrica, interrumpe el circuito y causa que se active una alarma.

- Bóveda

  - Detectores electrónicos de vibración (EVD, por sus siglas en inglés).

  - Micrófono altamente sensible.

  - Se conecta a una pared de la bóveda.

  - Detecta cualquier vibración.

Control de acceso básico: Cerraduras

Los dispositivos de seguridad personal más básicos utilizados ampliamente y aceptados son las cerraduras.

Componentes de la cerradura

- Mecanismo de funcionamiento.

- Dispositivo para el registro.

- Cerrojo o perno.

Terminología de la cerradura

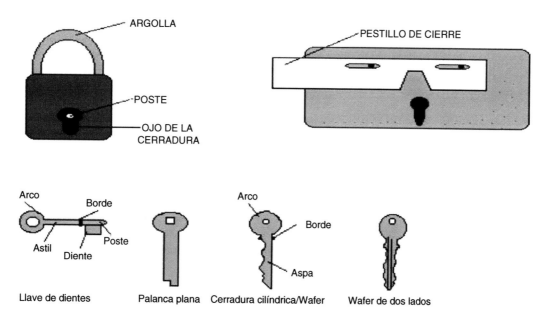

Figura 4.2 Componentes de la cerradura

Clasificación de la cerradura

Las cerraduras se pueden dividir en dos clases generales:

- Aquellas que operan puramente en principios **mecánicos.**

- Aquellas que son **eléctricas** y combinan energía eléctrica con operaciones mecánicas y están asociadas más comúnmente con sistemas de control de acceso automatizado.

Cerraduras mecánicas

Una cerradura mecánica utiliza algunas configuraciones de barrera de partes físicas para evitar la abertura del perno o del cerrojo. En tal cerradura, los ensambles funcionales de los componentes son:

- El perno o cerrojo que sostiene la parte móvil (puerta, ventana, etc.) a la parte inmóvil (jamba, marco, etc.)

- La agarradera o placa de tope en la cual se ajusta el perno o cerrojo. La agarradera no es una parte integral del mecanismo de la cerradura, pero proporciona un alojamiento seguro para el perno cuando se encuentra en una posición de cerrado.

- La estructura del tambor que constituye la barrera o laberinto que se debe pasar para mover el perno.

- El dispositivo o llave para abrir la cerradura, que está diseñada específicamente para pasar la barrera y hacer funcionar el perno.

La cerradura zurcada

La primer cerradura mecánica desarrollada y de más uso es la cerradura zurcada. La cerradura es ejemplificada por el ojo de la cerradura abierto. La mayor debilidad de este tipo de cerradura es su vulnerabilidad a manipulación del resorte por medio de cualquier llave que no detenga las muescas y corrosión debido al deterioro por el tiempo y el envejecimiento. Un programa de cierre moderno, bien planificado no incluye cerraduras zurcadas.

La cerradura de palanca

La cerradura de palanca fue un avance significativo en cerraduras, introducida después de que la cerradura zurcada llegara en el siglo 18. La cerradura de palanca ofrece más seguridad que la cerradura zurcada. La cerradura de palanca halla aplicación continua hoy en día, en diferentes situaciones como instalaciones de escritorios, gabinetes y casilleros, cajas de depósito de seguridad en bancos y en casillas de correo de los Estados Unidos. Aunque la cerradura de palanca es inherentemente propensa a ser forzada, se puede diseñar para proporcionar un alto grado de seguridad de cerradura, al agregar muescas adicionales para hacerla más seguras.

La cerradura con tambor de pines

El acontecimiento más importante en la historia de las cerraduras mecánicas a la fecha ha sido el invento de la cerradura con tambor de pines. Probablemente el tambor de pines es la cerradura más utilizada en los Estados Unidos para aplicaciones tales como puertas exteriores e interiores de edificios.

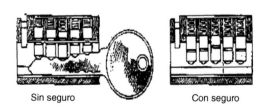

Sin seguro   Con seguro

Figura 4.3 Cerradura cilíndrica

Este tipo de cerradura consta de por lo menos tres elementos: 1) el pin; 2) un conductor o cilindro separado de metal y 3) un resorte. El resorte proporciona tensión contra el conductor, que empuja los pines forzándolos hacia abajo. Cuando se inserta una llave en la ranura, se empujan los pines de modo que el punto donde se juntan el pin y el conductor se alinee perfectamente con el borde del enchufe. Cuando esto sucede con cada pin del tambor, se crea una línea de esquileo se crea entre el enchufe y la armazón y el enchufe queda libre para girar.

Combinaciones de cerraduras con tambor de pines
Las cerraduras con tambor de pines proporcionan las siguientes configuraciones diferentes. Entre más pines tenga, mejor es la seguridad.

- 3 Pines = 130
- 4 Pines = 1,025
- 5 Pines = 8,200
- 6 Pines = 65,500

Cerradura de cilindro simple (tipo Wafer)
Esta cerradura utiliza obleas planas formadas de metal u otro material para sujetar el enchufe a la armazón.

Cerraduras de combinación tipo dial
Las cerraduras de combinación tipo dial, debido a que no emplean una llave, se asemejan a la cerradura de tambor de palanca en muchos respectos. El número de ruedas o vasos que hay en una cerradura de combinación, determina el número de elementos que hay en la combinación.

Lo más importante en el uso de cerraduras de combinación son los procedimientos para la selección y mantenimiento de la combinación numérica. También se deben implementar procedimientos para cambiar la combinación, normalmente cuando una persona sea despedida o que ya no requiera acceso o si hay alguna forma de arreglo. Como precaución, el código se debe cambiar, por lo menos una vez al año.

Cerraduras mecánicas con llaves especiales (llaves maestras)

El propósito de las llaves especiales es que una cerradura con tambor de pines única se pueda abrir con más de una llave, por medio del diseño de diferentes llaves para hacer funcionar o abrir diferentes tambores o diferentes aspectos de las mismas. Las llaves especiales se utilizan para proporcionar una jerarquía de acceso a grupos de cerraduras, desde acceso a una sola cerradura hasta acceso a grupos más grandes de cerraduras y finalmente para obtener acceso a todas las cerraduras que se encuentren en las instalaciones.

Maestro: Dos o más subsistemas maestros, la llave maestra hará funcionar puertas con ambas cerraduras.

Gran maestro: Una llave abrirá todas las cerraduras.

Inquietudes acerca de las llaves especiales o maestras
Éstas presentan tres dificultades principales de seguridad y se deben medir contra la supuesta necesidad de tener una llave maestra.

- De primero, se debe mantener la responsabilidad efectiva de una llave maestra. La pérdida, compromiso o uso no autorizado de dicha llave, expone a todas las cerraduras que se encuentren en ese grupo.

- Segundo, en cualquier manipulación de la cerradura, las posiciones o posibilidades adicionales, se presentan para abrir la cerradura de manera clandestina por medio de la creación de líneas a cizalla múltiples o boquetes en el portón.

121

○ Tercero, para cerraduras de cilindro, las partes adicionales requeridas en el núcleo de la cerradura crean la necesidad de mantenimiento adicional.

Precaución en el uso de llaves especiales o maestras
El uso de una combinación única de gran maestro no es una práctica de seguridad sana para cualquier sistema de cierre mecánico.

Control de llave y cambio de llaves o de registro

○ De primero cambiar la llave del perímetro.

○ Instalar las cerraduras viejas en el interior.

○ Distribuir llaves sólo a personas responsables.

○ Nunca distribuir a personal de mantenimiento de largo plazo.

○ No distribuir llaves de la oficina de la empresa a inquilinos del edificio de la oficina.

○ Mantener registros supervisados de todas las llaves distribuidas.

○ Mantener un mínimo de llaves maestras.

Vulnerabilidades de las cerraduras mecánicas

Las cerraduras mecánicas están sujetas a una diversidad de ataques que pueden dar como resultado que fallen o se queden comprometidas.

Ataque por medio de fuerza

○ Fuerza que se utiliza para separar la puerta desde la jamba sin un ataque directo a la cerradura. Fuerza utilizada para retirar la cerradura de su lugar y exponer el perno a manipulación manual.

○ Fuerza utilizada en los cilindros con tambor de pines para aplicar presión en los pines y girar el enchufe libremente.

Ataque clandestino
Forzar o manipular los pernos a través de la ranura de la llave

Ataque por medio de fabricación de impresión y llaves de "prueba"

○ Si un machote diseñado para la ranura de llave en particular se puede introducir en la cerradura antes de que se le realice algún corte, es posible que al aplicar presión al girar, se puedan hacer marcas débiles en el machote.

○ Las "llaves de prueba" o "llaves capciosas" son machotes moldeados correctamente para ajustarse en la ranura de la llave en particular y contienen cortes al azar. Es posible que la introducción en la ranura de llave y movimientos combinados de giro/inclinación, pueda causar que se abra la cerradura.

Resumen de las vulnerabilidades de la cerradura

○ Propensa a forzamiento.

○ Requiere varias herramientas.

○ Destreza.

○ Ataque forzoso.

○ Extender el marco de la puerta.

○ Forzar con ganzúa el perno para sacarlo de su lugar.

○ Aplicar tensión con una llave mecánica al cilindro.

○ Hacer impresiones.

○ Aplicar presión a un machote, luego cortar la llave.

○ Llaves de prueba o llaves capciosas.

Cerraduras eléctricas

Infalibles y seguras.
Los mecanismos de cierre eléctrico permiten que las puertas se cierren y abran por medio de un dispositivo a control remoto. Antes de describir los diferentes tipos de mecanismos de cierre eléctricos, es útil definir claramente dos términos, —*infalible* y *seguro.* Estos términos normalmente se aplican en referencia a códigos de seguridad de vida y se relacionan con puertas en la ruta de salida de un espacio ocupado, que se requiere que estén abiertas todo el tiempo de la ocupación o sólo cuando se ha detectado una emergencia por incendio.

Un mecanismo de cierre seguro es uno que abrirá la cerradura bajo cualquier condición de falla. El modo de falla que se considera con más frecuencia es la pérdida de energía.

Una cerradura segura es aquella que permanecerá cerrada cuando no haya energía o cuando ocurra alguna otra falla.

Cerradura eléctrica de pestillo
El cierre eléctrico de pestillo es el dispositivo más antiguo y simple de todos los dispositivos de cierre eléctrico. Un solenoide (imán-eléctrico) mueve un pestillo, normalmente montado en el marco de la puerta, ya sea adentro o afuera de la placa de tope en una puerta. El mecanismo puede ser infalible, ya que se abre automáticamente cuando no hay energía o seguro, ya que permaneces cerrado cuando no hay energía. Normalmente, no se recomienda el pestillo eléctrico en puertas que deben abrirse automáticamente, en respuesta a una señal de alarma por incendio, porque el cerrojo se puede atorar en la placa de tope si se hace presión en la puerta cuando no hay energía.

Cerradura de golpe con cierre eléctrico
Es bastante parecida a la cerradura eléctrica de pestillo. También es un solenoide activado, montado en el marco de la puerta y utiliza una placa de tope en la puerta. La diferencia es que se utiliza un pestillo biselado. Tiene una ventaja sobre la de pestillo porque no necesita que se retracte para que la puerta se cierre; éste se empuja en el mecanismo de la cerradura, contra la presión del resorte y se mueve hacia arriba y sobre la placa de tope.

Placa de tope eléctrico
La placa de tope eléctrico funciona como una parte auxiliar para cualquier cerradura mecánica estándar. El principio de operación es simple: se suministra energía eléctrica a un solenoide que abre o cierra una agarradera del cerrojo mecánico o de la placa de tope. **(Observe que la placa de tope eléctrico no es una cerradura, pero funciona con una cerradura para mantener la puerta cerrada o para permitir que se abra.)** Una aplicación común de la placa de tope eléctrico es controlar el paso en una o ambas direcciones. La manija de la cerradura está fija (por ejemplo, no girará) del (de los) lado (s) desde donde el paso se controla. El único medio de acceso se vuelve remoto, al abrir la placa de tope eléctrico por medio de un botón o

123

interruptor que se encuentra dentro del espacio seguro o por medio de un dispositivo de control de acceso automatizado, como un lector de tarjeta o teclado digital.

Cerradura eléctrica

La cerradura eléctrica es simplemente una cerradura con muesca normal con corriente eléctrica para controlar la capacidad de girar la manija. Debido a que la cerradura está dentro de la puerta, la puerta se debe perforar para que se haga la instalación eléctrica del lado de la bisagra. A continuación se deben pasar los alambres a través o alrededor de la bisagra de la puerta. Este tipo de cerradura eléctrica es más popular para aplicaciones de control de acceso automatizado.

Cerradura electromagnética

La cerradura electromagnética, también conocida simplemente como cerradura magnética, utiliza un electromagneto y una armadura de metal o placa de tope. Cuando recibe energía, el imán ejerce una fuerza de atracción en la armadura y mantiene la puerta cerrada. Las cerraduras magnéticas se clasifican por las libras de fuerza que requieren para separar la armadura o placa de tope del electromagneto. Una adaptación de la cerradura electromagnética se llama **cerradura a cizalla.** El electromagneto se oculta en la parte superior del marco de la puerta y la armadura está montada en un canal en la parte superior de la puerta.

Diseño de sistemas de cierre seguros

A pesar de la complejidad de los sistemas modernos de control de acceso, tal como lectores biométricos y de tarjeta que autorizan el acceso por medio de software de computadora, la llave y la cerradura mecánica tradicionales siguen siendo el sistema más utilizado para acceso restringido a instalaciones y a activos institucionales o corporativos. La justificación para esta opción incluye un bajo costo, la simplicidad del funcionamiento y la confiabilidad. Sin embargo, todos estos beneficios se verán anulados si los sistemas de cierre no se administran y planifican profesionalmente.

Planificación del sistema de cierre

Los sistemas de cierre son estructuras coordinadas de elementos de cerraduras complementarias y de apoyo. Se basan en planes de diseño que consideran:

- La necesidad de diferentes niveles concurrentes de control de seguridad para espacios cerrados.

- La probabilidad de que tales niveles cambien con el tiempo.

- La probabilidad de que algunos (o varios) usuarios requieran acceso común a algunos espacios y acceso exclusivo a otros.

- La posibilidad de que los dispositivos de acceso (llaves, tarjetas o fichas) se puedan perder, comprometer o dañar.

- El requerimiento de que hayan medios efectivos para adaptar el sistema a cambios planificados, así como imprevistos.

Criterio de planificación del sistema de cierre

Los siguientes son criterios comunes de diseño o planificación y requieren un estudio sistemático antes de que se implemente cualquier esquema o accesorio de cierre:

○ Número total de cerraduras.

○ Categorías principales de sectores del sistema.

Derechos de autor © 2007 de ASIS International

○ Objetivos de seguridad.

○ Tamaño y volumen de población.

○ Subsistemas de seguridad de apoyo o relacionados.

○ Requerimientos de inteligencia o información.

○ Condición crítica de exposición de activos.

Política del programa de cerraduras
Como con la mayoría de funciones de seguridad personal, el programa de cerraduras se debe basar en una política por escrito. La política de cierre debe hacer lo siguiente:

○ Requerir una metodología sistemática para el uso de cerraduras con propósitos de seguridad.

○ Asignar responsabilidad específica para el desarrollo del programa de cerraduras.

○ Hacer responsables a todas las personas que utilizarán o tendrán acceso a llaves, cerraduras o dispositivos de acceso o información combinada para que cumplan con el programa.

Aplicación de política de control de llave
Los profesionales de seguridad deben implementar una política estricta de control de llave. Las características de la política deben incluir:

○ Un límite al número de empleados con llaves.

○ Una prohibición de proporcionar llaves a contratistas.

○ Una prohibición sobre la réplica de llaves.

○ Uso de llaves patentadas que eviten la réplica no autorizada de llaves (los machotes patentados están protegidos y registrados).

○ Cambio periódico y al azar de llaves.

○ Retorno de todas las llaves de servicios de los empleados cuando ya no laboren para la compañía.

También se podría considerar el uso de cerraduras sin llaves alternas, con base en códigos o cifras. Estas incluyen cerraduras mecánicas con combinación, combinación electromecánica, control de acceso mecánico y control electromagnético sin llaves. Sus principales ventajas son operación simple y facilidad de cambio de código, además de que son adecuadas especialmente para empresas más pequeñas. Sin embargo, principalmente se utilizan para control de acceso y no proporcionan un alto grado de seguridad cuando se utilizan por sí solas. Algunos modelos tienen características de penalización de tiempo y alarma de error y se pueden unir a los sistemas de alarma.

Control de acceso electrónico

Un sistema de control de acceso electrónico permite el movimiento de personal y material autorizado hacia y fuera de las instalaciones, mientras que detecta y posiblemente retrasa el movimiento de contrabando o personal no autorizado. Es posible que se puedan encontrar elementos de control de ingreso en un perímetro o límite de las instalaciones, tal como portones para vehículos, puntos de ingreso del edificio o puertas hacia salones u otras áreas especiales dentro de un edificio.

Los sistemas de control de acceso toman una decisión de verificación y luego determinan si otorgan o niegan el acceso a una persona. Esta decisión de verificación, normalmente se basa en determinar si la persona:

- Porta una credencial válida, como una tarjeta de acceso.

- Conoce un número de identificación personal (PIN, por sus siglas en inglés) válido.

- Posee la característica física única adecuada que coincide con la característica registrada de la persona, al momento del registro. A esto se le llama biométrica e incluye características tales como una huella digital o geometría de la mano.

Objetivos del sistema de control de acceso electrónico

- Permitir que entren o salgan únicamente las personas autorizadas.

- Detectar y evitar la entrada/salida de contrabando.

- Proporcionar información histórica al personal de seguridad.

- Facilitar la evaluación y respuesta.

Los elementos clave para los sistemas de control de acceso electrónico

- Emitir tarjetas de acceso/identificación seguras que no sean fáciles de falsificar.

- Identificar al personal que requiere acceso ilimitado a todas las áreas de las instalaciones y a otras que están limitadas a áreas específicas.

- Restringir el acceso para que el personal sólo pueda entrar a las áreas necesarias para desempeñar sus funciones laborales y únicamente durante las horas hábiles.

- Volver a evaluar periódicamente los niveles de acceso de todo el personal.

- Cambiar periódicamente las tarjetas de acceso/identificación y recoger la tarjeta de identificación cuando un empleado o contratista ya no esté asociado con la empresa.

Atributos de identificación

Existen cuatro atributos de identificación:

- Lo que es una persona.

- Lo que hace una persona.

- Lo que tiene una persona.

- Lo que sabe una persona.

Los más poderosos y los más difíciles de vencer son los atributos de lo que es una persona y lo que hace una persona: la biométrica nos ayuda a implementar estos atributos al proporcionarnos lectores de huellas digitales, escáneres de iris, lectores de geometría de la mano, grabaciones de voz, análisis de firma, ritmos de digitación, etc.

Lo que tiene la persona es el método que más se utiliza para identificación y el que más se utiliza para controlar el acceso del personal. Esto se logra por medio de utilizar una tarjeta de identificación codificada y un lector de tarjeta.

Derechos de autor © 2007 de ASIS International

El cuarto atributo (lo que sabe una persona) se implementa al agregar un teclado al lector biométrico o de tarjeta y requerir un número de identificación personal (PIN, por sus siglas en inglés). Al utilizar el PIN, se mejora la seguridad y aumenta la flexibilidad.

Componentes del control de acceso

- El dispositivo de lectura: lector de tarjeta o dispositivo biométrico.

- Los paneles de campo: conectados a un dispositivo de lectura y que se comunican al procesador central.

- El procesador central: consta de software e interfaz gráfica para los operadores.

- Software del sistema operativo.

- Software de aplicaciones.

- Bases de datos.

  - Información personal que incluye fotografías.

  - Niveles de aprobación.

- El dispositivo de control de la entrada: cerradura de la puerta, molinete, portón, etc. Los mejores dispositivos de entrada son dispositivos de entrada simple, como molinetes o puertas giratorias para eliminar el riesgo de que alguien ingrese detrás de una persona autorizada.

Métodos de control de acceso

La función principal de cualquier sistema de control de acceso es prohibir que individuos no autorizados ingresen a áreas controladas, mientras que permiten el acceso a personas autorizadas. En edificios, el acceso al personal normalmente se controla por medio de puertas, molinetes ópticos o trampas humanas. En sitios industriales, el acceso se controla normalmente por medio de kioscos y molinetes de altura total. Para reconocer a la persona como autorizada, se requiere un método para identificar al individuo; por lo tanto, las dos funciones son inseparables y se deben considerar simultáneamente.

Sistemas de guardia asistida
Estos sistemas involucran un guardia de seguridad para revisar a los empleados e incluye:

- Placa de identificación con foto: verificación visual de personas por parte de los guardias de seguridad.

- Placa de intercambio: verificación visual de la tarjeta de identificación por parte de un guardia de seguridad y luego intercambio por una tarjeta de acceso codificado.

- Placa con imagen almacenada : tarjeta de identificación que lee el lector de tarjetas, luego verificación visual de la imagen almacenada por parte del guardia de seguridad.

Sistemas de tarjeta codificada
Los sistemas más sofisticados utilizan una tarjeta codificada o un lector biométrico y así eliminan la necesidad de que un guardia de seguridad se involucre en el registro.

- Franja magnética.

- Alambre Wiegand.

- Código de barras.

- Proximidad.

- Tarjeta inteligente.

Sistemas de dispositivo biométrico
Los sistemas biométricos se utilizan en aplicaciones de alta seguridad debido a su dificultad para vencerlos. Los tipos comunes son:

- Geometría de la mano.

- Huellas digitales.

- Patrón del ojo.

    - Patrón de la retina.

    - Patrón del iris.

- Patrón de voz.

- Geometría facial.

Controles de acceso

Un acceso es cualquier punto o lugar de entrada, como una puerta, portón u otro tipo de ingreso. A continuación, la efectividad de los controles de acceso:

- Puertas oscilantes: de uso muy común, rendimiento alto, pero imprecisas.

- Puertas giratorias: muy efectivas, rendimiento medio, muy precisas.

- Molinetes: muy efectivos, rendimiento bajo, muy precisos.

- Vestíbulos: relativamente efectivos, rendimiento bajo, precisos.

- Molinetes ópticos: muy efectivos, rendimiento alto, moderadamente precisos.

Problemas comunes del control de acceso

- Aprovechar el ingreso de otro: Cuando se aprovecha el ingreso de alguien autorizado, normalmente un conocido y se va adelante o se le sigue a un área controlada y el sistema "lee" una sola tarjeta.

- Seguir a otro muy de cerca: Esto lo hace el perpetrador, quien espera cerca de un acceso controlado a que alguien ingrese a las instalaciones y luego entra como una persona no autorizada antes de que se cierre el acceso.

Ventajas de los sistemas de control de acceso electrónico

Las ventajas de los sistemas de control de acceso electrónico incluyen la capacidad para casos de funciones de software programable y de rastreo, tal como:

- Los registros de evento/rastreo de evento, son listas de eventos de seguridad registrados por el sistema de control de acceso que indican las acciones realizadas. Cada entrada de registro de evento consta de la hora, fecha y otra información específica del evento.

- El software de regla de dos hombres, es la programación de software que es opcional en muchos sistemas. Evita que un individuo ingrese a un área de seguridad vacía seleccionada, a menos que esté acompañado por lo menos por una persona más o que salga si solamente una persona permanecerá en el área.

- Una vez que dos personas se registren en el área, otro personal puede ir y venir individualmente, mientras que haya, por lo menos, dos personas en el área. Por el contrario, cuando salen, los últimos dos ocupantes del área de seguridad deben salir juntos.

- El software anti-passback (pasar por detrás) evita múltiplos de la misma tarjeta. Algunas veces, esta característica está disponible con teclados. Para evitar que muchas personas utilicen el mismo PIN, se puede programar un elemento de tiempo. El PIN no funcionará de nuevo hasta que ese tiempo expire. Algunos sistemas anti-passback requieren que si una tarjeta se utiliza para ingresar a un área, se tiene que utilizar esa tarjeta para salir de ese área antes de que pueda utilizarse para obtener acceso a un área diferente o no relacionada. Esta característica también ayuda a eliminar que personas no autorizadas "aprovechen el ingreso de alguien más" o "que ingresen detrás de alguien autorizado".

Control de acceso para entregas

Las entregas representan un difícil reto de seguridad para las instalaciones, especialmente para instalaciones que tienen entregas regulares y variadas. Se pueden justificar estas políticas adicionales de control de acceso:

- Inspeccionar físicamente los vehículos antes de permitirles el ingreso al perímetro de las instalaciones.

  o Construir un área de espera para estacionar a los vehículos de entregas fuera de la línea de la cerca.

  o Requerir que el proveedor suministre el manifiesto y el nombre del conductor y coordinar con anticipación la hora de entrega.

  o Adoptar un procedimiento que requiera que se transmitan copias electrónicamente o por medio de facsímile de la información de los embarques de entrega y que se envíe la identificación del conductor a la oficina de seguridad antes de que llegue el camión.

  o Hacer que un miembro capacitado del personal de seguridad vaya hacia el vehículo; que inspeccione físicamente al conductor, al vehículo y a la carga para constatar que no es contrabando; que revise que la carga esté correcta, antes de que se le permita ubicarse en el lugar. Se deben rechazar entregas con retraso, sin programar o que no se puedan verificar.

  o Capacitar al personal de seguridad sobre la necesidad de mantener registros de entregas y recolecciones, incluso la información del conductor y del destino.

- Se puede cumplir el mismo procedimiento antes de permitir que un vehículo salga de las instalaciones, revisando si hay entregas repentinas, robo o contrabando.

- Considerar agregar un sistema de vigilancia de vídeo de Sistema de circuito cerrado de televisión. Colocar cámaras para capturar la matrícula del vehículo y características faciales del conductor.

- Implementar un procedimiento para asegurarse de que un conductor que normalmente recoge o entrega materiales delicados o peligrosos se identifique con anterioridad, que se le proporcione placa de identificación adecuada y se le informe de los requerimientos de seguridad de las instalaciones.

Puntos de inspección de un vehículo

Se recomienda que haya un área de puntos de inspección de vehículos para detener a los vehículos y que se identifiquen en un sistema de control de acceso al perímetro. El propósito es revisar todos los vehículos o peatones antes de que ingresen a la propiedad. La clave de esta práctica es que la cerca del perímetro sea tan fuerte como el portón de las instalaciones, basado en el concepto de que una cadena es sólo tan fuerte como su eslabón más débil.

129

- En un sistema simple, un punto de revisión de vehículo puede constar de un portón con un intercomunicador y vigilancia de vídeo. Cuando un vehículo se acerca, el conductor solicita permiso para ingresar a las instalaciones por medio del intercomunicador. Después de que el personal de seguridad ha identificado visualmente al visitante, se puede otorgar o negar el acceso desde adentro de las instalaciones. Agregar un lector de tarjeta exterior o un pedestal fuera del portón, puede servir para otorgar acceso a los empleados.

- En instalaciones de seguridad más elaboradas, se puede colocar una garita de vigilancia a la entrada de una instalación. Un oficial de seguridad que revisa todos los vehículos que ingresan al lugar está en la garita de vigilancia. Se envía de regreso a los vehículos que no se les permita ingresar al lugar.

- Las aplicaciones de alta seguridad utilizan espacios de acceso para el vehículo, para detener y revisar a los vehículos que ingresan. Un espacio de acceso para vehículo consta de portones que se bloquean entre sí dentro de un área cercada. Los conductores que llegan pasan a través del primer portón y se detienen en el segundo portón. Cuando ambos portones están cerrados y el vehículo se encuentra dentro del espacio de acceso, un guardia de seguridad puede confirmar la identidad del conductor y si es necesario, puede registrar el vehículo para confirmar su contenido. Cuando se aprueba el ingreso del vehículo y del conductor, se abre el segundo portón y el vehículo puede ingresar a las instalaciones.

Circuito cerrado de televisión

Visión general

Los sistemas de circuito cerrado de televisión (CCTV, por sus siglas en inglés) son esenciales para la evaluación efectiva de alarmas. En esta sección se describen algunos de los requerimientos y componentes que abarca un sistema de CCTV.

Como se muestra en la **Figura 4.4,** un sistema de CCTV normalmente consta de:

- Una o más cámaras.

- Medio de transmisión (cable de fibra, coaxial o cableado retorcido, inalámbrico).

- Un monitor para revisar las imágenes entrantes de la cámara.

- Un conmutador matriz o multiplexor que recibe corrientes de vídeo y las dirige al equipo de grabación y a los monitores.

- Un controlador (que se conoce como "palanca de mando" para controlar las cámaras motorizadas)

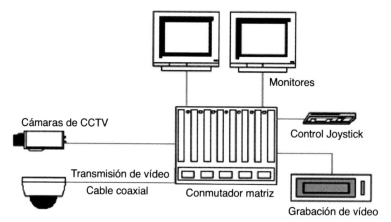

Figura 4.4 Sistema de Circuito Cerrado de Televisión típico

- Un medio para grabar cada evento y condición de alarma.

Cámaras

Las cámaras seleccionadas se determinan por sensibilidad, resolución y luego por las características. La sensibilidad se refiere a la cantidad de luz real necesaria para producir una imagen de calidad. La resolución define la calidad de imagen desde una perspectiva de reproducción o detalle. Las características de las cámaras son cosas como detección de movimiento en vídeo, registro dual, generadores de carácter propio al sistema, etc. Las cámaras modernas se construyen utilizando un chip llamado dispositivo de cargamentos adyacentes (CCD, por sus siglas en inglés) para convertir la imagen producida a una señal electrónica. Estos dispositivos vienen a color y en blanco y negro. El tamaño de formato de una cámara se determina por la porción utilizable de generación de imagen, medida en diagonal a través del chip. Si la diagonal es de $2/3$ pulgadas de transversal, la cámara es de $2/3$ pulgadas; $1/4$ pulgadas a lo ancho sería una cámara de $1/4$ pulgadas.

Lentes

Existen tres diferentes formatos de lentes: ángulo ancho, estándar y telefotográfico. Los lentes de ángulo ancho nos dan una vista muy amplia y se utilizan para la reproducción de imágenes de áreas que están cerca de la cámara, normalmente para objetos que están dentro de 0 a 15 pies (4.57 metros) del rango de la cámara. Los lentes estándar reproducen una imagen equivalente a lo que ve el ojo humano a la misma distancia; sin embargo, los lentes no tienen el rango periférico que tiene el ojo. Los lentes telefotográficos se utilizan para áreas de rango mayor.

Los lentes se especifican en términos como: De 16 mm, 25 mm, etc. Este número se refiere a la longitud de foco de los lentes que se determina por medio de la distancia entre ópticas mayores dentro de la medida del lente en milímetros (mm). Mientras más grande sea el espacio o mientras más largos sean los lentes, más grandes serán los lentes telefotográficos y, en retrospectiva, mientras más pequeño sea el espacio o mientras más cortos sean los lentes, más angosto será el ángulo visual. La longitud de foco de los lentes determina el campo de vista o qué tan amplia y elevada será la imagen. Una cámara de una pulgada, con lentes de 25 mm produce una imagen comparable al ojo humano. Un lente de 6.25 mm en una cámara de formato $1/4$ pulgadas produce la misma imagen.

Monitores

Estos son dispositivos con pantalla, como una televisión, que muestran imágenes de cámara en varios formatos. Los monitores vienen en varios tamaños, dependiendo de sus requerimientos de observación y del espacio disponible. Los tamaños del monitor se miden por la dimensión diagonal de las pantallas. Los monitores están disponibles a color y en blanco y negro y con varias resoluciones (líneas por pulgada). Normalmente, se debe utilizar monitores a color del tamaño más grande y con la mayor resolución¡ que permita el presupuesto.

Multiplexores

Se requieren multiplexores en un sistema de cámaras múltiples, cuando se utilizan grabadoras de vídeo para proporcionar la capacidad de grabar y reproducir las imágenes de la cinta. Normalmente, los multiplexores pueden manejar de 8 a 32 cámaras, pero se debe seleccionar la cantidad de cámaras, con base en la cantidad de imágenes que se quiere grabar por segundo. Se debe asegurar de tener suficientes imágenes para verificar lo que sucedió.

Grabadoras

Los fabricantes de grabadoras de vídeo (VCR, por sus siglas en inglés) ofrecen máquinas de alta densidad de 24 horas. Normalmente, estas unidades graban un promedio de 17 a 21 imágenes por segundo. Cumplen con esto al utilizar cintas más largas (T160) y al cambiar el ángulo y número de campos grabados por pulgada de cinta. Por lo tanto, se puede conectar ocho cámaras al multiplexor y obtener dos imágenes por cámara por segundo. Estas unidades se están reemplazando rápidamente por grabadoras de vídeo digitales (DVR, por sus siglas en inglés) y grabadoras de vídeo en red (NVR, por sus siglas en inglés).

131

Infraestructura de las comunicaciones

Las cámaras ubicadas en varias áreas fuera y dentro de una instalación, deben estar conectadas a los dispositivos de grabación y supervisión. Existe una variedad de opciones de comunicación que incluye:

- Cable coaxial.
- Fibras ópticas.
- Par retorcido (cableado para teléfono).
- Con conexión a la red.

Nota: La tecnología de punta ha cambiado a sistemas de red con base en vídeo digital y grabadoras digitales; éstas nos permiten eliminar el multiplexor y grabar imágenes directamente a un disco duro utilizando las redes LAN existentes. Estos dispositivos son de bajo costo, ofrecen más flexibilidad, índices de grabación más rápidos y almacenaje de imágenes más conveniente.

Términos del CCTV

- Detección: capacidad de detectar la presencia de un objeto.
- Reconocimiento: capacidad de determinar el tipo de objeto (animal o humano).
- Identificación: capacidad de determinar los detalles del objeto (características faciales de un ser humano, acciones tales como gatear, portar un arma, etc.)

Características de la cámara

Existen varias características clave de rendimiento de una cámara de vídeo de vigilancia. Entre éstas se encuentran:

- **Resolución de la cámara.** La cantidad de detalle que la cámara puede distinguir y reproducir. Los números mayores indican mejor resolución.
- **Iluminación mínima.** La cantidad mínima de luz necesaria para que la cámara muestre las imágenes. Para iluminación, mientras más bajo sea el número, mejor.
- **Lentes.** El tipo y tamaño de lentes que se requieren para la cámara.
- **Pedestales de la cámara.** Otras consideraciones importantes de los sistemas de cámara CCTV son si las cámaras son de posición fija o de base ajustable de movimiento horizontal y vertical y acercamiento (PTZ, por sus siglas en inglés):
  - **Pedestales para cámara de posición fija.** La cámara está montada en una posición fija y no puede girar o tener movimiento horizontal y vertical. Una buena aplicación para cámaras fijas es la vigilancia de detección, debido a que la detección de movimiento en vídeo puede ser aplicada más fácilmente al campo de vista estático.
  - **Pedestales para cámara PTZ.** Estos pedestales permiten que la cámara gire, tenga movimiento horizontal y vertical y acercamiento. Debido al motor de conducción y a la caja, a menudo las cámaras PTZ son cuatro veces más caras que las cámaras fijas. Las cámaras PTZ a menudo se utilizan para aplicaciones de vigilancia para ver y evaluar condiciones de alarma.

Otros elementos del sistema CCTV

- Los conmutadores matrices son componentes que proporcionan la capacidad de intercambiar cámaras y monitores de observación. Por lo general ofrecen funcionalidad que permite configuraciones programables, como nombrar la cámara, secuencias de cámara del recorrido de guardia e intercambio de descarga.

- La grabación de vídeo digital proporciona una gran mejora para el almacenaje de imagen de la cámara. Los beneficios incluyen la eliminación de medios de consumo (cintas), reducción de espacio físico de almacenaje, facilidad de las funciones de búsqueda y reproducción y la capacidad de agregar marcas de agua a la documentación de grabaciones de evidencia.

- Los sistemas de detección de movimiento permiten la detección de ingreso o intrusión utilizando imágenes de vídeo. Esta nueva tecnología se basa en algoritmos de computadora que analizan la imagen de vídeo recibida y la comparan con imágenes almacenadas en la memoria del sistema. El vídeo entrante se analiza para la dirección de los movimientos del objeto y cambios en las imágenes y de la "estructura" del entorno.

Cámaras para poca luz

Hay disponibles varias soluciones de tecnología para permitir observar bajo condiciones de poca luz, incluso cámaras de intercambio a blanco y negro, esclarecedores infrarrojos o cámaras de imagen térmica. Es importante diseñar la iluminación específicamente para la cámara CCTV que se utilice. El rango que la cámara verá en la oscuridad, depende de la sensibilidad y respuesta espectral de la cámara y de la combinación de lentes.

- Cámaras de intercambio a color y a blanco y negro. Algunas cámaras cambiarán automáticamente a color, durante el día y a blanco y negro (B/W, por sus siglas en inglés) durante la noche, lo que permite observar bajo condiciones de poca luz. Esta puede ser una solución efectiva en situaciones donde los niveles de iluminación existentes son demasiado bajos durante condiciones nocturnas para permitir el uso de la cámara a color, pero el uso de la cámara a color es deseable para condiciones durante el día. Varios fabricantes de cámaras de televisión de circuito cerrado (CCTV) ofrecen cámaras de intercambio automático a blanco y negro.

- Esclarecedores infrarrojos: El ojo humano no puede ver la luz infrarroja; sin embargo, la mayoría de las cámaras de televisión de circuito cerrado (CCTV) en B/W sí pueden hacerlo. Además, la luz infrarroja invisible se puede utilizar para iluminar una escena, lo que permite la vigilancia nocturna sin la necesidad de luz artificial adicional. El infrarrojo también proporciona muchos beneficios más aparte de la iluminación convencional, que incluyen:

  ○ Formas de luz infrarroja que pueden diseñarse para optimizar el rendimiento de la cámara CCTV

  ○ Tiempo de vida extenso de la bombilla.

  ○ Vigilancia encubierta, sin iluminación visible que alerte a los intrusos o moleste a los vecinos.

  ○ Costos de funcionamiento más bajos.

  ○ Varios fabricantes de cámaras producen una variedad de patrones de luz, tal como esclarecedores de puntos (precisos) de 10° y 30° y esclarecedores de inundación de 60°.

- Cámaras de imagen térmica: Las cámaras de imagen térmica utilizan tecnología especial que detecta señales de calor en lugar de información visual. Estas cámaras funcionan bajo completa oscuridad. Las cámaras de imagen térmica se utilizan mejor en las aplicaciones de vigilancia y detección de rango mayor. Debido a que registran una señal de calor, no es posible resolver la identificación del adversario; en lugar de eso, estas cámaras se utilizan mejor para indicar sólo la presencia de un adversario.

Vistas de identificación

Existen tres puntos de vista teóricos de identidad en un sistema CCTV: identificación personal, identificación de acción e identificación de escena.

- La identificación personal se refiere a la capacidad del espectador para identificar algo dentro de la escena, fuera de toda duda. La identificación personal no significa diferenciar entre un ser humano y un animal, sino que se refiere a la capacidad de identificar información específica de los objetos que estén dentro de una imagen.

- Una segunda demostración de identificación personal se referirá y demostrará cómo, de hecho, el "ángulo visual" de la cámara afecta los resultados. Los puntos importantes son:

  ○ La relación de tamaño y detalle de una imagen.

  ○ El ángulo visual desde donde se observa una escena.

  ○ Sin la consideración cuidadosa de ambos detalles, el valor del sistema CCTV se pierde con imágenes inservibles.

- La segunda forma de identificación utilizada en el CCTV se llama identificación de acción.

- Esta forma de identificación también funciona de común acuerdo con las primeras dos, pero es de igual manera, si no más, importante para el diseño completo.

- Esta forma de identificación es necesaria para probar que alguien en realidad hizo algo. Este aspecto entra en juego cuando vemos la manera en que se graban y reproducen las imágenes de la cámara.

- La identificación de escena significa que cada cámara debe estar claramente relacionada con una cámara en particular y no a otra cámara en el sistema. Esto se vuelve muy importante para probar que una persona estuvo en una ubicación en particular, dentro de una instalación y en la escena de la cámara. Se observa en aquellos casos donde cámaras múltiples dentro de un sólo edificio tienen el mismo ángulo visual básico de escenas similares.

Evaluación de alarmas

Los profesionales de seguridad necesitan considerar cómo evaluarán las alarmas de seguridad entrantes. Es particularmente importante evaluar con precisión y rápidamente las alarmas y sin comprometer el proceso completo. La observación visual o vigilancia con Cámara de televisión de circuito cerrado (CCTV) es de gran importancia para la evaluación. Si se utiliza tecnología de tarjeta de vídeo (grabación de imágenes de vídeo previas y posteriores a una alarma, en condiciones de alarma), entonces se simplifica la evaluación de la Cámara de televisión de circuito cerrado (CCTV) y puede ser casi automática.

Estándares de compresión de la Cámara de televisión de circuito cerrado (CCTV)

Las imágenes digitales y el vídeo digital siempre se comprimen para ahorrar espacio en discos duros y hacer que la transmisión sea más rápida. Normalmente, el radio de compresión es de 10 a 100. Una imagen sin comprimir, con una resolución de 640 x 480 píxeles es aproximadamente de 600K (kilobytes) (2 bytes por píxel). Comprimida 25 veces, la imagen es de aproximadamente 25K. Existen varios estándares de compresión común:

- JPEG (Joint Photographic Experts Group) es un estándar bueno y popular para imágenes fijas que soportan los programas modernos. Este es el estándar preferido para muchas cámaras en red. El radio de compresión JPEG es aproximadamente de 10:1.

- Movimiento-JPEG es una variación de JPEG donde las imágenes fijas se muestran en un ritmo de frecuencia alto. Da como resultado un vídeo de alta calidad, pero desafortunadamente, consta de muchos datos, con un radio de compresión de aproximadamente 20:1.

- MPEG (Moving Picture Experts Group) 2 es un estándar para vídeo. Son posibles muchas variaciones, pero normalmente el MPEG 2 se desempeña a 720 x 480 píxeles, 30 cuadros por segundo. Sólo las computadoras modernas (tal como Pentium III) con memoria de acceso aleatorio pueden decodificar MPEG 2, ya que requiere un cómputo de capacidad más grande. El radio de compresión es aproximadamente de 20:1 o mejor.

- MPEG 4 es un nuevo estándar para vídeo. Proporciona mejor rendimiento que el MPEG 2. Los radios de compresión para el MPEG 4 pueden ser de 200:1 o mejor.

Recomendaciones para el Sistema de Circuito Cerrado de Televisión

Considere estas recomendaciones cuando compre un Sistema de Circuito Cerrado de Televisión:

- Busque facilidad de uso.

- Investigue la capacidad de funcionamiento del sistema. Si se necesitan más cámaras local o remotamente, examine qué tan fácil es agregar nuevas cámaras.

- Pregúntele al distribuidor si el sistema o el dispositivo nuevo es compatible con dispositivos existentes, tal como cámaras, conmutadores matrices y multiplexores. El cambio de instalación eléctrica para cámaras y dispositivos nuevos es un trabajo intenso y puede ser caro.

- Comprenda el plan de servicio. Los fabricantes proporcionan programas de servicio y mantenimiento y algunos tienen planes de servicio premier que proporcionan mejoras y actualizaciones de las características en las grabadoras de vídeo, basadas en una computadora.

- Considere cómo se verán las imágenes, la cantidad de monitores necesarios para soportar el sistema y cómo se multiplicarán las escenas de cámaras múltiples en un monitor común (cada cámara no requiere un monitor individual).

Consideraciones para implementar un Sistema de Circuito Cerrado de Televisión

Las consideraciones cuando se implementa un Sistema de Circuito Cerrado de Televisión incluyen lo siguiente:

- **Que utilice amplia iluminación.** La razón más común de imágenes de mala calidad es que el nivel de luz es demasiado bajo. Generalmente, mientras haya más luz, mejores serán las imágenes. Con niveles de iluminación demasiado bajos, las imágenes se vuelven ruidosas y borrosas con colores apagados.

- **Evite iluminación trasera.** Trate de evitar áreas brillantes en las imágenes. Las imágenes brillantes se pueden exponer demasiado (blanco brillante) y los objetos podrían parecer demasiado obscuros. Normalmente, este problema ocurre cuando se trata de capturar un objeto delante de una ventana.

- **Reduzca el contraste.** Una cámara ajusta la exposición para obtener un buen promedio de nivel de luz en la imagen. Una persona delante de una pared blanca, tiende a parecer demasiado obscura. Si en lugar de eso, se utiliza una pared gris, este problema no existe.

- **Tamaño del sensor.** Los lentes deben hacer una imagen lo suficientemente grande para el sensor. Mientras más grande sea el sensor, más caros serán los lentes. Un lente hecho para un sensor de $\frac{1}{2}$ pulgadas (1.2 cm), funcionará para sensores de $\frac{1}{2}$, $\frac{1}{3}$ pulgadas (0.83 cm) y de $\frac{1}{4}$ pulgadas (0.63 cm), pero no para un sensor de $\frac{2}{3}$ pulgadas (1.67 cm). Si un lente hecho para un sensor más pequeño se utiliza en un sensor más grande, la imagen tendrá las esquinas negras.

135

- **Lentes y campo de vista.** Se debe establecer la selección y alineación de lentes para que un ancho razonable del sector de alarma (de 8 a 10 yardas como mínimo) se pueda ver en el campo de vista adyacente. El campo de vista lejano debe ser de no más de 45 yardas (41.148 metros) de ancho en el extremo distante del sector de alarma para permitir por lo menos que 4.5 píxeles cubran un objetivo de 1 pie cuadrado (0.30 metros). Se necesita este mínimo de resolución para clasificar si la fuente de intrusión es una persona o un animal o desechos y requiere que la cámara se monte a varias yardas fuera de la zona que se evalúa.

- **Longitud de foco.** Los lentes de ángulo ancho tienen mejor profundidad del campo que los lentes telefotográficos. Esto significa que usted puede enfocar la cámara cerca y también a distancia. Los lentes telefotográficos requieren un ajuste de enfoque más preciso.

- **Iris.** Siempre utilice lentes de iris automático para sus aplicaciones externas. El iris ajusta automáticamente la cantidad de luz que llega a la cámara y por lo tanto optimiza su rendimiento. El iris también protege que se dañe el sensor de imagen debido a la fuerte luz del sol. Con un lente de iris automático, siempre establezca el foco en luz baja. Si el ajuste se realiza a la luz del sol, es muy fácil enfocar, pero en la noche, el diámetro del iris aumenta y ya no se enfoca la imagen. Hay filtros especiales de enfoque para la oscuridad disponibles que reducen la luz hasta diez veces.

Montaje de una cámara en el exterior

Cuando se monte una cámara en el exterior, recuerde que la iluminación cambia dependiendo de la hora del día y del clima. Debido a esto, considere lo siguiente para cámaras en el exterior:

- Como se discutió anteriormente, siempre utilice lentes de iris automático con cámaras para el exterior.

- Tenga cuidado cuando monte una cámara detrás de un vidrio. Si monta una cámara en una caja, asegúrese de que el lente esté cerca de la cubierta de vidrio. Si el lente está muy alejado del vidrio, aparecerán los reflejos de la cámara y del entorno en la imagen.

- La altura de montaje de la cámara debe ser lo suficientemente alta para que al colocar la cámara en ángulo, se evite el resplandor del sol y esté suficientemente baja para que no se vean lámparas en el campo de vista de la cámara.

- Evite la luz directa del sol. La luz directa del sol ciega la cámara y puede blanquear permanentemente los pequeños filtros de color que están en el chip del sensor, lo que causará que haya franjas en la imagen. Si es posible, coloque la cámara para que esté en la misma dirección que el sol.

- Cuando utilice cámaras para el exterior, evite captar mucho cielo. Debido al gran contraste, la cámara se ajustará para lograr un buen nivel de luz para el cielo y los objetos y panorama interesantes podrían aparecer muy oscuros. Una manera de evitar estos problemas es montar una cámara en lo alto de la superficie utilizando un poste, si fuera necesario.

- Siempre utilice equipo de montaje macizo para evitar vibraciones causadas por fuertes vientos. NO se deben utilizar postes de madera para las cámaras y no se recomienda el uso de pedestales armados con postes o vigas levadizas debido a la estabilidad respecto al viento. Las secciones en torre de antena triangular de metal son ideales para la estabilidad.

Criterio de rendimiento del Sistema de Circuito Cerrado de Televisión

A continuación los lineamientos de criterio de rendimiento:

- Para cámaras que se utilizan para detectar a un intruso (eso es la capacidad de determinar la presencia de un intruso, pero no necesariamente clasificarlo como un ser humano, animal u objeto), el área de interés debe ocupar un mínimo del 10 por ciento del campo de vista, con un campo de vista máximo de 300 pies (91.44 metros) de longitud.

- Para cámaras que se utilizan para detectar a un intruso (eso es la capacidad de determinar la clasificación de un intruso como ser humano), el área de interés debe ocupar un mínimo del 15 al 20 por ciento del campo de vista, con un campo visual máximo de 200 pies (60.96 metros) o menos de longitud.

- Para cámaras que se utilizan para detectar a un intruso (eso es la capacidad de determinar la identidad de un intruso humano), el área de interés debe ocupar un mínimo del 25 por ciento del campo de vista, con un campo visual máximo de 75 pies (22.86 metros) o menos de longitud.

- Las cámaras exteriores deben tener una resolución mínima de 470 líneas horizontales.

- Las cámaras exteriores deben estar calificadas para utilizarlas en pie-bujía de 0.05.

- Las Cámara de televisión de circuito cerrado (CCTV) deben enumerarse de acuerdo con el equipo de vigilancia de circuito cerrado de televisión UL 3044.

- La cámara debe proporcionar capacidad de grabación digital adecuada para todas las cámaras, en 30 días de almacenaje continuo, a un mínimo de cinco cuadros por segundo.

- El equipo de CCTV debe tener capacidad de detección de movimiento en vídeo digital integrado. El sistema debe ser programable al grado de movimiento, rango de movimiento, velocidad, número de píxeles que causan el movimiento y área de movimiento detectada.

- Para conservar los requerimientos de almacenaje y ancho de banda, el equipo de CCTV debe ser capaz de proporcionar un radio de compresión de vídeo de 20:1 (o mejor).

Evaluación de la necesidad de CCTV

- Los activos requieren supervisión y protección.

- Hay necesidad de evaluación en tiempo real para actividades y condiciones de alarma.

- Los activos protegidos están ubicados a una distancia alejada.

- Algunas áreas requieren supervisión.

Papel de seguridad del CCTV

- Detener el vandalismo.

- Detener el robo.

- Evitar allanamientos industriales o comerciales.

- Proteger la salud y seguridad de las personas que se encuentran en los establecimientos o en el sitio.

- Reemplazar o reducir el personal de guardia.

- Suplir al personal de guardia, haciéndolos más eficientes.

- Supervisar a personas que ingresen y salgan de los establecimientos.

- Proporcionar confirmación visual de intrusos que activen una alarma.

- Supervisar un sitio remoto sin vigilancia.

- Observación visual de ubicaciones remotas.

- Observación encubierta de actividades sospechosas.

- Observar un área peligrosa.

- Observar un área con poca actividad (alarma activada).

- Observar varias ubicaciones simultáneamente.

Pasos del diseño de CCTV

- Determinar los objetivos del Sistema de Circuito Cerrado de Televisión.

- Seleccionar las áreas que debe observar cada cámara.

- Seleccionar el número de cámaras con base en:

  ○ Exteriores: a lo largo del perímetro para observar y grabar actividad en general en el área del lugar.

  ○ Exteriores: puntos de acceso controlados (puertas de entrada/salida, plataforma de carga, etc.).

  ○ Exteriores/interiores: observar acercamientos a activos protegidos (generador de emergencia, centro de procesamiento de datos, etc.).

  ○ Interiores: observar y capturar la entrada/salida a edificios, elevadores, salones, áreas restringidas, etc.

  ○ Interiores: observar activos como cajas de seguridad, computadoras, laboratorios, etc.

- Escoger los lentes adecuados para cada cámara, con base en los requerimientos de identificación.

- Determinar dónde colocar los monitores para ver las imágenes.

- Determinar el tipo y características de grabación de vídeo requeridas, con base en:

  ○ Ritmos de frecuencia para identificar acción (deben ser por lo menos cinco cuadros por segundo).

  ○ Cantidad de datos para archivar.

  ○ Período de retención (por lo menos de 30 días).

  ○ Requerimientos de resultado para el cumplimiento de la ley (CD, cinta de grabación, copia, etc.).

- Seleccionar el método para transmitir las señales de vídeo desde las cámaras a los monitores y grabadoras.

- Diseñar el esquema del área de supervisión.

- Adquirir el equipo con base en requerimientos, características y costo.

Beneficios del CCTV

Beneficios de seguridad del CCTV:

- Ayuda a crear un ambiente más seguro para los empleados y los clientes.

- Impide robos, violencia y vandalismo.

- Ayuda a identificar intrusos y delincuentes.
- Proporciona evidencia en procesos de la policía.
- Ayuda en las investigaciones de seguridad.
- Aumenta la efectividad de guardia por medio de evaluación mejorada de alarmas.
- Permite el uso más eficiente del personal de seguridad.
- Proporciona información de emergencias.

Beneficios no relacionados con la seguridad del CCTV:

- Identifica necesidades de capacitación de personal para manejo del edificio.
- Supervisa la actividad de la instalación para ayudar al manejo de decisiones de operaciones.
- Proporciona verificación de situaciones de paro de actividades por emergencia y otras actividades de mantenimiento del lugar.

Comunicaciones

Las comunicaciones son esenciales para que una fuerza de seguridad evalúe adecuadamente las alarmas y envíe una fuerza de respuesta efectiva oportuna.

Los requerimientos de comunicación que se aplica en el ambiente actual, incluyen:

- Sistemas de radio para todo el personal de seguridad y todos los oficiales de seguridad.
- Sistemas de teléfonos móviles para todo el personal de seguridad y todos los oficiales de seguridad.
- Sistema de telefonía análoga en el centro de seguridad que sea independiente de los sistemas de energía de la instalación.
- Servicio telefónico para la instalación que utilice el interruptor del lugar.
- Telefonía por satélite que permita que el personal de seguridad se comunique vía satélite en una emergencia.
- Correo electrónico por la Internet y servicio telefónico.
- Dispositivos portátiles, tal como un BlackBerry y otros para mensajes de texto.

Preparación para el examen de Profesionales en seguridad física (PSP, por sus siglas en inglés)

Enumere:

- Enumere cinco subsistemas de seguridad que se pueden encontrar en cualquier instalación.

- Enumere cuatro componentes del subsistema de seguridad de "visualización y evaluación".

- Enumere tres elementos esenciales del sistema de protección física.

- Enumere dos propósitos de las medidas de detección.

- ¿Cuál es el elemento común que forma la columna vertebral de los subsistemas de seguridad?

Respuestas

- **Enumere cinco subsistemas de seguridad que se pueden encontrar en cualquier instalación. (Cinco de cualquiera de estos: visualización y evaluación de alarma, detección de intruso exterior e interior, identificación, control de acceso, circuito cerrado de televisión, comunicaciones y registro.)**

- **Enumere cuatro componentes del subsistema de seguridad de "visualización y evaluación". (Cuatro de cualquiera de estos: consolas, estaciones de trabajo, computadoras, impresoras, grabadoras, comunicaciones y pantallas).**

- **Enumere tres elementos esenciales del sistema de protección física. (Subsistemas de seguridad, procedimientos por escrito y recursos humanos.)**

- **Enumere dos propósitos de las medidas de detección. (Descubrir ataques y activar medidas preventivas o correctivas.)**

- **¿Cuál es el elemento común que forma la columna vertebral de los subsistemas de seguridad? (Tecnología)**

Por favor indique si los siguientes enunciados son verdaderos o falsos. Si un enunciado es falso, entonces corríjalo para que sea verdadero.

1. Los sensores de detección de intruso pueden ser de dos tipos: (1) activo y (2) pasivo.

2. Generalmente, los sensores activos son más seguros para utilizarlos en ambientes explosivos o peligrosos, ya que no emiten energía que pueda provocar una explosión.

3. Los sensores internos se clasifican por su aplicación para la estrategia de protección: protección de límite, protección interna del edificio, protección de objeto o proximidad.

Respuestas a verdadero o falso

- **Verdadero.** Los sensores de detección de intruso pueden ser de dos tipos: (1) activo y (2) pasivo.

- Generalmente, los sensores **pasivos** son más seguros para utilizarlos en ambientes explosivos o peligrosos, ya que no emiten energía que pueda provocar una explosión.

- **Verdadero.** Los sensores internos se clasifican por su aplicación para la estrategia de protección: protección de límite, protección interna del edificio, protección de objeto o proximidad.

Arregle los siguientes datos en la tabla. (Ver las respuestas abajo)

Ataque forzoso • Permitir la entrada y salida sólo a personas autorizadas • Forzamiento • Detectar y evitar entrada/salida de contrabando • "Llaves de prueba" o "llaves capciosas" • De primero cambiar la llave del perímetro • Proporcionar información al personal de seguridad •Facilitar la evaluación y respuesta • Realización de impresiones • Instalar las cerraduras viejas en el interior • Distribuir llaves sólo a personas responsables • Mantener registros supervisados de todas las llaves • Nunca distribuir a personal de mantenimiento de largo plazo • Mantener un mínimo de llaves maestras • No distribuir llaves de la oficina de la empresa a inquilinos del edificio de la oficina.

Objetivos del control de acceso	Vulnerabilidades de la cerradura	Control de llave y cambio de llaves o de registro

Respuestas para arreglar los datos

Objetivos del control de acceso	Vulnerabilidades de la cerradura	Control de llave y cambio de llaves o de registro
• Permitir la entrada y salida sólo a personas autorizadas. • Detectar y evitar la entrada/salida de contrabando. • Proporcionar información al personal de seguridad • Facilitar la evaluación y respuesta.	• Forzamiento • Ataque forzoso • Realización de impresiones • "Llaves de prueba" o "llaves capciosas"	• De primero cambiar la llave del perímetro. • Instalar las cerraduras viejas en el interior. • Distribuir llaves sólo a personas responsables. • Nunca distribuir a personal de mantenimiento de largo plazo. • No distribuir llaves de la oficina de la empresa a inquilinos del edificio de oficinas. • Mantener registros supervisados de todas las llaves distribuidas. • Mantener un mínimo de llaves maestras.

El siguiente extracto de texto, apareció recientemente en la página Web "Comparta en línea sus puntos de vista" de manejo de seguridad (http://www.securitymanagement.com/library/000810.html).

¿Cuál es el valor del CCTV? Y, ¿se deberían colocar restricciones de su uso en lugares públicos?

Un libro editado por el Profesor Martin Gill* comprueba que el CCTV no desplaza al crimen. Los delincuentes entrevistados en prisión dijeron que generalmente el CCTV no los disuadía, a menos que anteriormente hubieran sido atrapados por una cámara. Algunos expertos legales dicen que no hay derecho a la privacidad en espacios públicos, pero el año pasado, el Senador Charles Shumer (Distrito de N.Y.) expresó el punto de vista de que hay algo de derecho a privacidad, aún en público y que tal vez se deberían establecer algunos lineamientos respecto al uso de CCTV en lugares públicos, aunque tal legislación no se ha introducido.

Con base en su propia experiencia y en lo que aprendió respecto a los propósitos, principios, ventajas y desventajas del CCTV, responda las siguientes preguntas (desde luego que las respuestas variarán):

¿Qué piensa? ¿Se deben colocar restricciones respecto a para qué se puede utilizar el CCTV, en cuánto al tiempo que se pueden retener las cintas de grabación o en cuanto a otros aspectos de la vigilancia pública?

*CCTV. 2003. Perpetuity Press, Leicester, Reino Unido.

Considere utilizar el cuadro T a continuación, que se inició para usted como una guía de estudio para este capítulo.

Cuadro T PPS: Aplicaciones internas	
Ideas principales	**Detalles o ejemplos**
PPS (repaso) **Medidas de detección** **Subsistemas de seguridad**	• **3 elementos esenciales:** subsistemas de seguridad, procedimientos por escrito, y recursos humanos • **Propósitos de las medidas de detección:** • **Tipos de subsistemas de seguridad:**
Sistemas interiores de detección de intrusos	**Tipos:** **Componentes:** **Estrategias de aplicación:**
Control de acceso	**Tipos:** **Componentes:** **Principios:** **Características:**
Comunicaciones y CCTV	**Evaluación de necesidad:** **Propósitos:** **Principios/componentes:** **Tipos/aplicaciones:**

Glosario de términos del control de acceso

Control de acceso	El uso de dispositivos o métodos en varios puntos para controlar el paso de personas o vehículos hacia el interior o exterior de un área o estructura.
Control de acceso creintegrado	Un control de acceso integrado es un sistema que incorpora distamente características adicionales dentro del sistema en sí. En realidad, permite que los sistemas individuales "hablen" entre sí, electrónicamente, trasladando un evento a una acción. Por ejemplo, así como proporcionar control de acceso, un sistema integrado puede proporcionar supervisión de alarma relacionada con CCTV y detección del perímetro. Esto permitirá que el sistema controle las cámaras, haciéndolas moverse horizontal y verticalmente para registrar movimiento o actividad, si una persona no autorizada está tratando de obtener acceso. Cuando tal evento se registra, se puede enviar un mensaje automático de emergencia (por medio del teléfono, localizador o teléfono móvil) a otro personal o a un centro de supervisión local o remoto. Esta es una herramienta muy efectiva para ayudar al personal en cualquier tipo de aplicación. La supervisión básica de sistemas de calefacción, iluminación y ventilación, también se puede realizar.
Control de acceso de proximidad	El control de acceso de proximidad es una manera de controlar quién tiene acceso a un área sin la necesidad de tener contacto con el dispositivo que permite o evita el ingreso. En lugar de requerir que un usuario inserte o deslice una tarjeta a través de una ranura, un sistema de proximidad permite que el usuario simplemente sostenga una tarjeta o llave electrónica cerca de un dispositivo de lectura para abrir la puerta.
Control de acceso electrónico	La capacidad de restringir la entrada o salida de un individuo por medio de puntos simples o múltiples de ingreso/egreso (puertas, molinetes o barreras para estacionamiento de carros) utilizando un lector (que acepta fichas, llaves o tarjetas inteligentes) o alguna combinación de tales dispositivos. El control de acceso electrónico permite que la identidad de un individuo se valide y permite que se le otorgue o niegue el acceso a ese individuo , con base en datos programados previamente, incluyendo hora, fecha y ubicación de la puerta.

Glosario de términos de cerrajería

a prueba de ganzúa
adj. relativo a una cerradura que tiene un perno que se interbloquea con su placa de tope

a prueba de manipulación (MP, por sus siglas en inglés)
abrev. a prueba de manipulación

a mano
adj. relativo a accesorios que se fabrican sólo para la aplicación en puertas con una orientación específica

accesorios arquitectónicos
sust. accesorios utilizados en la construcción de un edificio, especialmente los que se utilizan en relación con puertas

accesorios de salida de emergencia
sust. dispositivos de salida que pueden instalarse legalmente en puertas a prueba de fuego. Se distingue de otros dispositivos de salida debido a que: 1) se designa para pánico y emergencia y 2) no tiene medios de cerrar el cerrojo en una posición retraída

agarradera
sust. 1. la parte móvil de una placa de tope eléctrica que captura al perno
2. vea "placa de tope"

anti-fricción
adj. relativo a una característica que, al contacto con la placa de tope, permite el funcionamiento más suave de un perno de seguridad

argolla
sust. 1. la parte de un candado que pasa a través de una abertura en un objeto o se ajusta alrededor de un objeto y finalmente se cierra en la caja
2. la porción de una restricción que se ajusta alrededor de la muñeca, tobillo, cuello, cintura o pulgar

argolla amortajada
sust. una argolla que, debido a su diseño o uso de escudos secundarios, está protegida de cortes o interferencias

argolla con bisagra
sust. una argolla cuyo talón está montado permanentemente en la caja del candado, de una manera que permite que la argolla gire para abrirse

agolla de seguro
sust. una argolla con bisagras que tiene un agujero perforado para que el perno quede en su extremo movible

argolla desmontable
adj. se refiere a un tipo de candado que se abre al desmontar la argolla de la caja

astil
sust. la parte de una llave con dientes, entre el arco y el tope o, si no tiene tope en el borde, la parte entre el arco y el lado adyacente a los dientes

barra
sust. un componente del cilindro que se introduce al (a los) portón (portones) en el (los) tambor (es) para permitir el giro del obturador

bisagra de doble acción
sust. una bisagra que permite el movimiento de una puerta en cualquier dirección desde la posición de cerrado

bisel
sust. un collar roscado que se utiliza comúnmente para asegurar ciertos ensambles de cilindro o cerradura

bisel (de una puerta)
sust. la inclinación del borde de conducción de una puerta que deja espacio libre para cerrarla

bloqueos de funcionamiento
sust. un botón o mecanismo de palanca de apoyo que evita el funcionamiento de una perilla, palanca o pieza de pulgar en una cerradura que no tenga agujero

botón para hacer funcionar el pestillo
sust. el componente que dispara automáticamente la extensión del (de los) pestillo(s) de cierre, cuando la puerta está en posición de cerrado

botón(es) de bloqueo de funcionamiento
sust. un activador de bloqueo de funcionamiento de una o dos piezas

brazo con acoplamiento fusible
sust. un brazo que cierra la puerta y que incluye un mecanismo para mantener abierta una puerta. Este mecanismo tiene un elemento que, cuando se somete a ciertas temperaturas, se derrite y permite que se cierre la puerta

CMC, cerrajero maestro certificado (CML, por sus siglas en inglés)
abrev. el título "Cerrajero Maestro Certificado" como lo adjudicó ALOA

caja
sust. la caja o cuerpo de una cerradura

cámara de control
sust. cualquier cámara que tenga una línea de corte de control que sea diferente a la línea de corte de funcionamiento en un núcleo intercambiable o desmontable

cambio de llave
adj. se refiere a una cerradura en la que se puede cambiar la combinación, por medio del uso de una llave o herramienta especial, sin desarmar la cerradura

cambio manual
adj. relativo a una cerradura de combinación en la que se tienen que desinstalar las ruedas para cambiar la combinación

candado
sust. una cerradura portátil y desmontable con una argolla que se cierra en su caja

145

candado de argolla frágil
sust. un candado equipado con una argolla que se puede romper fácilmente

candado de bicicleta
sust. un candado con un argolla con suficiente espacio para asegurar una bicicleta

candado laminado
sust. Un candado cuya caja está construida de placas separadas, normalmente unidas por medio de remaches

cerca
sust. cualquier elemento de cierre, que no sea una barra o argolla, diseñado para que entre en un portón con tambor

cerrador
sust. un dispositivo cargado con resorte que se cierra al desmontar una pieza anexa del cilindro, que protege a un dispositivo de cierre contra manipulación.

cerradura
sust. algún dispositivo que evita el acceso o uso al requerir equipo o conocimiento especial

cerradura
sust. un dispositivo de enclavamiento, completo con adorno, accesorios de montaje y placa de tope

cerradura auxiliar
sust. cualquier cerradura instalada además de la cerradura principal

cerradura con agujero
sust. una cerradura para una puerta preparada con uno o más agujeros atravesados y uno o más agujeros laterales

cerradura con interruptor
sust. 1. una cerradura que incorpora un interruptor eléctrico como parte integral de su construcción
2. un candado grande diseñado para utilizarlo en interruptores de ferrocarril

cerradura con ojo en la cerradura
sust. una cerradura que bloquea el ojo de la cerradura de una cerradura de llave con dientes

cerradura de ascenso
sust. una cerradura de ascenso utilizada en máquinas dispensadoras para evitar que se hagan funcionar por medio de un mango en forma de T

cerradura de barra
sust. un mecanismo de cerradura que incorpora una barra

cerradura de barra
sust. un mecanismo de cierre con pernos múltiples que cierran simultáneamente diferentes aberturas por medio de una sola acción

cerradura de bola
adj. un método de cerrar una argolla de candado en su caja, utilizando cojinete(s) de bola como los perno(s)

cerradura de contador
sust. 1. un candado cuya argolla consta de un poste simple desmontable, diseñado para cerrar válvulas o contadores de servicios.
2. alguno de varios dispositivos pequeños diseñados específicamente para cerrar válvulas o contadores de servicios y que requieren un llave o llave mecánica especial para retirarlo.

cerradura de escaparate
sust. normalmente una cerradura de ascenso con dientes de engranaje utilizada en puertas traslapadas

cerradura de gabinete para archivos
sust. 1. cualquier cerradura utilizada en un gabinete para archivos
2. un cilindro de cerradura de pistón para una cerradura de barra que se utiliza normalmente en un gabinete para archivos

cerradura de palanca con llave
sust. alguna cerradura con un cilindro operado por medio de una llave en una o más manijas de palanca

cerradura de perilla con llave
sust. alguna cerradura con un cilindro operado por medio de una llave en una o más perillas

cerradura de pistón
sust. alguno de varios cilindros o cerraduras cargadas por medio de un resorte que se mueven hacia afuera y hacia adentro para cumplir la función de cierre

cerradura diurna
sust. una cerradura secundaria que se utiliza para restringir la entrada durante las horas de trabajo normal, mientras que el dispositivo de cierre principal está desactivado

cerradura eléctrica
sust. una cerradura que se controla eléctricamente

cerradura ensamblada previamente
sust. una cerradura diseñada para instalarse en un corte en el borde de una puerta. El cuerpo de la cerradura y casi todo su adorno ya no necesitan más ensamble, más que asegurarlos a la puerta.

cerradura entallada
sust. una cerradura o cerrojo que por lo general está montado en la superficie de una puerta o gaveta

cerradura para casillero
sust. una cerradura para gabinete diseñada específicamente para utilizar en casilleros

cerradura para escritorio de metal
sust. una cerradura para gabinete con un perno que se desliza verticalmente, ubicado en la parte trasera del cilindro

cerradura para la puerta del estacionamiento
sust. un mecanismo de cerradura entallada, diseñada para utilizarse en una puerta seccionada, cuyo mecanismo tiene un perno cargado con un resorte que cierra automáticamente el mecanismo del perno de la puerta

cerradura tubular
sust. una cerradura con agujero cuyo mecanismo de cierre del cerrojo o perno está en el componente instalado en el agujero del borde

cerraduras eléctricas
sust. cerraduras operadas eléctrica o electro-neumáticamente

cerrajero
sust. una persona con el conocimiento y capacidad para seleccionar, instalar, darle servicio y eludir todos los componentes de una cerradura eléctrica o mecánica

Cerrajero Profesional Certificado (CPL, por sus siglas en inglés)
abrev. el título "Cerrajero Profesional Certificado" como lo adjudicó ALOA

Cerrajero Registrado Certificado (CRL, por sus siglas en inglés)
abrev. el título "Cerrajero Registrado Certificado" como lo adjudicó ALOA

cerrojo
sust. un dispositivo mecánico que mantiene cerrada automáticamente una puerta hasta que se utilice una acción deliberada para retraerla

cerrojo
sust. un dispositivo que no es cerradura, que solamente consta de un perno de seguridad, un medio para hacer funcionar este cerrojo y todo el adorno requerido

cerrojo automático
sust. un cerrojo diseñado para extenderse completamente cuando se cierra la puerta

cerrojo con interbloqueo
sust. un cerrojo de seguridad con un mecanismo de interbloqueo

cerrojo de encierro
sust. un cerrojo que tiene un dispositivo giratorio con una saliente colocada en el interior de la perilla o palanca

cerrojo de tres puntos
sust. un dispositivo que se carga automáticamente, diseñado para cerrar una puerta en la parte superior, en la parte interior o en el borde

cerrojo nocturno
sust. una entalladura montada en el perno de seguridad auxiliar

cerrojo simple
sust. un cerrojo sin el mecanismo de interbloqueo

cierre con interbloqueo
adj. relativo a cualquier característica que, cuando está totalmente enganchada, resiste los intentos de mover el cerrojo o perno en la dirección para abrir la cerradura, por medio de presión directa

cierre de talón y punta
sust. describe un candado que tiene sujetadores de cierre tanto en el talón, como en la punta de la argolla

cilindro de llave tubular
sust. un cilindro cuyos tambores están ordenados en un círculo y que funciona por medio de una llave tubular

cilindro doble
adj. relativo a una cerradura con dos cilindros con llave

cilindro simple
adj. relativo a una cerradura que funciona por medio de una llave, sólo de un lado

clavo de la bisagra de seguridad
sust. una protuberancia en una hoja de una bisagra que se interbloquea con la otra cuando se cierra la puerta

código de coacción
sust. una secuencia de combinación u operación especial que comunica una alarma u otra señal con una ubicación remota, mientras permite el acceso

código de sustitución
sust. un código cuyos caracteres se convierten en números de combinación o cortes de llave individuales, por medio de una tabla de referencia

Código Nacional de Construcción BOCA
sust. el código modelo de construcción desarrollado y publicado por Oficiales de Construcción y el Código de Administración Internacional

control de puerta
sust. algún dispositivo que controla la apertura, cierre o posición de una puerta

corte de cuello
sust. el corte realizado a una llave para desviar una muesca de cuello

corte de muesca lateral
sust. un corte realizado a una llave para desviar una muesca lateral

cubierta de la caja
sust. la porción de la caja de una cerradura que está diseñada para desinstalarse y permitir el acceso al mecanismo

cubo
sust. un componente de la cerradura que cambia de dirección el movimiento giratorio de un eje, a movimiento linear de un cerrojo o perno

custodia dual
sust. 1. una función diseñada para requerir la presencia de dos personas con dos llaves, combinaciones o códigos diferentes para hacer funcionar el mismo dispositivo
adj. 2. relativo a dicha función

depósito después de horas de trabajo
sust. un receptáculo cerrado con llave para el depósito de artículos después de las horas normales de trabajo

149

deslizador

sust. un tambor que normalmente es plano, tiene una entrada y se mueve con movimiento linear o lateral en lugar de girar, como un tambor de palanca

dimensión de aumento

sust. 1. la distancia entre dos líneas a cizalla diferentes, como se expresa en las unidades de incremento del fabricante o como una medida actual

2. la dimensión del pin de aumento que se requiere en una cámara en particular, que permitirá que una llave funcione en la línea de corte del obturador y que una llave diferente funcione en una línea de corte diferente

disco de giro

sust. un componente en forma de disco con una leva que se activa por medio de un giro, normalmente se utiliza en una cerradura con muesca

dispositivo de varilla vertical oculta

sust. un dispositivo de salida de la varilla vertical cuyas varillas y pernos superiores / umbral están ocultos dentro de la puerta

distancia de entrada

sust. la distancia entre el centro de un agujero atravesado y el borde del perno de una puerta o gaveta

eje

sust. un componente que transfiere movimiento rotativo desde la parte exterior de una caja de cerradura o cerrojo a un mecanismo interno

eje de encierro

sust. un eje con un agarrador pegado a un extremo

ensamble de la puerta a prueba de fuego

sust. alguna combinación de una puerta, marco y otros accesorios a prueba de fuego, que en conjunto proporcionan un grado específico de protección contra fuego al abrirla

Enumerados por UL

adj. enumerados en un directorio después de pasar la prueba específica de los Laboratorios Aseguradores (UL, por sus siglas en inglés)

espacio de acceso

sust. un área de control de acceso con puertas o portones asegurados por medio de interbloqueos que sólo se puede abrir uno a la vez

función de puerta de almacén

sust. una función de una cerradura tal que: a) un pestillo se hace funcionar por medio de una llave desde cualquiera de los lados y un cerrojo que funciona por medio del adorno desde cualquiera de los lados o b) un cerrojo interbloqueado que se puede retirar desde el adorno en cualquiera de los lados, excepto cuando ambos lados están cerrados por medio de una llave desde cualquiera de los lados.

guía

sust. esa parte de una cerradura de palanca con llave plana que conecta la nariz al pie y sostiene el aspa de la llave

guía perforadora
sust. una herramienta, conectada temporalmente a una puerta, que proporciona una estructura de diseño para guiar las brocas adecuadamente cuando se prepara para la instalación de accesorios específicos

herramienta de desviación
sust. Un dispositivo que neutraliza la seguridad de un dispositivo de cierre o sus accesorios de aplicación, a menudo tomando ventaja de una debilidad del diseño

hoja activa
sust. la puerta simple de un par en la que se montan los accesorios activos o de cierre.

índice de apertura
sust. el índice o marca a la cual se marca una combinación para efectuar una apertura

índice de cambio
sust. el punto en una cerradura de dial circular de combinación cambiable en el cual se deben marcar las combinaciones viejas y nuevas cuando se cambia la combinación

infalible
adj. una característica de un dispositivo de seguridad diseñado para liberarse, por seguridad, durante una pérdida de energía

interbloqueo
sust. una cerradura que incorpora un cerrojo

interbloqueo con cilindro doble
sust. un cerrojo cuyo perno se puede hacer funcionar desde cualquiera de los lados por medio de una llave

interruptor de desvío
sust. un interruptor de contacto continuo, a menudo operado por medio de una llave

jamba
sust. los componentes verticales del marco de una puerta

leer
v. decodificar visualmente una combinación de cerradura sin desarmar la cerradura o cilindro

leva
sust. 1. un componente de la cerradura o cilindro que transfiere el movimiento giratorio de una llave u obturador de cilindro para que funcione el perno de una cerradura
2. El perno de una cerradura de leva

Ley de estadounidenses con discapacidades (ADA, por sus siglas en inglés)
sust. una ley federal de los Estados Unidos que trata con un mínimo de estándares de construcción de accesibilidad, así como también otros asuntos respecto a individuos con discapacidades

liberación remota
sust. un mecanismo que permite abrir cualquier dispositivo de cerradura a una distancia del dispositivo

línea de corte de control
sust. la línea de corte que permite el funcionamiento de la orejeta de control de un núcleo inter-cambiable o desmontable

línea de corte de funcionamiento
sust. alguna línea de corte que permite el funcionamiento normal de un cilindro o cerradura

llave de asistencia
sust. una llave maestra selectiva que se utiliza en un sistema de enclavamiento en un hospital

llave de dientes
sust. una llave con uno o más dientes que sobresalen

llave de segadera
sust. una llave en forma de hoz que se inserta a través de un agujero en una puerta para activar un perno en el lado opuesto de la puerta

llave en forma de esqueleto
sust. alguna llave que no sea de cilindro, cuyos dientes, aspa y poste están cortados lo suficiente para permitir que entre y active cerraduras con diferentes arreglos de muesca

llave maestra principal (MK, por sus siglas en inglés)
abrev. llave maestra principal

llave no desmontable
adj. una llave que tiene uno o más cortes en los que atrapa la llave en la cerradura al insertarla

llave plana
sust. un tipo de llave que es completamente plana en ambos lados, normalmente se utiliza para cerraduras zurcadas o de tambor de palanca

llaves maestras de formato matriz
sust. un método de símbolos generados de combinaciones y asignaciones de llave en un sistema de llave maestra por medio del uso de una matriz

mango en forma de T
sust. un ensamble de mango en forma de T que se puede cerrar

muesca completa
adj. relativo a un método de instalación en el cual sólo la placa frontal y el adorno están expuestos. La caja de cerradura se instala en una cavidad en la puerta o gaveta contra hacer una cavidad rec-tangular en una puerta o gaveta que está abierta sólo en el borde de la puerta o de la gaveta

muesca de cuello
sust. una obstrucción formada en la culata o caja de una cerradura en el punto de entrada de la llave, que evita que la llave gire

muesca de la caja
sust. alguna muesca fijada directamente o que sobresalga de una caja de cerradura

muesca de la ranura de llave
sust. una muesca que evita la entrada de una llave incorrecta a un cilindro o cerradura

Derechos de autor © 2007 de ASIS International

muesca de protección final
sust. cualquier muesca realizada a una llave para desviar una protección final

muesca final
sust. una muesca que evita la inserción o rotación completa de una llave incorrecta, formando una obstrucción en el extremo de la llave

muesca lateral
sust. una muesca que evita la entrada de una llave incorrecta a una cerradura que no tiene cilindro

ojo de la cerradura
sust. la abertura por la cual debe pasar una llave que no tenga forma de cilindro para entrar en una cerradura

orejeta de cierre
sust. un componente fijo de una caja de seguridad que cierra la puerta de la caja de seguridad en su lugar en la posición de cerrado. Consulte el anexo

panel interno de la cerradura
sust. el borde vertical de una puerta diseñado para la instalación de una cerradura o un cerrojo

paquete
sust. el juego de tambores en una cerradura de tambor de palanca o de combinación

paquete de palanca
sust. un juego de tambores de palanca

paquete de rueda
sust. un ensamble de ruedas de combinación

paquete de servicio de la cerradura
sust. un juego que ofrece el fabricante o distribuidor de un producto, que contiene lo que considera que se requiere para darle servicio adecuado al producto

parte delantera
sust. la porción de una cerradura que proporciona los medios para montar el dispositivo de cierre al borde de la puerta

parte frontal
sust. el componente terminado de una cerradura, visible en el borde de una puerta

parteluz
sust. un poste central vertical en el marco de una puerta doble

pasador
sust. una tira de metal con bisagras diseñada para que se pase sobre un sujetador y se asegure en su lugar

perilla cerrada
sust. una perilla sin una abertura en su anverso

perno de barril
sust. una superficie donde está montado el perno de deslizamiento que tiene forma de cilindro

perno de garra
sust. un perno con uno o más dedos que se puede extender fuera del perno y de la cerradura, detrás de la placa de tope, hasta que el perno llegue a la posición de cerrado

perno de seguridad
sust. un perno accionado por medio de un resorte, normalmente con una o más superficies biseladas, que, cuando se alinea con la placa de tope, lo engancha automáticamente

pestillo
sust. cualquier saliente movible que bloquea el movimiento de un objeto con relación a otro

pestillo
sust. un perno que requiere una acción deliberada para extenderse y que resiste presión en el extremo en la dirección para abrir la cerradura, cuando está totalmente extendido

pestillo automático al ras
sust. un pestillo al ras diseñado para extenderse cuando ambas hojas de las puertas de dos partes estén en posición de cerrado.

pestillo de seguridad
sust. un perno cargado con un resorte, que cuando se activa, convertirá un pestillo en una cerradura de golpe

pin de aumento
sust. el elemento adicional de un pin superior para permitir el funcionamiento en diferentes líneas a cizalla en un cilindro

pin de retención de argolla
sust. un pin que mantiene abierto el talón de una argolla en la caja

pin no desmontable
sust. relativo a una bisagra cuyo pin no se puede desmontar cuando la puerta está cerrada

placa de impacto
sust. una placa de protección montada en la base de una puerta para evitar y minimizar daño a la puerta

Placa de tope ANSI
sust. alguna de las muchas placas de tope diseñadas para adaptarse a las preparaciones de puerta y marco, según se especifica en el documento correspondiente en la serie A115 de ANSI, el uso común se refiere a una placa de tope con dimensiones de $4^7/_8$ pulgadas X $1^1/_4$ pulgadas

placa de tope de reborde en forma de curva
sust. una placa de tope moldeada para efectuar una función más suave del cerrojo, mientras se cierra la puerta

placa del ojo de la cerradura
sust. una tapa protectora para el ojo de la cerradura

placa frontal
sust. la placa terminada, placa desmontable que cubre la parte delantera de algunas cerraduras

portón cerrado
adj. relativo a un tambor de palanca cuyo portón está perforado en el cuerpo del tambor La(s) palanca(s) rodea(n) la cerca en las posiciones de cerrado y abierto

portón diurno
sust. una barrera que se utiliza para restringir el paso durante las horas de trabajo normal, normalmente se utiliza en la entrada a una bóveda

preparación
sust. La ubicación y dimensiones del (de los) corte (s) y el refuerzo que se requiere en una puerta o marco para aceptar una pieza de accesorio.
contra Preparar una puerta o marco para la instalación de una cerradura u otro accesorio

Preparación 160
sust. una preparación de puerta estándar que consta de un agujero atravesado de $2^1/8$ pulgadas con una distancia de entrada de $2^3/8$ pulgadas y un agujero lateral de 1 pulgadas con una muesca de 1 pulgadas de ancho y $2^1/4$ pulgadas de alto

Preparación 161
sust. una preparación de puerta estándar que consta de un agujero atravesado de $2^1/8$ pulgadas con una distancia de entrada de $2^3/4$ pulgadas y un agujero lateral de 1 pulgadas con una muesca de $1^1/8$ pulgadas de ancho y $2^1/4$ pulgadas de alto

puerta a prueba de fuego
sust. una puerta construida para proporcionar un grado específico de protección contra fuego

punta (de una argolla)
sust. esa parte de la argolla que se puede desmontar del cuerpo del candado

recortador
sust. un punzón portátil para corte de llaves, que a menudo incluye un mango tipo gatillo

resistente a la manipulación (MR, por sus siglas en inglés)
abrev. resistente a la manipulación

resorte de la argolla
sust. un resorte que empuja la argolla hacia la posición de abierto cuando se abre el candado

retracción simultánea
sust. una característica que permite la retracción del cerrojo común y del cerrojo de seguridad en la misma operación

retractor de rueda
sust. una herramienta que se utiliza para desmontar la rueda de dirección de una columna

Seguridad máxima (MS, por sus siglas en inglés)
abrev. Seguridad máxima.

silenciador de puerta
sust. un paragolpes instalado en el tope de la jamba para silenciar el cierre de una puerta

sistema de cierre hibrido
sust. un sistema de cierre que deriva su seguridad de dos o más tecnologías diferentes operadas por la misma llave en un dispositivo, por ejemplo, mecánico/electrónico, mecánico/magnético, etc.

sólo salida
adj. se refiere a los accesorios diseñados para asegurar una abertura de tal manera que permita la salida en todo momento, pero evita la entrada en todo momento

talón (de una argolla de candado)
sust. la parte de la argolla de candado que se retiene en la caja cuando está en la posición abierta

tambor de palanca
sust. normalmente un tambor plano, cargado por medio de un resorte, que gira en un poste

tiro
sust. la distancia que proyecta un perno o cerrojo desde la placa frontal o caja de una cerradura en la posición extendida

tiro efectivo
sust. la distancia a la que un cerrojo interbloqueado permanece resaltado cuando el perno de guardia se ha enganchado y se aplica presión final al cerrojo

tope superior
sust. un tope de puerta que hace contacto con la puerta cerca de la parte superior

trampa humana
sust. un puerto de acceso diseñado para tránsito de peatones. Generalmente tiene dos puertas y está configurada para permitir que se abra solo una puerta en cualquier momento dado.

tubo de alineación
sust. 1. un componente de la cerradura que orienta y une los ejes del cerrojo y de la perilla de ciertas cerraduras con agujero
2. en algunas cerraduras de combinación, un tubo donde se coloca el eje, ubicado entre el dial circular y la cerradura

tuerca de la orejeta de cierre
sust. una tuerca de la orejeta que requiere el uso de una llave o llave mecánica especial

varilla plana
sust. una franja de acero para muelles que se utiliza para desviar el cilindro y abrir puertas de vehículos

velocidad de cierre (de un cierre de puerta)
sust. la velocidad final de una puerta, justo antes de cerrarse

verificación de respaldo
sust. la resistencia que proporciona un cierre de puerta mientras se abre una puerta

yunta
sust. un componente diseñado para asegurar los cilindros o discos de giro en ambos lados de una cerradura con muesca, por medio de un juego de tornillo simple

zurcado
adj. que tiene una o más muescas

Referencias

American Water Work Association (Asociación Americana de Trabajos del Agua). (2004). *Interim Security Guidance for Water Utilities* (Guía se seguridad interina para instalaciones de agua). Denver, CO.

ASIS International. (2004). *Protection of Assets Manual* (Manual de protección de activos). Alexandria, VA.

Capítulo 4: Preguntas de práctica

Las siguientes preguntas se tomaron del material cubierto en este capítulo. No se pretende que incluyan todo el material de este capítulo, ni que representen preguntas verdaderas del examen de certificación.

Sin embargo, estas preguntas tienen la intensión de ayudarle a revisar la información importante relacionada con PPS interno. Se le anima a consultar los recursos adicionales que se encuentran al final de este capítulo para prepararse a fondo para el examen de certificación de ASIS.

Pregunta 1. ¿Cuál de los siguientes enunciados **no** es verdadero, respecto a un subsistema de detección de intruso?
a) El propósito principal de un subsistema de detección de intrusos es alertar a la fuerza de protección contra un intruso.
b) Generalmente los subsistemas de detección de intruso constan de una alarma y de capacidad de evaluación, pero raramente están diseñados para aplicaciones internas y externas.
c) Las pantallas de la alarma deben estar claramente visibles, deben identificar la ubicación y tipo de alarma y la interfaz del operador que permite que el operador reconozca la alarma.
d) Los dispositivos de alarma necesitan de supervisión continua para evitar cualquier intento furtivo de evadir el sistema de alarma y para garantizar una respuesta adecuada y oportuna.

Pregunta 2. Los detectores de intruso diseñados para reportar a personas que intentan ingresar o movilizarse en áreas protegidas, se pueden dividir en tres clases generales. ¿Cuáles son?
a) De perímetro o punto de ingreso, de área general, de objeto
b) De sensores electrónicos, de interior, de exterior
c) Capacitancia, perímetro, sensores
d) Subsistemas de control de acceso, operadores del sistema, guardias de seguridad

Pregunta 3. La implementación de un sistema de circuito cerrado de televisión (CCTV) ofrecerá la capacidad de mantener vigilancia visual del lugar desde una fuente remota, tal como una compañía de supervisión o un sitio de supervisión manejado por el cliente. Además, ¿cuál de lo siguiente es correcto?
a) La mayoría de instalaciones críticas utilizan cobertura de Cámara de televisión de circuito cerrado (CCTV) en lugares múltiples para la evaluación oportuna de alarmas que se disparan alrededor del perímetro de las instalaciones.
b) Normalmente, las alarmas dan aviso en el área remota, donde los operadores de la consola de alarmas pueden reconocerla, evaluar qué la causa y dirigir una respuesta según sea necesario.
c) Los sistemas de captura de vídeo proporcionan imágenes de vídeo posterior a la alarma, exclusivamente del área en que se disparó la misma, que son muy útiles para determinar la causa de las alarmas y rastrear a los intrusos.
d) El CCTV permitirá grabar las imágenes de la cámara y recuperarlas para ayudar a reconstruir lo que ocurrió en las instalaciones e identificar a los culpables involucrados en el incidente.

Pregunta 4. Los sensores internos se clasifican por su aplicación para la estrategia de protección: ¿Cuál de lo siguiente **no** es una clasificación/característica de los sensores?
a) Volumétrico o línea, furtivo o visible
b) Activo, pasivo
c) Penetración de límite, interior del edificio, objeto o proximidad
d) Intercomunicador, radio, equipo telefónico

Pregunta 5. ¿Cuál de los siguientes **no** es un objetivo de los Sistemas de control de acceso?
a) Detectar y evitar la entrada/salida de contrabando.
b) Proporcionar información al personal de seguridad.
c) Se utilizan para activar y desactivar el sistema de detección de intrusos por medio del teclado o de una tarjeta.
d) Permitir que entren o salgan solo personas autorizadas.

Pregunta 6. Cuando se utiliza el control de llave y el cambio de registro, ¿cuál de los siguientes es correcto?
a) No distribuirlas a inquilinos del edificio de la oficina.
b) Cambiar de primero la llave del interior.
c) Distribuir a personal de mantenimiento de largo plazo.
d) Instalar las cerraduras viejas en el exterior.

Pregunta 7. ¿Cuál de los siguientes **no** es un elemento clave para establecer un sistema de control de acceso electrónico?
a) Emitir tarjetas de acceso/identificación seguras que no sean fáciles de falsificar.
b) Restringir el acceso para que el personal sólo pueda ingresar a las áreas necesarias para desempeñar sus funciones laborales y únicamente durante las horas hábiles.
c) Cambiar anualmente las tarjetas de acceso/identificación y recoger la tarjeta de identificación cuando un empleado o contratista ya no esté asociado con la empresa.
d) Utilizar dispositivos de entrada individual, tales como molinetes o puertas giratorias para eliminar el riesgo de que alguien ingrese detrás de una persona autorizada.

Pregunta 8. Un acceso es cualquier punto o lugar de entrada, tal como una puerta, portón u otro tipo de ingreso. En lo que respecta a la efectividad de los controles de acceso, ¿cuál de los siguientes enunciados es correcto?
a) Molinetes: poco efectivos, rendimiento bajo, muy precisos.
b) Molinetes ópticos: muy efectivos, rendimiento alto, moderadamente precisos.
c) Puertas giratorias: muy efectivas, rendimiento alto, muy precisas.
d) Vestíbulos: relativamente efectivos, rendimiento medio, precisos.

Pregunta 9. Cuando se evalúa la necesidad de CCTV, se debe considerar todo lo siguiente, excepto ¿cuál de ellos?
a) Los activos protegidos están ubicados a una distancia alejada.
b) Los activos requieren supervisión y protección.
c) Un área requiere supervisión extensa.
d) Hay necesidad de evaluación en tiempo real para actividades y condiciones de alarma.

Pregunta 10. Existen tres puntos de vista de identidad teóricos de un sistema CCTV. ¿Cuál de los siguientes es incorrecto?
a) identificación personal.
b) identificación de escena.
c) identificación de reproducción.
d) identificación de acción.

Capítulo 4: Sistemas de protección física interna

Respuestas a las preguntas del capítulo 4

1. b) Generalmente los subsistemas de detección de intruso constan de una alarma y de capacidad de evaluación, pero raramente están diseñados para aplicaciones internas y externas.

2. a) De perímetro o punto de ingreso, de área general, de objeto.

3. d) El CCTV permitirá grabar las imágenes de la cámara y recuperarlas para ayudar a reconstruir lo que ocurrió en las instalaciones e identificar a los culpables involucrados en el incidente.

4. d) Intercomunicador, radio, equipo telefónico.

5. c) Se utilizan para activar y desactivar el sistema de detección de intrusos por medio del teclado o de una tarjeta.

6. a) No distribuirlas a inquilinos del edificio de la oficina.

7. c) Cambiar anualmente las tarjetas de acceso/identificación y recoger la tarjeta de identificación cuando un empleado o contratista ya no esté asociado con la empresa.

8. b) Molinetes ópticos: muy efectivos, rendimiento alto, moderadamente precisos.

9. c) Un área requiere supervisión extensa.

10. c) Identificación de reproducción.

Capítulo 5: Sistemas de protección física integrada

Temas del curso

Este curso cubre los siguientes temas:

- Sistemas de protección física (PPS) integrada
- Papel del oficial de seguridad
- Arquitectura de los Sistemas integrados y sistemas de supervisión
- Subsistemas de visualización y evaluación
- Consola de control de seguridad
- Métodos y tecnologías de comunicaciones
- Sistemas de software integrado

Introducción

Tecnología es la fuerza detrás de los sistemas de protección física que han evolucionado para hacer frente a las amenazas cada día más sofisticadas. En estos días de consciencia terrorista, la seguridad es una industria en crecimiento en donde la sofisticación técnica de los terroristas ha evolucionado mucho más allá de los enfoques simplistas del pasado.

La palabra clave que describe la protección de las instalaciones en el mundo de hoy, es integración. La integración se refiere a enlazar diferentes tipos de dispositivos de hardware e interfases de software en desarrollo para que los dispositivos puedan intercambiar información y para que una fuerza de seguridad capacitada pueda supervisarlos y controlarlos desde una ubicación. Este enfoque proporciona mejor cobertura con menor recurso humano.

Un concepto de seguridad actual de éxito hará énfasis en la creciente consciencia de desarrollos tecnológicos y en la integración de sistemas de seguridad con recursos humanos para que todos puedan comunicarse más efectivamente. La tecnología no reemplazará al elemento humano, sino actuará como una fuerza multiplicadora para aumentar las capacidades del personal y proporcionar un mecanismo de equilibrio de poderes para contrarrestar la mala conducta individual.

La tecnología para asegurar instalaciones es un arma de dos filos. Si se maneja adecuadamente, puede aumentar significativamente las capacidades. Si se maneja deficientemente, puede reducir el nivel de seguridad.

El cuadro a continuación ilustra cómo pueden integrarse varias medidas de seguridad para proteger una instalación de manera exitosa.

INSTALACIÓN VITAL

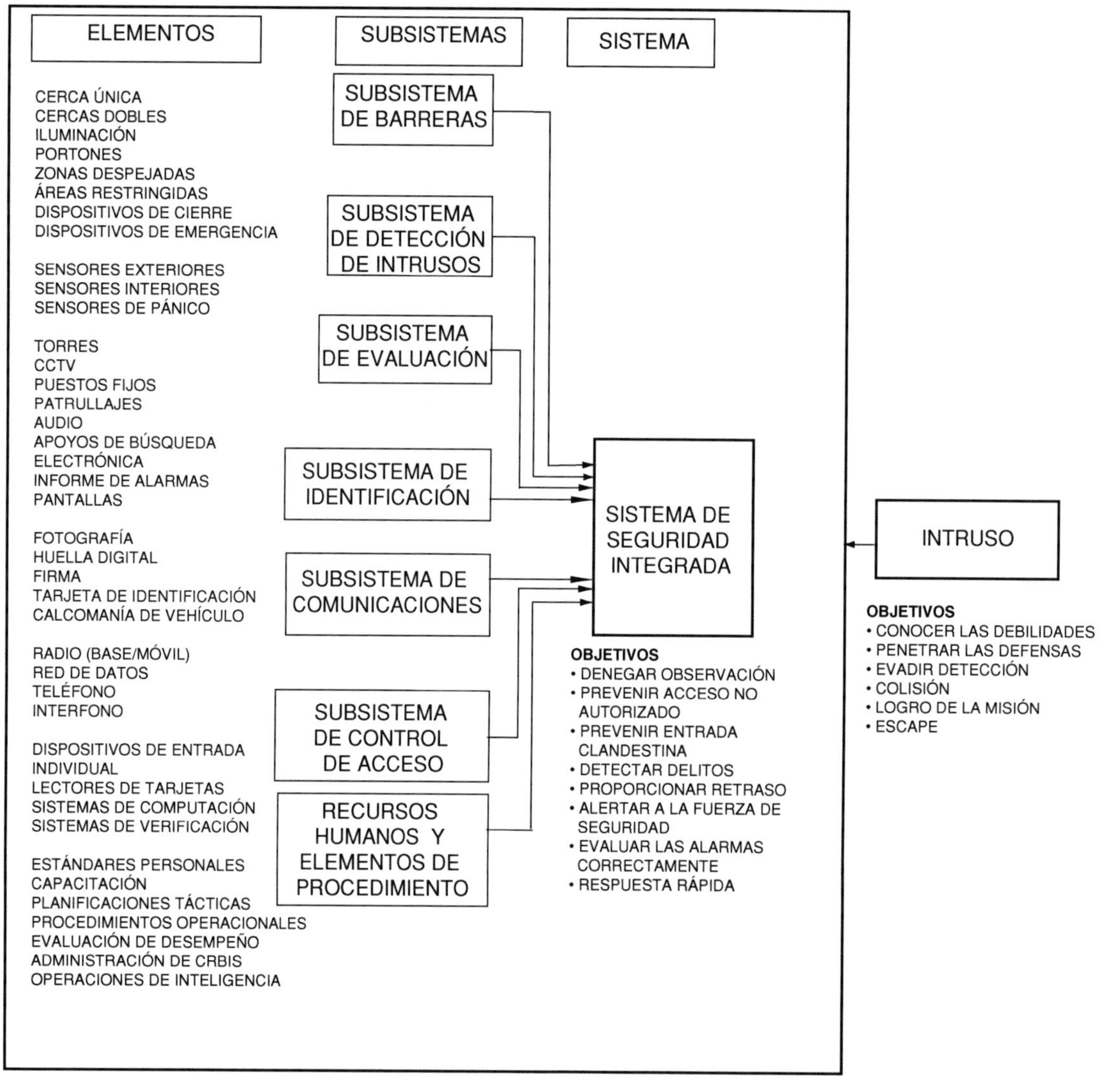

Figura 5.1 Sistema de protección física (PPS) integrada

Sistema de seguridad integrada

Un sistema de seguridad integrada combina los siguientes elementos:

- Barreras en el perímetro (función de prevención o retraso).

- Subsistema de identificación (función de prevención o retraso).

- Subsistema de control de acceso (función de prevención o retraso).

- Iluminación (función de detección).

- Subsistema de alarma de intruso (función de detección).

- Subsistema de visualización y evaluación (función de detección).

- Subsistema de comunicaciones (función correctiva).

- Recursos humanos, Personal de seguridad (función correctiva).

- Políticas, procedimientos y capacitación (apoya las tres funciones).

Rentabilidad de las Medidas de seguridad

Como se explica en la **Figura 3.1** en el **capítulo 3**, el triángulo relaciona la efectividad de las contramedidas con el costo. Tome en cuenta que la modificación del comportamiento de los empleados durante las evaluaciones de seguridad y auditorías, políticas y procedimientos, capacitación y concienciación son elementos mucho menos costosos pero más efectivos para lograr la seguridad.

Agregar cerraduras, controlar el acceso, detectar intrusos, la iluminación y otros sistemas de seguridad agrega costos, pero puede ayudar a obtener una mejor seguridad y a reducir recursos humanos. El componente más costoso de un programa de seguridad es el personal. Sin embargo, es el elemento más importante.

Misión de los oficiales de seguridad

La misión básica de los oficiales de seguridad es:

- Proteger los activos de la empresa en contra de robo, sabotaje y otros actos hostiles que podrían ser un impacto desfavorable para la organización.

- Proteger la vida y propiedad en las instalaciones de la empresa.

La manera en que los oficiales de seguridad logren esta misión depende de los activos específicos que deben proteger. Los métodos de protección se definen en las políticas, estándares, procedimientos, solicitudes y planes promulgados por la empresa.

La tecnología nos ayuda a determinar los **medios** que utilizan los intrusos para atacar nuestras instalaciones.

El elemento humano nos ayuda a determinar las **intenciones** de los delincuentes.

Obligaciones principales del oficial de seguridad

A continuación se enumeran las obligaciones más importantes de un oficial de seguridad:

- Proteger el sitio, edificios y activos de la empresa

163

- Hacer que se cumplan las políticas, estándares y procedimientos de la empresa, así como informar acerca de las violaciones.

- Controlar y dirigir vehículos y tráfico de personal.

- Mantener el orden durante situaciones de emergencia.

- Proporcionar asistencia a empleados en apuros.

- Proporcionar servicios de escolta.

- Llevar a cabo órdenes generales y especiales.

- Llevar a cabo inspecciones de vehículos, paquetes y personal.

- Llevar a cabo inspecciones de seguridad y protección de las instalaciones y del personal.

- Informar acerca de las violaciones a las políticas establecidas por la empresa.

- Supervisar alarmas y despachar respuesta a incidentes.

- Responder a infracciones de seguridad y aprehender a los delincuentes.

- Hacer un informe preciso de los incidentes.

- Proporcionar contrainteligencia.

Punto clave: Un Oficial de seguridad no es un Oficial del orden público

Capacitación del Oficial de seguridad

Las empresas deben establecer como requisito que cada oficial de seguridad pase un examen escrito para demostrar que él/ella entiende el tema y que está calificado(a) para llevar a cabo las obligaciones básicas de un oficial de seguridad. La capacitación debe incluir el siguiente material:

- Órdenes de los puestos o asignación.

- Primeros auxilios.

- RCP.

- Patógenos de transmisión sanguínea.

- Amenazas de bomba.

- Comunicaciones.

- Orientación y políticas de la empresa.

- Control de multitudes.

- Servicio al cliente y relaciones públicas.

- Diversidad en el lugar de trabajo.

- Procedimientos de respuesta de emergencia.

- Ética, honestidad, imagen profesional y conducta adecuada.

- Prevención y control de incendios.

- Equipo para incendios.
- Acoso y discriminación.
- Seguridad de la información.
- Código de pruebas.
- Aspectos legales de seguridad.
- Control de cerraduras y llaves.
- Naturaleza y papel de la seguridad privada.
- Toma de notas y redacción de informes.
- Técnicas de patrullaje y observación de circunstancias poco usuales.
- Seguridad física y control de acceso.
- Preservación de la escena del incidente.
- Conciencia de protección.
- Conciencia de seguridad.
- Abuso de sustancias.
- Tecnología en la seguridad.
- Testimonios.
- Prevención de robo.
- Control de tráfico y seguridad en el estacionamiento.
- Terrorismo urbano.
- Uso de fuerza y fuerza continua.
- Violencia en el lugar de trabajo.

Arquitectura de sistemas integrados

El dibujo a la derecha muestra los componentes clave necesarios para un Sistema de protección física integrada.

Los sensores de intrusos, cámaras y los dispositivos de control de acceso están conectados con los dispositivos de interfase llamados paneles, los cuales transfieren los datos a una computadora y un operador supervisa la alarma y el estado de la información.

"El subsistema de visualización y evaluación" convierte los datos a información significativa para que el operador tome la acción apropiada, como despachar fuerza de respuesta para contraatacar.

Técnicas de supervisión

Los sistemas de seguridad usualmente se supervisan en las diferentes formas que se describen a continuación:

- **Supervisión local.** Supervisión de alarmas en cada edificio individual.
- **Supervisión de la estación central.** Una estación central supervisa las alarmas de varios edificios y hace un llamado a la instalación para tomar la acción apropiada.
- **Conexión directa a la Agencia del orden público.** Las alarmas se conectan a una agencia del orden público y ellos responden.
- **Supervisión de la propiedad.** Los empleados o la fuerza de seguridad contratada supervisan las alarmas de la empresa.

Supervisión local

- Supervisión de la actividad de la alarma y de las cámaras del CCTV en el sitio.
- Control local de las zonas o puntos de seguridad.
- El acceso y la alarma están controlados por un código de paso que se ingresa a un teclado numérico.
- Opciones de pantallas, sonido e impresión de alarmas.
- Se utilizan alarmas acústicas locales para llamar la atención.
- Disuasión limitada, fácil de burlar.
- Depende de la detección, evaluación y respuesta por parte del guardia de seguridad del sitio (costoso).

Supervisión de la estación central

- Una empresa de supervisión comercial fuera del sitio supervisa la actividad de las alarmas y del CCTV.
- La estación central supervisa y notifica a la empresa para que responda a la alarma.
- La supervisión local puede hacerse en conexión con la estación central.
- Las alarmas acústicas pueden usarse o no, dependiendo de los requerimientos de seguridad.

Conexión directa

- La terminación de las señales de alarma se encuentran en los centros de comunicaciones del departamento de policía o de bomberos.
- Dependen de la aprobación por jurisdicción.
- Pueden trabajar en conjunto con los sistemas de la estación central y local.
- La policía o el departamento de bomberos no puede supervisar el CCTV.

Supervisión de la propiedad

- El área de supervisión central está dedicada a realizar la supervisión de la alarma y del CCTV dentro de la empresa.
- Puede llevar a cabo la supervisión de varios lugares.

- Puede trabajar en conjunto con la estación central, local y en conexión directa.
- Requiere de personal capacitado y dedicado para operaciones.

Subsistema de visualización y evaluación de la propiedad

- Las personas tienen que responder a situaciones potencialmente peligrosas que les informan los sistemas de seguridad. Esto nos lleva al uso del concepto de Visualización y evaluación o, como se conoce generalmente en el diseño de sistemas, "Interface hombre máquina" (MMI, por sus siglas en inglés).

- Para que los subsistemas de Detección de intruso, control de acceso y CCTV sean efectivos y para garantizar una respuesta rápida por parte de la fuerza de seguridad, las alarmas se deben visualizar de una forma efectiva y creíble. Esto permitirá que la fuerza de seguridad responda de forma rápida cuando sea necesario y disminuirá la posibilidad de que los guardias ignoren las alarmas por falsos informes por parte del sistema o interferencias de alarmas.

- El viento, los ductos de calefacción y los animales con frecuencia causan las interferencias de alarmas. Algunas veces los sistemas generan falsas alarmas que no pueden rastrearse hacia ningún evento físico.

- Sin un CCTV para evaluar las causas de las alarmas, el personal de seguridad debe responder a todas las alarmas enviando a patrullas para que investiguen. Esto requiere una gran cantidad de tiempo dependiendo de la distancia hacia el área afectada.

- Además, es importante que se muestre el estado del sistema en todo momento. Esto permite a los operadores saber cuáles sensores están funcionando, cuáles no y cuáles están en reparación, etc.

- Un sistema de seguridad integrada en una propiedad tiene dos niveles jerárquicos desde los puntos de vista de visualización y evaluación— la visualización y evaluación centralizadas y los centros de visualización y evaluación locales.

Visualización y evaluación centralizada de la propiedad

Este concepto de visualización y evaluación centralizada puede utilizarse para reducir el personal de seguridad a un único guardia en estaciones de guardias fijas locales con acceso a respaldo por parte de las agencias de orden público .

El Área central de visualización y evaluación debe ser provista de visualización de alarmas, visualización de mapas, impresoras y circuito cerrado de televisión (CCTV). Estas visualizaciones proporcionarán el estado de los subsistemas de CCTV, detección de intrusos y control de acceso en todos los lugares que estén bajo control de la organización de seguridad en un área en particular. Durante una emergencia, la administración de seguridad podrá despachar activos a cualquier edificio local o sitio, según se necesite.

Ventajas

- Personal reducido en cada sitio (no se necesita supervisión en el sitio).
- Costos compartidos de sistema de supervisión y elemento humano.
- Estandarización de sistemas.
- Capacidad de manejar, a distancia, situaciones de no emergencia.

- Evaluación de la alarma a distancia, previo despacho.
- Vigilancia selectiva del sitio.

Desventajas

- Los costos de comunicaciones podrían contrarrestar los ahorros en personal.
- Aún podría necesitarse guardias en cada sitio para proporcionar respuesta.

Sistemas locales del sitio de la propiedad

Ventajas

- Se reduce la necesidad de guardias para detectar intrusos.
- Se adapta a los requerimientos del sitio.

Desventajas

- Posible falta de estandarización de los sistemas de seguridad.
- Incremento de personal (se requiere de un operador en cada lugar).

Visualización y evaluación

Los profesionales de seguridad también necesitan tomar en cuenta cómo se utilizará la información que se transmite a través de los dispositivos de seguridad. Los enfoques de visualización y evaluación de imágenes de cámaras y de respuesta a alarmas deben ser parte de los criterios que se toman en cuenta a la hora de decidir qué equipo seleccionar. Las preguntas a tomar en cuenta incluyen:

- ¿Qué áreas necesitan vigilancia? ¿Qué sistemas de vigilancia de cámara podrían necesitarse? ¿Se necesita tener una cobertura de Cámara de televisión de circuito cerrado (CCTV) en todo el perímetro del sitio?
- ¿Qué sistema de supervisión está implementado para recibir alarmas?, ¿un sistema integrado o un sistema de detección de intrusos aislado?
- ¿Quién supervisará las alarmas? ¿Se supervisará el sistema continuamente o sólo cuando las alarmas se disparen?
- ¿Quién visualizará y evaluará las alarmas de seguridad?
- ¿Dónde está ubicado el sistema de supervisión?
- ¿Cuál es la respuesta de seguridad una vez suena una alarma?
- La respuesta, ¿es dentro o fuera del sitio?
- ¿Cuál es el tiempo de respuesta?

Evaluación del Circuito cerrado de televisión

El uso del CCTV, particularmente cuando se instala para que se active en conjunto con las alarmas, aumenta significativamente la efectividad de la respuesta de la fuerza de seguridad y reduce la necesidad de costosos puestos fijos de seguridad y de patrullaje periódico. Es una alternativa de evaluación de patrullaje rentable que facilita actualizaciones de seguridad sin los costosos aumentos de personal.

Se obtiene la eficiencia de los CCTV a través de la colocación adecuada de la cámara y de la selección del lente para que se puedan evaluar escenas de las zonas del edificio luego de un evento de alarma. Cada zona del edificio debe estar totalmente cubierta por los CCTV para que se pueda identificar a los intrusos. En vez de mantener continuamente activado todo el Sistema de Circuito Cerrado de Televisión y esperar que los guardias de seguridad vean continuamente un banco de monitores, es preferible que el sistema se diseñe para que cualquier alarma muestre automáticamente las escenas de la cámara afectada y proporcione imágenes de pre alarma grabadas para ayudar a establecer la causa.

Supervisión y visualización del perímetro

La supervisión del perímetro debe lograrse a través de una evaluación del área local o centralizada y de los centros de visualización. En los centros de evaluación locales debe haber una visualización de mapas y monitores de CCTV que permitan a los guardias supervisar las áreas aseguradas y responder inmediatamente. Un centro de evaluación centralizado debería proporcionar visualización de mapas y monitores de CCTV para un conjunto de sitios. Una alarma en un sitio muestra el mapa apropiado y la cámara de CCTV visualiza en el sitio centralizado. Los operadores del centro tienen la capacidad de despachar guardias adicionales a cualquier sitio luego de revisar imágenes de pre y post vídeo de las zonas de alarma.

Evaluación y visualización del Sistema de control de acceso (ACS, por sus siglas en inglés)

El ACS tiene dos niveles de evaluación y visualización: local y centralizado. En el nivel local, los guardias se mantienen informados acerca del estado del sistema, excepciones evidentes durante actividades de acceso y violaciones serias al acceso. Cada acción se visualiza en indicadores del lector de tarjetas, en una visualización de vídeo en el puesto de guardia, en impresoras y luego se transmiten al sitio centralizado para su grabación y posterior informe.

Las computadoras de ACS ubicadas en el lugar centralizado, proporcionan a los operadores de ACS los datos referentes a todos los anteriores y permiten el despacho general de personal para corregir los problemas en el sistema, como la falla en un dispositivo y la falla en enlace de comunicaciones. Las computadoras de ACS centralizadas también proporcionan una protección contra reingreso (anti-passback) que evita que los intrusos accedan a un sitio y presten su tarjeta de acceso a alguien más para que la use en otro sitio.

Datos y grabación de vídeo

Es sumamente importante la grabación de eventos de alarma que se lleva a cabo en varios subsistemas. Todos los datos de retroalimentación del sistema de control de acceso deben grabarse para asegurar la integridad de los sistemas. Además es de suma importancia que todos los eventos, accesos, alarmas, mal funcionamiento, etc. se graben para su posterior análisis e informe.

Todos los datos de vídeo deben grabarse y mantenerse por un período indefinido de tiempo para análisis futuro en caso de que ocurra algún problema y el personal de seguridad tenga que revisar y analizar el vídeo para identificar vehículos o personal. La capacidad de visualizar eventos grabados en vídeo que ocasionaron una alarma, es muy útil. En este caso, el dispositivo de grabación debe proporcionar el almacenamiento y grabación del esquema del vídeo en donde la visibilidad de cada cámara se guardará y grabará por varios segundos secuencialmente. En caso de alarma, el sistema debe cambiarse al modo de grabación en vivo del evento en la zona de alarma y zonas adyacentes.

Los datos como transacciones de control de acceso (personal que entra o sale del edificio utilizando sus tarjetas de acceso) se graban en el disco duro de la computadora. Se pueden grabar los datos del CCTV a una cinta VCR, a grabadoras de vídeo digitales (DVR, por sus siglas en inglés) o a grabadores de vídeo en red (NVR, por sus siglas en inglés). A menudo, también se graban las comunicaciones de voz.

169

Centro de Control de seguridad

Los centros de control de seguridad son cada vez más comunes en las grandes corporaciones, ya que son el punto de contacto inicial para que una situación de emergencia ocurra. Muchas empresas crean centros de control y mando donde se pueden supervisar varias instalaciones y se pueden despachar recursos desde la fuente central. El centro de control y mando es el corazón de una fuerza de respuesta y supervisión de seguridad centralizada. Por eso, los profesionales alrededor del mundo están instalando sistemas de supervisión electrónica especializada y consolidando las funciones de seguridad para responder a emergencias, controlar las amenazas y reducir costos. Debido al gran número de instalaciones que se supervisan, la cantidad de despachos requeridos y la necesidad de analizar las actividades para la planificación de recursos y la prevención de incidentes de seguridad, los viejos métodos de supervisión y control ya no son efectivos. Debemos buscar una solución con asistencia computarizada.

En el centro de control de seguridad, los eventos se reciben por teléfono, ya sea a través de un sistema de número de emergencia como el 911 o a través de llamadas al número de teléfono del centro. El centro puede también estar conectado a varios edificios comerciales o residenciales a través de equipo de supervisión de alarma de incendios y seguridad. Se puede informar acerca de eventos de campo a través de sistemas de radio o terminales móviles de datos del personal de seguridad. Además, los incidentes podrían originarse a través de teléfonos públicos, empresas de supervisión de alarmas y visitas.

Evaluación de incidentes o alarmas

Los elementos clave de la evaluación de incidentes son:

- Verificar que un evento es un verdadero incidente de emergencia para no desperdiciar recursos en eventos sin trascendencia.

- Clasificar el evento en varias categorías, como incendio, accidente, robo, etcétera.

- Determinar la prioridad del evento. ¿Es algo que puede manejarse de forma rutinaria o es el evento una emergencia donde están en riesgo la pérdida de vida o activos de valor? Finalmente, ¿es un evento catastrófico poco común, como una invasión, una gran explosión en la planta o un desastre natural, como un terremoto, tornado, etc.?

- Identificar a la persona que informa acerca del problema, la ubicación del problema y del evento.

- Relacionar este evento con otros eventos que han ocurrido en el pasado. Además, la información relacionada acerca de la ubicación debe estar disponible para ayudar con el envío de los recursos apropiados. (Por ejemplo, en una situación donde hay materiales dañinos en el sitio).

Despachar

Tomar la decisión en cuanto a qué recursos despachar involucra saber con qué recursos se cuenta, dónde están, cuántos eventos están sucediendo al mismo tiempo y sus prioridades. La única manera de tomar una decisión apropiada en una emergencia, es que la persona que toma las decisiones tenga disponibles todos los hechos de la situación. En muchos centros de control se separan los puestos de asesor y despachador. Éste es un mejor arreglo ya que permite que cada persona se concentre en una sola tarea —ya sea recopilar información o despachar. Además mejora la comunicación ya que la operación individual a menudo requiere que el comunicador converse al mismo tiempo tanto con quien llama como con las unidades de campo.

Una vez se tomaron las decisiones en cuanto a los eventos, el despachador debe comunicarlas a las personas indicadas que responderán a la situación. Esta notificación normalmente se hará a través de una llamada telefónica, a través de la radio o por terminales móviles de datos en los vehículos. Los planes de despliegue para cualquier posible escenario se desarrollan y se le facilitan al despachador para que los seleccione desde un menú.

Para una solución exitosa de un incidente, es primordial la supervisión y el seguimiento de las acciones que se tomaron. La respuesta debe ser supervisada de cerca hasta que el despachador esté seguro que el problema se ha solucionado. ¿Qué sucede si se encuentran explosivos en la escena del incidente? El despachador podría tener que enviar un equipo de desactivación de bombas.

Todos los sistemas modernos están diseñados alrededor de la arquitectura cliente/servidor con servidores superficiales tolerantes de fallas y geográficamente separados. La superficialidad se puede aplicar también a los servidores de comunicaciones con transferencia de datos a las terminales con falla en el servidor. Los sistemas modernos utilizan un sistema de administración de base de datos estándar industrial común como Oracle con un lenguaje de preguntas estándar. La última publicación de sistema operativo de Windows es la terminal de sistema operativo más común, al igual que los servidores. Sin embargo muchos proveedores utilizan Linux (el cual podría volverse más popular) y Oracle proporciona el soporte.

Consola de control de seguridad

La consola de seguridad moderna tiene las siguientes características y equipo:

- Funciones comunes en un único procesador.
- Recopilación remoto de datos.
- Anuncio de alarma.
- Almacenaje de alarma.
- Generación de informes.
- Consola de operador.
- Terminal de visualización de vídeo.
- Impresora de registros.
- Terminal de computadoras.
- Monitores y controles de CCTV.
- Grabadora de CCTV.
- Grabadora de voz.
- Radios.

Funciones de la consola de seguridad

- Centralizar el informe de eventos.
- Sensores de monitores.
- Cámara de monitores CCTV.

171

- Evaluar las alarmas y definir el problema.
- Determinar los recursos de respuesta disponibles.
- Decidir cómo responder.
- Comunicar el curso de acción al personal de respuesta.
- Supervisar y apoyar la respuesta.
- Control de personal.
- Identificación.
- Control físico en puntos de acceso.
- Control de vehículos.
- Supervisar al personal de respuesta.

Factores ergonómicos de la consola de seguridad

Deben tomarse en cuenta varios factores ergonómicos cuando se diseña la consola de seguridad. Tome nota de los ángulos recomendados y las distancias en la **Figura 5.1** a la derecha. Determine su espacio en el piso y la altura máxima. Defina qué equipo estará en la unidad de consola.

Utilizando su lista de equipo, elabore una breve lista de requerimientos funcionales, como los siguientes:

- Necesidades importantes ambientales del espacio de trabajo del operador o usuario.
- Los monitores deben ser visibles a nivel del ojo cuando está sentado.
- Las unidades del servidor se deben colocar encima de la superficie de trabajo y de las estanterías del monitor, pero accesibles para darles fácil mantenimiento.
- Las unidades de almacenamiento para cada servidor deben estar adyacente a sus unidades de servidor (a 4"(10.2 cm) de distancia).
- Los servidores autónomos más grandes deben colocarse bajo la superficie de trabajo y deben ser de fácil acceso (es decir, estar sobre plataformas rodantes).
- Todos los cables deben estar muy bien organizados.

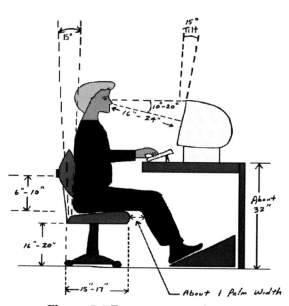

Figura 5.1 Factores ergonómicos

Fuerza de respuesta

Las alarmas que anuncian los sensores de intrusos que están repartidos por toda la instalación vital crean una urgente necesidad de que las fuerzas de seguridad estén concientes de la validez, seriedad y naturaleza de los eventos que disparan las alarmas. El personal que evalúa las alarmas de los sistemas de seguridad debe poder convocar oportunamente la respuesta apropiada a una intrusión. Es de suma importancia tener conocimiento de la capacidad de respuesta al diseñar los sistemas de seguridad que se necesitan para disuadir, retrasar y detectar intrusos, así como responder con acciones correctivas.

Normalmente, la fuerza de seguridad asociada con la protección del sitio consistirá de personal ambulante o patrullas vehiculares. La fuerza de seguridad contará con equipo de emergencia, radios bidireccionales y un sistema de control de guardia computarizado (GCS, por sus siglas en inglés). El GCS apoya a los guardias proporcionándoles la certeza de que todas las áreas se patrullan, que los patrullajes se completan oportunamente y en la preparación de informes. Algunos sistemas de control de guardia modernos también proporcionan al oficial de seguridad la capacidad de enviar alarmas de coacción.

Las patrullas ambulantes serían las primeras en responder a las alarmas que se les comunican desde un centro de visualización y evaluación local en la instalación o desde centros de visualización y evaluación centralizados. Además de las fuerzas de seguridad de la empresa, las fuerzas de reserva deben estar disponibles en las estaciones de policía, estatales o locales.

Comunicaciones

Las comunicaciones son las arterias que transportan los datos esenciales entre los sistemas y las aplicaciones. Una infraestructura de comunicaciones de alta velocidad es prerrequisito para implementar un sistema moderno de protección física integrada.

La infraestructura de comunicaciones no es una entidad aislada. Es una mezcla de redes de área local (LAN), redes de área ancha (WAN) y circuitos dedicados a proporcionar comunicaciones de punta a punta. Para controlar esta infraestructura se necesitan capacidades de enrutamiento que permitan rutas múltiples a cada sistema para proporcionar un desempeño de tolerancia a fallos.

Las opciones de comunicación incluyen:

- Punta a punta.
- Fibra óptica.
- Redes de área local (LAN).
- Redes de área ancha (WAN).
- Redes inalámbricas.

Comunicaciones de punta a punta

Punta a punta es un término que se utiliza para describir las comunicaciones entre un sensor y un panel o entre un panel y una terminal de computadora. Se definen los siguientes protocolos:

- RS–232 - 20 kbps - 50 pies (15.34 metros)
- RS–485 - 38.4 kbps – 2000 a 4000 pies (609 a 1,219.2 metros)
- Línea telefónica – 38.4 kbps – 1.544 mbps – distancia ilimitada.
- Red de área local o Red de área ancha - 100 mbps - distancia ilimitada.

Comunicaciones. Fibra óptica

La fibra óptica proporciona un medio de comunicación excelente para los sistemas de seguridad. Fibra óptica:

- Consiste en pulsaciones de luz a través de fibra plástica o de vidrio.
- Proporciona un alto ancho de banda capaz de soportar vídeo, voz y datos en índices altos.

- Necesita conexiones ópticas puras.
- Capaz de transmitir a largas distancias.
- Inmune a interferencia eléctrica.
- Costo comparable a la fibra coaxial.

Comunicaciones. Red de área local (LAN)

Los sistemas de seguridad modernos utilizan la red de área local corporativa existente para proporcionar una ruta de comunicaciones entre dispositivos de seguridad como cámaras y sensores y el centro de control de seguridad.

Las especificaciones para las redes son:

- Amplitud de banda de 10/100/1000 mbps.
- Ethernet, anillo con paso de testigo, Arquitectura de red de área local (ARCnet), interfaz de datos distribuida por fibra (FDDI, por sus siglas en inglés).
- Interconexiones.
  - Sistema operativo de red.
  - Red periférica.
  - Tarjetas de interfaz de red.
  - Cableado de red: utiliza alambre, fibra, coaxial o inalámbrico.

Comunicaciones. Red de área ancha (WAN)

Los siguientes tipos de opciones de red de área ancha están disponibles para permitir que los sistemas de seguridad se comuniquen a largas distancias:

- Acceso discado.
  - Bajo costo (se factura sólo por su uso), velocidad hasta de 56 kbps con módems iguales.
  - Generalmente no supervisados, el canal desviado ofrece alguna protección.
  - Apropiado para aplicaciones residenciales y comerciales de bajo riesgo.
- Líneas en arrendamiento.
  - Costos más altos (costo mensual de líneas dedicadas).
  - Más amplitud de banda.
  - El sistema de seguridad puede auto supervisarse.
  - Apropiado para aplicaciones comerciales de mediano a alto riesgo.
- Líneas T1.
  - Amplitud de banda 1.544 mbps
  - Interconexión.

- Unidad de servicio de datos/Unidad de servicio de canal (DSU/CSU).
    - Multiplexores de datos para maximizar el uso de la amplitud de banda.
  - Apropiado para conectar varios sitios a un centro de supervisión centralizado.
- Conmutación de paquetes.
  - X.25 y relevo por etapas.
  - Todo lo digital puede operar hasta 1.2 giga bits por segundo.
  - Cuesta menos que una T1, con base en uso.
  - Apropiado para conectar varios sitios a un centro de supervisión centralizado.

Comunicaciones inalámbricas

Las comunicaciones inalámbricas encuentran una aplicación donde es difícil correr los cables tradicionales para conectar dispositivos. Los diferentes estándares inalámbricos del Instituto de Ingenieros Eléctricos y Electrónicos (IEEE, por sus siglas en inglés) son:

- **802.11a:** Estándar que utiliza la banda de 5 GHz que proporciona una tasa de transferencia real de ~24 Mbps a 30m/100pies en ambientes exteriores. Una limitada línea de productos lo soporta. El ancho de banda teórico es de 54 Mbps.
- **802.11b:** Estándar que proporciona una tasa de transferencia real de ~5 Mbps a 100 m/300pies en ambientes exteriores. Utiliza la banda 2.4 GHz. El ancho de banda teórico es de 11 Mbps.
- **802.11g:** El estándar más utilizado para proporcionar un desempeño comparado con el 802.11b. Proporciona una tasa de transferencia actual de hasta ~24 Mbps a100 m/300 pies en ambientes exteriores. Utiliza la banda 2.4 GHz. El ancho de banda teórico es de 54 Mbps.
- **802.11n:** La siguiente generación del estándar Inalámbrico LAN 802.11. La tasa de transferencia real será más de 100Mbps.
- **802.16:** conocido también como WiMAX, es una especificación para las redes inalámbricas de área metropolitana (MAN) que utilizan arquitectura punta a multipunta. El estándar define el uso de amplitud de banda entre la licencia 10GHz y 66GHz y los campos de frecuencia sub 11GHz. 802.16 soporta tasas muy altas tanto al cargar como al descargar desde una estación de base hasta una distancia de 50km/30 millas para manejar dichos servicios como voz sobre IP (VoIP, por sus siglas en inglés).

Comunicaciones, voz

Muchos tipos de radios y teléfonos se pueden utilizar para comunicarse con los empleados o con las agencias fuera de las instalaciones como el departamento de bomberos. La administración de seguridad puede considerar el uso de alguna de las siguientes opciones:

- Los radios bidireccionales son un medio altamente efectivo de comunicación estándar entre los despachadores y los oficiales de patrulla y los vehículos de campo. Se debe portar baterías de repuesto en todo momento para evitar la pérdida de contacto.
- Los teléfonos celulares son muy populares, en especial aquellos que tienen adicionalmente radios bidireccionales. Se recuerda de tener las baterías de repuesto o un cargador listo y disponible. Mantener en mente que durante emergencias a gran escala, las redes de celular pueden sobre cargarse y tornarse inútiles. Las torres repetidoras o el equipo podría estar fuera de línea.

- Los departamentos de policía y de bomberos utilizan los radios de 800 MHz. El personal de seguridad debe tener por lo menos un radio de 800 MHz para facilitar la comunicación con los primeros en responder. Se requiere entrenamiento para entender cómo utilizar esta tecnología y comunicarse con quienes responden. Usualmente hay capacitación disponible a través de los administradores locales, la policía o el departamento de bomberos local.

- Los radio operadores amateur voluntarios (HAM, por sus siglas en inglés) ofrecen una alternativa de canal de comunicación a distancia). Investigue las capacidades que podrían estar disponibles en su comunidad.

Software de sistema integrado

El sistema integrado tiene dos componentes de software:

Sistema operativo

El software de sistema operativo es el programa más importante que se ejecuta en una computadora. Los sistemas operativos llevan a cabo tareas básicas, como reconocer la retroalimentación desde el teclado, enviar salida a la pantalla de visualización, conservar un registro de archivos y directorios en el disco y controlar dispositivos periféricos de control como los discos duros y las impresoras.

El sistema operativo es como un policía de tránsito —se asegura de que los diferentes programas y usuarios que se ejecutan al mismo tiempo, no interfieran unos con otros. El sistema operativo es además responsable por la seguridad y se asegura de que los usuarios no autorizados no tengan acceso al sistema.

Software de aplicación

El software de aplicaciones (también llamado programas de usuario final) incluye programas de base de datos, procesadores de palabras, hojas de cálculo y programas de seguridad.

Hablando en sentido figurado, el software de aplicaciones está situado por encima del software operativo porque no puede ejecutarse sin el sistema operativo y sin las utilidades del sistema operativo. El software de aplicación proporciona toda la funcionalidad que se requiere para que el sistema integrado alcance las funciones necesarias en el centro de control de seguridad.

Base de datos del sistema integrado

Una **base de datos** (abreviada usualmente como DB) es una colección de datos relacionados lógicamente y diseñada para cumplir con las necesidades de información de la organización de seguridad. La base de datos del sistema integrado es una colección de registros guardados en una computadora de manera sistemática para que el programa de computación pueda hacer que responda a preguntas.

Se puede pensar que una base de datos es un sistema de archivo electrónico. Las bases de datos tradicionales están organizadas por *campos, registros* y *archivos.*

Un campo es una única pieza de información. Un registro es un grupo completo de campos. Un archivo es una colección de registros. Por ejemplo, una guía de teléfonos es sinónimo de archivo. Contiene una lista de registros, cada una de las cuales consiste de tres campos: nombre, dirección y número de teléfono.

La base de datos del sistema integrado se conserva en la computadora del centro de control de seguridad y transmite los datos requeridos a paneles de control local o a computadoras en cada instalación. La base de datos también almacena toda actividad del sistema de seguridad que se utiliza para preparar varios informes.

Tipos de datos

La base de datos contiene los siguientes tipos de información:

- Descripción del disparo de la alarma.
- Información de identificación del empleado o titular de la tarjeta.
- Fotografía del empleado o titular de la tarjeta.
- Designación de áreas restringidas y controladas.
- Derechos de acceso.
- Datos de interfaz de alarma y de cámara.
- Datos de vídeo.
- Historial de transacciones.
- Seguimiento de auditoría de las acciones del operador.
- Evaluación de incidentes y procedimientos de respuesta.
- Mapas del sitio.
- Planos de edificios y salones.

Capítulo 5: Sistemas de protección física integrada

Preparación para el examen de Profesionales en seguridad física (PSP, por sus siglas en inglés)

1. Enumere los elementos de sistemas de protección física integrada y describa las funciones que cada elemento lleva a cabo.

2. Determine hasta dónde cumplen y ejecutan la misión y las obligaciones de un oficial de seguridad los oficiales de sus instalaciones como se describe en este capítulo. Describa las similitudes y diferencias y haga recomendaciones para mejoras en donde sea apropiado.

3. Compare la capacitación que se le da a los oficiales de seguridad en sus instalaciones con la capacitación recomendada y enumerada en este capítulo. ¿En dónde encuentra traslapes? ¿Diferencias? Luego elabore un plan de capacitación para su instalación y una lluvia de ideas para que se apruebe e implemente.

4. Haga un bosquejo y etiquete los componentes utilizados en un sistema de protección física integrada para supervisar y evaluar la actividad.

5. Enumere cuatro técnicas típicamente utilizadas para supervisar sistemas de seguridad y defina cada una.

¿Verdadero o falso? Marque las declaraciones abajo con "Verdadero" o "Falso." Si la declaración es falsa, vuelva a escribirla para que sea verdadera.

1. El CCTV no es una alternativa rentable de patrullaje de seguridad porque actualiza la seguridad en las instalaciones incrementando los gastos de elemento humano.

2. Los sistemas de CCTV en los cuales cualquier alarma muestra automáticamente escenas de la cámara afectada es preferible que esperar que los guardias de seguridad vean continuamente un banco de monitores.

3. Los datos de vídeo de sistemas de CCTV deben archivarse para su futuro análisis.

4. Los centros locales de visualización y evaluación para CCTV deberían tener monitores para evaluar alarmas. Los centros o estaciones centralizados deberían tener monitores y mapas de varios sitios.

5. Las consolas de control de seguridad centralizan la información de eventos, evalúan alarmas y determinan los recursos de respuesta disponibles, comunican el curso de acción al personal de respuesta y supervisan y apoyan la respuesta.

Respuestas a las preguntas de Verdadero/Falso

1. El CCTV **es** una alternativa rentable de patrullaje de seguridad porque actualiza la seguridad en las instalaciones **sin** incrementar los gastos de elemento humano.

2. Diseñar un sistema de CCTV para que cualquier alarma muestre automáticamente escenas de la cámara afectada es preferible a esperar que los guardias de seguridad vean continuamente un banco de monitores activados a través de todo el sistema. **Verdadero.**

3. Los datos de vídeo deben archivarse para su futuro análisis. **Verdadero.**

4. Los centros de visualización y evaluación de alarmas locales y centralizados deben tener monitores y mapas para que las fuerzas de seguridad puedan localizar y responder rápidamente al evento de alarma.

5. Las consolas de control de seguridad centralizan la información de eventos, evalúan alarmas y determinan los recursos de respuesta disponibles, comunican el curso de acción al personal de respuesta y supervisan y apoyan la respuesta. **Verdadero.**

Referencias

Patterson, David G. (Enero de 1992). Designing in a New Dimension: Designing a Computerized Access Control System (Diseñando en una nueva dimensión. Diseñando un sistema de control de acceso computarizado). *Security Management* (Administración de la seguridad).

_____. (Noviembre de 1993). Controlling Computer Communications (Controlando la Comunicación de Cómputo). *Security Management* (Administración de la seguridad).

_____. (Marzo de 2000). Functional Design Considerations for Security Central Stations (Consideraciones sobre diseño funcional para estaciones centrales de seguridad). *Security Management* (Administración de la seguridad).

_____. (Junio de 2001). Security Systems Integration (Integración de sistemas de seguridad). Lecture at GSA/FPS Academy (Conferencia en GSA/Academia FPS), Brunswick, GA.

_____. (Agosto de 2004). Centralized Identification Card and Access Control System Project (Tarjeta centralizada de identificación y proyecto de sistema de control de acceso). *Security Management* (Administración de la seguridad).

Capítulo 5: Preguntas de práctica

Las siguientes preguntas se tomaron del material cubierto en este capítulo. No se pretende que incluyan todo el material de este capítulo, ni que representen preguntas verdaderas del examen de certificación.

Sin embargo, estas preguntas tienen por objetivo ayudarle a revisar información importante relacionada con elemento humano de seguridad y sistemas integrados. Se le anima a consultar los recursos adicionales que se encuentran al final de este capítulo para prepararse a fondo para el examen de certificación ASIS.

Pregunta 1. Tecnología es la fuerza detrás de los sistemas de protección física que han evolucionado para hacer frente a las amenazas, cada día más sofisticadas. ¿Cuál de los siguientes **no** es verdadero con respecto a tecnología y seguridad?
a) La tecnología podría mejorar la seguridad, pero requiere de más elemento humano para operarla.
b) La tecnología que se maneja adecuadamente puede aumentar las capacidades humanas.
c) La tecnología que se implementa de forma deficiente puede reducir el nivel de seguridad en una instalación.
d) Un concepto de seguridad de éxito hará énfasis en la integración de sistemas de seguridad con recursos humanos.

Pregunta 2. ¿Cuál de los siguientes describe de mejor manera la misión de los Oficiales de seguridad?
a) Proporcionar asistencia a los empleados, contratistas y visitantes.
b) Supervisar sistemas de seguridad.
c) Preparar informes de incidentes de seguridad.
d) Proteger los activos de la empresa en contra de robo, sabotaje y otros actos hostiles que podrían afectar a la organización.

Pregunta 3. ¿Cuál de los siguientes **no** es una obligación importante para los oficiales de seguridad?
a) Arrestar a los intrusos.
b) Informar acerca de violaciones a las políticas, estándares y procedimiento.
c) Llevar a cabo inspecciones de vehículos, paquetes y personal.
d) Supervisar alarmas y despachar respuesta a incidentes.

Pregunta 4. ¿Cuáles son los componentes clave de un sistema de protección física integrada?
a) Sensores de detección de intrusos y operadores humanos.
b) Capacitación, políticas y procedimientos.
c) Lectores de tarjetas, sensores, cámaras, comunicaciones y un subsistema de visualización y evaluación.
d) Computadoras, hardware y software.

Pregunta 5. ¿Cuál de los siguientes **no** describe un método de supervisión de sistemas de seguridad?
a) Supervisión local.
b) Supervisión de la estación central.
c) Supervisión intrínseca.
d) Supervisión de la propiedad.

Pregunta 6. Al implementar el subsistema de visualización y evaluación de la propiedad, existen dos tipos comunes de sistemas. Estos son:
a) Sistemas locales de visualización y evaluación de instalaciones y sistemas centralizados de visualización y evaluación.
b) Propiedad y conexión directa.
c) Orden público y departamento de bomberos.
d) Sistemas de seguridad y oficiales de seguridad.

Pregunta 7. Las Cámaras de televisión de circuito cerrado (CCTV) se utilizan a menudo en la evaluación de alarmas en una instalación. ¿Cuál de las siguientes **no** es una ventaja de utilizar CCTV?
a) Reduce la necesidad de costosos puestos fijos de seguridad.
b) Reduce la necesidad de patrullas de seguridad periódicas en el sitio.
c) Elimina la necesidad de una fuerza de respuesta que responda a las alarmas.
d) Aumenta la efectividad de la fuerza de seguridad permitiendo que estos vean qué causó la alarma en el sitio.

Pregunta 8. Las comunicaciones son prerrequisito para implementar un sistema moderno de protección física integrada. ¿Cuál de las siguientes **no** es una opción de comunicaciones?
a) Punta a punta.
b) Punta a conector.
c) Fibra óptica:
d) Inalámbrica.

Pregunta 9. Un sistema de protección física integrada tiene dos tipos de componentes de software. ¿Cuáles de los siguientes son esos componentes?
a) Lenguaje a nivel de máquina y recopilador.
b) Memoria sólo de lectura y software de comunicación.
c) Sistema operativo y software de aplicación.
d) Controlador de dispositivos y controlador de terminal.

Pregunta 10. El sistema integrado requiere de una base de datos. ¿Cuál de los siguientes **no** es el tipo de datos que encontraría en la base de datos?
a) Descripción del disparo de la alarma.
b) Requerimientos de energía del equipo.
c) Información de identificación del titular de la tarjeta.
d) Seguimiento de auditoría de las acciones del operador.

Pregunta 11. El sistema integrado requiere de una base de datos. ¿Cuál de los siguientes **no** es verdadero en la base de datos?
a) La base de datos es una colección de registros guardados en una computadora de manera sistemática.
b) Un campo es una única pieza de información. Un registro es un grupo completo de campos. Un archivo es una colección de registros.
c) La base de datos nunca almacena toda actividad que se utiliza para preparar informes.
d) Las bases de datos están organizadas por campos, registros y archivos.

Respuestas a las preguntas del capítulo 5

1. a) La tecnología podría mejorar la seguridad, pero requiere de más elemento humano para operarla.

2. d) Proteger los activos de la empresa en contra de robo, sabotaje y otros actos hostiles que podrían afectar a la organización.

3. a) Arrestar a los intrusos.

4. c) Lectores de tarjetas, sensores, cámaras, comunicaciones y un subsistema de visualización y evaluación.

5. c) Supervisión intrínseca.

6. a) Sistemas locales de visualización y evaluación de instalaciones y sistemas centralizados de visualización y evaluación.

7. c) Elimina la necesidad de una fuerza de respuesta que responda a las alarmas.

8. b) Punta a conector.

9. c) Sistema operativo y software de aplicación.

10. b) Requerimientos de energía del equipo.

11. c) La base de datos nunca almacena toda actividad que se utiliza para preparar informes.

Capítulo 5: Sistemas de protección física integrada

Capítulo 6: Implementación de los sistemas de protección física

Temas

Este capítulo cubre los siguientes temas:

- Una visión general del proceso para diseñar, adquirir, instalar y comisionar sistemas de protección física.

- Las ocho fases del ciclo de vida del sistema de protección física (PPS, por sus siglas en inglés).

- Las actividades y resultados o productos finales que se producen en cada fase.

Introducción

Este capítulo describe el proceso, que consta de varios pasos, para implementar un sistema de protección física (PPS, por sus siglas en inglés). Debido a la complejidad de varias medidas de seguridad electrónica, los directores de seguridad deben llevar a cabo un proceso largo y complejo para implementarlas. La implementación típica de un proceso puede tomar de 18 a 24 meses.

Debido a que la implementación del PPS (sistema de protección física) es un esfuerzo único que involucra a varios empleados ejecutando actividades relacionadas, el término "proyecto" es apropiado para describir la implementación.

El PPS (sistema de protección física) también puede ser un componente de un proyecto de construcción de un edificio de oficinas nuevo o la ampliación de uno ya existente. En ese caso, el proceso puede tomar hasta el doble de duración. Por lo tanto, los profesionales de la seguridad deben iniciar el proceso con suficiente anticipación para evitar una crisis con el sistema existente, tal como costos de mantenimiento elevados, equipo no confiable o software irremediablemente desactualizado.

Como todo sistema principal, un PPS (sistema de protección física) tiene un ciclo de vida que incluye (1) planificación, (2) diseño, (3) estimación, (4) compra, (5) instalación y operación, (6) capacitación, (7) temas de garantía y pruebas y (8) mantenimiento, evaluación y reemplazo.

Las siguientes cinco figuras son una representación gráfica del ciclo de vida del PPS (sistema de protección física). "Órdenes de cambio" son cambios al diseño del sistema original que podrían impactar en el costo y en la programación de la implementación. Los puntos en donde las órdenes de cambio se muestran serán explicados en el siguiente capítulo "Administración de proyectos".

Nos referiremos nuevamente a este diagrama de flujo cuando describamos las actividades involucradas en la implementación de un PPS (sistema de protección física).

También mostraremos la relación de las fases de la implementación del PPS (sistema de protección física) con las etapas de un proyecto en el siguiente capítulo. La administración de proyectos será discutida en el **Capítulo 7** de esta guía de estudios.

Fase 1 del Ciclo de vida del Sistema de protección física (PPS, por sus siglas en inglés): Planificación

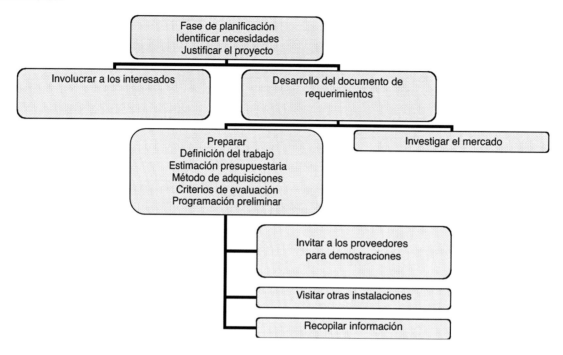

Fases 2 y 3 del Ciclo de vida del Sistema de protección física (PPS, por sus siglas en inglés): Diseño y Estimación

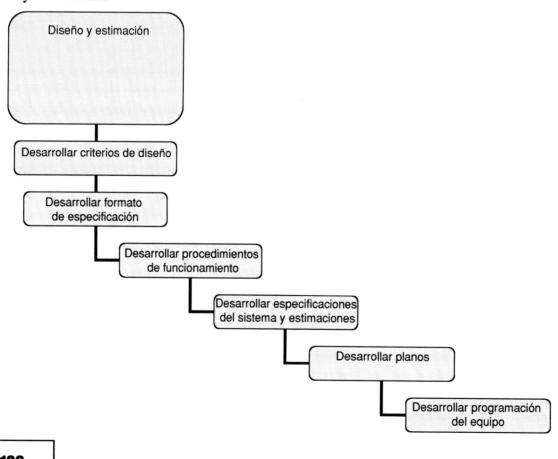

Fase 4 del Ciclo de vida del Sistema de protección física (PPS, por sus siglas en inglés): Compras

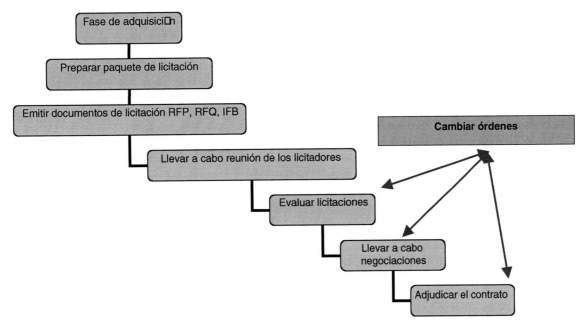

Fases 5 y 6 del Ciclo de vida del Sistema de protección física (PPS, por sus siglas en inglés): Instalación, operación y capacitación

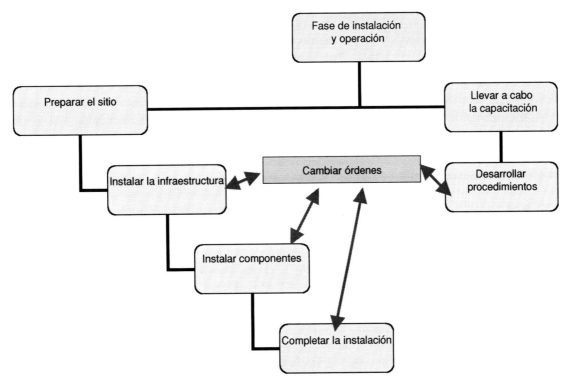

Capítulo 6: Implementación de sistemas del PPS

Fase 7 del Ciclo de vida del Sistema de protección física (PPS, por sus siglas en inglés): Pruebas y garantía

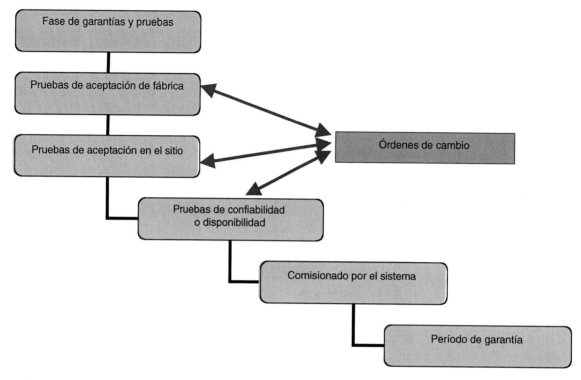

Fase 8 del Ciclo de vida del Sistema de protección física (PPS, por sus siglas en inglés): Mantenimiento, evaluación y reemplazo

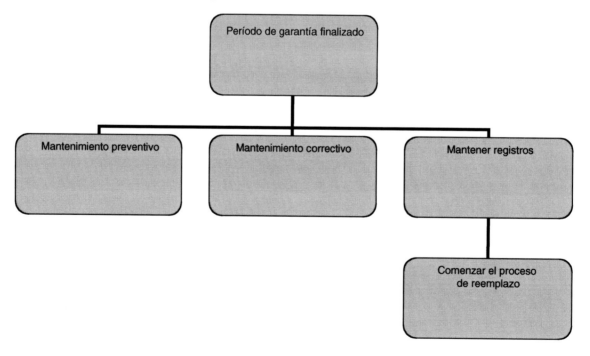

Visión general de las Fases del ciclo de vida

Fase de Planificación

La fase de planificación da como resultado tres productos muy importantes: objetivos que el sistema alcanzará, los requerimientos funcionales de las medidas de seguridad física recientemente definidas y una justificación operativa y económica para las nuevas medidas de seguridad.

Fase de diseño y estimación

En la fase de diseño y estimación, el personal de seguridad y otros miembros del equipo del proyecto desarrollan toda la documentación de soporte para la compra del sistema de protección física. Los documentos de compra llamados el "paquete de compra" o "documentos de construcción" consisten de las siguientes partes principales de la fase de diseño: información de contrato y licitadores instrucciones, especificaciones del sistema, declaración del trabajo, planos y programas del equipo.

Estimación

El personal de seguridad y el equipo del proyecto también realizan un diseño presupuestario preliminar, un diseño final y estimaciones del costo de ciclo de vida.

Fase de adquisición

La fase de adquisición consiste en las actividades que rodean la publicidad para y la selección de un proveedor que suministre e instale el sistema. Las organizaciones utilizan tres tipos comunes de acciones de adquisición: fuente única, solicitud para propuestas e invitación a licitaciones. Cada enfoque tiene su propio grupo de reglas y es útil en diferentes situaciones.

Fase de instalación, funcionamiento y capacitación

Esta fase involucra la preparación del sitio para la instalación del nuevo sistema, instalar el sistema y las acciones finales necesarias para formalmente aceptar y comisionar el sistema. (Comisionar es un término de la Marina de los EE. UU. que significa preparar el sistema para ser usado). Se debe impartir capacitación para todo el personal involucrado con la operación, actualización y mantenimiento del PPS (sistema de protección física).

Fase de garantías y pruebas

Las pruebas llevadas a cabo por el equipo de implementación podrían involucrar equipo, personal, procedimientos o cualquier combinación. Las pruebas deberían simular condiciones reales y proporcionar evidencia concluyente acerca de la efectividad del sistema de seguridad. Mientras un sistema tenga todavía garantía, usualmente por un año, se espera que el contratista de instalación dé mantenimiento al sistema sin costo alguno.

Fase de mantenimiento, evaluación y reemplazo

Una vez el proveedor ha completado su compromiso de garantía, el mantenimiento de los PPS debe ser asumido por el cliente, empresa u organización. Algunas veces una organización entrenará a su propio personal para que dé mantenimiento a los PPS. Otras veces, la organización solicitará que el vendedor proveedor continúe proporcionando el mantenimiento. Otra opción es solicitar licitaciones de otros contratistas para el trabajo de mantenimiento. Durante esta fase, el sistema completará su vida útil e iniciará el proceso de reemplazo.

Resultados o productos finales de cada fase

- Planificación: (1) objetivos del sistema, (2) requerimientos funcionales y (3) justificación operativa y económica.

- Diseño: El "paquete de compra" o "documentos de construcción": instrucciones de licitadores, información de contratos, especificaciones del sistema, declaración del trabajo, planos y programas de equipo.

- Estimación (usualmente combinada con la fase de diseño); Presupuestaria (diseño preliminar, diseño final y estimaciones de costos de ciclo de vida).

- Adquisición: (1) Calificación de licitadores y (2) selección de un proveedor.

- Instalación y funcionamiento: Un nuevo y funcional sistema de protección física.

- Capacitación; personal que entiende cómo operar, actualizar y mantener el PPS.

- Pruebas y garantía: El sistema demuestra su efectividad cuando es probado; el contratista de la instalación atiende cualesquiera problemas sin costo durante el período de garantía.

- Mantenimiento, evaluación y reemplazo: El sistema completa su vida útil y el proceso de reemplazo empieza.

Detalles de cada fase de PPS

Fase 1: Planificación

El primer paso en la fase de planificación del ciclo de vida del Sistema de protección física (PPS, por sus siglas en inglés) es formar un equipo que incluya la representación de todas las partes afectadas de la organización: compras, recursos humanos, seguridad, administración de riesgos, administración de las instalaciones, tecnología de información y los gerentes funcionales críticos dentro de la organización. Este equipo representa a los "interesados" de la compañía o al personal que está involucrado con, o es afectado por, el PSP.

El equipo desarrolla los requerimientos del sistema de seguridad física. Los miembros del equipo deben ser los mismos empleados que componen el equipo del proyecto discutido en **el Capítulo 7**.

Es importante obtener la participación de todos los patrocinadores desde el inicio. Involucrarse con anticipación usualmente significa una aceptación más rápida y una implementación más exitosa. Uno de los productos finales más importantes de esta fase, el documento de requerimientos, identifica las razones principales para implementar nuevas medidas o para actualizar un sistema antiguo.

Hacer la primera versión del documento de requerimientos proporciona la oportunidad de identificar los factores críticos de éxito de un nuevo sistema. Determinar los requerimientos que no se pueden sacrificar es un medio de identificar prioridades, las que deben plantearse claramente y desde el inicio del documento. Como parte integral del proceso de planificación se encuentra la recopilación, revisión y análisis de datos relativos a la instalación donde se implementará el sistema. La misión, las operaciones y los procesos de la instalación deben definirse junto con activos específicos que requieren protección, así como las medidas de protección física deseadas. El equipo debe recopilar información sobre requerimientos, objetivos, restricciones y conceptos para contramedidas durante esta fase. A continuación enumeramos algunos de los tipos de información que se deben recopilar en el proceso de planificación:

- Cuadros de organización.

- Mapas que muestran las áreas de trabajo, edificios, puestos de seguridad, áreas de equipo vital y áreas de almacenamiento de material.

- Planes de protección de las instalaciones.

- Planes para retirar de servicio sistemas existentes.

- Informes de evaluaciones de seguridad pasadas.

- Prioridad de amenazas específicas de las instalaciones.

- Identificación de métodos de ataque preferidos a las instalaciones.

El siguiente paso de la fase de planificación es analizar los datos recopilados y decidir qué medidas de seguridad física se deben implementar. Puede ser necesario indicar los costos, beneficios y el impacto en las operaciones del negocio para cada alternativa. Luego las alternativas serán examinadas por varias unidades operativas dentro de la organización. Una vez pasa una medida dicho escrutinio, el proyecto puede continuar a la fase de diseño.

El equipo del proyecto podría usar los servicios de un consultor de seguridad al preparar la estimación de costo y programar las medidas de seguridad física. También es posible obtener estimaciones de varios proveedores de equipo de seguridad y usar una combinación. Más tarde en este capítulo incluiremos más información sobre guías para estimar sistemas de seguridad. La estimación presupuestaria se prepara durante la fase de planificación de un nuevo PPS. El objetivo es llegar a una cifra de costo que pueda usarse para que el PPS entre en el ciclo del presupuesto. Según las políticas de compra de la compañía, el ciclo del presupuesto puede requerir que se identifiquen los sistemas y que se presenten a consideración varios años (tanto como cinco), antes de la implementación planificada. Debido a que estos estimados se usan con fines presupuestarios tienen una gran contingencia, que varía de un 10 a 20 por ciento. Los estimados son difíciles de preparar pero necesarios para determinar la factibilidad. Para preparar una estimación presupuestaria, el equipo puede discutir los costos con otras compañías que han instalado recientemente sistemas y puede pedirle a los proveedores potenciales que ayuden a desarrollar las estimaciones de costos. Otro recurso son los datos desarrollados por RSMeans Inc.,* una compañía que proporciona información de costos de construcción.

Tipo de adquisición

Como puede ver en los diagramas de flujo anteriores, la fase de compra sigue a las fases de diseño y estimación; sin embargo, para entender mejor el proceso, es útil discutir los métodos de compra en este momento. Le ayudará a usted entender parte de la terminología. El tipo de documentación preparada durante las fases de diseño y estimación depende del método que se usará para comprar el sistema. Los tres métodos comunes de compras son los que siguen:

Fuente única

Este tipo de compras involucra sólo a un proveedor y se usa cuando la compañía tiene un conocimiento íntimo de los requerimientos definidos y los sistemas disponibles en el mercado. En algunos casos, el proveedor tiene el único producto en el mercado que puede cumplir con los requerimientos de la organización. La compañía y el proveedor entran entonces en negociaciones sobre los costos por tiempo y materiales.

*RSMeans (http://www.rsmeans.com)

Solicitud de propuestas (RFP)

Una RFP es el método más común de compras en el campo de la seguridad. La compañía emite una RFP que contiene los requerimientos funcionales del sistema de seguridad. Los posibles proveedores preparan las propuestas en cuanto a la forma como cumplirán los requerimientos, explicando con detalle los equipos y software que suministrarán, los métodos de instalación y un desglose de costos. Cada propuesta es evaluada contra criterios preestablecidos. Hay varias formas de RFPs, pero las más comunes hoy en día piden un precio fijo determinado, un precio que no se debe exceder o un precio fijo con incentivos.

Invitación para licitar o Solicitud para cotizar

Una compra por invitación a licitar (IFB) (también llamada solicitud a cotizar (RFQ)) se usa cuando la compañía ha completado su propio diseño del sistema de seguridad, incluyendo la selección de hardware y software. La invitación para las licitaciones solicita a los proveedores que indiquen el costo de los materiales y de la instalación. Generalmente se le otorga el contrato al licitador calificado que tiene el precio más bajo.

Como puede ver, se necesita un "paquete" diferente para los diferentes tipos de compras. Como la RFP es la más usada, describiremos los componentes de este paquete y señalaremos algunas de las diferencias con las otras compras.

Fase 2: Diseño

Indistintamente del tipo de compra, el producto final de la fase de diseño es llamado el "paquete de licitación" o "documentos de construcción". Consiste en instrucciones para los licitadores, especificaciones, declaración del trabajo, planos y programas del hardware.

Un diseño de seguridad exitoso reconoce los desarrollos tecnológicos e integra tres elementos primarios: aspectos arquitectónicos, sistemas de seguridad y aspectos operativos. El elemento humano de seguridad, que se relaciona con la toma de decisiones, el sentido común y el conocimiento, debe integrarse en el sistema en la fase de diseño, no después de que se haya diseñado e implementado el mismo. Las organizaciones exitosas se dan cuenta que uno de sus recursos de seguridad más grandes son sus empleados. La tecnología no sólo nos ayuda a reemplazar a la mano de obra, sino también actúa como un multiplicador de fuerza para aumentar las capacidades del personal y proporcionar un mecanismo de equilibrio de poderes para contrarrestar la mala conducta individual. Únicamente a través de una comprensión total de la manera como van a interactuar los empleados con la tecnología y responder a los incidentes de seguridad, las compañías pueden prevenir la mayoría de los incidentes de seguridad y responder adecuadamente a los que ocurran. Los procedimientos operativos diseñados a la medida para varias condiciones de amenazas deben desarrollarse antes de diseñar o comprar cualquier sistema. Una organización ya sea gubernamental o privada, que compra equipo y software sin desarrollar las filosofías operativas, puede terminar con sistemas que en efecto incrementen el riesgo de daño o ataque.

La especificación de diseño

Uno de los productos más importantes de la fase de diseño es la especificación. Si el método de compra es usar una solicitud para propuestas (RFP, por sus siglas en inglés), la especificación será una especificación funcional, o sea, una que detalle las funciones y parámetros de rendimiento deseados del sistema. Los proveedores deben presentar propuestas que muestren cómo cumplirán con los requerimientos de hardware y software.

Si el método de compra es de fuente única (SS) o una invitación para licitar (IFB) o solicitud a cotizar (RFQ), la especificación detallará el equipo y software específico así como requerirá los precios de los proveedores para suministrar e instalar los artículos especificados. Es posible que el cliente determine un hardware específico y agregue las palabras "o su equivalente" para permitir un poco de libertad al presentar las licitaciones. Otras IFBs podrían requerir una propuesta de los proveedores además de una cotización. Por ejemplo, el cliente ha especificado que un sistema particular de CCTV sea instalado en un edificio e integrado con un sistema existente de control de acceso. La IFB entonces requeriría que los participantes en la licitación entreguen una propuesta por escrito indicando como lograrían la integración del sistema de CCTV con el sistema existente de control de acceso.

Declaración del Trabajo

Después, es el momento de preparar una declaración del trabajo (SOW), en la cual se detalle el trabajo que estará incluido en el contrato. Este documento define la remoción de cualquier equipo viejo y el suministro, instalación y conexión del nuevo equipo y software. El documento también contiene las instrucciones sobre la coordinación con otros contratistas, asistencia a las reuniones del proyecto, pruebas de los sistemas, comisionar actividades, capacitación de operadores, administradores del sistema y personal de mantenimiento, requerimientos de garantías y requerimientos de continuación de mantenimiento. El proceso de especificación del diseño es iterativo. El equipo puede repetir los pasos y desarrollar varios anteproyectos de la especificación del diseño y la SOW antes de proceder a la siguiente fase.

Criterios de diseño

Los criterios de diseño estarán incluidos en la especificación del diseño. Los criterios de diseño ayudan a identificar las características que tendrá el sistema de seguridad en términos de desempeño y factores operativos. Los criterios también definen las restricciones, tales como códigos, estándares y costos. Los criterios de diseño incluyen:

- *Desempeño del sistema.* El desempeño del sistema se refiere a puntos tales como tiempo de respuesta a una solicitud de un lector de tarjetas, rendimiento de una puerta giratoria o molinete y cuadros por segundo grabados en una grabadora de CCTV. También pueden indicarse los requerimientos de confiabilidad y disponibilidad.

- *Capacidad.* Este criterio debe explicar con detalle los valores mínimos para el tamaño y espacio de varios componentes del sistema. También es útil considerar los requerimientos de expansión y repuestos. Por ejemplo, se debe especificar una expansión del 25 al 50 por ciento para las entradas y salidas arriba de la configuración expandida máxima para permitir aplicaciones y requerimientos imprevistos que suceden durante el proceso.

- *Características especiales.* La especificación debe evitar características especiales que excluirán a algunos de los proveedores. A menos que haya un requerimiento específico de hardware o software, es mejor especificar artículos que están comúnmente disponibles, tales como tarjetas lectoras y paneles de control de datos genéricos y software comercial tipo COTS (software comercial genérico).

- *Códigos y estándares.* Este criterio identifica cualquier edificio local o nacional, seguridad de la vida o por incendio o cualquier otro código o estándar aplicable al proyecto. También es necesario considerar cualquier estándar de la compañía en relación a operaciones o dispositivos de seguridad.

- *Calidad y confiabilidad.* El diseño debe especificar niveles razonables de calidad y evitar puntos innecesarios. El diseño también debe prestar atención a la confiabilidad del sistema. Algunos desplazamientos pueden obtener su uso máximo durante las crisis o desastres. Sin embargo, tales eventos pueden dificultar también las comunicaciones normales o la

193

infraestructura de energía utilizada por los dispositivos, impidiendo su confiabilidad. El método de comunicaciones más barato puede no ser el más adecuado, dependiendo de la necesidad de confiabilidad.

- ***Operaciones críticas.*** Se debe definir y tratar cualquier restricción puesta en el diseño por las operaciones de la compañía.

- ***Cultura de la compañía.*** La cultura de la compañía siempre impone ciertos requerimientos, especialmente inquietudes estéticas. Es importante que las medidas de seguridad implementadas complementen y armonicen con la imagen corporativa.

Capítulo 3: Estimación de Sistemas de protección física

Introducción

Durante la fase de planificación del proyecto, le recomendamos desarrollar estimaciones de costos de los sistemas de protección física que está considerando para sus instalaciones. Preparar estimaciones de las diversas opciones de configuración le ayudará en buena medida a entender que componentes que cada configuración del sistema tiene y los costos relativos. También le ayudará a establecer el rango de costos y a establecer límites para las actividades de compra. Con frecuencia, la administración superior requiere la estimación y una comparación de alternativas antes de proceder con el proyecto.

Tipos de estimación de costos

Existen varios tipos de estimación de costos que se usan en la implementación de los sistemas de protección física:

- ***Estimación presupuestaria***
  La estimación presupuestaria se prepara durante la fase inicial de planificación de un nuevo PPS. El objetivo de preparar la estimación es llegar a una cifra de costo que pueda usarse para que el nuevo PPS entre en el ciclo del presupuesto. Según las políticas de compra de la compañía, el ciclo del presupuesto puede requerir que se identifiquen los sistemas y que se presenten a consideración varios años (algunos tanto como cinco) antes a la implementación planificada. Debido a que estos estimados se usan con fines presupuestarios tienen una gran contingencia, que varía de un 10 a 20 por ciento. Estos estimados son difíciles de preparar, incluso sin llegar a realizar en realidad una gran parte del diseño del sistema. Discutir costos con otras compañías que recientemente han instalado sistemas y pedir a los proveedores potenciales que desarrollen estimados de presupuesto son métodos usados para preparar estas estimaciones. Una muy buena fuente para desarrollar presupuesto estimados es usar los datos desarrollados por el personal de RSMeans Company, Inc. RSMeans es el proveedor de información de costos de construcción líder en Norteamérica. Una línea de productos de Reed Construction Data, RSMeans provee información de costos exacta y actualizada que ayuda a desarrolladores dueños, arquitectos, ingenieros, contratistas y otros a proyectar y controlar cuidadosamente los costos de construcciones tanto de edificios nuevos como de proyectos de renovación.

- ***Diseño preliminar estimado***
  Si el proyecto PPS es parte de un proyecto de construcción más grande, el proceso debe requerir un diseño preliminar estimado. Esta estimación debe desarrollarse en la mitad de la etapa de revisión de diseño y normalmente tendrá una contingencia de más o menos 10 por ciento. Como el diseño del sistema se encuentra avanzado, habrán especificaciones del borrador, planos y programas de equipo que pueden usarse para desarrollar los costos. También puede solicitar estimaciones de proveedores potenciales.

194

- *Diseño final estimado*

    La estimación se refina conforme avanza el proyecto hacia el 100 por ciento de finalización. En este punto, el diseño final estimado se desarrolla utilizando los documentos completados, planos y programas. Esta estimación debe tener una contingencia mínima, en el orden de más o menos 5 por ciento.

Costo de ciclo de vida

Cuando consideramos el costo de un PPS, recomendamos usar el costo de ciclo de vida. La estimación de costo de ciclo de vida incluye los siguientes componentes:

Costos de diseño e ingeniería

Estos son los costos asociados con el diseño del PPS, tales como determinar los productos apropiados para lograr las funciones especificadas, generar los planos que muestren las ubicaciones del equipo, las conexiones de los subsistemas y los detalles de cableado de diversos dispositivos.

Hardware

Los costos de hardware incluyen el equipo original más los repuestos iniciales.

Software

Los costos de software son para el sistema operativo y el software sistema de la aplicación necesarios para operar el PPS.

Costos de instalación

Los costos de instalación incluyen la mano de obra empleada en la instalación del equipo y software, mano de obra para realizar la inspección, pruebas y comisiones, alquiler de equipo, permisos, fianzas, supervisión y gastos generales.

Costos operativos

Los costos operativos incluyen costos como personal asignado, consumo de energía y artículos de consumo tales como papel, cartuchos de tinta, etc..

Costos de mantenimiento

Los costos de mantenimiento incluyen la mano de obra y repuestos para mantenimiento preventivo y correctivo.

Otros costos

Otros costos incluyen impuestos estatales y locales, ganancia (10 por ciento), fianzas de desempeño (3 a 5 por ciento) y contingencias (5 a 10 por ciento).

Ajustes

Debe tener cuidado al usar los datos de RSMeans ya que los datos mostrados en las tablas son el promedio nacional. Para ubicaciones específicas, debe ajustar los datos de costos de acuerdo con la región particular del país en donde su PPS será instalado.

Procedimientos detallados de estimación

Los procedimientos que se mencionan a continuación han sido desarrollados para ayudar al lector a preparar una estimación para un PPS.

Identificar los subsistemas del PPS

Los subsistemas típicos de un PPS incluyen los siguientes tipos:

Cercas y barreras
Este subsistema consiste en cercas perimetrales, cajas o cercas alrededor de servicios públicos críticos, barreras portátiles, fijas y automáticas.

Centro de control de seguridad o Subsistema de supervisión
Este subsistema consiste en consolas, estaciones de trabajo, computadoras, impresoras, grabadoras y pantallas.

Subsistema de control de acceso
Este subsistema consiste en lectores de tarjetas, gafetes, equipo de preparación de gafetes, dispositivos para cerrar con llave las puertas, dispositivos para detectar la posición en la puerta, molinetes, puertas de caída y trampas humanas.

Subsistema de Circuito Cerrado de Televisión (CCTV, por sus siglas en inglés)
Este subsistema consiste en cámaras, conmutadores, grabadoras, soportes, cajas y pantallas.

Subsistema interior y exterior de detección de intrusos
Estos subsistemas incluyen sensores de detección de intrusos, dispositivos de sonido de alarmas y dispositivos de visualización.

Iluminación
Este subsistema contiene instalaciones de iluminación, soportes, cajas, postes y balastos.

Distribución de datos, control y energía
Este subsistema incluye energía de reserva para emergencias, protección de sobrecarga, canales para conductores eléctricos, tierra, conductos, alambre y cable.

Subsistema de comunicaciones
Este subsistema incluye la red de comunicaciones utilizada para conectar todos los subsistemas, interfono, radio, red y equipo de teléfonos.

Equipo de búsqueda
Este subsistema incluye detectores de metal, detectores de explosivos y máquinas para rayos X.

Identificar otras actividades de la instalación.

Cuando se instalan los componentes de PPS existen otras actividades que están involucradas en preparar el sitio para la instalación para las actividades especializadas de la construcción que son necesarias para instalar el PPS.

Modificaciones civiles y de estructura del sitio
Este grupo incluye nivelar, drenajes, torres, cimientos, puertas de cercas y barreras.

Construcción especializada
Este grupo incluye garitas, estaciones de supervisión y estructuras resistentes a explosiones y balística.

Desarrollar la lista de componentes

Después de identificar los subsistemas y otras actividades de la construcción necesarias para el PPS, el siguiente paso es desarrollar una lista detallada de los componentes requeridos para cada subsistema. Se puede obtener esta información viendo los folletos y guías de los proveedores o revisando los componentes mostrados bajo las categorías de seguridad de las publicaciones de RSMeans.

Establecer los precios de los componentes

Una vez que ha establecido la lista de componentes consulte a varios proveedores de seguridad para obtener información de costos para la compra de los componentes. RSMeans también provee esta información.

Formar equipos de instalación y establecer productividad

Consulte a integradores de sistemas o a fabricantes de equipo para determinar cuánto personal se requerirá para instalar cada componente y cuánto tiempo tomará cada uno. También debe determinar las tarifas por hora para realizar el trabajo de instalación.

Identificar el equipo especial requerido y las tarifas

Para las actividades de construcción especializada requeridas para instalar su PPS, debe identificar el número de personal, las horas requeridas para cada actividad, cualquier equipo especial necesario y el costo de alquiler de ese equipo.

Utilizar un programa de hoja de cálculo

Una vez recopilada toda la información, el autor recomienda construir una hoja de cálculo para calcular la estimación para el proyecto.

Revisión de calidad

Después de recopilar los datos y preparar una estimación, sométalos a un extenso proceso de revisión para asegurarse de que todos los componentes están enumerados y que tienen las cantidades correctas. Revise dos veces el número de personal requerido para instalar cada componente y el costo de la mano de obra. Asegúrese de que no ha habido incrementos recientes de precios. Determine si hay cambios en proceso o a mediano plazo en el sitio afectado que podrían impactar su proyecto.

Muestra de estimación

La Tabla 6-1 muestra una hoja de cálculo de ejemplo para un PPS integrado. Los datos para esta hoja de cálculo se recibieron de proveedores de equipo de seguridad en el área de San Francisco. Para ayudarle el entendimiento del proceso de estimación, presentaremos una muestra de estimación de un sistema de seguridad en una instalación con los siguientes componentes:

2 puertas giratorias perimetrales
10 puertas interiores de una hoja
12 cámaras de CCTV fijas
1 cámara con movimiento circular, inclinación y acercamiento en el techo del edificio
2 pantallas de CCTV
1 grabadora de vídeo digital
1 pantalla de computadora para control de acceso

Estimado de un Sistema de protección física integrado					
CANT	Descripción	Costo unitario	Extensión	Mano de obra	
1	Puerta giratoria	$30,000.00	$30,000.00	$15,000.00	
2	8 paneles de control de lectores de tarjetas	$1,000.00	$2,000.00	$1,000.00	
1	Software de control de acceso	$1,000.00	$1,000.00	$500.00	
11	Lector de tarjeta de proximidad	$100.00	$1,100.00	$1,100.00	
3	baterías de 12 VDC	$20.00	$60.00		
10	Detectores de movimiento de solicitud de salida	$75.00	$750.00	$1,000.00	
1	fuentes de alimentación de 24 VDC	$87.00	$87.00	$100.00	
10	Cerraduras eléctricas de 24 VDC	$150.00	$1,500.00	$2,000.00	
1	Capacitación de operador			$500.00	
1	Cámara PTZ CCTV, lentes y caja	$2,500.00	$2,500.00	$2,500.00	
12	Cámara CCTV fija, lente varifocal, y caja	$700.00	$8,400.00	$8,400.00	
Subtotales				$47,397.00	$32,100.00
	Resumen de costos				
	Componentes		$47,397.00		
	Impuestos y envío (12%)		$5,687.64		
	Mano de obra de instalación ($100 por hora)			$32,100.00	
	Subtotal				$85,184.64
	Ganancia (10%)				$8,518.46
	Subtotal				$93,703.10
	Fianza de desempeño (4%)				$3,748.12
	Estimación de costo total				$97,451.23

Tabla 6-1 Muestra de la estimación

Resumen de la estimación

Diseño preliminar estimado

Esta estimación debe desarrollarse en la etapa de revisión de diseño del 50 por ciento y normalmente tiene una contingencia de más o menos 10 por ciento. Como el diseño del sistema se encuentra avanzado, las especificaciones del borrador, los planos y los programas de equipo pueden usarse para desarrollar los costos. También los proveedores potenciales pueden proporcionar estimaciones.

Diseño final estimado

La estimación se refina conforme avanza el proyecto hacia el 100 por ciento de finalización. En este punto, el diseño final estimado se desarrolla utilizando los documentos completados, planos y programas. Esta estimación debe tener una contingencia mínima, en el orden de más o menos 5 por ciento.

Costo de ciclo de vida

Un estimado del costo de ciclo de vida es otro estimado que debe ser desarrollado durante la fase de estimación. Este estimado será usado por la administración para justificar el proyecto.

- **Costo de ciclo de vida.** La estimación de costo de ciclo de vida incluye los siguientes componentes:

- **Costos de diseño e ingeniería.** Estos son los costos asociados con el diseño del PPS, tales como determinar los productos apropiados para lograr las funciones especificadas y generar los planos que muestren las ubicaciones del equipo, las conexiones del subsistema y los detalles de cableado de diversos dispositivos.

- **Hardware.** Los costos de hardware incluyen el equipo original más los repuestos iniciales.

- **Software.** Los costos de software son para el sistema operativo y el software sistema de la aplicación necesarios para operar el PPS.

- **Costos de instalación.** Los costos de instalación incluyen la mano de obra empleada en la instalación del equipo y software, mano de obra para realizar la inspección, pruebas y comisiones, alquiler de equipo, permisos, fianzas, supervisión y gastos generales.

- **Costos de operación.** Los costos operativos incluyen los gastos para el personal, consumo de energía y artículos de consumo (tales como papel y cartuchos de tinta).

- **Costos de mantenimiento.** Los costos de mantenimiento incluyen la mano de obra y repuestos para mantenimiento preventivo y correctivo.

- **Otros costos.** Otros costos incluyen impuestos estatales y locales, ganancia (10 por ciento), fianzas de desempeño (3 a 5 por ciento) y contingencias (5 a 10 por ciento).

En resumen, es importante usar datos de costos reales o cotizaciones recientes de proveedores siempre que esto sea posible. Los promedios de la industria RSMeans son muy útiles, pero tenga cuidado de ajustarlos a las ubicaciones específicas. Tenga presente que los estimados contienen alguna contingencia por lo que espere que ocurran diferencias cuando se reciban las licitaciones.

Si el proyecto del PPS es parte de un proyecto de construcción más grande, se le podría requerir al equipo que provea un estimado de diseño preliminar y final conforme el proyecto avance.

Formato de la especificación

El formato de especificación depende del tipo de compra y del conocimiento técnico del grupo que la produce. La especificación debe hacer que para los licitadores sea fácil entender exactamente lo que se espera que suministren e instalen, sin tener que revisar montones de documentos. Entre más difícil sea entender una especificación, más variación habrá en las propuestas y precios de los licitadores.

El Instituto de Especificaciones de la Construcción (CSI, por sus siglas en inglés) ha desarrollado un formato estándar que es referido como el MasterFormat™ de CSI. Este es el formato a usar cuando se preparan especificaciones para proyectos de construcción. La sección 28 se reserva para seguridad personal y seguridad electrónica.

Una especificación puede desglosarse en los encabezados mostrados en los siguientes párrafos. Se proporcionan sugerencias para algunos artículos específicos que pueden omitirse. Para protegerse a sí mismas, la mayoría de compañías y las autoridades locales producen condiciones de contrato impresionantes y en grandes cantidades. La especificación debe adherirse a las tres secciones estándares sugeridas por el MasterFormat™ de CSI: general, productos y ejecución. Un ejemplo de especificación se muestra en el Adjunto 1.

Fase 2: Formato de especificación de diseño

A continuación se encuentra un formato de especificación de diseño mostrando la información que debe incluirse en cada sección.

Parte 1: General

Autoridad y Responsabilidad - La compañía que escribió solicitando la especificación y evaluará las licitaciones.

Resumen: Esta sección contiene lo siguiente:

- Descripción general del proyecto: Descripción de alto nivel de todo el proyecto si el PPS es parte de un proyecto de construcción más grande.
- Listado de todos los documentos incluidos en el paquete de la licitación.
- Descripción del PPS: Una descripción general y de alto nivel del sistema.
- Operación del sistema: Una descripción breve de la forma como se operará el sistema.
- Descripción de todos los productos y servicios que estarán incluidos en el contrato, incluyendo el suministro, instalación y conexión de los componentes y cable del PPS

Objetivos. Esta sección enumera los objetivos del sistema para que todos los licitadores puedan entender lo que se pretende que el sistema realice.

Formato de la presentación. Aquí la compañía describe el resumen y formato para las propuestas y especifica todos los puntos que deben incluirse en la presentación. Esta sección también debe especificar las opciones del sistema que deben cotizarse por separado. En esta sección también se explica el proceso de evaluación, los criterios de evaluación y la importancia de los criterios. Las instrucciones claras en esta sección simplificarán muchísimo el proceso de evaluación de la propuesta.

Especificaciones de desempeño. La especificación se da como requerimientos de desempeño funcional del sistema y equipo cuando se usa el método de compras RFP. Es responsabilidad de los licitadores seleccionar el equipo más apropiado para cumplir con los objetivos y requerimientos del sistema. Para asegurar la compatibilidad o desempeño, algunos artículos los puede especificar el fabricante y el número del modelo cuando sea necesario. Evaluar la calidad, confiabilidad y lo apropiado del equipo propuesto forma parte del proceso de evaluación.

Expansión futura. Esta sección describe cualquier requerimiento de capacidad, habilidad o expansión de desempeño.

Interfases del sistema. Aquí la compañía indica si habrá otros sistemas conectados o en interfase con este sistema.

Derechos de autor © 2007 de ASIS International

Códigos y reglamentos. La instalación debe cumplir con todos los reglamentos relevantes, tales como los siguientes:

Ley de americanos con discapacidades (ADA, por sus siglas en inglés).
Código estándar americano para el intercambio de información (ASCII, por sus siglas en inglés).
Sociedad Americana para Pruebas y Materiales (ASTM, por sus siglas en ingles).
Alianza de Industrias Electrónicas (EIA, por sus siglas en inglés).
Comisión Federal de Comunicaciones (FCC, por sus siglas en inglés).
Código Eléctrico Nacional (NEC, por sus siglas en inglés).
Asociación Nacional de Fabricantes Eléctricos (NEMA, por sus siglas en inglés).
Asociación Nacional de Protección de Incendios (NFPA, por sus siglas en inglés).
Laboratorios Aseguradores, Inc. (UL, por sus siglas en inglés).

Materiales y servicios suministrados por el cliente. Esta sección enumera cualquier elemento proporcionado por el cliente, tales como instalaciones para almacenamiento, fuentes de alimentación o herramientas.

Programación. Aquí el cliente declara el período de tiempo probable para colocación del contrato y conclusión del trabajo.

Declaración de cumplimiento. Todos los licitadores deben incluir una declaración que indique que el sistema propuesto y cotizado cumple con la especificación. Las variaciones y sugerencias para cambiar o mejorar el sistema deben detallarse y cotizarse por separado.

Indemnización y seguro. El contratista debe indemnizar y mantener indemnizada a la compañía contra lesión o muerte de cualquier persona y pérdida o daño a cualquier propiedad que resulte de o sea como consecuencia de las obligaciones del contratista bajo el contrato y contra todas las acciones, reclamaciones, demandas, procesos, daños, costos, cargos y gastos al respecto del mismo. El contratista debe esperar que tenga que demostrar evidencia de suficiente cobertura de seguro antes de realizar cualquier trabajo en el lugar.

Fianzas

Fianzas de licitación. Cuando se solicitan licitaciones para proyectos de gran capital, es una práctica común de negocios que el ofertante se respalde con una fianza de licitación (también conocida como fianza de oferta). La fianza de oferta es una indicación de la habilidad del contratista para llevar a cabo el trabajo requerido.

Los clientes buscan fianzas de oferta para contar con algún seguro en caso que el licitador ganador falle en proceder con el contrato por cualquier razón. Una fianza de oferta es también usada como un respaldo financiero en el evento que la parte contratante ganadora sea incapaz de llevar a cabo cualquier parte de la licitación entregada y sea necesario poner el proyecto, o parte de éste, en licitación nuevamente. El licitador podría en su lugar enviar un cheque certificado por la cantidad del 10 por ciento del pago base único como seguridad de la licitación. Usualmente la fianza de oferta es válida por 60 días, pero se puede especificar un período diferente. Una fianza de oferta ofrece varios beneficios:

- Le demuestra a la parte contratante que el licitador es un negocio sólido, es confiable y tiene la habilidad para llevar a cabo el trabajo que se le requiere.
- Indica que el licitador es genuino y tiene un compromiso firme con el proyecto.

Capítulo 6: Implementación de sistemas del PPS

- Asegura el pago para el beneficiario (la parte contratante) de la cantidad garantizada en el evento de retiro de la oferta antes de su fecha de expiración, repudiación del contrato por el licitador después de haber sido adjudicado o falla del licitante ganador en proveer una fianza de cumplimiento de reemplazo.

Fianza de desempeño. La mayoría de los grandes proyectos licitados requieren que el licitador ganador provea una fianza de desempeño después de haber sido adjudicado el contrato. La fianza de cumplimiento indica que la compañía tiene las habilidades y capacidades necesarias para llevar a cabo el trabajo requerido y cumplir los términos y condiciones acordados del contrato.

Una fianza de desempeño ofrece varios beneficios:

- Le demuestra a la parte contratante que el licitador tiene las habilidades y la capacidad financiera requerida para completar el contrato.

- Le proporciona apoyo al contrato.

- Le asegura el pago a la parte contratante en el evento que el contrato no sea cumplido.

Garantía y mantenimiento

Garantía. El contratista debe reparar, corregir o reemplazar cualquier defecto de cualquier naturaleza que pueda ocurrir durante un período de 12 meses, a partir de la fecha de emisión del certificado de finalización práctica. El tiempo común para que el contratista se presente al lugar del trabajo para tratar un asunto de garantía es dentro de cuatro horas después de que se haya reportado el problema. El problema debe corregirse sin retraso indebido. Por lo tanto, el contratista debe mantener un inventario de suficientes repuestos para permitir una rápida reparación o reemplazo del equipo. Es inaceptable que se espere que los fabricantes reemplacen o reparen equipo. El contratista debe proporcionarle al empleador los detalles de los números de teléfono y fax para reportar todos los problemas y defectos. La garantía debe incluir mantenimiento completo del equipo de acuerdo con las recomendaciones del fabricante. El contratista debe tener un sistema en operación a través del cual se graben en una base de datos todas las visitas de servicio y se le debe proporcionar al cliente un formulario de reporte. El formulario de informe debe registrar la fecha y hora en que se reportó la falla, la naturaleza de la falla reportada, la fecha y hora de la visita, la falla identificada y el trabajo correctivo que se hizo.

Mantenimiento. El contratista debe enviar un programa completo de mantenimiento que se hará al sistema durante el período de garantía y durante los contratos de mantenimiento subsiguientes. Esta sección también debe indicar que el contratista debe instalar todas las actualizaciones y mejoras de hardware y software que estén disponibles durante el período de tiempo de instalación del sistema y que esté bajo garantía. Esta cláusula también se incluye para proteger al cliente de tener que aceptar un sistema que esté obsoleto al momento de instalación.

Parte 2: Productos

Esta parte de la especificación enumera el equipo. Una alternativa es especificar cada artículo por fabricante y número de modelo. La ventaja de esta alternativa es que puede hacerse una comparación totalmente objetiva de las licitaciones. La desventaja es que dicha especificación excluye el uso de otros dispositivos de seguridad posiblemente menos costosos, o tal vez mejores, que tengan las características de desempeño tan buenas o mejores que aquellas especificadas. Cuando se especifica un modelo, el cliente brinda una ventaja a la compañía que tiene mejores condiciones con ese fabricante en particular. Otra alternativa es generar una especificación relacionada con el desempeño que tenga descripciones de dispositivos genéricos. Sin embargo, esa alternativa requiere una evaluación especialmente cuidadosa de la licitación. Generalmente, una especificación de desempeño lleva a los precios más competitivos. Otra técnica comúnmente utilizada es especificar un número de modelo y fabricante, pero agregar las palabras "o igual a".

A continuación, algunas de las categorías de productos que deberían enumerarse en esta sección:

- Lectores de tarjeta.
- Multiplexores.
- Paneles de control de acceso.
- Conmutadores de matriz.
- Tarjetas de identificación.
- Receptores de telemetría.
- Estaciones de trabajo.
- Unidades cuádruples.
- Transmisión de vídeo y telemetría.
- Impresoras de vídeo.
- Cámaras.
- Consolas.
- Lentes.
- Pantallas.
- Amplificadores de distribución.
- Cableado.
- Suministros de energía.
- Cubiertas de cámaras.
- Cajas.
- Unidades con movimiento circular, inclinación y acercamiento.
- Equipo de interfono.
- Grabadoras de vídeo y
- Botones de pánico.

Equipo no registrado. Esta sección debe indicar que todos los equipos, consolas, telemetría, dispositivos de conmutación y multiplexores y demás hardware, deben ser productos genéricos disponibles comercialmente. Este requerimiento asegura que las futuras extensiones al sistema las pueda realizar cualquier compañía de instalación. No debe permitirse el uso de componentes especializados y fabricados internamente.

Parte 3: Ejecución

Esta sección trata aspectos que tienen que ver con la instalación y las pruebas del sistema tales como:

Preparación del lugar. Aquí el cliente describe la condición del lugar donde deberá instalarse el sistema y el trabajo que debe hacer el contratista para preparar el lugar para el nuevo sistema.

Instalación y normas de control de calidad. Esta sección indica la forma como se realizarán los procedimientos de inspección y control de calidad y la forma como se llevarán los registros.

Coordinación de oficios. Esta sección indica si se requiere coordinación con otros contratistas en cuanto a, por ejemplo, la instalación de cable de fibra óptica, red de área local (LAN, por sus siglas en inglés) o conectividad de red de área amplia (WAN, por sus siglas en inglés).

Subcontratar. No se debe subcontratar ninguna parte del contrato con otra compañía o individuo sin el permiso expreso por escrito del cliente. A menos que se especifique lo contrario, se asume que todo el trabajo lo realizará el contratista. Si el contratista tiene la intención de subcontratar cualquier parte del diseño o instalación, dicha intención debe quedar clara en la presentación de la licitación y se debe proporcionar el nombre del subcontratista. El cliente debe reservarse el derecho de aceptar o rechazar a los subcontratistas propuestos.

Equipo especial. El contratista normalmente debe ser responsable de proporcionar todo el equipo especial necesario para la instalación segura de todo el equipo de alto nivel. Debe ser la responsabilidad del contratista proporcionar todo el equipo de acceso requerido para completar la instalación de acuerdo con buenas prácticas de seguridad.

Salud y seguridad. El contratista debe cumplir con todos los requerimientos de salud y seguridad del cliente y de la autoridad que tenga jurisdicción (AHJ, por sus siglas en inglés).

Montaje previo y prueba. Todo el equipo debe construirse previamente y probarse en el establecimiento del contratista antes de entregarlo en las instalaciones. Los controles de telemetría, controles de multiplexor y la generación de hora y fecha del VCR (grabadora de vídeo) central deben ensamblarse y probarse hasta que el representante del cliente esté satisfecho antes de entregarse en el lugar.

Pruebas y comisiones. Cuando se considere que el contrato está completo, debe emitirse un certificado de finalización después de haber realizado una prueba de finalización exitosa de confiabilidad.

Instrucciones operativas. El contratista debe proporcionar un mínimo de cuatro juegos completos de manuales de operación, instrucciones de operación, folletos descriptivos y manuales técnicos para todos los subsistemas incluidos en el contrato.

Planos conforme a obra. El contrato debe requerir que el contratista proporcione diagramas esquemáticos y de cómo se instaló el cableado.

Capacitación. Esta sección especifica la capacitación necesaria, durante cuánto tiempo y en dónde se llevará a cabo. También indica los manuales de entrenamiento que se deben proporcionar y en qué medio. Esta sección también indica las calificaciones requeridas de los entrenadores (tales como certificaciones de los fabricantes).

Programación. Aquí el cliente debe solicitar al contratista que le envíe un listado de todas las actividades programadas propuestas, inclusive los nombres de los aparatos, descripciones, coordinación y secuencia de operaciones. Esta sección también debe especificar toda la programación que debe hacer el contratista para todos los subsistemas.

Mejoras. El contratista debe proporcionar e instalar sin costo alguno todas las mejoras al hardware y software que estén disponibles para el PPS durante el período de garantía.

Instrucciones para los licitadores

Para compras RFP e IFB, el paquete de compra incluirá instrucciones para los licitadores. Este documento describe los requerimientos de la compañía para la calificación de los licitadores, tales como licencias, afiliaciones laborales, experiencia, referencias y fianzas. Los artículos específicos a incluir son:

- Formato de la presentación.
- Criterios de evaluación.
- Códigos, estándares y regulaciones que apliquen.
- Indemnización y seguro.
- Fianzas.
- Modificaciones y variaciones a la especificación.
- Entregas y pagos.
- Recursos y finalizaciones.
- Garantía.

Planos.

Una sección muy importante del paquete de licitación es la sección de planos. Los sistemas de seguridad requieren muchos tipos de planos y programas. Hay símbolos especiales de seguridad desarrollados por la Security Industry Association (Asociación de la Industria de Seguridad) que han sido adoptados por la American Society for Testing and Materials International, ASTM F 967 (Sociedad Americana para Pruebas y Materiales Internacional). Consulte el **Apéndice 2**.

Los planos suministrados más comúnmente son los siguientes:

Planos del plan. Los planos del plan muestran un área en un formulario parecido a un mapa para especificar la ubicación de los dispositivos de seguridad en un lugar en particular.

Planos de elevación. Las elevaciones son planos de superficies verticales para mostrar cómo están montados los dispositivos de seguridad en una pared.

Planos de detalles. Los detalles muestran las terminaciones de cables o requerimientos de soportes especiales.

Diagramas de contrahuellas. Estos diagramas muestran subsistemas de seguridad completos, incluyendo todos los dispositivos y cómo están conectados en un edificio o campus.

Listados de conductos y cables. Estos listados muestran los diversos tipos y cantidades de conductos y cables.

Programas

Los programas son útiles para proveer una rápida referencia al número de dispositivos de seguridad y sus ubicaciones.

Programas de hardware. Se incluyen varios programas para ayudar a entender los componentes específicos que serán suministrados:

Programa del panel de datos. Este programa enumera los tipos, ubicaciones y aspectos de comunicaciones de diversos paneles utilizados en todas las instalaciones.

Programa de hardware de puertas. Este programa enumera todas las puertas en las instalaciones y detalla el tipo, ubicación, dispositivo usado para el acceso (tal como lector de tarjetas), tipo de cerradura, método de egreso y otra información que describe cómo funcionan las puertas.

Programación de cámara de CCTV. Este programa enumera todas las cámaras de seguridad en el sistema y muestra el número de cámara, ubicación y vista, tipo de cámara, tipo de lente, tipo de caja, método de soporte y cualquier interfase de alarma.

La tabla que se muestra a continuación resume las tres partes de la especificación.

MasterFormat™ Encabezados generales	MasterFormat™ Encabezados de productos	MasterFormat™ Encabezados de ejecución
■ Autoridad y responsabilidad ■ Resumen ■ Objetivos ■ Formato de presentación ■ Especificaciones de desempeño ■ Expansión futura ■ Interfaces del sistema ■ Códigos y reglamentos ■ Materiales provistos por el cliente y servicios ■ Programación ■ Declaración de cumplimiento ■ Indemnización y seguro ■ Fianzas de licitación ■ Fianzas de desempeño ■ Garantía ■ Mantenimiento	■ Enumera equipo, p. ej., tarjeta lectores; multiplexores; acceso paneles de control; conmutadores de matriz; tarjetas de identificación; receptores de telemetría;estaciones de trabajo; unidades cuádruples; transmisión de vídeo y telemetría; impresoras de vídeo; cámaras; consolas; lentes; monitores; amplificadores de distribución; cableado; fuentes de alimentación; cámara cubiertas, cajas; movimiento circular, inclinación, y unidades de acercamiento; interfono equipo; grabadoras de vídeo; y botones de pánico. ■ Equipo no registrado: asegura que las extensiones futuras al sistema pueden llevarse a cabo por cualquier compañía de instalación. No permitir especializados, fabricados internamente componentes fabricados.	■ Preparación del lugar ■ Instalación y control de calidad estándares ■ Coordinación de oficios ■ Subcontratación ■ Equipo especial ■ Salud y seguridad ■ Montaje previo y prueba ■ Pruebas y comisiones ■ Instrucciones de operación ■ Planos conforme a obra ■ Capacitación ■ Programación ■ Actualizaciones

Fase 4: Adquisición

Una vez todas las actividades de diseño se han completado, podemos proceder con la compra. Las técnicas comunes de compra se repiten a continuación:

- *Fuente única.* En una compra con fuente única, el cliente selecciona a un solo contratista o proveedor, negocia el equipo y los costos de instalación y trabaja con el contratista para diseñar e instalar el sistema. Este método está recomendado para proyectos pequeños y para actualizar sistemas existentes. La ventaja de este método es que las fases de planificación y diseño se simplifican y acortan; con esto se ahorran costos de diseño y se reduce el período de tiempo para completar el proyecto. Los reglamentos pueden prohibir el uso de la compra con fuente única para asegurarse que sea justo.

- *Solicitud de propuestas (RFP).* Las agencias de gobierno inventaron el RFP como una manera de determinar la oferta más baja para los productos. Las compañías adoptaron rápidamente el proceso de RFP para detallar las especificaciones deseadas en un sistema, especialmente aquellas que deben aceptar la licitación más baja. Las compañías continúan justificando el proceso de RFP como una manera de evaluar los requerimientos, involucrar al personal, negociar un contrato con un proveedor y parecer imparciales cuando buscan productos y servicios de proveedores competidores. Las RFP son costosas en términos de tiempo y dinero para todas las partes involucradas. Cuando se usa una RFP pueden pasar de 18 a 24 meses hasta el momento en que una compañía seleccione a un proveedor para su nuevo sistema de seguridad. La tecnología especificada en la RFP puede ya estar obsoleta para entonces.

- *Invitación para licitaciones.* Las compañías algunas veces tienen la experiencia y conocimiento interno para diseñar sus propios sistemas; otras veces contratan a consultores de seguridad para diseñar sus sistemas. cuando el sistema ha sido diseñado completamente, el documento del diseño se puede enviar a varios proveedores calificados y se les puede invitar a que liciten para suministrar e instalar el equipo. El propósito de la IFB o Solicitud de Cotización (RFQ) es obtener el menor costo del equipo, software e instalación. No se solicita ninguna propuesta técnica y el precio se proporciona en el formato solicitado. Este método requiere un esfuerzo anticipado para desarrollar el diseño detallado, pero reduce el tiempo de preparación de la licitación.

Reunión de los licitadores

Una reunión de licitadores es comúnmente usada para orientar a los licitadores potenciales sobre el alcance del trabajo a realizar en un PPS nuevo. La compañía debe programar una reunión de licitadores alrededor de una semana después que el paquete de licitación ha sido enviado a los licitadores potenciales. La reunión permite a los proveedores ver las instalaciones, observar cualquier problema potencial de instalación y hacer preguntas sobre los requerimientos del diseño. Una reunión con los licitadores reúne a todos los licitadores potenciales en una habitación para que la compañía pueda explicarles los requerimientos de compras a todos al mismo tiempo.

Una reunión con los licitadores debe estar organizada y ejecutada con precisión para tener éxito. Debe empezar con los comentarios de apertura del líder del equipo de compra, el cual debe presentar al equipo de evaluación. El líder del equipo del proyecto presenta la agenda, identifica las directrices de la reunión y presenta el resumen general que demuestra la forma como el PPS encajará con la estrategia corporativa e indica los objetivos clave que se deben alcanzar.

Un miembro del equipo de evaluación deberá discutir el proceso de compras, identificará todos los pasos en la compra, inclusive las fechas clave. Éste es el momento en que se deben enfatizar los puntos claves; por ejemplo, que el licitador que gane debe comprometerse contractualmente a entregar una solución completa, asume la responsabilidad, comparte los riesgos, entrega a tiempo

207

y dentro del presupuesto. Los licitadores luego deben tener una oportunidad de dar un recorrido por el lugar y hacer preguntas. Es buena idea anotar todas las preguntas y enviárselas a los licitadores junto con las respuestas. Una alternativa es requerir que todas las preguntas de los proveedores se entreguen por escrito después de la reunión y luego enviar las respuestas a todos los proveedores representados. Dicho enfoque da la apariencia de formalidad, imparcialidad e igualdad de información, lo que estimula la competencia.

Una reunión con los licitadores bien llevada puede tomar entre dos y cuatro horas y agregar valor y poder al proceso de compras, lo que dará como resultado mejores propuestas. Sin embargo, las reuniones de licitadores algunas veces no tienen valor para ninguna de las partes, dependiendo de los requerimientos del lugar, la dificultad del proyecto y la preparación necesaria. Algunos proveedores tendrán que enviar a representantes que se encuentran fuera del área y los gastos de asistencia pueden elevar innecesariamente el costo de hacer el negocio.

Criterios de evaluación

La organización que hace la compra debe ser muy clara con respecto a sus criterios de evaluación, la determinación de los criterios, cuánto peso tiene cada criterio y el método para evaluar las propuestas. Establecer esto lo más pronto proporciona alguna estructura al formato de la RFP si se usa ese enfoque de compras. Después de la emisión del documento, la organización no debe cambiar los criterios a menos que esté preparada para emitir una revisión completa. Las enmiendas hechas poco a poco pueden comprometer todo el proyecto.

Las siguientes son algunas preguntas que se deben considerar para evaluar las propuestas:

- ¿La propuesta describe cuidadosamente los objetivos e importancia del proyecto, así como la viabilidad y lo apropiado de la solución elegida?

- ¿El enfoque es factible científica y técnicamente?

- ¿Hay una justificación de las teorías, métodos y técnicas esenciales de la propuesta?

- ¿Cuáles son las calificaciones de los ingenieros y técnicos que participan en el proyecto?

- ¿El contratista proporciona capacidades comprobadas por medio de otros proyectos?

- ¿La propuesta especifica claramente los resultados, entregas y productos intermedios y finales del proyecto?

- ¿Hay puntos de referencia establecidos y programas de informes para el progreso y éxito del proyecto?

- ¿La propuesta asigna mano de obra a lo largo del proyecto de manera realista?

- ¿Justifica la propuesta el uso de equipo principal nuevo y existente, suministros y otros artículos?

- ¿La solución reducirá el costo o duplicación a largo plazo?

- ¿Pueden cumplirse los requerimientos de seguridad funcional dada la arquitectura propuesta?

- ¿Cómo propone la propuesta garantizar la integración de todos los subsistemas?

- ¿La solución incluye los procedimientos y prácticas operativas de seguridad adecuadamente?

- ¿La propuesta se ocupa del apoyo del ciclo de vida del sistema de protección física?

- Algunas veces las compañías preparan una tabla de criterios de evaluación y asignan puntos a cada licitador dependiendo de lo bien prepararon su propuesta. También se incluyen otros factores como costos y programas.

Calificaciones del licitador

Uno de los pasos más importantes en la fase de compras es incluir una buena selección de proveedores, así como contratistas capaces y competentes. Por esta razón, muchas compañías califican previamente a los proveedores antes de enviarles una RFP o IFB. Este paso requiere la misma cantidad de esfuerzo que la contratación de un nuevo empleado. Deben revisarse las calificaciones, verificar las referencias y realizar entrevistas con las personas que harán el trabajo. También es importante asegurarse de que el personal identificado en las propuestas será quien realizará el trabajo en realidad. El comprador debe solicitarle al contratista garantías por escrito de los empleados. Una vez identificados tres o cuatro contratistas calificados, se les puede enviar la propuesta. Tal enfoque ahorra tiempo comparado con enviarles la RFP o IFB a todos los proveedores disponibles.

Las siguientes calificaciones del licitador fueron tomadas de una invitación para licitar reciente de una agencia gubernamental. El instalador/distribuidor tiene que proporcionar prueba de lo siguiente:

● Licencia de contratista estatal de C-7 o mayor.

● Licencia ACO (Oficina central autorizada).

● Distribuidor autorizado del fabricante propuesto durante un mínimo de tres años.

● Mínimo de cinco referencias (incluyendo nombre del cliente, dirección, descripción del sistema y nombre y número de teléfono del contacto) de previas instalaciones de sistemas de seguridad con el equipo del fabricante propuesto.

● Seguro de responsabilidad general de un mínimo de $2 millones.

● Seguro de vehículo comercial de un mínimo de $1 millón.

● Capacidad de proporcionar una fianza de desempeño, si se le solicitara.

● Aprobación de Underwriters Laboratories, Factory Mutual y el jefe de bomberos del estado (si es una estación central de una compañía de supervisión).

Selección del contratista

Indistintamente del método de compra que se use, la compañía evalúa a los proveedores en base con criterios establecidos. Al comparar costos, el equipo debe tener cuidado de usar el costo de ciclo de vida, el cual es el costo de compra más el costo de mantenimiento a través de la vida útil del sistema. También es buena idea revisar la estabilidad financiera del proveedor y las referencias de clientes específicos.

Después de evaluar las propuestas, muchas organizaciones reducen la selección a dos o tres proveedores. Luego ellos entrevistan al personal de los proveedores y preguntan sobre sus experiencias en otros proyectos. Estas entrevistas proporcionan una perspectiva valiosa en la comprensión del proyecto por parte del contratista y la capacidad de completarlo exitosamente.

Fase 5: Instalación y funcionamiento

El paso más importante en la instalación del PPS es planificar correctamente. Todo el hardware de las puertas, lectores de tarjetas, sensores, paneles, cámaras, monitores y equipo de consola debe estar incluido en el paquete de diseño y ubicado en los diagramas. El contratista de la instalación debe verificar las ubicaciones y anotar cualquier cambio que sea necesario. En conjunto, la com-

209

pañía y el contratista de la instalación deben examinar los requisitos de la instalación y asegurarse de que todos los problemas y diferencias se hayan resuelto antes de llevar a cabo la instalación.

Luego, el contratista debe visitar el lugar y verificar que las condiciones concuerdan con el paquete de diseño. Se debe solicitar al contratista que prepare un informe por escrito de todos los cambios del lugar o condiciones que afectarán el desempeño del sistema. También se debe instruir al contratista que no tome ninguna acción correctiva sin el permiso por escrito de la compañía.

De igual manera, es importante que el contratista inspeccione, pruebe y documente todo el equipo de protección física existente así como los cables de señal que se incorporarán al nuevo sistema. Para los artículos que no estén en funcionamiento, el contratista debe proporcionar hojas de especificaciones o requerimientos funcionales por escrito para apoyar los hallazgos y debe anotar el costo estimado para corregir cualquier deficiencia. Así también, el contratista debe anotar en el informe la fecha programada para la conexión al equipo existente. El contratista no debe desconectar ningún cable de señal o equipo ni crear ningún tiempo de inactividad del equipo sin la aprobación previa por escrito de la compañía. Si cualquier aparato, cable de señal o cable de control falla después de que el contratista ha comenzado a trabajar en él, el contratista debe diagnosticar la falla y corregirla. El contratista debe ser responsable por los costos de reparación que se deriven de la negligencia o abuso del equipo de la compañía. En el **Capítulo 8, Instalación y operación de Sistemas de protección física** se presentará más información sobre cómo instalar los componentes del PPS.

Capacitación

Mientras que las amenazas terroristas y los desastres naturales se consideran de interés periodístico, las actividades que protegen las instalaciones a menudo se consideran mundanas. Sin embargo, todos los dispositivos y procedimientos escritos existentes serán inefectivos si los dispositivos no se usan apropiadamente y los procedimientos no se ejecutan apropiadamente. Por medio de programas de capacitación en seguridad bien concebidos y bien ejecutados, el personal puede estar mejor preparado para prevenir que sucedan incidentes, responder adecuadamente a incidentes que surjan y contribuir a los esfuerzos de recuperación de manera más eficiente. Sin la capacitación adecuada, es más probable que el personal contribuya accidentalmente a los riesgos de seguridad.

Requerimientos generales de capacitación

Durante el proceso de compra, la compañía debe solicitar que el integrador de sistemas o el contratista presente una propuesta para llevar a cabo cursos de capacitación para el personal designado a la operación y mantenimiento del PPS. La capacitación debe tratar acerca de todos los sistemas que se instalen. Por ejemplo, si se instala un sistema de CCTV junto con otros sistemas, la capacitación de CCTV debe estar de acuerdo con y ser parte de la capacitación para los otros sistemas.

Los manuales y accesorios de capacitación deben proporcionarse a cada aprendiz y varias copias adicionales se deben proporcionar para el archivo del lugar de la compañía. Los manuales de capacitación deben incluir una agenda, los objetivos definidos para cada lección y una descripción detallada del tema de cada lección. El contratista debe proporcionar equipo audiovisual y otros materiales y suministros de capacitación. Cuando el contratista presenta porciones del curso por medio de material audiovisual, las copias de este material audiovisual pueden entregarse al cliente en el mismo medio que se haya utilizado durante las sesiones de capacitación. El contratista también debe recomendar el número de días de capacitación y la cantidad de horas cada día. La aprobación del contenido y programación de la capacitación planificada se debe obtener de parte de la compañía por lo menos 30 días antes de la capacitación.

Derechos de autor © 2007 de ASIS International

Todo el personal que se capacita debe estar certificado por el fabricante del equipo para el correspondiente software y hardware que se instale. Los capacitadores deben tener experiencia en la conducción de la capacitación en otras instalaciones y deben estar aprobados por la compañía.

Administración del sistema

Esta capacitación hace énfasis en la determinación e implementación de parámetros operativos del sistema y en realizar cualquier ajuste operativo. La primera clase de capacitación se debe programar de manera que se complete cerca de 30 días antes de la prueba de aceptación de fábrica (si se realiza) o de la prueba de aceptación en el lugar. Al completar esta capacitación, los administradores del sistema aprenderán a utilizar todas las funciones del sistema, incluso la producción y diseño de placas de identificación; configuración del titular de tarjeta y asignación de nivel de acceso; programación de puerta de acceso; configuración de alarma e implementación; almacenamiento de datos y recuperación a través de informes, y copias de seguridad de la base de datos del sistema. Si se incluyen Sistemas de Circuito Cerrado de Televisión (CCTV, por sus siglas en inglés) en el PPS, los administradores aprenderán la arquitectura y configuración del CCTV, las especificaciones del hardware de CCTV y diagnósticos y corrección de fallas. Una segunda clase de capacitación debe llevarse a cabo una semana antes del inicio de la prueba de aceptación y los administradores del sistema deben participar en las pruebas de aceptación y confiabilidad.

Supervisión del sistema

Esta capacitación hace énfasis en la operación cotidiana del sistema. Al completar la capacitación, los operadores sabrán cómo utilizar las funciones de supervisión del sistema según lo determina el personal administrativo del sistema, incluyendo supervisión de eventos de alarma, supervisión del acceso del personal a las instalaciones, evaluación, respuesta y quitar alarmas y mensajes, supervisión del estado del acceso a puertas y ejecución de informes de rutina. La primera clase de capacitación se debe programar de manera que se complete cerca de 30 días antes de que empiece la prueba de aceptación en el lugar. Al completar este curso, cada operador, mediante el uso de la documentación adecuada, debe ser capaz de desempeñar operaciones elementales con orientación y describir la arquitectura general del hardware y la funcionalidad del sistema.

Esta capacitación debe incluir los siguientes temas:

- Arquitectura general del hardware del PPS.
- Operación funcional del sistema.
- Comandos del operador.
- Registros en la base de datos.
- Generación de informes.
- Evaluación de alarmas.
- Diagnósticos sencillos.

Evaluación de alarmas y despachos

Esta capacitación les enseña a evaluar la causa de distintas condiciones de alarma y cómo ocuparse de ellas. Antes de impartir esta capacitación, el cliente y el contratista deben haber desarrollado la evaluación de la alarma y los procedimientos de respuesta discutidos en el **Capítulo 8.** Esta capacitación debe basarse en los tipos de alarmas que podrían esperarse de los diferentes subsistemas PPS.

Respuesta a incidentes

Esta capacitación proporciona instrucción a la fuerza de respuesta de seguridad para la reacción a distintas alarmas y escenarios. Antes de impartir esta capacitación, el cliente y el contratista deben haber desarrollado los procedimientos de respuesta a incidentes discutidos en el **Capítulo 8.** Esta capacitación debe basarse en los diferentes escenarios que la fuerza de respuesta podría encontrar al responder a una condición de alarma.

Solución de problemas y mantenimiento del sistema

Esta capacitación hace énfasis en los trabajos internos del PPS, de manera que los estudiantes puedan solucionar problemas y reparar la mayoría de los mismos. Los temas de esta clase incluyen comunicaciones en red y diagnósticos del sistema; configuración y programación de dispositivos; configuración, cableado y diagnóstico del controlador; solución de problemas del software, y programación del dispositivo. El curso de mantenimiento del sistema debe impartirse en el lugar del proyecto aproximadamente dos semanas antes de la prueba de confiabilidad y estos estudiantes deben participar en dichas pruebas. La capacitación debe cubrir lo siguiente:

- Diseño físico de cada pieza de hardware.
- Procedimientos de diagnóstico y solución de problemas.
- Instrucciones de reparación.
- Programación y procedimientos de mantenimiento preventivo.
- Procedimientos de calibración.

Funciones IT

Esta capacitación es para el personal del departamento de tecnología de la información (IT), quienes necesitan comprender cómo funciona el sistema de seguridad dentro de la infraestructura de red LAN/WAN. Los temas de esta clase incluyen comunicaciones y topologías de red específicas de cada subsistema de seguridad, el impacto de funciones del sistema tales como almacenamiento de vídeo digital en ancho de banda de red y el mantenimiento de la seguridad de datos.

Información general del sistema

Es recomendable que esta capacitación se imparta a todos los empleados de los nuevos sistemas. La capacitación demuestra la manera en que el sistema ayudará a cumplir con las metas generales y objetivos de seguridad, la manera como se ha personalizado el sistema para cumplir con los requisitos operativos y la manera de comunicar las preocupaciones de los empleados sobre seguridad al personal de seguridad.

Fase 7: Pruebas y garantía

Las pruebas realizadas por el equipo de implementación deben involucrar equipo, personal, procedimientos o cualquier combinación de estos. Las pruebas de aceptación ideales hacen énfasis en llevar al sistema hasta los límites establecidos de amenazas específicas en el lugar. Las pruebas deben simular condiciones reales de amenazas y proporcionar evidencia contundente acerca de la efectividad del sistema de seguridad.

La prueba de desempeño del equipo se ha diseñado para determinar si el equipo funciona, si tiene sensibilidad adecuada y si cumplirá con sus objetivos de diseño y desempeño. No es suficiente que un componente cumpla con los estándares del fabricante si el componente demuestra ser ineficaz durante la prueba. Las pruebas de desempeño del equipo se deben coordinar siempre con el personal adecuado de las instalaciones.

Las pruebas de desempeño del personal tienen la intención de determinar si los procedimientos son eficaces, si el personal conoce y sigue los procedimientos y si el personal y el equipo interactúan eficazmente. Algunas pruebas de desempeño del personal requieren que se hagan sin que ellos lo sepan. Se debe poner especial énfasis para asegurar de que este tipo de pruebas se coordinen bien y que se considere cuidadosamente los factores de seguridad.

Pruebas de aceptación de fábrica

Dependiendo del tamaño y complejidad del sistema, el cliente podría solicitarle al contratista que ensamble un sistema de prueba que incluya varios o todos los componentes del sistema y que después realice pruebas para demostrar que el desempeño del sistema cumple con los requisitos especificados de acuerdo con los procedimientos de prueba de fábrica aprobados. El cliente puede diseñar las pruebas o le puede solicitar al contratista que las diseñe. Estas deben programarse con anticipación a cualquier instalación del nuevo sistema y el cliente debe asistir y observar las pruebas. Los números de modelo de los componentes deben ser idénticos a los que se entregarán en el lugar. Las copias originales de toda la información generada durante las pruebas de fábrica, incluso los resultados de cada procedimiento de la prueba, deben entregarse al cliente cuando termine la misma para aprobación de la prueba. El informe de la prueba debe ordenarse de tal manera que todos los comandos, estímulos y respuestas tengan una correlación para permitir una interpretación lógica.

Pruebas de aceptación en el sitio

La compañía debe solicitarle al contratista que desarrolle un plan para calibrar y probar todos los componentes, verificar el funcionamiento del sistema de transmisión de datos, instalar el sistema, poner el sistema en servicio y probar el sistema. Antes de llevar a cabo la prueba en el lugar, el contratista le debe proporcionar un informe al cliente en el que describa los resultados de las pruebas operativas, diagnósticos y calibraciones, incluyendo la certificación por escrito de que el sistema completo instalado se ha calibrado y probado y está listo para iniciar la prueba de aceptación en el lugar. Este informe debe recibirse por lo menos dos semanas antes del inicio de la prueba en el lugar. El informe también debe incluir una copia de los procedimientos aprobados de la prueba de aceptación en el lugar. Mediante el uso de los procedimientos de la prueba de aceptación en el lugar, el contratista debe demostrar que el sistema completo cumple con todos los requisitos del contrato. Todos los requisitos operativos y físicos del PPS se deben demostrar. A través de las actividades de pruebas, el contratista demuestra la confiabilidad y la operabilidad del sistema en las proporciones de rendimiento para cada portal. La prueba de aceptación en el lugar se debe iniciar después que se ha recibido la aprobación por escrito del cliente. Se debe instruir al contratista que el cliente puede dar por terminada la prueba en cualquier momento en que el sistema falle en desempeñarse como se especifica. Al completarse exitosamente la prueba de aceptación en el lugar, el contratista debe entregar al cliente los informes de la prueba y cualquier otra documentación antes de comenzar otras pruebas.

Asuntos de garantía

Se le debe solicitar al contratista que repare, corrija o reemplace cualquier defecto durante un período de al menos 12 meses a partir de la fecha de emisión del certificado de finalización práctica. El tiempo común para que el contratista se presente al lugar del trabajo para tratar un asunto de garantía es dentro de cuatro horas después de que se haya reportado el problema. Es más, el contratista debe mantener existencias suficientes de piezas de repuesto que permitan la pronta reparación o reemplazo del equipo. Es inaceptable que se espere que los fabricantes reemplacen o reparen equipo.

El contratista debe proporcionarle al cliente números de contacto telefónico y de fax para reportar todos los problemas y defectos. La garantía debe incluir mantenimiento completo del equipo de acuerdo con las recomendaciones del fabricante. El contratista debe mantener un registro de todas las visitas de servicio en una base de datos y proporcionar al cliente los formularios de reporte. En el formulario de informe se debe registrar la fecha y hora en que se reportó la falla, la naturaleza de la falla reportada, la fecha y hora de la visita, la identificación de la falla real y el trabajo de corrección que se realizó.

A continuación algunas preguntas que se deben considerar con respecto a las garantías:

- ¿El proveedor del PPS proporcionará el servicio de garantía o lo hará un tercero?

- ¿Los niveles de servicio del servicio de garantía son consistentes con los niveles de servicio de mantenimiento del sistema?

- Si fallan artículos bajo garantía, ¿qué pasará con respecto a los servicios de mantenimiento que proporcionan terceros?

Fase 8: Mantenimiento, evaluación y reemplazo

Después que el período de garantía expira, la compañía debe hacerse responsable de dar mantenimiento al PPS. El mantenimiento es de dos tipos:

- **Mantenimiento correctivo.** Corrige fallas y vuelve a poner en funcionamiento el sistema en caso falle un componente del hardware o software. El mantenimiento correctivo incluye estas medidas:

    o Establecimiento de una función de mantenimiento que responda y registre las solicitudes de los usuarios en el caso de un problema del sistema.

    o Investigación del problema.

    o Resolución del problema directamente o administración de su resolución si se requiere el servicio de terceros.

    o Restauración del sistema o devolución de su uso al cliente.

    o Actualización de la documentación con respecto al problema y a su resolución.

- **Mantenimiento preventivo.** Consta de mantenimiento programado para tener el hardware y software en buenas condiciones operativas. El mantenimiento preventivo incluye estas actividades:

    o Mantener el equipo electromecánico (ventiladores, filtros, baterías de emergencia, hardware para puertas, etc.) operando correctamente.

    o Reemplazo de componentes de hardware para mantener el equipo de acuerdo con las especificaciones actuales (tales como cambios de ingeniería).

    o Actualización del software de aplicación y del sistema (parches, versiones nuevas, etc.).

    o Prueba y análisis de informes del sistema (registros de error, pruebas propias, parámetros del sistema, medidas de desempeño, etc.).

    o Conservación de la documentación del sistema.

    o Normalmente, un acuerdo de mantenimiento de sistema incluye ambas categorías de servicio.

Registros

Mantener registros exactos de los sistemas de seguridad, especialmente de mantenimiento y los registros del operador, puede ayudar al director de seguridad de diversas maneras. Conocer las piezas que fallan o causan problemas al operador puede ayudar a identificar puntos problemáticos y deficiencias. Mantener registros de costos ayuda a justificar el reemplazo de sistemas no confiables.

Registros de mantenimiento. Se deben mantener registros de mantenimiento de todos los componentes, con referencia cruzada con los subsistemas, para identificar los patrones de reparación. Estos registros pueden señalar componentes que deben inspeccionarse detenidamente durante el mantenimiento preventivo. El contratista de mantenimiento (o quien sea que realice el mantenimiento al sistema) debe mantener registros y un historial de cada tarea de mantenimiento así como debe organizar registros acumulativos en forma cronológica para cada componente principal y para el sistema completo. Debe mantenerse un registro constante para todos los dispositivos. Dicho registro debe incluir datos de calibración, reparación y de programación. Deben mantenerse registros completos y a disposición para inspección en el sitio, demostrando que se han llevado a cabo los ajustes planificados y sistemáticos y las reparaciones en el sistema de seguridad.

Registros del operador del sistema. Se debe mantener registros del operador del sistema para identificar los problemas que tienen los operadores con ciertos subsistemas o componentes. Periódicamente se deben analizar estos registros para identificar componentes o subsistemas problema y para actualizar procedimientos operativos.

Piezas de repuesto

Es útil adquirir piezas de repuesto y equipo de reparación con anticipación (quizás como parte de la adquisición original del dispositivo) para minimizar tiempo de inactividad en caso que se requieran reparaciones correctivas.

La cantidad de piezas de repuesto disponibles varía de acuerdo con el tiempo que se requiera obtenerlas, el costo de mantener el inventario y la probabilidad del reemplazo. Como regla general, cerca de un cinco por ciento de la inversión de capital del equipo para una ubicación se debe asignar cada año para la compra de piezas de repuesto.

Los inventarios de piezas de repuesto deben reflejar las recomendaciones del proveedor. La estandarización de dispositivos, a través de relaciones con el proveedor como fuente única o especificaciones de adquisición ajustadas, pueden reducir las necesidades de inventario así como las de capacitación. Se recomienda un presupuesto centralizado para cubrir los costos de reemplazos inesperados de dispositivos.

Justificación del reemplazo

En algún momento, el sistema completará su vida útil e iniciará el proceso de reemplazo. Para justificar los costos de reemplazo, el Director de seguridad debe considerar factores tales como el costo de mantenimiento, falta de piezas de repuesto, obsolescencia del hardware y software, costos operativos y falta de confiabilidad. El reemplazo también se puede justificar por las nuevas tecnologías y características que proporcionan una seguridad mejorada, la capacidad de reducir la mano de obra u otros beneficios. Una vez se ha tomado la decisión de reemplazar el PPS, entonces el ciclo de vida se repite.

Preparación para el examen de Profesionales en seguridad física (PSP, por sus siglas en inglés)

A continuación se enumeran las ocho fases principales de la puesta en práctica de un sistema de protección física. Dispóngalos en su orden correcto.

- Fase de garantía.
- Fase de diseño.
- Fase de mantenimiento, evaluación y reemplazo.
- Fase de compra.
- Fase de estimación.
- Fase de capacitación.
- Fase de planificación.
- Fase de instalación y funcionamiento.

Prepare un plan de estudio que incluya los siguientes elementos:

- Enumerar las fases de implementación de un sistema de protección física.
- Enumerar los productos o resultados de cada fase.
- Preparar los documentos necesarios para el paquete de compra.
- Entender los diferentes tipos de métodos de compra.
- Calificar previamente a un grupo de proveedores de sistemas de seguridad.
- Preparar la especificación de un sistema de seguridad.
- Preparar una agenda para la reunión de licitadores.
- Participar en la evaluación de una licitación.
- Entender lo que se involucra en la fase de garantía.
- Desarrollar un plan para el mantenimiento del PPS.

Complete las siguientes oraciones.

1. Involucrar a los interesados _____ en el proceso de planificación porque _____.

2. Tres tipos de métodos de compra que pueden ser usados para seleccionar un PPS son (1)_____, (2)_____ y (3)_____.

3. El _____ es el método de compra más comúnmente usado.

4. Al preparar una especificación de seguridad, consulte _____. Organice las especificaciones en tres encabezados estándar y adhiérase a las tres secciones estándar sugeridas: (1)_____, (2) _____ y (3) _____.

5. Durante la fase de estimación de un proyecto de PPS, se podría esperar que el director de seguridad provea estos tipos de estimaciones de costos: (1)_____, (2) _____ y (3) _____.

6. Las organizaciones exitosas se dan cuenta que _____ están dentro de sus mayores activos de seguridad.

Respuestas a "complete las oraciones"

1. Involucrar a los interesados al inicio del proceso de planificación porque se obtiene aceptación más pronto y una puesta en práctica mas exitosa.

2. Tres tipos de métodos de compra que pueden ser usados para seleccionar un PPS son (1) de fuente única; (2) solicitud para propuestas (RFP); (3) invitación a licitaciones (IFB) o solicitud a cotizar (RFQ).

3. El RFP es el método de compra más comúnmente usado.

4. Al preparar una especificación de seguridad, consulte la Sección 28 del MasterFormat™ de CSI. Organice las especificaciones en tres encabezados estándar y adhiérase a las tres secciones estándar sugeridas: (1)general, (2) productos y (3) ejecución.

5. Durante la fase de estimación de un proyecto de PPS, se podría esperar que el director de seguridad provea estos tipos de estimaciones de costos: (1) diseño preliminar, (2) diseño final y (3) ciclo de vida.

6. Las organizaciones exitosas se dan cuenta que los empleados están dentro de sus mayores activos de seguridad.

Identifique los pasos involucrados en la selección del contratista que suministrará e implementará el PPS que su compañía ha diseñado.

Incluya aspectos tales como

- precalificar proveedores e integradores de sistemas de seguridad,

- conducir una reunión de licitadores,

- evaluar licitaciones y

- cualquier aspecto específico que usted sepa que su propia compañía considerará importante.

Respuestas sobre la selección de un contratista podrían incluir los siguientes aspectos:

- Decidir sobre el proceso de compra que usará (éste estará influenciado por el tipo de especificación que la compañía diseñó).

- Reunir el paquete de licitación. Asegurase de que esté tan completo como sea posible.

- Si el método de compra elegido es RFP o IFB, decidir si se calificará previamente a los licitantes y cómo hacerlo; preparar y realizar la reunión de licitadores.

- Dar seguimiento a la reunión de licitadores con documentación por escrito y clarificación de cualquier pregunta.

- Clarificar los criterios de evaluación de la propuesta y la forma en que los licitadores serán seleccionados: ¿entrevistas? ¿asignar puntos de valor a criterios seleccionados previamente? ¿costos?

- Obtener garantías de empleados por escrito de los proveedores potenciales.

- Comprobar la estabilidad financiera de los proveedores y referencias de clientes anteriores.

¿Verdadero o falso? Marque cada uno de los enunciados a continuación como "verdadero" o "falso." Si el enunciado es falso cambie las palabras para hacerlo "verdadero."

1. Las pruebas del PPS deben simular condiciones reales de amenaza y proveer evidencia definitiva sobre su efectividad al probarlo.

2. Dependiendo de la complejidad del sistema, se podrían exigir pruebas de aceptación de fábrica para demostrar que el sistema propuesto cumple con las especificaciones.

3. El proveedor debe proveer un plan para y realizar la prueba de aceptación en el lugar antes de obtener la aprobación por escrito de la compañía.

4. Es aceptable una garantía mínima de seis meses, con mantenimiento completo del equipo de acuerdo con las recomendaciones del fabricante.

5. Después que el período de garantía expira, la compañía debe hacerse responsable tanto del mantenimiento correctivo como del preventivo del PPS.

6. Un registro exacto puede identificar patrones de reparación y justificar los costos de reemplazo de sistemas no confiables.

7. Asigne alrededor del 20 por ciento del costo de capital del equipo por localidad por año para la compra de repuestos.

Respuestas a las preguntas de Verdadero/Falso

Las pruebas del PPS deben simular condiciones reales de amenaza y proveer evidencia concluyente sobre su efectividad al probarlo. **Verdadero.**

2. Dependiendo de la complejidad del sistema, se podrían exigir pruebas de aceptación de fábrica para demostrar que el sistema propuesto cumple con las especificaciones. **Verdadero.**

3. El proveedor debe suministrar un plan para y realizar la prueba de aceptación en el lugar después de obtener la aprobación por escrito de la compañía.

4. Es aceptable una garantía mínima de 12 meses, con mantenimiento completo del equipo de acuerdo con las recomendaciones del fabricante.

5. Después que el período de garantía expira, la compañía debe hacerse responsable tanto del mantenimiento correctivo como del preventivo del PPS. **Verdadero.**

6. Un registro exacto puede identificar patrones de reparación y justificar los costos de reemplazo de sistemas no confiables. **Verdadero.**

7. Asigne alrededor del **5 por ciento** del costo de capital del equipo por localidad por año para la compra de repuestos.

Referencias

ASTM International. *F967-03 Standard Practices for Security Engineering* (Prácticas Estándar de la Ingeniería de Seguridad). West Conshohocken, PA.

Owen, David D. y el Equipo de Ingeniería de RSMeans. (2003). *Building Security: Strategies & Costs* (Seguridad de edificios: Estrategias & costos). Reed Construction Data, Kingston, MA.

Capítulo 6: Preguntas de práctica

Las siguientes preguntas fueron tomadas del material cubierto en este capítulo. No se pretende que incluyan todo el material de este capítulo, ni que representen preguntas verdaderas del examen de certificación.

Sin embargo, estas preguntas tienen la intención de ayudarle a revisar información importante relacionada con la implementación de los PPS. Se le anima a consultar los recursos adicionales que se encuentran al final de este capítulo para prepararse a fondo para el examen de certificación de ASIS.

Pregunta 1. La implementación de un nuevo sistema de protección física incluye:
 a) Preparación de las instalaciones, instalación del sistema, pruebas y capacitación.
 b) Compra por fuente única.
 c) Solicitud de propuestas.
 d) Especificaciones de la propiedad.

Pregunta 2. Como mínimo, el paquete de compra de PPS consiste en:
 a) Sello estándar y especificaciones.
 b) Requerimientos de referencia del contratista, especificaciones funcionales, planos conforme a obra.
 c) Requerimientos de capacitación, manuales de instrucción e instrucciones de mantenimiento.
 d) Información del contrato e instrucciones de los licitadores, especificaciones de sistema, planos y programas.

Pregunta 3. ¿Con qué tipo de método de compra es usada normalmente una especificación de diseño funcional?
 a) Solicitud de propuestas.
 b) Solicitud de cotización.
 c) Fuente única.
 d) Invitación a licitar.

Pregunta 4. La declaración del trabajo (SOW) es un documento muy importante porque:
 a) Provee un programa a seguir para el contratista.
 b) Describe como el contratista debe hacer la interfaz con otros contratistas en el sitio.
 c) Detalla el trabajo involucrado con la remoción de equipo anticuado, la preparación del sitio, las entregas del PPS, los requerimientos de instalación de hardware y software, la capacitación del personal y las pruebas de los sistemas.
 d) Explica los términos de la garantía.

Pregunta 5. ¿Cuál de los siguientes no es un ejemplo de un criterio de diseño?
 a) El tiempo de respuesta del sistema ante una alarma.
 b) El número de tarjetas de identificación que se pueden mantener en la base de datos.
 c) El programa de instalación.
 d) La cultura de la organización.

Pregunta 6. ¿Cuando se construye un edificio nuevo, se considera usualmente el PPS como un subsistema, muy parecido a la plomería, aire acondicionado o la instalación eléctrica del edificio? En este caso, la especificación del PPS es:
a) Preparada como una sección del MasterFormat™. de CSI.
b) Preparado como un documento separado.
c) No se prepara.
d) Desarrollada de acuerdo con los estándares establecidos por la AIA.

Pregunta 7. ¿Cuál de los siguientes describe mejor los componentes del costo de ciclo de vida del PPS?
a) Costos de diseño e ingeniería, hardware, impuestos e instalación.
b) Costos de diseño e ingeniería, hardware, software e instalación.
c) Costos de diseño e ingeniería, costos de hardware y software, costos de instalación, costos de operación, costos de mantenimiento y otros costos.
d) Costos de diseño e ingeniería, costos de hardware y software y otros costos.

Pregunta 8. La reunión de licitadores permite a los contratistas ver las instalaciones, observar cualquier problema potencial de instalación y hacer preguntas sobre los requerimientos del diseño e instalación. ¿Cuál de las siguientes no es una buena práctica para la reunión de licitadores?
a) Requerir que todos los licitadores potenciales asistan a la reunión.
b) Responder a las preguntas de cada contratista directamente sin copiarles a los otros licitadores.
c) Realizar una inspección de la instalación y mostrar donde se instalará el PPS.
d) Preparar minutas de la reunión de licitadores y enviarlas a todos los participantes.

Pregunta 9. Previo a comenzar la instalación, el contratista debe visitar el lugar y verificar que las condiciones concuerdan con la especificación de diseño. Adicionalmente, la compañía debe requerir que el contratista:
a) Prepare un informe por escrito de todos los cambios al sitio o las condiciones que afectarán el desempeño del sistema y tomar todas las acciones correctivas necesarias.
b) Desconectar todos los cables de señal o equipo y crear tiempo de inactividad del equipo sin la aprobación previa por escrito de la compañía.
c) No desconectar ningún cable de señal o equipo ni crear ningún tiempo de inactividad del equipo sin la aprobación previa por escrito de la compañía.
d) No ser responsable por los costos de reparación que se deriven de la negligencia o abuso del equipo de la compañía.

Pregunta 10. Por medio de programas de capacitación en seguridad bien concebidos y bien ejecutados, el personal puede estar mejor preparado para prevenir que sucedan incidentes, responder adecuadamente a incidentes que surjan y contribuir a los esfuerzos de recuperación de manera más eficiente. Sin capacitación apropiada:
a) El personal será igualmente efectivo.
b) Las agencias de cumplimento de la ley, el departamento de bomberos y otras organizaciones tendrán que ser responsables de la respuesta a incidentes.
c) El personal es más propenso a contribuir accidentalmente a los riesgos de seguridad.
d) La administración dependerá más de la tecnología.

Respuestas a las preguntas del capítulo 6

1. **a) Preparación de las instalaciones, instalación de sistemas, pruebas y capacitación.**

2. **d) Información de contrato e instrucciones de los licitadores, especificaciones de sistema, planos y programas.**

3. **a) Solicitud para propuestas.**

4. **c) Detalla el trabajo involucrado con la remoción de equipo anticuado, la preparación del sitio, la entrega del PPS, los requerimientos de instalación de hardware y software, la capacitación del personal y las pruebas de los sistemas.**

5. **c) El programa de instalación.**

6. **a) Preparada como una sección del MasterFormat™ de CSI.**

7. **c) Costos de diseño e ingeniería, costos de hardware y software, costos de instalación, costos de operación, costos de mantenimiento y otros costos.**

8. **b) Responder a las preguntas de cada contratista directamente sin copiarles a los otros licitadores.**

9. **c) No desconectar ningún cable de señal o equipo ni crear ningún tiempo de inactividad del equipo sin la aprobación previa por escrito de la compañía.**

10. **c) El personal es más propenso a contribuir accidentalmente a los riesgos de seguridad.**

Apéndice 1: Ejemplo de especificación

Guía de especificación de sistemas de circuito cerrado de televisión, UFGS-28 23 23.00 10 (Abril 2006)

****

USACE / NAVFAC / AFCESA / NASA UFGS-28 23 23.00 10 (Abril 2006)
———————————————— Preparación de actividad:
USACE Reemplaza sin cambios UFGS-16751A (Agosto 2003)

ESPECIFICACIONES DE GUÍA DE INSTALACIONES UNIFICADAS

Las referencias concuerdan con UMRL fechado el 9 de octubre de 2006

Los últimos cambios están indicados por los marcadores CHG
****

CONTENIDO DE LA SECCIÓN

DIVISIÓN 28 - SEGURIDAD PERSONAL Y SEGURIDAD ELECTRÓNICA

SECCIÓN 28 23 23.00 10

SISTEMAS DE CIRCUITO CERRADO DE TELEVISIÓN

04/06

PARTE 1 GENERAL

1.1 REFERENCIAS
1.2 DESCRIPCIÓN DEL SISTEMA
    1.2.1 General
    1.2.2 Requerimientos de confiabilidad completa del sistema
    1.2.3 Protección de sobrecargas de voltaje
    1.2.4 Protección de sobrevoltaje de líneas de transmisión de vídeo y de sincronización de señal
    1.2.5 Protección de sobrecargas de líneas de control
    1.2.6 Reguladores de voltaje
    1.2.7 Medio de transmisión de datos de video y de control de señal
    1.2.8 Condiciones del medio ambiente
        1.2.8.1 Equipo de campo
        1.2.8.2 Equipo del centro de seguridad
        1.2.8.3 Medio ambiente peligroso
    1.2.9 Requerimientos eléctricos
    1.2.10 Fuente de alimentación sin interrupción
1.3 ENTREGA DE DATOS TÉCNICOS Y SOFTWARE DE COMPUTADORA
    1.3.1 Grupo I Paquete técnico de datos
        1.3.1.1 Planos del sistema
        1.3.1.2 Datos del fabricantes
        1.3.1.3 Descripción del sistema y análisis
        1.3.1.4 Datos del software
        1.3.1.5 Cálculos de confiabilidad completa del sistema
        1.3.1.6 Certificaciones
        1.3.1.7 Plan clave de control

Derechos de autor © 2007 de ASIS International

— Fin de sección contenido

****

USACE / NAVFAC / AFCESA / NASA UFGS-28 23 23.00 10 (Abril 2006)

Preparación de actividad: USACE Reemplaza sin cambios UFGS-16751A (Agosto 2003)

ESPECIFICACIONES DE GUÍA DE INSTALACIONES UNIFICADAS

Las referencias concuerdan con UMRL fechado el 9 de octubre de 2006

Los últimos cambios están indicados por los marcadores CHG
****

SECCIÓN 28 23 23.00 10

SISTEMAS DE CIRCUITO CERRADO DE TELEVISIÓN

04/06

****

NOTA: Esta especificación de guía cubre los requerimientos para sistemas de circuito cerrado de televisión.

Comentarios y sugerencias sobre esta especificación de guía son bienvenidos y deben ser dirigidos al proponente técnico de la especificación. Un listado de <u>los proponentes técnicos,</u> incluyendo la designación de su organización y número de teléfono, existe en Internet.

Recomendaciones de cambios a UFGS (Especificaciones de guía para instalaciones unificadas) deben ser enviados como un <u>Requerimiento de cambios a criterio (CCR).</u>

Se exhorta el uso de la comunicación electrónica.

Los corchetes se usan en el texto para indicar las elecciones del diseñador o lugares donde el texto debe ser provisto por el diseñador.

****

PARTE 1 GENERAL

****

NOTA: Esta sección se usará en conjunto con las Secciones: 26 20 00 SISTEMA DE DISTRIBUCIÓN INTERIOR; 33 70 01.00 10 SISTEMA DE DISTRIBUCIÓN ELÉCTRICA, AÉREO; 33 70 02.00 10 SISTEMA DE DISTRIBUCIÓN ELÉCTRICA, SUBTERRÁNEO; 27 15 19.00 10 SISTEMA DE TRANSMISIÓN DE CABLE DE DATOS; 27 21 10.00 10 SISTEMA DE TRANSIMISIÓN DE DATOS DE FIBRA ÓPTICA; 28 20 01.00 10 SISTEMA DE SEGURIDAD ELECTRÓNICA y cualquier otra sección de especificación de guía requerida por el diseño.

****

1.1 REFERENCIAS

****

NOTA: Este párrafo se usa para enumerar las publicaciones citadas en el texto de la especificación de guía. Se hace referencia a las publicaciones en el texto por designación básica únicamente y son enumeradas en este párrafo por organización, designación, fecha y título.

Use el asistente de referencia "Marcar referencia" cuando agregue un RID fuera de la sección para colocar automáticamente la referencia en el Artículo de Referencia. También use el asistente de referencia "Marcar referencia" para actualizar las fechas de emisión.

Las referencias no usadas en el texto serán automáticamente borradas de esta sección de la especificación del proyecto cuando usted seleccione reconciliar referencias en el proceso de imprimir la publicación.

****

Las publicaciones enumeradas a continuación forman parte de esta especificación hasta la extensión referida. Las publicaciones son referidas dentro del texto por designación básica únicamente.

ALIANZA DE INDUSTRIAS ELECTRÓNICAS (EIA, por sus siglas en inglés)

EIA 170	(1957) Estándares de Desempeño Eléctrico Instalaciones de estudio de televisión monocromática
EIA ANSI/EIA-310-D	(1992) Bastidores, paneles y equipo asociado
EIA ANSI/EIA-330-D	(1966) Estándares de desempeño eléctrico para circuito cerrado Cámara de televisión 525/60
EIA ANSI/EIA-375-D	(1974) Pantallas monocromáticas de circuito cerrado de televisión de visión directa 525/60 Entrelazado 2:1
EIA ANSI/EIA/TIA-232-F	(2002) Interfaz entre equipo de terminal de datos y datos Equipo de terminación de circuito que emplea data serializada binaria Intercambio

INSTITUTO DE INGENIEROS ELÉCTRICOS Y ELECTRÓNICOS (IEEE, por sus siglas en inglés)

IEEE C2	(2005) Código Eléctrico Nacional de Seguridad
IEEE C62.41	(1991; R 1995) Práctica recomendada para sobrecargas de voltaje en circuitos de corriente alterna de bajo voltaje
IEEE Std 142	(1992) Práctica recomendada para conexión a tierra de sistemas de corriente comerciales -Green Book

ASOCIACIÓN NACIONAL DE FABRICANTES ELÉCTRICOS (NEMA, por sus siglas en inglés)

NEMA 250	(2003) Cajas para equipo eléctrico (Máximo de 1000 Voltios)

ASOCIACIÓN NACIONAL DE PROTECCIÓN DE INCENDIOS (NFPA, por sus siglas en ingles)

NFPA 70	(2005) Código Eléctrico Nacional

ADMINISTRACIÓN NACIONAL DE ARCHIVOS Y REGISTROS DE EE.UU. (NARA, por sus siglas en inglés)

47 CFR 15	Dispositivos de frecuencia de radio

UNDERWRITERS LABORATORIES (UL)

UL 1492	(1996; R Mayo 2004) Productos y accesorios de seguridad de audio y vídeo

1.2 DESCRIPCIÓN DEL SISTEMA

1.2.1 General

****

NOTA: Mostrar los detalles de la instalación en los planos. Agregar requerimientos de condiciones adicionales específicas del sitio tales como la disposición de mobiliario/equipo dentro de áreas protegidas y localización de áreas, tipo, clase y grupo de peligro.

****

El contratista deberá configurar el sistema de la forma en que se describe y se muestra. Todo el equipo de televisión deberán cumplir con las especificaciones EIA 170. El sistema deberá incluir todos los conectores, adaptadores y terminadores necesarios para interconectar todo el equipo. El contratista deberá también proveer todo el cableado necesario para interconectar el sistema de circuito cerrado de televisión (CCTV) instalado en el centro de seguridad e interconectar el equipo instalado en las estaciones de control/supervisión remota. Si el sistema de CCTV es instalado para ser usado con un Sistema de seguridad electrónica (ESS), el contratista deberá interconectar el sistema de CCTV con el ESS.

1.2.2 Requerimientos de confiabilidad completa del sistema

El sistema, incluyendo todos los componentes y accesorios, debe estar configurado e instalado para producir un tiempo medio entre fallas (MTBF, por sus siglas en ingles) de por lo menos 10,000 horas y debe ser calculado en base con la configuración especificada en el párrafo "Cálculos de confiabilidad completa del sistema".

1.2.3 Protección de sobrecargas de voltaje

Todo equipo conectado a corriente alterna debe estar protegido contra sobrevoltaje. El equipo de protección debe soportar pruebas de ondas de sobrevoltaje descritas en IEEE C62.41. No se deben usar fusibles para protección de sobrevoltaje.

1.2.4 Protección de sobrevoltaje de líneas de transmisión de vídeo y de sincronización de señal

Todo cable, excepto el cable de fibra óptica, usado para la sincronización o transmisión de señal de vídeo debe incluir dispositivos protectores para salvaguardar el equipo de CCTV contra sobrevoltaje. El dispositivo de supresión de sobrevoltaje no deberá atenuar o reducir la señal de vídeo o de sincronización bajo condiciones normales. El dispositivo de supresión de sobrevoltaje deberá ser capaz de disipar no menos de 1500 watts por 1 milisegundo y el tiempo de respuesta de cero voltios a sujeción no debe ser mayor que 5 nanosegundos. No se deben usar fusibles para protección de sobrevoltaje.

1.2.5 Protección de sobrecargas de líneas de control

Todos los cables y conductores, con excepción de los cables de fibra óptica, que sirven como cables de comunicación, control o señal deben estar protegidos contra sobrevoltaje y deben tener protección contra sobrevoltaje instalada en cada extremo. La protección debe fijarse en el equipo y deben instalarse protectores de sobrevoltaje de gas de triple electrodo adicionales clasificados para la aplicación en cada circuito de línea de cable de 1 m 3 pies de la entrada de cables al edificio. No se deben usar fusibles para protección de sobrevoltaje. Las entradas y salidas deben probarse tanto en modo normal como en modo común usando las siguientes formas de onda:

a. Un ancho de onda de tiempo de respuesta de 10 microsegundos por un pulso de 1000 microsegundos con un voltaje pico de 1500 voltios y una corriente de 60 amperios.

b. Un ancho de onda de tiempo de respuesta de 8 microsegundos por un pulso de 20 microsegundos con un voltaje pico de 1000 voltios y una corriente de 500 amperios.

1.2.6 Reguladores de voltaje

****

NOTA: El regulador de voltaje del sistema de CCTV será el mismo que el especificado para el ESS. El diseñador coordinará los requerimientos del regulador de voltaje con las necesidades del ESS. El diseñador indicará el voltaje externo disponible al contratista del equipo de CCTV y del equipo de ESS. El diseñador dispondrá una fuente de 208/120 Voltios AC de 3 fases en el centro de seguridad.

****

Un regulador de voltaje será suministrado para el equipo de la consola de seguridad del CCTV. El regulador de voltaje usado para el equipo de CCTV deberá ser el mismo que el dispuesto para [Sección 28 20 01.00 10 SISTEMA ELECTRÓNICO DE SEGURIDAD] [y] [____]. El regulador de voltaje deberá ser de diseño ferroresonante, sin partes movibles y sin interruptor de llave, electrónicamente aislando el secundario del voltaje externo. El regulador de voltaje debe ser calculado en un 125 por ciento de la carga de kVA actualmente conectada. Las características del regulador de voltaje deben ser como sigue:

a. A una carga del 85 por ciento, el voltaje de salida no se debe desviar en más/menos de 1 por ciento del nominal cuando el voltaje de entrada fluctúa entre 20 por ciento menos a

10 por ciento más del nominal.

b. Durante cambios de carga de cero hasta carga completa, el voltaje de salida no se debe desviar por más de más/menos 3 por ciento del nominal. La corrección completa de las alteraciones de la carga se deben lograr dentro de 5 ciclos y una corrección del 95 por ciento se debe lograr dentro de 2 ciclos desde el inicio de la alteración.

c. La distorsión armónica total no debe exceder de 3-1/2 por ciento con una carga completa.

1.2.7 Medio de transmisión de datos de video y de control de señal

****

NOTA: El diseñador incluirá en la especificación del proyecto uno a más de los siguientes UFGS para que se requieran los apropiados medios de vídeo, datos y transmisión de señal de control en el sitio del proyecto: Sección 27 15 19.00 10 SISTEMA DE TRANSMISIÓN DE DATOS POR CABLE, Sección 27 21 10.00 10 SISTEMA DE TRANSMISIÓN DE DATOS POR FIBRA ÓPTICA o Sección 33 82 33.00 10 MEDIO DE TRANSMISIÓN DE DATOS POR CABLE COAXIAL.

****

El contratista deberá proveer un sistema de transmisión de señal de [vídeo] [y] [datos y control] como se especifica en la Sección [_____].

1.2.8 Condiciones del medio ambiente

1.2.8.1 Equipo de campo

****

NOTA: Las cámaras de vídeo están típicamente clasificadas por los fabricantes para trabajar entre menos 10.0 grados C y más 55 grados C (14 y 131 grados F). La cubierta de la cámara sellada contra las condiciones del medio ambiente se puede configurar con un calentador y un ventilador para permitir que la cámara trabaje a menos de 10.0 grados C (14 grados F). Si una cámara será instalada en una ubicación que excede el límite de temperatura de 55 grados C (131 grados F), el diseñador deberá disponer de algún método para darle sombra a la cámara y de una cubierta adicional a la sombra que provee la cubierta sellada contra las condiciones del medio ambiente.

****

Las cámaras y todo otro equipo de campo deben estar clasificados para operación continua bajo condiciones ambientales de menos 10.0 grados C hasta 55 grados C (14 grados hasta 131 grados F) 14 grados hasta 120 grados F sin usar ningún equipo auxiliar de calentamiento o enfriamiento. El equipo debe estar clasificado para una operación continua bajo la temperatura ambiental, humedad, carga de viento, carga de hielo y condiciones de vibración especificadas o encontradas en la ubicación de la instalación.

1.2.8.2 Equipo del centro de seguridad

El equipo del centro de seguridad y de la estación de control/supervisión remota deberá, a menos que se designe de otra manera, estar clasificado para operación continua bajo condiciones ambientales de 15.6 grados C hasta 29.4 grados C (60 grados F hasta 85 grados F) 60 grados F hasta 85 grados F y una humedad relativa del 20 al 80 por ciento.

1.2.8.3 Medio ambiente peligroso

Todos los componentes del sistema localizados en áreas designadas como "Medio ambiente peligroso" en donde pudieran existir peligros de fuego o explosión debido a gases o vapores inflamables, líquidos inflamables, polvo de combustión o fibras inflamables o sueltas en el aire, deberán ser clasificadas como Clase II, División I, Grupo F e instaladas de acuerdo con el Capítulo 5 de la NFPA y como se muestra.

1.2.9 Requerimientos eléctricos

****

NOTA: El diseñador seleccionará la frecuencia correcta del cable y mostrará en los planos las características de cada fuente de voltaje.

****

Equipo IDS de fuente eléctrica deberá operar en fuentes de 120 ó 240 voltios [60] [50] Hz AC como se muestra. El equipo deberá ser capaz de tolerar variaciones en la fuente de voltaje de más o menos 10 por ciento, y variaciones en la frecuencia de la línea de más o menos 2 por ciento sin ninguna degradación en su desempeño.

1.2.10 Fuente de alimentación sin interrupción

Todo el equipo eléctrico y electrónico en la consola deberá estar alimentado de un UPS dispuesto como se especifica en la Sección 26 32 33.00 10 SISTEMA DE FUENTE DE PODER ININTERRUMPIBLE (UPS) CON CAPACIDAD SUPERIOR A LOS 15 kVA. El tamaño del UPS debe ser calculado para proveer cuando menos 6 horas de respaldo de batería en el evento de una falla en el sistema primario. Las baterías deben ser selladas sin emisión de gases.

1.3 ENTREGA DE DATOS TÉCNICOS Y SOFTWARE DE COMPUTADORA

****

NOTA: La adquisición de todos los datos técnicos, bases de datos y artículos de software de computadora que se identifican en este documento se hará estrictamente de acuerdo con la Regulación Federal de Adquisición (FAR, por sus siglas en inglés) y el Suplemento de Regulación de Adquisición del Departamento de Defensa (DOD FARS, por sus siglas en inglés). Esas regulaciones así como las implementaciones del Ejército y del Cuerpo de Ingenieros de la misma forma deberán ser consultadas para asegurarse que la entrega de artículos críticos de datos técnicos no se pierdan inadvertidamente. Específicamente, la cláusula sobre los derechos de datos técnicos y software de computadora, DOD FARS 52.227-7013, y la cláusula sobre requerimientos de datos, DOD FARS 52.227-7031, así como cualquier acuerdo de licenciamiento de software que se requiera se hará parte de las CLÁUSULAS CONTRACTUALES o REQUERIMIENTOS ESPECIALES CONTRACTUALES del contrato. Adicionalmente se llenará y se hará parte del contrato el formulario DD 1423 apropiado, Lista de

233

datos de requerimientos de contrato, para cada artículo de datos a entregar. Donde sea necesario, el Formulario DD 1664, Descripción de artículos de datos, se deberá usar para explicar e identificar más plenamente los artículos de datos enumerados en el Formulario DD 1423. Se debe notar que todas estas cláusulas y formularios son requeridos para asegurarse de la entrega de los datos en cuestión y que tales datos son obtenidos con el derecho de uso requerido por el Gobierno. Incluir con la solicitud para propuestas un Formulario DD 1423, Lista de datos de requerimiento de contrato, completo. Este formulario es esencial para obtener la entrega de toda la documentación. Cada entrega será claramente especificada, y se requiere especificar la cantidad y descripción.

Incluir un programa de pagos en los REQUERIMIENTOS ESPECIALES CONTRACTUALES junto con las solicitudes de propuestas. El programa de pagos definirá la frecuencia y porcentajes de pagos en momentos específicos durante el período del contrato.

****

Todos los artículos de software de computadora y datos técnicos (incluyendo datos técnicos relacionados con software de computadora) los cuales son identificados en esta especificación y serán entregados estrictamente en concordancia con las CLÁUSULAS CONTRACTUALES, REQUERIMIENTOS ESPECIALES CONTRACTUALES, Sección 01 33 00 PROCEDIMIENTOS DE ENVIO, y en concordancia a la Lista de datos de requerimiento de contrato (CDRL), Formulario DD 1423, el cual está adjunto y por lo tanto es parte de este contrato. Todos los datos entregados deberán ser identificados por referencia al párrafo particular de la especificación contra la cual fue designado. Si el sistema de CCTV se instala junto con un ESS, los paquetes técnicos de datos del CCTV serán enviados como parte de los Paquetes técnicos de datos para la Sección 28 20 01.00 10 SISTEMA ELECTRÓNICO DE SEGURIDAD.

1.3.1 Grupo I Paquete técnico de datos

1.3.1.1 Planos del sistema

****

NOTA: En el artículo (i.) el diseñador especificará si los detalles de interconexión deben incluir IDS o EECS.

****

El paquete de datos deberá incluir lo siguiente:

a. Diagrama de bloques del sistema.
b. Instalación de la consola, diagramas de bloque y diagramas de cableado del sistema de CCTV.
c. Instalación del equipo de CCTV del centro de seguridad, interconexión con el equipo de la consola, diagramas de bloque y diagramas de cableado.
d. Instalación de la estación de control/supervisión remota, interconexión al centro de seguridad incluyendo diagramas de bloques y diagramas de cableado.
e. Cableado de la cámara y planos de instalación.
f. Soporte de panorámica/inclinación y planos de instalación.
g. Interconexión con el sistema de transmisión de señal de vídeo, diagramas de bloques y diagramas de cableado.

h. Instalación del dispositivo de protección contra sobrevoltaje.
i. Detalles de interconexión con ESS.

1.3.1.2 Datos de fabricantes

El paquete de datos deberá incluir datos de los fabricantes de todo el material y equipo y equipo del centro de seguridad provisto bajo esta especificación.

1.3.1.3 Descripción del sistema y análisis

El paquete de datos deberá incluir descripciones completas de los sistemas, análisis y cálculos usados para determinar el tamaño de los equipos requeridos por estas especificaciones. Las descripciones y los cálculos deberán mostrar como el equipo operará como un sistema para alcanzar el desempeño de esta especificación. El paquete de datos deberá incluir lo siguiente:

a. Tamaño de la matriz del conmutador.
b. Tiempo de respuesta de la presentación en pantalla de la cámara.
c. Operaciones de encendido y apagado del sistema.
d. Instrucciones de programación del conmutador.
e. Instrucciones de funcionamiento y mantenimiento del conmutador.
f. Manuales para el equipo de CCTV.
g. Formularios de ingreso de datos.

1.3.1.4 Datos del software

El paquete de datos deberá consistir de descripciones del funcionamiento y la capacidad del sistema y del software de aplicación de acuerdo con lo especificado.

1.3.1.5 Cálculos de confiabilidad completa del sistema

El paquete de datos deberá incluir todos los datos y cálculos de confiabilidad del fabricante requeridos para mostrar cumplimento con la confiabilidad especificada. Los cálculos deberán estar basados en todo el equipo de CCTV asociado con un circuito de cámaras y el equipo de CCTV de la consola, excluyendo el medio de transmisión de datos (DTM).

1.3.1.6 Certificaciones

Todas las certificaciones del fabricante deberán estar incluidas en el paquete de datos.

1.3.1.7 Plan clave de control

****

El contratista deberá proveer un plan clave de control como se especifica en la Sección 28 20 01.00 10 SISTEMA ELECTRÓNICO DE SEGURIDAD.

****

El contratista deberá proveer un plan clave de control como se especifica en la Sección 28 20 01.00 10 SISTEMA ELECTRÓNICO DE SEGURIDAD.

1.3.2 Grupo II Paquete técnico de datos

El contratista deberá verificar que las condiciones del sitio están de acuerdo con el paquete de diseño. El contratista deberá enviar un informe al Gobierno documentando los cambios al sitio, o las condiciones que afectan el desempeño del sistema a ser instalado. Para aquellos cambios o condiciones que afectan la instalación o el desempeño del sistema, proveer (junto con el

235

informe) hojas de especificación o requerimientos funcionales escritos para apoyar los hallazgos y un estimado de los costos para corregir las deficiencias. El contratista no deberá corregir ninguna deficiencia sin el permiso por escrito del Gobierno.

1.3.3 Grupo III Paquete técnico de datos

El contratista deberá preparar procedimientos de pruebas e informes para la prueba previa a la entrega. El contratista deberá entregar los procedimientos de prueba previa a la entrega al Gobierno para su aprobación. Después de recibir el contratista la aprobación por escrito de los procedimientos de prueba previa a la entrega, el contratista podrá programar la prueba previa a la entrega. El informe final de la prueba previa a la entrega deberá ser entregada después de completar la prueba previa a la entrega.

1.3.4 Grupo IV Paquete técnico de datos

El contratista deberá preparar los procedimientos de pruebas e informes para la prueba de verificación de desempeño y la prueba de resistencia. El contratista deberá entregar los procedimientos de la prueba de verificación del desempeño y la prueba de resistencia al Gobierno para su aprobación. Después de recibir el contratista la aprobación por escrito de los procedimientos de pruebas, el contratista podrá programar las pruebas. El contratista deberá proveer un informe detallando los resultados de la prueba de campo y una cinta de vídeo como se especifica en el párrafo "Prueba de campo del contratista". El reporte final de la prueba de verificación de desempeño y de resistencia deberá ser enviado después de completar las pruebas.

1.3.4.1 Manuales de operación y mantenimiento

Una copia borrador de los manuales de operación y mantenimiento, como se especifica para el paquete de datos técnicos del Grupo V, deberá ser entregada al Gobierno previo al inicio de la prueba de verificación del desempeño para ser usada durante las pruebas en sitio.

1.3.4.2 Documentación de capacitación

Los planes de las lecciones y los manuales de capacitación para las fases de capacitación, incluyendo el tipo de capacitación a ser proveída con un ejemplo de un informe de capacitación y una lista de material de referencia, deberán ser enviados para su aprobación.

1.3.4.3 Registro de datos

El contratista deberá registrar todos los datos necesarios para hacer el sistema operacional. El contratista deberá entregar los datos al Gobierno en formularios de registro de datos, usando los formularios de datos de los documentos del contrato,‚Äôs encuestas de campo, y toda otra información pertinente que esté en posesión del contratista requerida para completar la instalación de la base de datos. El contratista deberá identificar y requerir del Gobierno cualquier dato adicional necesario para proveer un sistema de CCTV completo y operacional. Los formularios completos deberán ser entregados al Gobierno para revisión y aprobación por lo menos 90 días previo a la fecha necesaria programada por el contratista.

1.3.4.4 Gráficas

****

NOTA: Las gráficas para el conmutador de vídeo dependen del sistema de control del conmutador. Si el fabricante no usa una pantalla para desplegar la información del conmutador, las únicas gráficas que el sistema de vídeo generará son los despliegues del tiempo, la fecha y la anotación del número de cámara.

****

Capítulo 6: Implementación de sistemas del PPS   Derechos de autor © 2007 de ASIS International

Cuando se requieran gráficas y deban entregarse con el sistema, el contratista deberá crear e instalar todas las gráficas necesarias para hacer operativo el sistema. Las gráficas deberán contener suficiente nivel de detalle para que el operador del sistema evalúe la alarma. El contratista deberá proporcionar una copia impresa, ejemplos a color de por lo menos 203.2 x 254.0 Mm. (8 por 10 pulgadas) 8 por 10 pulgadas de tamaño, de cada tipo de gráfica que se utilizará para el sistema de CCTV completo. Si el conmutador de vídeo no usa una pantalla para desplegar la información del sistema, el contratista deberá proveer ejemplos de la anotación de vídeo usada para la identificación de la cámara. Los ejemplos de las gráficas deberán ser entregados al Gobierno para revisión y aprobación por lo menos 90 días previo a la fecha necesaria programada por el contratista.

1.3.5 Grupo V Paquete técnico de datos

****

NOTA: El diseñador especificará el número correcto de manuales en el formulario DD 1423. A menos que la instalación tenga requerimientos específicos, especificar dos copias de todos los manuales, excepto el Manual del operador para el cual debe especificarse que sean seis copias.

****

Copias finales de cada manual comercial del fabricante, dispuestos de acuerdo a las especificaciones y encuadernados con tapa dura, deberán ser entregados al Gobierno dentro de 30 días después de completar la prueba de resistencia. Una copia del borrador usado durante las pruebas de sitio deberá ser actualizada previo a la entrega final de los manuales. El contenido de cada manual deberá estar identificado en la cubierta. El manual deberá incluir los nombres, direcciones y números de teléfonos de cada subcontratista que instaló el equipo y los sistemas y de los representantes de servicio más cercanos para cada artículo de equipo de cada sistema. Los manuales deberán tener una tabla de contenido y hojas con etiquetas. Las hojas con etiquetas deberán ser puestas al inicio de cada capítulo o sección y al inicio de cada apéndice. Las copias finales entregadas después de completar la prueba de resistencia deberá incluir todas las modificaciones hechas durante la instalación, revisión y aceptación. El número de copias de cada manual a ser entregado deberá ser como se especifica en el Formulado DD 1423.

1.3.5.1 Manual de diseño funcional
El manual de diseño funcional deberá identificar los requerimientos operacionales del sistema y explicar la teoría de operación, la filosofía de diseño y las funciones específicas. Se deberá incluir una descripción de las funciones, interfaces y requerimientos del hardware y el software para todos los modos de operación del sistema.

1.3.5.2 Manual de hardware
Un manual deberá describir todo el equipo suministrado, incluyendo:

   a. Descripción y especificaciones generales del hardware.
   b. Procedimientos de instalación y revisión.
   c. Esquemas y planos de la disposición del equipo eléctrico.
   d. Esquemas del sistema y listados del cableado.
   e. Procedimientos de configuración del sistema.
   f. Listados de repuestos del fabricante indicando las fuentes de abastecimiento.
   g. Definición de interfaz.

1.3.5.3 Manual de software

El manual del software deberá describir las funciones del software y deberá incluir toda otra información necesaria para permitir la carga, prueba y operación adecuada, incluyendo:

a. Definición de términos y funciones.
b. Procedimientos para el inicio del sistema.
c. Descripciones del uso de los programas.
d. Descripciones de las secuencias operacionales requeridas.
e. Directorio de todos los archivos del disco.
f. Descripción de todos los protocolos de comunicación, incluyendo formatos de datos, caracteres de comando y un ejemplo de cada tipo de transferencia de datos.

1.3.5.4 Manual del operador

El manual del operador deberá explicar todos los procedimientos e instrucciones para el funcionamiento del sistema incluyendo:

a. Conmutador de vídeo.
b. Multiplexor de vídeo.
c. Equipo de cámaras y de grabación de vídeo.
d. Uso del software.
e. Comandos del operador.
f. Procedimientos de arranque y apagado del sistema.
g. Procedimientos de recuperación y reinicio.

1.3.5.5 Manual de mantenimiento

El manual de mantenimiento deberá describir el mantenimiento para todo el equipo incluyendo inspección, mantenimiento periódico preventivo, diagnóstico de fallas y reparación o reemplazo de componentes defectuosos.

1.3.5.6 Planos conforme a obra

El contratista deberá mantener un conjunto separado de planos, diagramas elementales y diagramas de cableado del sistema de CCTV para usar como planos conforme a obra. Este conjunto deberá ser mantenido cuidadosamente al día por el contratista con todos los cambios y adiciones al sistema de CCTV y deberá ser entregado al Gobierno con el informe final de la prueba de resistencia. Adicionalmente a ser completo y exacto, este conjunto de planos deberá mantenerse nítido y no ser usado para propósitos de instalación. Al completar los planos finales del sistema, un representante del Gobierno revisará el trabajo final del sistema con el contratista. Si el trabajo final del sistema no está completo, se le notificará así al contratista y éste deberá completar el trabajo como se le requiera. Los planos finales entregados con el informe de prueba de resistencia deberán ser los planos finales impresos en papel mylar o vellum, y como archivos tipo AutoCAD o Microstation en CD-ROM.

1.4 PRUEBAS

1.4.1 General

El contratista deberá ejecutar pruebas previas a la entrega, pruebas de sitio y ajustes al sistema completo de CCTV. El contratista deberá proveer todo el personal, equipo, instrumentación y suministros necesarios para llevar a cabo todas las pruebas. Notificación por escrito de las pruebas planificadas deberá ser dado el Gobierno por lo menos 14 días previo a las pruebas y en ningún caso se deberá notificar hasta que el contratista haya recibido aprobación por escrito de los procedimientos específicos de las pruebas.

1.4.2 Procedimientos e informes de pruebas

Los procedimientos de las pruebas deberán explicar, en detalle, las acciones paso a paso y los resultados esperados que demuestren el cumplimiento con los requerimientos de la especificación. Los informes de las pruebas deberán ser usados para documentar los resultados de las pruebas. Los informes deberán ser entregados al Gobierno dentro de 7 días después de completar cada prueba.

1.5 CAPACITACIÓN

1.5.1 General

El contratista deberá realizar cursos de capacitación para el personal designado en el funcionamiento y el mantenimiento del sistema de CCTV como se especifica. Si el sistema de CCTV se instala junto con un ESS, la capacitación del CCTV debe hacerse al mismo tiempo y como parte de la capacitación del ESS. La capacitación debe estar orientada al sistema específico que se instala bajo este contrato. Los manuales de capacitación deberán entregarse a cada aprendiz y dos manuales adicionales serán entregados para el archivo del sitio del proyecto. Los manuales deben incluir una agenda, los objetivos definidos para cada lección y una descripción detallada del tema de cada lección. El contratista es responsable de dotar todo el equipo audiovisual y todos los otros materiales y suministros de capacitación. Cuando el contratista presente porciones de su curso a través del uso de material audiovisual, copias de los materiales audiovisuales deberán ser entregados al Gobierno, ya sea como parte de los manuales de capacitación impresos o en el mismo medio que el usado durante las sesiones de capacitación. Un día de capacitación son 8 horas de instrucción, incluyendo dos recesos de 15 minutos y excluyendo el tiempo de almuerzo, de lunes a viernes, durante el turno de día que se realice en la instalación. Para guiarse en la planificación de la instrucción requerida, el contratista deberá suponer que los participantes tendrán un diploma de bachillerato o su equivalente. Se deberá obtener aprobación del Gobierno del programa planeado de capacitación por lo menos 30 días previo a la capacitación.

1.5.2 Capacitación del operador

El curso deberá ser impartido en el sitio del proyecto durante cinco días consecutivos durante o después de las pruebas de campo del contratista. Un máximo de 12 personas atenderán el curso. Ninguna parte de la capacitación dada durante este curso contará para completar la prueba de verificación de desempeño. El curso deberá consistir de instrucción en el aula, capacitación práctica, instrucción en la configuración específica del hardware del sistema instalado e instrucción específica en la operación del sistema instalado. El curso deberá demostrar el arranque del sistema, la operación del sistema, el apagado del sistema, la recuperación del sistema después de una falla, la configuración específica de hardware y la operación del sistema y su software. No deberá quedar ninguna pregunta de los estudiantes sin respuesta sobre la operación del sistema de CCTV instalado. El contratista deberá preparar e insertar material de capacitación adicional en los manuales de capacitación cuando la necesidad de material adicional sea aparente durante la instrucción. El contratista deberá preparar un informe por escrito después de completar el curso. El contratista deberá enumerar en el informe las horas, fechas, asistentes y material cubierto durante cada sesión de capacitación. El contratista deberá describir el nivel de habilidad de cada estudiante al final de este curso. El contratista deberá enviar el informe antes del final de la prueba de verificación del desempeño. El curso deberá incluir:

a. Hardware del CCTV, arquitectura y configuración general del sistema instalado.
b. Operación funcional del sistema instalado y el software.

    c. Comandos del operador.
    d. Interfaces de alarma.
    e. Informe de alarmas.
    f. Diagnóstico y corrección de fallas.
    g. Mantenimiento general del sistema.
    h. Reemplazo de componentes con falla e integración de componentes de reemplazo al sistema operativo del sistema CCTV.

1.6 MANTENIMIENTO Y SERVICIO

****

NOTA: El mantenimiento y el servicio a ser provisto por el contratista durante el período del primer año de garantía será incluido como un artículo separado de la licitación y debe ser pagado con fondos del funcionamiento y mantenidmiento. El diseñador coordinará los requerimientos de fondos con la instalación.

****

1.6.1 Requerimientos generales
El contratista deberá proveer todos los servicios requeridos y el equipo necesario para mantener todo el sistema de CCTV en estado operacional como se especifica por un período de 1 año después de completar la prueba de resistencia y deberá proveer todo el material necesario requerido para el trabajo. Se deberán minimizar los impactos en la operación de la instalación cuando se realicen ajustes programados u otro trabajo no programado.

1.6.2 Descripción del trabajo
El ajuste y reparación del sistema de CCTV incluye todo el equipo de computación, actualizaciones de software, equipo de transmisión de señal y equipo de vídeo. Proveer todos los ajustes requeridos por el fabricante y todo otro trabajo necesario.

1.6.3 Personal
El personal de servicio debe estar calificado para terminar todo el trabajo con prontitud y satisfactoriamente. Se le deberá avisar al Gobierno por escrito el nombre del representante de servicio designado y de cualquier cambio de personal.

1.6.4 Programa de trabajo
El contratista deberá ejecutar dos inspecciones en intervalos de 6 meses o menos. Este trabajo deberá ser realizado durante las horas regulares de trabajo, de lunes a viernes, excluyendo los feriados oficiales. Estas inspecciones deberán incluir:

    a. Verificaciones visuales y pruebas operativas del CPU, interruptores, equipo periférico, paneles de interfases, dispositivos de grabación, pantallas, equipo de vídeo, controles eléctricos y manuales y calidad de imagen desde cada cámara.
    b. Correr el software del sistema y corregir todos los problemas diagnosticados.
    c. Resolver cualquier problema previo pendiente.

1.6.5 Servicio de emergencia

El Gobierno iniciará llamadas de servicio cuando el sistema de CCTV no funcione apropiadamente. El personal calificado deberá estar disponible para proveer servicio al sistema de CCTV completo. El Gobierno deberá ser provisto de un número de teléfono en el cual el supervisor del servicio pueda ser localizado en todo momento. El personal de servicio deberá presentarse al sitio dentro de 24 horas después de haber recibido un requerimiento de servicio. El sistema de CCTV deberá ser vuelto a condiciones apropiadas de operación dentro de 3 días calendario después de haber recibido un requerimiento de servicio.

1.6.6 Funcionamiento

El desempeño de los ajustes programados y las reparaciones deberá verificar el funcionamiento del sistema de CCTV como se demuestra en las porciones aplicables de la prueba de verificación de desempeño.

1.6.7 Registros y diarios

El contratista deberá mantener registros y diarios de cada tarea y deberá organizar registros acumulados para cada componente principal y para el sistema completo en orden cronológico. Deberá mantenerse un registro constante para todos los dispositivos. Dicho registro deberá incluir datos de calibración, reparación y de programación. Deberán mantenerse registros completos y a disposición para inspección en el sitio, demostrando que se han llevado a cabo los ajustes planificados y sistemáticos y las reparaciones en el sistema de seguridad.

1.6.8 Requerimientos de trabajo

El contratista deberá registrar en forma separada cada llamada de requerimiento de servicio, conforme se recibe. El formulario deberá incluir el número de serie que identifica a cada componente involucrado, su localización, la fecha y la hora en que la llamada fue recibida, la naturaleza del problema, los nombres del personal de servicio asignado a la tarea, instrucciones describiendo lo que se ha hecho, la cantidad y la naturaleza de los materiales usados, la hora y la fecha en que el trabajo se inició y la hora y la fecha en que se completó. El contratista deberá entregar un registro del trabajo realizado dentro de 5 días después que se terminó el trabajo.

1.6.9 Modificaciones al sistema

El contratista deberá hacer cualquier recomendación para modificar el sistema por escrito al Gobierno. Ninguna modificación, incluyendo parámetros de operación y ajustes de control, deberá ser hecha sin la aprobación previa del Gobierno. Cualesquiera modificaciones hechas al sistema deberán ser incorporadas a los manuales de operación y mantenimiento y a otra documentación afectada.

1.6.10 Software

El contratista deberá recomendar todas las actualizaciones de software al Gobierno para su aprobación. Al obtener la aprobación del Gobierno, las actualizaciones deberán realizarse de manera puntual, en plena coordinación con los operadores del sistema de CCTV, con verificación de la operación del sistema y deberán ser incorporadas en los manuales de operación y mantenimiento y la documentación del software. Deberá haber por lo menos una actualización programada cerca del final del primer año del período de garantía, momento en el cual el contratista deberá instalar y validar la última versión del software del fabricante.

PARTE 2 PRODUCTOS

2.1 MATERIALES Y EQUIPO

Todos los componentes de hardware y software deberán ser producidos por fabricantes regularmente dedicados a la producción de equipo de CCTV. Las unidades del mismo tipo de equipo deberán ser productos de un único fabricante. Todo material y equipo deberá ser nuevo y actualmente en producción. Cada componente de equipo principal deberá tener el nombre y la dirección del fabricante y el número de modelo y de serie en un lugar visible. El equipo ubicado en el centro de seguridad o en una estación de control/supervisión remota deberá colocarse montado en bastidor como se muestra. Tanto el equipo de televisión como los dispositivos de computación deberán cumplir con 47 CFR 15, Subparte B.

2.1.1 Tratamiento contra hongos

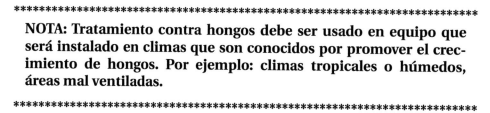

****

NOTA: Tratamiento contra hongos debe ser usado en equipo que será instalado en climas que son conocidos por promover el crecimiento de hongos. Por ejemplo: climas tropicales o húmedos, áreas mal ventiladas.

****

Los componentes de sistema localizados en ambientes que inducen el crecimiento de hongos deberán ser tratados completamente para resistencia a hongos. Para el tratamiento no se deberán usar materiales que contengan un fungicida con mercurio. Los materiales para el tratamiento no deberán incrementar la inflamabilidad del componente o de la superficie tratada. Los materiales para el tratamiento no deberán causar irritación de la piel o algún otro daño a las personas que los manipulen durante su fabricación, transporte, operación, mantenimiento o durante el uso de los productos terminados cuando se use para los propósitos para los que fue hecho.

2.1.2 Soldadura
Toda soldadura deberá ser realizada de acuerdo con los estándares de la práctica de la industria.

2.2 CAJAS

****

NOTA: El diseñador mostrará en los planos qué cajas específicas se necesitan. Mostrar cajas metálicas para áreas de muy alta seguridad o cuando se desee un mayor grado de protección contra el forzamiento.

****

El contratista deberá proveer las cajas metálicas como se necesite para equipo no colocado en bastidor o cuando no se provee con caja. Las cajas deben ser como se especifica o como se muestra.

2.2.1 Interior
Las cajas para colocar equipo en un ambiente interior deberán cumplir con los requerimientos de NEMA 250 Tipo 12.

2.2.2 Expuesto al clima
Las cajas para colocar equipo en un ambiente exterior deberán cumplir con los requerimientos de NEMA 250 Tipo 4X.

2.2.3 Resistente a la Corrosión
Cajas para colocar equipo en un ambiente corrosivo deberán cumplir con los requerimientos de NEMA 250 Tipo 4X.

2.2.4 Equipo de medio ambiente peligroso

Todos los sistemas electrónicos a ser usados en ambientes peligrosos deberán ser colocados en cajas metálicas que cumplan con los requerimientos del párrafo "Medio ambiente peligroso".

2.3 DISPOSICIÓN CONTRA EL FORZAMIENTO

A las cajas, gabinetes, cubiertas (distintas a las cubiertas ambientales para cámara), cajas, canales para conductores eléctricos, conductos y conectores de cualquier descripción que tienen puertas con bisagras o cubiertas removibles y que contienen equipos de CCTV o fuentes de alimentación se les deberá dotar de interruptores contra forzamiento resistentes a la corrosión, que funcionen con cubierta, configurados para iniciar una señal de alarma cuando la puerta o cubierta se mueva. Los interruptores contra forzamiento deberán ser montados mecánicamente para maximizar el tiempo de vencimiento cuando las cubiertas de las cajas sean abiertas o removidas. Las cajas y el interruptor contra forzamiento deben funcionar juntos para no permitir el campo de visión directo hacia ninguno de los componentes internos ni que se pueda forzar el interruptor ni los circuitos antes de que se active el conmutador. Los interruptores contra forzamiento deberán ser inaccesibles hasta que el interruptor se active; deberán tener los soportes del hardware escondidos para que la localización del interruptor no pueda ser observada desde el exterior de la caja; deberán estar conectados a circuitos que están bajo supervisión electrónica todo el tiempo, sin importar el modo de protección en el cual el circuito opera, deberán ser cargados por resorte y sostenidos en la posición cerrada por la puerta de la cubierta y deberán ser cableados de modo que el circuito se rompa cuando la puerta o la cubierta se alteren. Los interruptores contra forzamiento de las puertas que se deben abrir para hacer ajustes de mantenimiento rutinarios al sistema y para dar servicio a las fuentes de alimentación deberán ser de tipo de ajuste de empujar/jalar y de reajuste automático.

2.3.1 Cubiertas de cajas

Las cubiertas para halar o unir las cajas provistas para facilitar la instalación del sistema no necesitan interruptores contra forzamiento si no contienen empalmes o conexiones, pero deberán ser protegidos por soldadura autógena de tachuela o asegurando las cubiertas en su lugar por soldadura de latón. Se deberán instalar rótulos de zinc a tales cajas indicando que no contienen ninguna conexión. Estos rótulos no deberán indicar que la caja es parte del sistema de seguridad.

2.3.2 Conexiones de conductos de caja

Todas las conexiones de conductos de caja deberán estar protegidas por soldadura autógena de tachuela o sellando el conducto a la caja por soldadura de latón. Soldadura autógena de tachuela o soldadura de latón deberá ser aplicada en adición a los métodos estándar de conexiones de conductos como se describe en NFPA 70.

2.4 CERRADURAS Y CONMUTADORES OPERADOS POR CERRADURA DE LLAVE

****

NOTA: Tanto las cerraduras de llave redonda o del tipo convencional son de uso aceptable. La selección debe ser basada en la disponibilidad del hardware al momento del diseño y de los requerimientos para igualar a las cerraduras actualmente en uso en el sitio. Si las cerraduras no se necesitan igualar a las que se usan y si el diseñador no tiene ninguna preferencia, se pueden remover todas las escuadras.

****

2.4.1 Cerraduras

Las cerraduras proveídas en cajas del sistema para propósitos de mantenimiento deberán ser [de listado UL, de tipo de llave redonda, con tres duales, un tornillo de cabeza semiesférica y tres

243

pasadores llanos de caída] [o] [cerradura convencional de tipo de llave con una combinación de pasadores de cinco cilindros y barra lateral de tres posiciones de cinco puntos]. Las llaves deben tener estampado "U.S. GOVT. DO NOT DUP." (GOBIERNO DE LOS EE.UU., NO DUPLICAR). Las cerraduras deben estar configuradas de modo que la llave solamente se pueda retirar cuando está en la posición cerrada. Todas las cerraduras de mantenimiento deben tener llaves iguales y solamente dos llaves deberán ser suministradas para todas estas cerraduras.

2.4.2 Conmutadores operados por cerradura de llave

Todos los conmutadores operados por cerradura de llave requeridos para ser instalados en componentes de sistema deberán ser del listado UL, [con tres duales, un tornillo de cabeza semiesférica y tres pasadores llanos de caída] [o] [cerradura convencional de tipo de llave con una combinación de pasadores de cinco cilindros y barra lateral de tres posiciones de cinco puntos]. Las llaves deben tener estampado "U.S. GOVT. DO NOT DUP." (GOBIERNO DE LOS EE.UU., NO DUPLICAR). Los conmutadores operados por cerradura de llave deben ser de dos posiciones, con la llave que se pueda remover en cualquiera de las dos posiciones. Todos los conmutadores operados por cerradura de llave deberán tener llaves diferentes y solamente dos llaves deberán ser suministradas para cada conmutador operador por cerradura con llave.

2.5 INTEGRACIÓN DE SISTEMAS

Cuando el sistema de CCTV se instala en conjunto con un ESS, el sistema de CCTV se deberá conectar con el ESS y deberá proveer una alarma automáticamente activada por la llamada de la cámara asociada con la zona de la alarma. El equipo deberá ser provisto con todos los adaptadores, terminadores, cables, cuadros principales, jaulas de tarjetas, fuentes de alimentación, soportes de bastidor y accesorios que se necesiten.

2.6 CÁMARAS DE ESTADO SÓLIDO

2.6.1 Cámara monocromática de alta resolución

****

NOTA: El diseñador especificará el voltaje de operación.

El diseñador deberá determinar los niveles de luz artificial en el sitio para el tipo correcto de cámara que se especifica. El diseñador también deberá determinar si se requiere iluminación artificial. Las tasas de iluminación de 5:1 o menos (relación de mayor iluminación a sombra) asegurarán detalle de sombra en la imagen del vídeo.

La iluminación de la cubierta se puede calcular a través de la siguiente fórmula:

Ifp = (Isc Rt)/((4 veces f al cuadrado)(m+1 cantidad al cuadrado))

Ifp = iluminación de la cubierta.

Isc = iluminación de la escena.

R = reflectividad de la escena (se supone un 75 por ciento y 0.75 es usado para R; sin embargo, el diseñador podría querer analizar lecturas de luz incidente y reflejada del sitio para determinar la reflectividad real de las escenas vistas en el sitio).

t = transmisibilidad del lente (se supone un 80 por ciento como promedio y se usa 0.80 para t. Valores específicos de la transmisibilidad del lente deben ser obtenidos del fabricante de la cámara/lente).

f = f/número de lentes.

m = magnificación de la escena a la cubierta. (m es despreciable en distancias de visibilidad normal y se puede usar 0 para m en todas las aplicaciones excepto en aplicaciones macro o microscópicas en las cuales la escena se magnifica).

NOTA: El diseñador deberá seleccionar voltajes de operación y frecuencia para la instalación en el sitio.

****

La cámara de vídeo deberá cumplir con las especificaciones EIA 170 y EIA ANSI/EIA-330. Todos los componentes y circuitos electrónicos deben ser de estado sólido. La proporción señal a ruido no debe ser menor a 46 dB sin peso. La cámara no deberá mostrar ninguna distorsión geométrica. El soporte del lente deberá ser un soporte C o CS, y la cámara deberá tener un ajuste de foco posterior. La cámara deberá operar desde menos 20.0 grados C hasta más 55 grados C menos 4 hasta 131 grados F sin calefacción o enfriamiento auxiliar y sin ningún cambio en la calidad o resolución de la imagen. La cámara deberá operar con corriente de [60] [50] Hz AC y debe ser capaz de operar con voltajes de [105 a 130] [205 a 240] [24] Voltios.

2.6.1.1 Matriz de imágenes de estado sólido

La cámara deberá tener un editor de imágenes de estado sólido, y la imagen producida por la cámara deberá ser libre de imperfecciones como se define en EIA ANSI/EIA-330. La cámara deberá proveer no menos de 550 líneas horizontales de resolución y la resolución no deberá variar en la vida útil de la cámara.

2.6.1.2 Sensibilidad

La cámara deberá proveer salida completa de vídeo con el filtro de corte infrarrojo instalado, sin ganancia automática de cámara y con una reflectancia de escena de 75 por ciento usando un lente f/1.2 dando una iluminación de la cubierta de la cámara a 2850K de 1.0 lx (0.1 pie-bujía).0.1 pie-bujía.

2.6.1.3 Sincronización de cámara

La cámara deberá tener una entrada de sincronización externa, y deberá automáticamente cambiar a sincronización interna si la sincronización externa no está presente. La cámara deberá tener también la capacidad de sincronización haciendo un bloqueo de línea a la frecuencia del cable de corriente AC de 60 Hz en el punto de cruce cero, y deberá proveer no menos de más/menos 90 grados de ajuste de fase vertical.

2.6.1.4 Conectores

Las cámaras con lentes con funciones de iris automático, iris manual o zoom y enfoque deberán ser provistas de conectores y cables conforme sea necesario para operar las funciones del lente. El conector de salida de señal de video debe ser un BNC. Las cámaras con transmisores de vídeo de fibra óptica integral deberán contar con conectores de salida de vídeo de fibra óptica tipo bayoneta de punta recta. Un conector debe ser provisto para la sincronización de la entrada externa.

2.6.1.5 Circuitos automáticos

La cámara deberá tener circuitos para establecer una referencia de nivel negro como se describe en EIA ANSI/EIA-330, y un limitador de blancos y circuitos de control de ganancia automática.

2.6.2 Cámara monocromática de luz baja

La cámara de vídeo deberá cumplir con las especificaciones EIA 170 y EIA ANSI/EIA-330. Todos los componentes y circuitos electrónicos deben ser de estado sólido. La proporción señal a ruido no debe ser menor a 42 dB sin peso. La cámara no deberá mostrar ninguna distorsión geométrica. El soporte del lente deberá ser un soporte C y la cámara deberá tener un ajuste de foco posterior. La cámara deberá operar desde menos 10.0 grados C hasta más 55 grados C (14 hasta 131 grados F) 14 hasta 131 grados F sin calefacción o enfriamiento auxiliar, y sin ningún cambio en la calidad o resolución de la imagen. La cámara deberá operar con corriente de 60 Hz AC y deberá ser capaz de operar con voltajes de [105 a 130] [205 a 240] [24] Voltios.

2.6.2.1 Editor de imágenes de estado sólido

La cámara deberá tener un editor de imágenes de estado sólido, y la imagen producida por la cámara deberá ser libre de imperfecciones como se define en EIA ANSI/EIA-330. La cámara deberá proveer no menos de 550 líneas horizontales de resolución y la resolución no deberá variar en la vida útil de la cámara.

2.6.2.2 Sensibilidad

La cámara deberá proveer salida completa de vídeo con el filtro de corte infrarrojo instalado y con una reflectancia de escena de 90 por ciento usando un lente f/1.2 dando una iluminación de la cubierta de la cámara de 0.02 lx (0.002 pie-bujía) 0.002.mínimo de pie-bujía.

2.6.2.3 Sincronización de cámara

La cámara deberá tener una entrada de sincronización externa, y deberá automáticamente cambiar a sincronización interna si la sincronización externa no está presente. La cámara deberá tener también la capacidad de sincronización haciendo un bloqueo de línea a la frecuencia del cable de corriente AC de 60 Hz en el punto de cruce cero, y deberá proveer no menos de más/menos 90 grados de ajuste de fase vertical.

2.6.2.4 Conectores

Las cámaras con lentes con funciones de iris automático, iris manual o zoom y enfoque deberán ser provistas de conectores y cables conforme sea necesario para operar las funciones del lente. El conector de salida de señal de video debe ser un BNC. Las cámaras con transmisores de vídeo de fibra óptica integral deberán contar con conectores de salida de vídeo de fibra óptica tipo bayoneta de punta recta. Un conector debe ser provisto para la sincronización de la entrada externa.

2.6.2.5 Circuitos automáticos

La cámara deberá tener circuitos para establecer una referencia de nivel negro como se describe en EIA ANSI/EIA-330, y un limitador de blancos y circuitos de control de ganancia automática.

2.6.3 Cámara a color de alta resolución

Todos los componentes y circuitos electrónicos deben ser de estado sólido. La proporción señal a ruido no debe ser menor a 50 dB sin peso. La cámara no deberá mostrar ninguna distorsión geométrica. El soporte del lente deberá ser un soporte C y la cámara deberá tener un ajuste de foco trasero. La cámara deberá operar desde 10 hasta 55 grados C 14 hasta 131 grados F sin calefacción o enfriamiento auxiliar y sin ningún cambio en la calidad o resolución de la imagen. La cámara deberá operar con corriente de 60 Hz AC y deberá ser capaz de operar con voltajes de [105 a 130] [205 a 240] [24] Voltios.

2.6.3.1 Matriz de imágenes de estado sólido

La cámara deberá tener una editor de imágenes de matriz de estado sólido, y la imagen producida por la cámara deberá ser libre de imperfecciones como se define en EIA330. La cámara deberá proveer no menos de 460 líneas horizontales de resolución y la resolución no deberá variar en la vida útil de la cámara. El editor de imágenes deberá tener al menos 768 elementos activos de imagen horizontales x 494 verticales.

2.6.3.2 Sensibilidad

La cámara deberá proveer salida completa de vídeo con el filtro de corte infrarrojo instalado, sin ganancia automática de cámara y con una reflectancia de escena de 75 por ciento usando un lente f/1.2 dando una iluminación de la cubierta de la cámara a 3,200K de 0.2 lux (0.2 pie-bujía) 0.2 mínimo de pie-bujía.

2.6.3.3 Sincronización de cámara

La cámara deberá tener una entrada de sincronización externa, y deberá automáticamente cambiar a sincronización interna si la sincronización externa no está presente. La cámara deberá tener también la capacidad de sincronización haciendo un bloqueo de línea a la frecuencia del cable de corriente AC en el punto de cruce cero, y deberá proveer no menos de más o menos 90 grados de ajuste de fase vertical.

2.6.3.4 Conectores

Las cámaras con lentes con funciones de iris automático, iris manual o zoom y enfoque deberán ser provistas de conectores y cables conforme sea necesario para operar las funciones del lente. El conector de salida de señal de video debe ser un BNC. Las cámaras con transmisores de vídeo de fibra óptica integral deberán contar con conectores de salida de vídeo de fibra óptica tipo bayoneta de punta recta. Un conector debe ser provisto para la sincronización de la entrada externa.

2.6.3.5 Circuitos automáticos

La cámara deberá tener circuitos para balance de blancos a través del lente (TTL, por sus siglas en inglés), balance fijo de blancos y control automático de ganancia.

2.6.4 Cámaras de domo

****

El diseñador debe tener cuidado al aplicar la función de auto iris en aplicaciones de luz baja debido a la inhabilidad de la mayoría de las cámaras de domo para eficientemente alcanzar el ajuste de auto iris para las condiciones de nivel de luz baja. Esto puede resultar en falla prematura del motor de auto iris.

****

2.6.4.1 Sistema interior de cámara de domo

Un sistema interior de cámara de domo deberá ser provisto con cámara integrada instalada e integrada en la cubierta del domo. La cámara deberá cumplir los requerimientos del párrafo: Cámara monocromática de alta resolución o párrafo: Cámara a color de alta resolución como se muestra o se especifica. La cubierta del domo deberá ser nominalmente de 160 Mm. (6 pulgadas) 6 pulgadas y deberá ser instalada en un soporte pendiente o en un soporte de techo como se muestra. El domo bajo deberá estar pintado con acrílico y deberá tener un factor de atenuación de luz de no más de 1 apertura. La caja deberá estar equipada con una base integral pan/tilt (base ajustable de movimiento horizontal y vertical) completa con cableado, arnés de cableado, conectores, receptor/controlador, sistema de control para la base ajustable, tarjetas preposicionadoras o cualquier otro hardware y equipo conforme sea necesario para proporcionar un domo funcional para la base ajustable. La base ajustable de movimiento horizontal y vertical debe tener cojinetes resistentes y engranajes de acero endurecidos. La base ajustable de movimiento horizontal y vertical deber permanecer lubricada. Los motores deben estar protegidos en forma térmica o por impedancia contra daños por sobrecarga. El movimiento horizontal de la base debe ser de 360 grados y el movimiento vertical no debe ser menor de más o menos 90 grados. La velocidad horizontal no debe ser menor a 20 grados por segundo y la velocidad vertical no debe ser menor a 10 grados por segundo. Deberán haber no menos de 64 posiciones preajustadas, con velocidades de posicionamiento de por lo menos 360 grados por segundo en el modo automático y no menos de 120 por segundo en el modo de posicionamiento manual con una exactitud de posicionamiento de más o menos 1/2 grado. Cada conjunto de posiciones preajustadas deberá incluir funciones de autoenfoque, auto iris, panorámica, inclinación y acercamiento. El sistema deberá ser capaz de automáticamente examinar entre cualesquiera dos límites electrónicamente ajustados y deberá ser capaz de operar en el modo de "recorrido" cubriendo todos los preajustes en una secuencia definida por el usuario. El sistema de domo deberá soportar rangos de temperaturas desde menos 10 hasta 50 grados C menos 22 hasta 122 grados F sobre un rango de humedad de 0 hasta 90 por ciento, sin condensación.

2.6.4.2 Sistema exterior de cámara de domo

Un sistema exterior de cámara de domo deberá ser provisto con cámara integrada instalada e integrada en la cubierta del domo. La cámara deberá tener una resolución horizontal mínima de 425 líneas (color) o de 500 líneas (monocromo). La cubierta del domo deberá ser nominalmente de 160 Mm. (6 pulgadas) 6 pulgadas y deberá ser instalada en un soporte pendiente, soporte de poste, soporte de techo, soporte de superficie o soporte de esquina NEMA 4 como se muestra. La cubierta deberá ser resistente al agua y al polvo y ser totalmente operativa en humedad de condensación al 100 por ciento. La caja debe estar equipada con bloques para montar una cámara adicional o contar con soportes conforme sea necesario para posicionar la cámara y el lente especificados para mantener centrada apropiadamente la línea visual. Todas las conexiones eléctricas y de señal requeridas para la operación de la cámara y el lente deben ser proveídas. La cubierta deberá proteger los controladores internos, los posicionadores y la cámara del ambiente encontrado para la operación de la cámara. El domo bajo deberá estar pintado con acrílico y deberá tener un factor de atenuación de luz de no más de 1 apertura. Un calentador integrado, del tamaño necesario para mantener el domo bajo sobre el punto de rocío, deberá ser parte del sistema de la cámara. La caja deberá estar equipada con una base integral pan/tilt (base ajustable de movimiento horizontal y vertical) completa con cableado, arnés de cableado, conectores, receptor/controlador, sistema de control para la base ajustable, tarjetas preposicionadoras o cualquier otro hardware y equipo conforme sea necesario para proporcionar un domo funcional para la base ajustable. La base ajustable de movimiento horizontal y vertical debe tener cojinetes resistentes y engranajes de acero endurecidos. La base ajustable de movimiento horizontal y vertical deber permanecer lubricada. Los motores deben estar protegidos en forma térmica o por impedancia contra daños por sobrecarga. El movimiento horizontal de la base debe ser de 360 grados y el movimiento vertical no debe ser menor de más o menos 90 grados. La velocidad horizontal no debe ser menor a 20 grados por segundo y la velocidad vertical no debe ser menor a 10 grados por segundo. Deberán haber no menos de 99 posiciones preajustadas, con velocidades de posicionamiento de por lo menos 360 grados por segundo en el modo automático y no menos de 120 por segundo en el modo de posicionamiento manual con una exactitud de posicionamiento de más o menos 1/2 grado. Cada conjunto de posiciones preajustadas deberá incluir funciones de autoenfoque, auto iris, panorámica, inclinación y acercamiento. El sistema deberá ser capaz de automáticamente examinar entre cualesquiera dos límites electrónicamente ajustados y deberá ser capaz de operar en el modo de "recorrido" cubriendo todos los preajustes en una secuencia definida por el usuario. El sistema de domo deberá soportar rangos de temperaturas desde menos 40 hasta 50 grados C menos 40 hasta 122 grados F sobre un rango de humedad de 0 hasta 90 por ciento, sin condensación.

2.7 LENTES DE CÁMARA

****

NOTA: El diseñador proveerá planos del campo de visión del lente rotulados con la longitud correcta del enfoque del lente para cada cámara, o una tabla que haga referencia a la ubicación de la cámara y la longitud de enfoque del lente requerida para cumplir con este párrafo.

****

Todos los lentes de las cámaras deberán ser de vidrio con capas ópticas. Los soportes de los lentes deben ser soporte C o CS, compatible con las cámaras seleccionadas. El lente deberá ser provisto con la cámara y deberá tener una apertura relativa máxima de f/1.2 o el máximo disponible para la longitud de enfoque especificada. El lente deberá estar equipado con un mecanismo de auto iris a menos que se especifique de otra manera. Los lentes con funciones de iris automático, iris manual o zoom y enfoque deberán ser provistas de conectores, cables, receptor/controlador y controles conforme sea necesario para operar las funciones del lente. Los lentes deberán tener suficiente círculo de iluminación para cubrir el sensor de imagen en forma regular. No se deberán usar lentes en una cámara con un formato de imagen mayor que el que el lente está diseñado para cubrir. Las longitudes de enfoque de los lentes deberán ser como se muestra o como se especifica en las tablas de selección del fabricante.

2.8 CUBIERTAS Y SOPORTES DE CÁMARA

****

NOTA: El diseñador especificará los tipos de cubiertas a ser usadas en el sitio. El diseñador eliminará las especificaciones de las cubiertas no especificadas para el sitio.

****

La cámara y lente deberán instalarse dentro de una cubierta resistente a forzamiento como se especifica abajo. Cualquier hardware de soporte de cubierta auxiliar necesario para instalar la cubierta en la ubicación de la cámara deberá ser provisto como parte de la cubierta. La cámara y el lente contenido dentro de la cubierta de la cámara deberá ser instalado en el soporte de la cámara como se muestra. Cualquier hardware de soporte necesario para instalar el soporte y para instalar la cámara en el soporte deberá ser provisto como parte del soporte. El soporte de la cámara deberá ser capaz de soportar el equipo a ser montado en él incluyendo cargas de viento y hielo encontradas normalmente en el sitio.

2.8.1 Cubierta de cámara ambientalmente sellada

La cubierta deberá ser diseñada para proveer un ambiente libre de condensación para la operación de la cámara. La cubierta deberá ser resistente al agua y al polvo y ser totalmente operativa en humedad de condensación al 100 por ciento. La cubierta deberá estar libre de aire atmosférico y ser presurizada con nitrógeno seco, deberá estar equipada con una válvula de llenado, una válvula de sobre presión y deberá tener un indicador de humedad visible desde el exterior. La cubierta no deberá tener una tasa de goteo mayor a 13.8 kPa (2 libras por pulgada cuadrada) 2 libras por pulgada cuadrada al nivel del mar dentro de un período de 90 días. La caja debe estar equipada con bloques para montar una cámara adicional o contar con soportes conforme sea necesario para posicionar la cámara y el lente especificados para mantener centrada apropiadamente la línea visual. Todas las conexiones eléctricas y de señal requeridas para la operación de la cámara y el lente deben ser proveídas. La cubierta deberá proveer el ambiente necesario para la operación de la cámara y deberá mantener la ventana de visión libre de niebla, nieve y hielo. La cubierta deberá estar equipada con un protector de sol y tanto la cubierta como el protector de sol deberán ser blancos. Un soporte angular que pueda ser ajustado para centrar el peso de la cubierta y el ensamblaje de la cámara deberá ser provista como parte de la cubierta.

2.8.2 Cubierta de cámara para interiores

La cubierta deberá ser diseñada para proveer una caja resistente al forzamiento para la operación de la cámara en interiores. La cubierta deberá estar equipada con pasadores contra forzamiento y deberá ser proveída con las escuadras apropiadas de soporte para la cámara y el lente especificados. La cubierta y accesorios deberán ser de un color que no cause conflicto con el esquema de color interior del edificio.

249

2.8.3 Soporte interior

El soporte de la cámara deberá ser apropiado tanto para soporte de pared o de techo y deberá tener una cabeza ajustable para soportar la cámara. El soporte de pared y cabeza deberán estar construidos de aluminio o acero con un acabado resistente a la corrosión. La cabeza deberá ser ajustable para una panorámica de 360 grados y no menos de 90 grados de inclinación.

2.8.4 Soporte de techo de bajo perfil

Una cubierta de techo contra forzamiento deberá ser provista para la cámara. La cubierta deberá de bajo perfil y deberá ser apropiada para reemplazar tejas de 610 por 610 mm 2 por 2 pies. La cubierta deberá estar equipada con una escuadra de soporte para la cámara y deberá permitir un ajuste de visión de 360 grados.

2.8.5 Cubierta interior de domo

Una cubierta interior para domo deberá ser provista para cada cámara como se muestra. La cubierta del domo deberá ser de soporte pendiente, soporte de poste, soporte de techo, soporte de superficie o soporte de esquina, como se muestra. El domo bajo deberá estar pintado con acrílico negro opaco y deberá tener un factor de atenuación de luz de no más de 1 apertura. La caja deberá estar equipada con una base integral pan/tilt (base ajustable de movimiento horizontal y vertical) completa con cableado, arnés de cableado, conectores, receptor/controlador, sistema de control para la base ajustable, tarjetas preposicionadoras o cualquier otro hardware y equipo conforme sea necesario para proporcionar un domo funcional para la base ajustable. La base ajustable de movimiento horizontal y vertical debe tener cojinetes resistentes y engranajes de acero endurecidos. La base ajustable de movimiento horizontal y vertical deber permanecer lubricada. Los motores deben estar protegidos en forma térmica o por impedancia contra daños por sobrecarga. El movimiento horizontal de la base debe ser de 360 grados y el movimiento vertical no debe ser menor de más o menos 90 grados. La velocidad horizontal no debe ser menor a 20 grados por segundo y la velocidad vertical no debe ser menor a 10 grados por segundo.

2.8.6 Cubierta exterior de domo

Una cubierta exterior para domo deberá ser provista para cada cámara como se muestra. La cubierta del domo deberá ser de soporte pendiente, soporte de poste, soporte de techo, soporte de superficie o soporte de esquina, como se muestra. La cubierta deberá ser resistente al agua y al polvo y ser totalmente operativa en humedad de condensación al 100 por ciento. La cubierta deberá ser purgada de aire atmosférico y presurizada con nitrógeno seco, deberá estar equipada con una válvula de llenado, una válvula de sobre presión y deberá tener un indicador de presión visible desde el exterior. La caja debe estar equipada con bloques para montar una cámara adicional o contar con soportes conforme sea necesario para posicionar la cámara y el lente especificados para mantener centrada apropiadamente la línea visual. Todas las conexiones eléctricas y de señal requeridas para la operación de la cámara y el lente deben ser proveídas. La cubierta deberá proveer el ambiente necesario para la operación de la cámara. El domo bajo deberá ser negro acrílico y deberá tener un factor de atenuación de no más de 1 apertura. La caja deberá estar equipada con una base integral pan/tilt (base ajustable de movimiento horizontal y vertical) completa con cableado, arnés de cableado, conectores, receptor/controlador, sistema de control para la base ajustable, tarjetas preposicionadoras o cualquier otro hardware y equipo conforme sea necesario para proporcionar un domo funcional para la base ajustable. La base ajustable de movimiento horizontal y vertical debe tener cojinetes resistentes y engranajes de acero endurecidos. La base ajustable de movimiento horizontal y vertical deber permanecer lubricada. Los motores deben estar protegidos en forma térmica o por impedancia contra daños por sobrecarga. El movimiento horizontal de la base debe ser de 360 grados y el movimiento vertical no debe ser menor de más o menos 90 grados. La velocidad horizontal no debe ser menor a 20 grados por segundo y la velocidad vertical no debe ser menor a 10 grados por segundo.

2.8.7 Soporte exterior de pared

****

NOTA: Este párrafo le da al diseñador la elección de las longitudes de soporte de pared más comúnmente usadas. Si otra longitud se requiere el diseñador deberá revisar catálogos de fabricantes de equipo de CCTV para encontrar un soporte en producción actual que llenará el requerimiento.

****

El soporte exterior de pared de la cámara deberá ser de [406.4 mm. (16 pulgadas)] [609.6 mm. (24 pulgadas)] [914.4 mm. (36 pulgadas)] [[____] mm. ([____] pulgadas)] [16] [24] [36] [____] pulgadas de largo y deberá tener una cabeza ajustable para soportar la cámara. El soporte de pared y cabeza deberán estar construidos de aluminio, acero inoxidable o acero con un acabado resistente a la corrosión. La cabeza debe ser ajustable en no menos de más o menos 90 grados de panorámica y no menos de más o menos 45 grados de inclinación. Si la escuadra se usará en conjunto con una panorámica/inclinación, la escuadra deberá ser provista sin la cabeza de soporte ajustable y deberá tener un patrón de agujero de cerrojo que coincida con la base de movimiento horizontal/vertical.

2.8.8 Soporte de panorámica/inclinación

El soporte de panorámica/inclinación deberá ser capaz de soportar la cámara, el lente y la cubierta especificada. Si la panorámica/inclinación se montará en exteriores, la panorámica/inclinación deberá ser para intemperie y de tamaño apropiado para acomodar el peso de la cámara, el lente y la cubierta más la carga máxima de viento encontrada en el sitio de la instalación. La panorámica/inclinación deberá tener cojinetes resistentes, engranajes de acero endurecidos, topes externos ajustables para el movimiento de panorámica/inclinación y frenos mecánicos, dinámicos o de fricción. La base ajustable de movimiento horizontal y vertical deberá permanecer lubricada. Los motores deben estar protegidos en forma térmica o por impedancia contra daños por sobrecarga. El movimiento de panorámica no deberá ser menor a 0 a 360 grados, el movimiento de inclinación no deberá ser menor a más o menos 90 grados. La velocidad horizontal no debe ser menor a 6 grados por segundo y la velocidad vertical no debe ser menor a 3 grados por segundo. La base ajustable de movimiento horizontal y vertical deberá estar proveída completa con cableado, arnés de cableado, conectores, receptor/controlador, sistema de control para la base ajustable, tarjetas preposicionadoras o cualquier otro hardware y equipo conforme sea necesario para proporcionar una base ajustable de movimiento horizontal y vertical que llene los requerimientos de diseño del sitio.

2.8.9 Cubierta a prueba de explosión

La cubierta contra explosión deberá satisfacer los requerimientos de NEMA 4 para localidades peligrosas. La cubierta deberá estar diseñada para proveer una caja resistente al forzamiento y deberá estar equipada con pasadores contra forzamiento. Deberá estar equipada con las escuadras de soporte apropiadas para la cámara y lente especificados.

2.9 PANTALLA DE VÍDEO

****

NOTA: El diseñador especificará el tamaño del tubo de imagen de la pantalla en este párrafo y si la pantalla deberá ser montada en bastidor o en gabinete en el párrafo "Configuración".

****

2.9.1 Pantalla de vídeo monocromática

La pantalla deberá cumplir con las especificaciones EIA 170, EIA ANSI/EIA-375-A y UL 1492. Todos los componentes electrónicos y circuitos deberán ser de estado sólido excepto el tubo de imagen. La pantalla deberá operar con corriente de 120 voltios 60 Hz AC, deberá tener una fuente de alimentación estabilizadora de alto voltaje y fuentes de alimentación reguladas de bajo voltaje. La pantalla deberá tener control de frecuencia automático (AFC, por sus siglas en inglés), ancho de banda mayor a 7 MHz y resolución horizontal no menor a 700 líneas al centro del tubo de imagen. La pantalla deberá ser capaz de reproducir un mínimo de 10 sombras de gris discernibles como se describe en EIA ANSI/EIA-375-A. La entrada de vídeo deberá aceptar vídeo compuesto con bucle conmutable o con terminación de 75 ohm. La pantalla deberá operar con corriente de 60 Hz AC y deberá ser capaz de operar con voltajes de [105 a 130] [205 a 240] [24] Voltios.

2.9.2 Pantalla de vídeo a color

Todos los componentes electrónicos y circuitos deberán ser de estado sólido excepto el tubo de imagen. La pantalla deberá tener una fuente de alimentación estabilizadora de alto voltaje y fuentes de alimentación reguladas de bajo voltaje. La pantalla deberá tener control de frecuencia automático (AFC, por sus siglas en inglés) y resolución horizontal no menor a 280 líneas al centro del tubo de imagen. La entrada de vídeo deberá permitir bucle conmutable o terminación de 75 ohm. La pantalla deberá tener circuitos para desmagnetización automática. La pantalla deberá operar con corriente de 60 Hz AC y deberá ser capaz de operar con voltajes de [105 a 130] [205 a 240] [24] Voltios.

2.9.3 Tubo de imagen

La pantalla deberá tener un tubo de imagen de [230] [305] [380] [508 Mm.] [_____] mm. [9] [12] [15] [20] [_____] pulgadas medido diagonalmente.

2.9.4 Configuración

La pantalla deberá estar configurada en un soporte de [gabinete] [bastidor]. El soporte de bastidor deberá caber en un bastidor de 19 pulgadas estándar EIA 482.6 mm. (19 pulgadas) como se describe en EIA ANSI/EIA-310-D. Las pantallas no deberán interferir una con la otra cuando sean montadas en bastidor u operadas una al lado de la otra como se describe en EIA ANSI/EIA-375-A.

2.9.5 Controles

Deberán proveerse controles en el panel frontal para apagado/encendido, fijación horizontal, fijación vertical, contraste e iluminación. La pantalla deberá tener restauración conmutable de DC.

2.9.6 Conectores para pantalla de vídeo

La entrada y la salida de la señal de video deben ser por medio de conectores BNC.

2.10 CONMUTADOR DE VÍDEO

El conmutador deberá ser de acuerdo a las especificaciones EIA 170 y deberá ser un conmutador de intervalo vertical. Los componentes electrónicos, los subensamblajes y los circuitos del conmutador deberán ser de estado sólido. El conmutador deberá estar basado en microprocesador y ser programable por software. El conmutador deberá ser un sistema modular que deberá permitir la expansión o la modificación de las estaciones de entrada, salida, interfaces de alarma y control secundario por medio de la adición de los módulos apropiados. Los componentes del conmutador deberán operar con corriente de 120 voltios 60 Hz AC. Se deberá poder hacer una interfaz entre el procesador central del conmutador y una computadora maestra de seguridad para la operación y el control integrados. La unidad de procesamiento central (CPU, por sus siglas en inglés) del conmutador de vídeo deberá tener la capacidad de aceptar la hora de un reloj maestro provista en formato ASCII a través de una entrada EIA ANSI/EIA/TIA-232-F. Se deberán proveer todos los componentes, módulos, cables, fuentes de alimentación, software y otros artículos necesarios para un sistema de conmutación de CCTV completo y operativo. El equipo de conmutación deberá ser montado en bastidor a menos que se especifique de otra manera. Se deberá proveer el hardware para montar en bastidor los componentes del conmutador en un bastidor estándar de 482.6 Mm. (19 pulgadas) 19 pulgadas como se describe en EIA ANSI/EIA-310-D.

2.10.1 Software de conmutación

El software del conmutador deberá ser programable y el software deberá ser provisto como parte del conmutador. El software deberá ser instalado en el CPU del conmutador y deberá ser configurado como se requiere en el diseño del sitio. Cambios o alteración a las características bajo el control del software deberán hacer a través de programación en software sin hacerle cambios al hardware ni a la configuración del sistema. El conmutador deberá retener el programa actual por lo menos por 6 horas en el evento de pérdida de corriente y no deberá requerir programación para reiniciar el sistema.

2.10.2 Matriz del conmutador

****
NOTA: El diseñador especificará la matriz del conmutador. Es decir, el número de cámaras que se deberán conmutar hacia el número de pantallas en la consola del CCTV. El diseñador también deberá calcular el porcentaje de expansión del sistema para necesidades futuras y determinar si el 10 por ciento es adecuado.

****

El conmutador deberá ser un conmutador programable multiselector capaz de conmutar cualquier entrada de vídeo hacia cualquier salida de vídeo. El conmutador a ser instalado en el sitio deberá ser configurado para conmutar [_____] cámaras a [_____] pantallas y deberá una capacidad de expansión no menor al [10] [_____] por ciento.

2.10.3 Expansión de conmutador modular

El conmutador deberá ser expansible a un incremento mínimo como se especifica abajo.

2.10.3.1 Módulo de entrada

Se deberán proveer módulos de expansión de hardware para expandir la configuración del conmutador de matriz en incrementos de por lo menos 8 entradas de cámara.

2.10.3.2 Módulo de salida

Se deberán proveer módulos de expansión de hardware para expandir la configuración del conmutador de matriz en incrementos de por lo menos 4 salidas de vídeo.

2.10.4 Interfaz de alarma

****
NOTA: El diseñador determinará el número de entradas de alarma necesarias para la interfaz de alarma. El diseñador debe calcular el porcentaje de expansión para necesidades futuras y determinar si el 10 por ciento es adecuado.

****

Se deberá suministrar una interfaz de alarma con el conmutador. La interfaz deberá ser compatible con el sistema de anuncio de alarma del ESS. La interfaz de alarma deberá supervisar los cierres de las alarmas para ser procesadas por el CPU conmutador. Las entradas de alarma hacia la interfaz de la alarma deberán ser de contacto de relé o a través de una interfaz EIA ANSI/EIA/TIA-232-F. La interfaz de la alarma deberá ser modular y deberá permitir la expansión del sistema. La interfaz de alarma a ser instalada en el sitio deberá ser configurada para manejar [＿＿＿] puntos de alarma y deberá una capacidad de expansión no menor al [10] [＿＿＿] por ciento. Se deberá proveer una salida para activar una grabadora de vídeo.

2.10.5 Tiempo de respuesta y de procesamiento de alarma del conmutador
El tiempo de respuesta del conmutador no deberá ser mayor a 200 milisegundos desde el momento en que la alarma es detectada en la interfaz del conmutador de alarma hasta que la imagen es mostrada en la pantalla. El conmutador deberá continuar procesando alarmas subsecuentes y deberá colocarlas en una cola. El operador deberá ser capaz de visualizar las alarmas en la cola operando una función de liberación de alarma la cual conmuta las alarmas subsecuentes hacia la pantalla en el orden en que ocurrieron.

2.10.6 Teclados de control
Se deberán proveer teclados de control y de programación para el conmutador de video en el centro de seguridad y se deberán proveer teclados de control para cualquier estación de control/supervisión como se muestra. El teclado de control deberá proveer la interfaz entre el operador y el sistema de CCTV y deberá transmitir los comandos del operador hacia el CPU conmutador. El teclado deberá proveer el control de las funciones del conmutador de vídeo necesarias para la operación y la programación del conmutador de vídeo. Los controles deben incluir, pero no limitarse a: programar el conmutador, controlar el conmutador, controlar la función del lente, controlar la función de movimiento horizontal vertical y de acercamiento (PTZ, por sus siglas en inglés), controlar los accesorios de la cubierta ambiental y programar las anotaciones. Si el CPU conmutador requiere un teclado de texto adicional para las funciones de administración del sistema el teclado deberá ser provisto como parte del conmutador de vídeo.

2.10.7 Accesorios para el equipo de control
El conmutador de video deberá ser equipado con unidades de distribución de señal, tarjetas preposicionadoras, unidades de expansión, cables, software o cualquier otro equipo necesario para asegurarse que el sistema de CCTV está completo y plenamente operativo.

2.10.8 Conectores para conmutador de vídeo
La entrada y la salida de la señal de video deben ser por medio de conectores BNC.

2.10.9 Anotación de vídeo
Se deberá proveer equipo de anotación de vídeo para el conmutador de vídeo. La anotación deberá ser alfanumérica y programable para cada fuente de vídeo. Las anotaciones a ser generadas deben incluir, pero no limitarse a: número de identificación de la fuente del vídeo individual, hora (hora, minuto, segundo) en un formato de 24 horas, fecha (mes, día, año) y un título único definido por el usuario de al menos 8 caracteres. La anotación deberá ser insertada en la fuente de vídeo de manera que ambos deberán aparecer en una pantalla o en la grabación. Las líneas de la anotación deberán ser movibles para posicionamiento horizontal y vertical en la imagen del vídeo. La anotación deberá ser ajustada automáticamente en la fecha. La información programada de la anotación deberá ser retenida en memoria por lo menos por 4 horas en el evento de pérdida de energía.

Derechos de autor © 2007 de ASIS International

2.11 MULTIPLEXOR DE VÍDEO

****

NOTA: El diseñador determinará si se requiere operación simple o doble y seleccionará los enunciados apropiados a continuación.

****

El multiplexor de vídeo deberá ser un sistema multicanal de grabación y reproducción con la capacidad de visualización multipantalla en tiempo real monocromática o a color. Los componentes electrónicos, los subensamblajes y los circuitos del multiplexor deberán ser de estado sólido. El multiplexor, usando multiplexación de división de tiempo, deberá permitir hasta 16 entradas de cámara ser grabadas simultáneamente en un único cassette de grabación de vídeo (VCR). Todas las entradas de las 16 cámaras deberán poder verse en una pantalla de vídeo tanto en vivo como después de grabadas. [El multiplexor deberá permitir la visualización de tanto vídeo en vivo como de entrada del VCR (Operación simple)][El multiplexor deberá permitir la visualización simultánea, la reproducción de una grabación y la multiplexación (Operación doble)]. Las entradas deberán poder verse simultáneamente en la pantalla o individualmente en pantalla completa y en otros modos multipantalla tales como 2x2, 3x3, 4x4 u otras configuraciones. El formato de visualización también deberá permitir la capacidad dinámica de acercamiento 2x, a pantalla completa. El multiplexor deberá ser compatible con cámaras de vídeo EIA/NTSC y VHS VCRs estándar o súper. No se deberá requerir sincronización externa de la cámara para la operación apropiada del multiplexor de vídeo. El control de todas las funciones del multiplexor deberán ser provistas tanto por medio de un teclado completamente funcional o por medio de la selección de botones con una configuración de menú en pantalla. El multiplexor deberá retener el programa actual por lo menos por 6 horas en el evento de pérdida de energía.

2.12 GRABADOR DE VÍDEO DE CASSETTE (VCR)

El VCR deberá cumplir con los estándares EIA 170. El VCR deberá ser específicamente diseñado como una grabadora de lapso de tiempo para ser usado en sistemas de seguridad. Los componentes del VCR deberán operar con corriente de 120 voltios 60 Hz AC. La resolución del VCR en modo normal de reproducción no deberá ser menor a 350 líneas horizontales en monocromático y 300 líneas horizontales a color. La proporción señal a ruido no debe ser menor a 40 dB. El VCR deberá tener un circuito de condensación o rocío. El VCR deberá tener un generador incorporado de hora y fecha que pueda apagarse o encenderse y deberá imponer la hora y la fecha en el vídeo durante la grabación. Una batería de respaldo de 24 horas deberá ser provista para proteger la información programada de hora y fecha. El VCR deberá tener una alarma de aviso audible que deberá anunciar el final de la cinta, condensación excesiva, error de transporte de la cinta o que la cinta se ha atorado.

2.12.1 Cinta y transportador de cinta

La cinta de vídeo usada en la grabadora deberá estar contenida en un mecanismo de cassette y no deberá requerir que el operador enhebre la cinta en el mecanismo de transporte. La cinta se deberá cargar por la parte frontal de la grabadora.

2.12.2 Grabación y reproducción

El VCR deberá ser capaz de grabar 168 horas o más en un único casete de cinta con al menos 6 velocidades de lapso a ser seleccionadas por el usuario. El VCR deberá tener una entrada de señal de alarma de contacto al cierre la cual deberá automáticamente conmutarse al modo de grabación de reproducción estándar cuando inicia la alarma. La grabadora deberá alcanzar la velocidad de grabación estable en 1 segundo o menos. El VCR deberá poner una marca de entrada en la cinta al inicio de la grabación de un evento de alarma. La duración de grabación del evento de alarma deberá poderse seleccionar con hasta 3 minutos de grabación automática como mínimo. Deberá proveerse de una funcionalidad para bloquear la grabación que proteja el VCR contra forzamiento a los controles de transporte de la cinta y los controles de encendido una vez la grabación ha iniciado. Las funciones de reproducción deberán incluir: búsqueda de alarma, búsqueda de avance rápido, búsqueda de rebobinado rápido, rebobinado/avance rápido, reproducción, cámara lenta o avance por campo/cuadro y pausa.

2.12.3 Conectores para VCR

La entrada y la salida de la señal de video deben ser por medio de conectores BNC. La grabadora deberá proveer conectores para disparar señal de entrada y salida de la alarma.

2.13 EQUIPO DE SEÑAL DE VÍDEO

```
**************************************************************************
```
NOTA: El diseñador especificará el equipo de señal de vídeo necesario y eliminará el equipo no usado de la especificación del CCTV.
```
**************************************************************************
```

El siguiente equipo de señal de vídeo deberá estar de acuerdo a EIA 170. Equipo alimentado por corriente deberá operar con corriente de 120 Voltios 60 Hz AC. Todas las entradas y salidas de la señal de vídeo deben ser por medio de conectores BNC.

2.13.1 Corrector de bucle de tierra

El bucle de corrector de tierra deberá eliminar la interferencia medida de bucle de tierra (voltaje de modo común) en líneas de transmisión de vídeo de línea de cable o coaxial. El corrector de bucle de tierra deberá transmitir el ancho de banda de vídeo completo sin ninguna atenuación o pérdida de señal. Los correctores de bucle de tierra de abrazadera deberán ser capaces de rechazar por lo menos una señal de modo común de 8 voltios 60 Hz pico a pico. Los transformadores de aislamiento de tierra deberán ser capaces de rechazar por lo menos una señal de modo común de 10 voltios 60 Hz pico a pico. Amplificadores de aislamiento de tierra deberán ser capaces de rechazar por lo menos una señal de modo común de 30 voltios 60 Hz pico a pico. Los correctores de bucle de tierra diferenciales deberán ser capaces de rechazar por lo menos una señal de modo común de 100 voltios 60 Hz pico a pico.

2.13.2 Detector de pérdida/presencia de vídeo

El detector de pérdida/presencia de vídeo deberá supervisar la presencia de señal de vídeo en las líneas de transmisión de vídeo. El detector deberá anunciar una alarma cuando la señal de vídeo caiga debajo de un nivel de umbral establecido previamente. Un ajuste de nivel de umbral deberá ser provisto para cada canal de vídeo y el nivel de umbral deberá poder ser ajustado continuamente a través de un panel de control frontal bloqueable. Un control de reajuste en el panel de control frontal deberá ser provisto para cada canal de vídeo el cual deberá reajustar el detector después de una alarma. La alarma de pérdida de vídeo deberá anunciarse a través de un LED en el panel frontal y un cierre de contacto como mínimo. La entrada de vídeo deberá ser a través del bucle y el vídeo no deberá afectarse cuando el detector se apague. El detector no deberá atenuar ni reducir el nivel de la señal de vídeo al pasar por éste.

2.13.3 Amplificador de ajuste de vídeo

El amplificador de ajuste de vídeo deberá ser diseñado para corregir la pérdida del nivel de la señal de vídeo y para atenuar la alta frecuencia causada por la transmisión de señal de vídeo de larga distancia sobre línea de cable DTM. El amplificador deberá tener controles de ganancia de señal y de ajuste independientes. El amplificador deberá ser capaz de ajustar por lo menos 900 m (3000 pies) 3000 pies de cable coaxial RG-11/U de acuerdo al párrafo Cableado de equipo de señal de vídeo CCTV. El amplificador deberá proveer como mínimo una ganancia de vídeo de más o menos 6 dB y una compensación de alta frecuencia de 12 dB. Por lo menos una salida de vídeo debe proveerse para cada entrada de vídeo. El ancho de banda deberá ser de 10 MHz o mayor y la respuesta a la frecuencia de 8 MHz deberá ser de más o menos 1 dB o menos. El zumbido o el ruido deberá ser de 50 dB abajo de 1 voltio pico a pico o mejor. Las entradas de vídeo deberán ser de 75 ohm no balanceadas, terminadas y aterrizadas diferencialmente. Las salidas de vídeo deberán ser de 75 ohm, diferenciadas, terminadas en la fuente y de 1 voltio pico a pico. El aislamiento de la salida deberá ser de 40 dB o mayor a 5 MHz.

2.13.4 Amplificador de distribución de vídeo

El amplificador de distribución de vídeo deberá ser designado para distribuir una señal de entrada de vídeo única no balanceada a un mínimo de 4 salidas de vídeo terminadas en la fuente de 75 ohm. El amplificador de distribución deberá tener no menos de más o menos 3 dB de ajuste por ganancia para la salida del vídeo. El aislamiento de la salida deberá ser de 40 dB o mayor a 5 MHz. El ancho de banda deberá ser de 10 MHz o mayor y la respuesta a la frecuencia de 8 MHz deberá ser de más o menos 0.5 dB o menos. El zumbido o el ruido deberá ser de 55 dB abajo de 1 voltio pico a pico o mejor.

2.13.5 Generador maestro de vídeo sincronizado

El generador maestro de vídeo sincronizado deberá generar señales de controlador horizontal, controlador vertical, en blanco y sincronización como mínimo, con por lo menos 75 ohm de salida provista para cada señal. El oscilador maestro de cristal deberá ser envejecido previamente y de temperatura estabilizada, en horno o de temperatura compensada. El generador de sincronización deberá ser de entrada de vídeo compuesto y se deberá ajustar a la señal entrante de vídeo. Si no hay vídeo presente en la entrada del vídeo el generador de sincronización deberá conmutar al control interno de cristal. Se deberá proveer no menos de 2.5 microsegundos de avance y 2.5 microsegundos de retraso en la fase horizontal. Se deberá proveer ajuste de ancho de blanco vertical. El ajuste de ancho de blanco vertical deberá tener un rango mínimo de selección de 19, 20 y 21 líneas.

2.13.6 Amplificador de distribución sincronizada de vídeo

El amplificador de distribución de vídeo sincronizado deberá ser un amplificador regenerativo diseñado para distribuir una entrada de señal de sincronización a no menos de 6, 75 ohm de salida. El nivel de salida deberá permanecer constante y no deberá ser afectado por las variaciones de los niveles de entrada. El aislamiento de la salida deberá ser mayor de 35 dB a 5 MHz. Una impedancia alta a través de bucle deberá ser provista adicionalmente a las 6 salidas. El amplificador de distribución deberá tener un rango de retraso variablemente continuo de al menos 250 nanosegundos hasta 2.2 microsegundos. El retraso deberá ser ajustable a través de un control en el panel frontal.

2.14 POSTES DE CÁMARA CCTV

****

NOTA: El diseñador especificará los tipos de postes de cámara a ser usados en el sitio. El diseñador eliminará los postes de cámara no usados de la especificación del CCTV. El párrafo "Poste de cámara levadizo" y el párrafo "Poste de cámara fijo" le dan al diseñador la elección de postes articulados o no articulados. Los postes articulados serán especificados con contrapesos. Si se distribuye sincronización a las cámaras, especificar el arnés de cable con la distribución de la sincronización. El párrafo "Poste de soporte para movimiento horizontal/vertical" le da al diseñador la elección de la longitud del poste de soporte para movimiento horizontal/vertical y el diseñador especificará la altura del poste necesario. El diseñador solamente deberá usar el párrafo "Poste de soporte par movimiento horizontal/vertical" para soportes de movimiento horizontal/vertical. Los postes de movimiento horizontal/vertical deben ser muy robustos para cumplir con el grado de 0.1 a 1 de deflexión especificado y son por lo tanto caros y deben ser fabricados a la medida.

****

2.14.1 Poste levadizo de cámara

El poste de soporte de la cámara deberá ser un poste levadizo de aluminio [no articulado] [articulado] con [contrapesos] [y] base de soporte. Todo el equipo debe ser de acero inoxidable. El plato de soporte de la cámara deberá colocar la cámara a 4.6 m (180 pulgadas) 180 pulgadas verticalmente de la base y 2.7 m (105 pulgadas) 105 pulgadas horizontalmente de la línea de centro del poste a la línea de centro de la cámara. El soporte de la cámara deberá ser ajustable con un mínimo de 40 grados de movimiento horizontal del poste y 6 grados de movimiento horizontal hacia el poste y más o menos 90 grados de inclinación. El poste deberá tener un arnés de cableado interno que rutea [vídeo,] [vídeo, sincronización,] y corriente entre la base del poste y el soporte de la cámara. El arnés de cableado deberá ser compatible con el modelo de la cámara a ser montada en el poste y el vídeo DTM. Se deberá proveer protección contra sobrevoltaje en el poste entre el arnés de cableado y las líneas de entrada de señal electrónica y las líneas de corriente AC. El poste deberá tener un tomacorriente de corriente AC resistente a la intemperie que esté protegido contra sobrevoltaje y tenga un dispositivo de interrupción de falla a tierra. Se deberán proveer interruptores de circuitos separados para la corriente AC de la cámara y el tomacorriente de corriente AC.

2.14.2 Poste recto de cámara

El poste de soporte de la cámara deberá ser un poste recto de aluminio [no articulado] [articulado] con [contrapesos] [y] base de soporte. Todo el equipo debe ser de acero inoxidable. El plato de soporte de la cámara deberá colocar la cámara a 4.6 m 180 pulgadas verticalmente de la base y 508.0 Mm. 20 pulgadas horizontalmente de la línea de centro del poste a la línea de centro de la cámara. El soporte de la cámara deberá ser ajustable con un mínimo de 40 grados de movimiento horizontal del poste y 6 grados de movimiento horizontal hacia el poste y más o menos 90 grados de inclinación. El poste deberá tener un arnés de cableado interno que rutea [vídeo,] [vídeo, sincronización,] y corriente entre la base del poste y el soporte de la cámara. El arnés de cableado deberá ser compatible con la cámara a ser montada en el poste y el vídeo DTM. Se deberá proveer protección contra sobrevoltaje en el poste entre el arnés de cableado y las líneas de entrada de señal electrónica y las líneas de corriente AC. El poste deberá tener un tomacorriente de corriente AC resistente a la intemperie que esté protegido contra sobrevoltaje y tenga un dispositivo de interrupción de falla a tierra. Se deberán proveer interruptores de circuitos separados para la corriente AC de la cámara y el tomacorriente de corriente AC.

2.14.3 Poste de soporte panorámica/inclinación

El poste de soporte para movimiento horizontal/vertical deberá ser un poste recto de acero o aluminio. El poste deberá ser de [_____] metros [_____] pies de alto y deberá tener un plato de soporte en el tope para el movimiento horizontal/vertical. El poste y el plato de soporte deberán tener un acabado resistente a la corrosión. El plato de soporte deberá tener un patrón de agujero de cerrojo que coincida con la base de movimiento horizontal/vertical a ser montada en el poste. Bajo carga máxima, la deflexión total del poste no deberá exceder de 0.1 a un grado. Un conducto de cable deberá ser provisto desde la base del poste hasta el plato de soporte para el movimiento horizontal/vertical. El conducto deberá tener el tamaño adecuado para acomodar todo el cableado necesario para la cámara y el movimiento horizontal/vertical.

2.15 ACCESSORIOS

```
*****************************************************************
```
NOTA: El diseñador proveerá un plano mostrando la cantidad de espacio de bastidor necesario para el equipo de CCTV montado en el bastidor y para colocar los equipos en el bastidor. Coordinar la disposición del equipo de CCTV en el bastidor junto con el equipo de ESS montado en el bastidor.
```
*****************************************************************
```

Se deberán proveer gabinetes de bastidor electrónicos estándar de 482.6 Mm. (19 pulgadas) 19 pulgadas que cumplan con EIA ANSI/EIA-310-D para el sistema de CCTV en el centro de seguridad y los sitios de control/supervisión remota como se muestra.

2.16 INSTALACIÓN ELÉCTRICA Y CABLEADO

El contratista debe proporcionar todo el alambre y cable que no se indica como equipo suministrado por el Gobierno. Todos los componentes de alambre y cable deberán ser capaces de resistir el ambiente en el que el alambre o el cable se instala por un mínimo de 20 años.

2.16.1 Cableado de señal de equipo de vídeo de CCTV

El cable coaxial deberá tener una impedancia característica de 75 ohms más o menos 3 ohms. El cable coaxial de señal RG 59/U deberá tener blindaje que provea un mínimo de 95 por ciento de cobertura, un conductor central sólido de cobre de no menos de 23 AWG, aislamiento de polietileno y una cubierta negra no contaminante de policloruro de vinilo (PVC). El cable coaxial RG 6/U deberá tener blindaje que provea un mínimo de 95 por ciento de cobertura, un conductor central de 18 AWG o mayor, aislamiento de polietileno y una cubierta negra no contaminante de policloruro de vinilo (PVC).

2.16.2 Instalación eléctrica de control de voltaje bajo

El alambrado de control de par cruzado de bajo voltaje a ser usado sobre tierra o como un cable enterrado directo deberá ser provisto como se describe en la Sección 27 15 19.00 10 SISTEMA DE TRANSMISIÓN DE DATOS DE LÍNEA DE ALAMBRE. Cable plenum o riser deberá ser certificado IEEE C2 CL2P.

2.16.3 Cableado de interconexión de datos digitales

Cables de interconexión que llevan datos digitales entre equipo localizado en el centro de seguridad o en un sitio secundario de control/supervisión no deberán ser de menos de 20 AWG y deberán ser cable de cobre de un hilo para cada conductor. El cable o cada conductor individual dentro del cable deberá tener blindaje que provea el 100 por ciento de cobertura. Los cables con un único blindaje deberán tener un alambre drenado blindado con cobre estañado. Cable plenum o riser deberá ser certificado IEEE C2 CL2P.

2.17 PRUEBAS PREVIAS A LA ENTREGA

2.17.1 General

El contratista deberá ensamblar el sistema CCTV de prueba como se especifica y deberá ejecutar las pruebas para demostrar que el desempeño del sistema está de acuerdo con los requerimientos del contrato según los procedimientos de pruebas aprobados previamente. Las pruebas deberán realizarse durante las horas regulares diurnas entre semana. Los números de modelo del equipo a ser probado deben ser idénticos a los que se entregarán en el lugar. Las copias originales de toda la información generada durante las pruebas previas a la entrega, incluso los resultados de cada procedimiento de la prueba, deben entregarse al Gobierno cuando termine la misma para la aprobación del Gobierno de la prueba. El informe de la prueba debe ordenarse de tal manera que todos los comandos, estímulos y respuestas tengan una correlación para permitir una interpretación lógica.

2.17.2 Configuración de pruebas

El contratista deberá proveer el equipo necesario para la configuración de la prueba y deberá configurarlo para proveer alarma activada por una llamada de la cámara y grabaciones de la alarma como se requiere para emular el sistema instalado. La configuración de la prueba deberá consistir de al menos 4 circuitos completos de cámara. La configuración de la prueba de entrada de señal de alarma al CCTV deberá hacerse por el mismo método usado en el sistema instalado. El conmutador de vídeo deberá ser capaz de conmutar cualquier cámara hacia cualquier pantalla en cualquier combinación de cámaras hacia cualquier combinación de pantallas. La configuración mínima de pruebas debe incluir:

259

a. Cuatro cámaras de vídeo y lentes, incluyendo cámaras de domo si éstas se requieren en el sistema instalado.

b. Tres pantallas de vídeo.

c. Una grabadora de vídeo si ésta se requiere en el sistema instalado.

d. Conmutador de vídeo incluyendo módulos de entrada de vídeo, módulos de salida de vídeo y software de control y de aplicación.

e. Un multiplexor de vídeo si éste se requiere en el sistema instalado.

f. Panel de entrada de alarma si éste se requiere en el sistema instalado.

g. Soporte de movimiento horizontal/vertical y controlador de movimiento horizontal/vertical si el sistema instalado incluye cámaras en soportes de movimiento horizontal/vertical.

h. Cualquier equipo auxiliar asociado con un circuito de cámara, tal como amplificadores de ecualización, detectores de pérdida/presencia de vídeo, terminadores, correctores de bucles de tierra, protectores de sobretensión u otros dispositivos de vídeo en línea.

i. Cableado para todos los componentes.

PARTE 3 EJECUCIÓN

3.1 INSTALACIÓN

****

NOTA: Se puede considerar usar tubería metálica eléctrica (EMT, por sus siglas en inglés) si es usada solamente dentro de las áreas protegidas seguras.

****

El contratista deberá instalar todos los componentes del sistema incluyendo el equipo y los accesorios suministrados por el Gobierno de acuerdo con las instrucciones del fabricante, IEEE C2 como se muestra y deberá suministrar todos los conectores, terminadores, interconexiones, servicios y ajustes necesarios requeridos para un sistema completo y operativo. Los canales para conductores eléctricos deberán ser suministrados e instalados como se especifica en la Sección 33 70 02.00 10 SISTEMA DE DISTRIBUCIÓN ELÉCTRICO, BAJO TIERRA y la Sección 26 20 00 SISTEMA INTERIOR DE DISTRIBUCIÓN. Los DTM no se deberán meter dentro de los conductos ni colocarse en canales para conductores eléctricos, compartimientos, cajas de distribución, cajas de conexión o conectores similares a otro cableado del edificio. Todo otro trabajo eléctrico deberá ser especificado en las secciones anteriores incluyendo trabajos de tierra para evitar que bucles de tierra, ruido y protectores de sobrevoltaje afecten en forma adversa la operación del sistema.

3.1.1 Condiciones actuales del sitio

El contratista deberá visitar el sitio y verificar que las condiciones del sitio están de acuerdo con el paquete de diseño. El contratista deberá informar de todos los cambios al sitio o condiciones que afectarán el desempeño del sistema al Gobierno en un informe como se define en el párrafo Grupo II Paquete Técnico de Datos. El contratista no deberá hacer ninguna acción correctiva sin el permiso por escrito del Gobierno.

3.1.2 Equipo existente

El contratista deberá conectar a y utilizar el equipo de vídeo existente, líneas de transmisión de vídeo y control y dispositivos como se muestra. Se puede volver a usar equipo de vídeo y líneas de señal que son útiles en su configuración original sin modificaciones con la aprobación del Gobierno. El contratista deberá realizar una encuesta de campo, incluyendo pruebas e inspecciones a todo el equipo de vídeo y de líneas de señal existente que se pretenda incorporar al sistema de

CCTV y suministrar un informe al Gobierno como parte del reporte de la encuesta del sitio, como se define en el párrafo "Grupo II Paquete Técnico de Datos." Para aquellos artículos que se considere que no funcionan se deberá proveer (junto con el informe) hojas de especificación o requerimientos funcionales por escrito para apoyar los hallazgos y el costo estimado para corregir las deficiencias. Como parte del informe, el contratista deberá incluir la fecha necesaria programada para la conexión de todo el equipo existente. El contratista deberá hacer requerimientos por escrito y obtener aprobación previo a desconectar cualquier línea de señal y equipo y crear tiempo de inactividad del equipo. Tal trabajo deberá proceder solamente después de recibir la aprobación del Gobierno de estos requerimientos. Si cualquier dispositivo falla después que el contratista ha comenzado a trabajar en ese dispositivo, señal o línea de control, el contratista deberá diagnosticar la falla y ejecutar cualquier corrección necesaria al equipo. El Gobierno es responsable del mantenimiento y la reparación del equipo del Gobierno. El contratista será responsable por los costos de reparación que se deriven de la negligencia o abuso del contratista del equipo del Gobierno.

3.1.3 Penetraciones en las cajas

Toda penetración dentro de las cajas deberá hacerse desde la parte inferior a menos que el diseño del sistema requiera penetraciones desde otras direcciones. Las penetraciones dentro de las cajas interiores que involucran transiciones de conducto del interior al exterior y toda penetración dentro de las cajas exteriores deberán sellarse con sellador de silicona de hule para impedir la entrada de agua. El conductor vertical deberá terminar en un terminador de cable sumergido en metal galvanizado caliente. El terminador deberá llenarse con un sellador aprobado según la recomendación del fabricante del cable y de tal forma que no se dañe el cable.

3.1.4 Galvanización en frío

Todas las soldaduras realizadas en el lugar y soldaduras con cobre de cajas galvanizadas de fábrica, cajas y conductos deberán recubrirse con una pintura galvanizada en frío que contenga por lo menos 95 por ciento de zinc por peso.

3.1.5 Interconexión de equipo de vídeo de consola

El contratista deberá conectar las rutas de señal entre el equipo de vídeo con cable coaxial RG-6/U. Los cables deberán ser tan cortos como sea posible para cada ruta de señal sin causar tensión en los conectores. El equipo montado en bastidor sobre soportes deslizantes deberán tener cables lo suficientemente largos que permitan la extensión completa de los carriles deslizantes del bastidor.

3.1.6 Cámaras

El contratista deberá instalar las cámaras con lente de longitud de enfoque apropiado como se indica para cada zona; conectar las líneas de señal y de corriente a la cámara; ajustar las cámaras con lentes de iris fijo a la apertura apropiada para dar nivel de vídeo completo; dirigir la cámara para dar el campo de visión que se necesite para cubrir la zona de alarma; dirigir las cámaras de montaje fijo instaladas en exteriores que están orientadas al occidente o al poniente suficientemente debajo del horizonte para evitar que la cámara vea directamente al sol; enfocar el lente para dar una imagen clara del campo de visión entero y sincronizar todas las cámaras de modo que la imagen no gire en la pantalla cuando las cámaras sean seleccionadas. Las cámaras de domo deberán tener todas las posiciones preajustadas definidas e instaladas.

3.1.7 Pantallas

El contratista deberá instalar las pantallas como se muestra y se especifica; conectar todas las señales de entrada y salida como se muestra y se especifica; terminar las señales de entrada de vídeo como se requiere y conectar la pantalla a la corriente AC.

3.1.8 Conmutador

El contratista deberá instalar el conmutador como se muestra de acuerdo a las instrucciones del fabricante; conectar todos los subensamblajes como lo especifica el fabricante y como se muestra; conectar las señales de entrada y salida de vídeo como se muestra y se especifica; terminar las entradas de vídeo como se requiere; conectar las señales de entrada y salida de alarma como se muestra y se especifica; conectar las señales de control de entrada y salida de los equipos auxiliares o en sitios secundarios de control/supervisión como se especifica por el fabricante y como se muestra; conectar el CPU del conmutador y los subensamblajes del conmutador a la corriente AC; cargar todo el software como se especifica y como se requiere para un sistema de CCTV operativo configurado para los requerimientos del sitio, incluyendo bases de datos, parámetros operacionales y programas de sistema, de comando y de aplicación; proveer el original y las 2 copias de respaldo de todo el software aceptado después de la finalización exitosa de la prueba de resistencia y programar la anotación de vídeo para cada cámara.

3.1.9 Equipo de grabación de vídeo

El contratista deberá instalar el equipo de grabación de vídeo como se muestra y como se especifica por el fabricante; conectar las señales de entrada y salida de vídeo como se muestra y como se especifica; conectar las señales de entrada y salida de alarma como se muestra y se especifica y conectar el equipo de grabación de vídeo a la corriente AC.

3.1.10 Equipo de señal de vídeo

El contratista deberá instalar el equipo de señal de vídeo como se especifica por el fabricante y como se muestra; conectar las señales de entrada y salida de vídeo como se muestra y se especifica; terminar las entradas de vídeo como se requiere; conectar las señales de entrada y salida de alarma como se requiere; conectar las señales de control de entrada y salida como se requiere y conectar el equipo alimentado eléctricamente a la corriente AC.

3.1.11 Cajas, soportes y postes de cámara

****

NOTA: El diseñador especificará los números correctos de Sección para la fundición en concreto de los postes de cámara, el trabajo eléctrico y el cable de señal de control.

****

El contratista deberá instalar las cajas y los soportes de la cámara como se especifica por el fabricante y como se muestra, proveer hardware de soporte de tamaño apropiado para asegurar cada cámara, cajas y soportes con carga máxima de viento y hielo encontradas en el sitio; proveer una fundición para cada poste de cámara como se especifica y se muestra; proveer una varilla de tierra para cada poste de cámara y conectar el poste de cámara a la varilla de tierra como se especifica en la Sección [_____]; proveer cable eléctrico y de transmisión de señal para la localización del soporte como se especifica en la Sección [_____]; conectar líneas de señal y corriente AC a las interfaces de los soportes y conectar el arnés de cable del poste a la cámara.

3.2 ARRANQUE DEL SISTEMA

El contratista no deberá conectar la corriente eléctrica al sistema de CCTV hasta haber completado lo siguiente:

a. Los artículos del equipo del sistema de CCTV y DTM han sido ajustados de acuerdo a las instrucciones del fabricante.

b. Una inspección visual del sistema CCTV ha sido realizada para asegurar que artículos de equipo defectuoso no han sido instalados y que no existe ninguna conexión floja.

c. El cableado del sistema ha sido probado y verificado que está correctamente conectado como se indica.

d. Se ha verificado que todas las conexiones a tierra del sistema y los sistemas de protección transitoria se han instalado y conectado como se indica.

e. Las fuentes de alimentación que se conectarán al sistema de CCTV se han verificado en cuanto al voltaje correcto, ajuste de fase y frecuencia como se indica.

f. La satisfacción de los requerimientos anteriores no deberá liberar al contratista de la responsabilidad por la instalación incorrecta, artículos defectuosos del equipo o daños colaterales como resultado de trabajo/equipo del contratista.

3.3 CONTROL DE CALIDAD ADICIONAL DEL CONTRATISTA

****

NOTA: Los requerimientos de control de calidad del contratista para todos los proyectos IDS, como se enuncia en ER 1180-1-6, deberán ser incluidos en contratos, sin tener en cuenta el incremento en los costos del proyecto. Normalmente este requerimiento de control de calidad del contratista se aplica a proyectos mayores a $1,000,000.

****

Los siguientes requerimientos suplementan los requerimientos de control de calidad del contratista especificados en otro sitio en el contrato. El contratista deberá proveer los servicios de representantes técnicos quienes estén completamente familiarizados con todos los componentes y procedimientos de instalación de los IDS instalados y estén aprobados por el Oficial contratante. Estos representantes estarán presentes en el sitio de trabajo durante las fases de preparación e inicial del control de calidad para proveer asistencia técnica. Estos representantes también deberán estar disponibles cuando se necesite para proveer asistencia con las fases de seguimiento del control de calidad. Estos representantes técnicos deberán participar en la prueba y validación del sistema y deberán proveer certificación que sus porciones respectivas del sistema llenan sus requerimientos contractuales.

3.4 PRUEBAS EN EL SITIO

3.4.1 General

El contratista deberá proveer todo el personal, equipo, instrumentación y suministros necesarios para llevar a cabo todas las pruebas de sitio. El Gobierno será testigo de toda la verificación de desempeño y las pruebas de resistencia. Se deberá obtener permiso por escrito del Gobierno antes de proceder con la siguiente fase de pruebas. Las copias originales de toda la información generada durante las pruebas de verificación del desempeño y de resistencia deberán entregarse al Gobierno cuando se termina cada fase de la prueba, antes de la aprobación del Gobierno de la misma.

3.4.2 Pruebas de campo del contratista

****

NOTA: En el artículo (a), incluir uno o más de los siguientes UFGS para el medio apropiado de transmisión de vídeo y de transmisión de señal y control: Sección 27 15 19.00 10 SISTEMA DE TRANSMISIÓN DE DATOS POR CABLE, Sección 27 21 10.00 10 SISTEMA DE TRANSMISIÓN DE DATOS POR FIBRA ÓPTICA o Sección 33 82 33.00 10 MEDIO DE TRANSMISIÓN DE DATOS POR CABLE COAXIAL.

****

263

El contratista deberá calibrar y probar todo el equipo, verificar la operación del DTM, poner en servicio el sistema integrado y probar el sistema integrado. Las varillas de tierra instaladas por el contratista deberán ser probadas como se especifica en IEEE Std 142. El contratista deberá entregar un informe que describa los resultados de las pruebas funcionales, los diagnósticos y las calibraciones incluyendo certificación por escrito del Gobierno que el sistema instalado completo ha sido calibrado, probado y está listo para comenzar la prueba de verificación del desempeño. El informe también deberá incluir una copia de los procedimientos aprobados de la prueba de verificación de desempeño. Adicionalmente, el contratista deberá hacer una grabación de cinta de vídeo mostrando vistas típicas de día y de noche de cada cámara en el sistema y deberá entregar la cinta junto con el informe. Notar cualquier objeto en el campo de visión que podría producir iluminaciones que podrían cegar a la cámara. Notar cualquier objeto en el campo de visión o anomalías en el terreno que podrían causar puntos ciegos. Notar si la cámara no puede dirigirse para cubrir la zona y excluir el sol cuando nace y se oculta de la imagen. Notar capacidades de evaluación nocturna y si las luces de los vehículos causan brillo o degradación de la imagen. Si cualquiera de las condiciones anteriores u otras condiciones existen que causan degradación de la imagen o interfieren con el campo de visión de la cámara el contratista deberá informar al oficial contratante. La cinta debe ser grabada usando la grabadora de vídeo instalada como parte del sistema de CCTV. Si una grabación no es parte del sistema de CCTV, el contratista podrá proveer la cinta en el formato sistema de vídeo casero (VHS, por sus siglas en inglés). El contratista deberá proveer al Gobierno la cinta original como parte de la documentación del sistema y deberá enviar una carta certificando que el sistema de CCTV está listo para la prueba de verificación del desempeño. Las pruebas de campo deberán incluir como mínimo:

a. Verificar que se ha instalado, probado y aprobado como se especifica el sistema de transmisión de vídeo así como cualquier cableado de señal o control.

b. Cuando el sistema incluye paneles de conmutación remotos o estaciones de supervisión/control remoto, verificar que los dispositivos remotos funcionan, se comunican con el centro de seguridad y desempeñan todas las funciones como se especifica.

c. Verificar que el conmutador funciona completamente y que el software del conmutador se ha programado como se requiere para la configuración del lugar.

d. Verificar que el software del conmutador funciona correctamente. Se deberán ejecutar todas las funciones del software.

e. Verificar que los multiplexores de vídeo funcionan correctamente.

f. Operación de todos los controles mecánicos y eléctricos del conmutador y verificar que los controles desempeñan las funciones designadas.

g. Verificar que todas las fuentes de vídeo y las salidas de vídeo proveen una señal de ancho de banda completa que cumple con EIA 170 en todas las entradas de vídeo.

h. Verificar que todas las señales de vídeo terminan adecuadamente.

i. Verificar que todas las cámaras se dirigen y enfocan adecuadamente. El contratista deberá realizar una prueba de recorrido del área cubierta por cada cámara para verificar el campo de visión.

j. Verificar que las cámaras que miran en la dirección al sol naciente o poniente apuntan suficientemente por debajo del horizonte de modo que la cámara no ve el sol directamente.

k. Si se utilizan vehículos en la proximidad de las áreas evaluadas, verificar las capacidades de evaluación nocturna y determinar si las luces delanteras ocasionan brillo o degradación de la imagen.

l. Verificar que todas las cámaras estén sincronizadas y que la imagen no gira cuando las cámaras se intercambian.

m. Verificar que la interfase de alarma al IDS funciona y que la presentación en pantalla de la cámara automática funciona con la anotación apropiada para todas las cámaras y puntos de alarma ESS que se designó.

Derechos de autor © 2007 de ASIS International

n. Cuando se usan soportes de movimiento horizontal/vertical en el sistema, verificar que los topes de límite han sido colocados correctamente. Verificar que todos los controles del movimiento horizontal/vertical son operativos y que los controles ejecutan la función deseada. Si se utilizan controles de posición previa, verificar que todas las posiciones de inicio se han establecido correctamente y que se han probado para función de inicio automática y posición de inicio correcta.

o. Cuando se usan soportes de cámara de domo en el sistema, verificar que todas las posiciones previas se han establecido correctamente y que el domo también opera correctamente en el modo de control manual.

El contratista deberá entregar un informe que describa los resultados de las pruebas funcionales, diagnósticos y calibraciones, incluso certificación por escrito al Gobierno que el equipo completo, instalado ha sido calibrado, probado y está listo para la prueba de verificación del desempeño. El informe también deberá incluir una copia de los procedimientos aprobados de la prueba de verificación de desempeño.

3.4.3 Prueba de verificación del desempeño

El contratista deberá demostrar que el sistema de CCTV completo cumple con los requerimientos del contrato. Usando los procedimientos de pruebas aprobados, todos los requerimientos físicos y funcionales del proyecto deberán ser demostrados y mostrados. La prueba de verificación del desempeño, como se especifica, no debe dar inicio hasta recibir el contratista el permiso por escrito del Gobierno, basado en el informe por escrito del contratista. Éste deberá incluir la certificación de haber completado exitosamente las Pruebas de campo del contratista como se especifica en el párrafo "Pruebas de campo del contratista" y de haber completado exitosamente la capacitación como se especifica. Si el sistema de CCTV se instala junto con un ESS, la prueba de verificación del desempeño del CCTV deberá hacerse simultáneamente con la prueba de verificación del desempeño del ESS. El Gobierno puede terminar las pruebas en cualquier momento cuando el sistema falla en ejecutar como se especifica. Al terminar las pruebas por el Gobierno o por el contratista, el contratista deberá comenzar un período de evaluación como se describe para la Fase de pruebas de resistencia II. Al completar exitosamente la prueba de verificación del desempeño, el contratista deberá entregar informes y otra documentación como se especifica al Gobierno previo a comenzar la prueba de resistencia.

3.4.4 Prueba de resistencia

a. El contratista deberá demostrar los requerimientos especificados del sistema completo. La prueba de resistencia deberá ser realizada en fases como se especifica. La prueba de resistencia no deberá ser iniciada hasta que el Gobierno notifique al contratista, por escrito, que la prueba de verificación del desempeño se ha completado satisfactoriamente, que la capacitación como se especificó ha sido terminada y que la corrección de todas las deficiencias pendientes ha sido satisfactoriamente terminada. Si el sistema de CCTV se instala junto con un ESS, la prueba de verificación del desempeño del CCTV deberá hacerse simultáneamente con la prueba de verificación del desempeño del ESS. El contratista deberá proveer un operador para operar el sistema 24 horas al día, incluyendo fines de semana y vacaciones, durante la Fase I y la Fase II de la prueba de resistencia, adicionalmente a cualquier personal que el Gobierno ponga a disposición. El Gobierno puede terminar las pruebas en cualquier momento que el sistema falle en ejecutar como se especifica. Al terminar las pruebas por el Gobierno o por el contratista, el contratista deberá comenzar un período de evaluación como se describe para la Fase II. Durante el último día de la prueba el contratista deberá verificar la operación de cada cámara. Al completar exitosamente la prueba de resistencia, el contratista deberá entregar informes y otra documentación como se especifica al Gobierno previo a la aceptación del sistema.

265

b. Fase I (Pruebas): La prueba deberá llevarse a cabo 24 horas al día durante 15 días calendarios consecutivos, incluyendo días festivos y el sistema deberá funcionar como se especifica. El contratista no deberá hacer reparaciones durante esta fase de prueba a menos que el Gobierno lo autorice por escrito. Si el sistema no experimenta fallas durante la prueba de la Fase I de prueba, el contratista puede proceder directamente a la prueba de la Fase II, después de recibir el permiso por escrito del Gobierno.

c. Fase II (Evaluación): Después de la conclusión de la prueba de la Fase I, el contratista deberá identificar todas las fallas, determinar las causas de todas las fallas, reparar todas las fallas y entregar un informe por escrito al Gobierno. El informe deberá explicar en detalle la naturaleza de cada falla, las acciones correctivas tomadas, los resultados de las pruebas realizadas y deberá recomendar el punto a partir del cual las pruebas deben ser retomadas. Después de entregar el informe por escrito, el contratista deberá convocar a una reunión de revisión de la prueba en el sitio del trabajo para presentar los resultados y las recomendaciones al Gobierno. La reunión no deberá ser programada antes de 5 días hábiles después que el Gobierno ha recibido el informe. Como parte de esta reunión de revisión de la prueba, el contratista deberá demostrar que todas las fallas han sido corregidas ejecutando las porciones apropiadas de la prueba de verificación del desempeño. Con base en el informe del contratista y la reunión de revisión de la prueba, el Gobierno determinará la fecha de reinicio o puede solicitar que se repita la Fase I. Si la nueva prueba se completa sin ninguna falla, el contratista puede proceder directamente a la prueba de la Fase II después de que el contratista reciba el permiso por escrito del Gobierno.

d. Fase III (Pruebas): La prueba deberá llevarse a cabo 24 horas al día durante 15 días calendarios consecutivos, incluyendo días festivos y el sistema deberá funcionar como se especifica. El contratista no deberá hacer reparaciones durante esta fase de prueba a menos que el Gobierno lo autorice por escrito.

e. Fase IV (Evaluación): Después de la conclusión de la prueba de la Fase III, el contratista deberá identificar todas las fallas, determinar las causas de todas las fallas, reparar todas las fallas y entregar un informe por escrito al Gobierno. El informe deberá explicar en detalle la naturaleza de cada falla, las acciones correctivas tomadas, los resultados de las pruebas realizadas y deberá recomendar el punto a partir del cual las pruebas debe ser retomadas. Después de entregar el informe por escrito, el contratista deberá convocar a una reunión de revisión de la prueba en el sitio del trabajo para presentar los resultados y las recomendaciones al Gobierno. La reunión no deberá ser programada antes de 5 días hábiles después que el Gobierno ha recibido el informe. Como parte de esta reunión de revisión de la prueba, el contratista deberá demostrar que todas las fallas han sido corregidas repitiendo las porciones apropiadas de la prueba de verificación del desempeño. Con base en el informe del contratista y la reunión de revisión de la prueba, el Gobierno determinará la fecha de reinicio y puede solicitar que se repita la Fase III. El contratista no deberá comenzar ninguna repetición de prueba requerida sino hasta después de recibir notificación por escrito del Gobierno. Después de la conclusión de cualquier repetición de prueba que el Gobierno pudiera requerir, la Fase IV de evaluación deberá repetirse como si la Fase III acabara de completarse.

f. Exclusiones: El contratista no será responsable por fallas que resulten de lo siguiente:

(1) Una interrupción de la fuente principal de energía en exceso de la capacidad de cualquier fuente de respaldo de energía, siempre que se haya realizado el inicio automático de todas las fuentes de respaldo.

(2) Falla de un circuito DTM suministrado por el Gobierno, siempre que la falla no se deba al equipo, instalación o software suministrado por el contratista.

(3) Falla de un equipo existente propiedad del Gobierno, siempre que la falla no se deba al equipo, instalación o software suministrado por el contratista.

— Fin de sección

Apéndice 2: Ejemplo de símbolos de planos de seguridad

(A)	CONTACTO DE ALARMA
(AP)	TELÉFONO AUDITIVO
ılılılı	BATERÍA
	BRAZO DE BARRERA
BIO	BIOMÉTRICO
	TIMBRE
	CÁMARA: FIJA
	CÁMARA CON MOVIMIENTO CIRCULAR, INCLINACIÓN Y ACERCAMIENTO
	CAPACITADOR
	LECTOR DE TARJETAS
K	LECTOR DE TARJETAS CON TECLADO
	CONTACTO ABIERTO
	CONTACTO CERRADO
DE	DISPOSITIVO DE EGRESO CON RETRASO
	DIODO DEL DISPOSITIVO
	DIODO
O	OPERADOR DE PUERTA
	ALTAVOCES DE DOBLE LADO
DD	DETECTOR DE DUCTO
EC	CILINDRO ELÉCTRICO
DB	CERROJO ELÉCTRICO DESACTIVADO
L	CERRADURA ELÉCTRICA, GENÉRICA
E	CERRADURA ELÉCTRICA
ER	CERRADURA ELÉCTRICA CON REX
S	MECANISMO ELÉCTRICO
EP	PÁNICO ELECTRIFICADO
E	BOTÓN DE EMERGENCIA/PÁNICO
	ABRIR PUERTA DE EMERGENCIA
E	APAGAR ENERGÍA DE EMERGENCIA
FR	RECEPTOR DE FIBRA ÓPTICA

FX	TRANSMISOR DE FIBRA ÓPTICA
FXR	TRANSMISOR RECEPTOR DE FIBRA ÓPTICA
FMR	RECEPTOR DE FM
FMX	TRANSMISOR DE FM
	CONEXIÓN: CAMPO
	CONEXIÓN: ARMARIO DE SEGURIDAD O SFP
	INTERRUPTOR DE FLUJO
	SENSOR DE CRISTAL ROTO
G	PANEL DE ANUNCIO GRÁFICO
	CHASIS DE SUELO
	SUELO_TIERRA
H &	LUZ DE ADVERTENCIA DE HALÓGENO IMPEDIMENTO
	AURICULAR
HD	DETECTOR DE CALOR
HMD	SENSOR DE HUMEDAD
H	MONTAJE DE SUPERFICIE DE CAJA
H	CAJA CON ESTROBOSCOPIO
I	INTERFONO
	DETECTOR DE IONIZACIÓN
J	CAJA DE CONECTORES
K	TECLADO
K|S	INTERRUPTOR DE CLAVE
	LUZ
R	LUZ, LETRA INDICA COLOR
S	LUZ, ESTREBOSCOPIO
IR	LUZ, INFRAROJO
LN	RUIDO LOCAL
LBS	BLOQUEAR SENSOR PROMINENTE
LS	BLOQUEAR SENSOR

267

LM	CERRADURA, MANUAL
	PUERTA MAGNÉTICA PERMANECE ABIERTA
MA	CERRADURA MAGNÉTICA CON SENSOR
M	CERRADURA MAGNÉTICA
	PALANCA MANUAL PARA INCENDIOS
MP	BARRA MANUAL DE PÁNICO
M	PUNTO MECÁNICO
$	SUJETADOR DE DINERO
	MONITOR
	DETECTOR DE MOVIMIENTO, SOLICITUD DE SALIDA 360
	DETECCIÓN DE MOVIMIENTO. ESPACIO DE PROTECCIÓN DE DIRECCIÓN
	DETECCIÓN DE MOVIMIENTO. ESPACIO DE PROTECCIÓN
PH	HARDWARE DE PÁNICO
PHPB	PROPULSOR DE ENERGÍA DEL HARDWARE DE PÁNICO
	BUSCAPERSONAS
	REFLECTOR FOTOELÉCTRICO
	FOTOELÉCTRICO, RECEPTOR
	TRANSMISOR RECEPTOR FOTOELÉCTRICO
	TRANSMISOR FOTOELÉCTRICO
PT	DISPOSITIVO DE TRANSFERENCIA DE ENERGÍA BISAGRA, CORDÓN, CON GIRO
PB	BOTÓN PARA PRESIONAR
	BOTÓN PARA ABRIR ABIERTO
	BOTÓN PARA PRESIONAR CERRADO
	DIODO DE RELEVO
R	CONTROL REMOTO INDICA PANEL
	RESISTENCIA

	LADO SEGURO
SFP	PANEL DE CAMPO DE SEGURIDAD
M	MICRÓFONO DE SEGURIDAD
SG	ALAMBRE DE CALIBRE DE ESTRÉS
SS	INTERRUPTOR DEL SENSOR
SL	CERRADURA A CIZALLA
SD	DETECTOR DE HUMO
S	ALTAVOZ
SP	TELÉFONO CON ALTAVOZ
S_D	INTERRUPTOR, GRADUAL
TS	INTERRUPTOR DE DETECCIÓN CONTRA FORZAMIENTO
T	INTERRUPTOR DEL SENSOR DE TEMPERATURA
T/L	MICRÓFONO PARA HABLAR/ESCUCHAR
TE	ENTRADA DEL TELÉFONO
	CAJA DE PARED DEL TELÉFONO
T	INTERRUPTOR DEL SENSOR DE TEMPERATURA
TS	SONIDO DE TONO
TP	HARDWARE DE PÁNICO AL TACTO
	RECEPTOR ULTRASÓNICO
	TRANSMISOR ULTRASÓNICO
	VÁLVULA CONTRA FORZAMIENTO
VMD	DETECTOR DE MOVIMIENTO DE VÍDEO
V	LUZ DE ACERCAMIENTO DE VEHÍCULO
S	MONTADO EN PARED
	CAJA DE PARED
	CAMPANA DE ADVERTENCIA

Capítulo 7: Administración del proyecto de sistemas de protección física

Temas

Este capítulo cubre los siguientes temas:

- Visión general de los proyectos de seguridad.
- Definición del proyecto.
- Definición de administración de proyectos.
- Fases del proyecto e implementación del PPS.
- Cualidades del administrador de proyectos.
- Atributos de los proyectos exitosos.
- Las cuatro etapas de los proyectos.
- Estructura detallada del trabajo.
- Definición de entregas o productos finales.
- Determinación y secuencia de actividades.
- Programación y control del proyecto.

Introducción

La administración de proyectos ha evolucionado para planificar, coordinar y controlar las actividades complejas y diversas de los proyectos de seguridad modernos. Existen muchas fuerzas que impulsan el desarrollo de técnicas de administración de proyectos: la expansión exponencial del conocimiento humano, la creciente demanda de sistemas de seguridad de amplio alcance, personalizados y complejos, así como la evolución de los mercados competitivos alrededor del mundo para productos y servicios de seguridad. Estas tres fuerzas combinadas ordenan la utilización de equipos de trabajo para solucionar problemas que solían ser resueltos por personas.

¿Qué es un proyecto?

En su libro sobre administración de proyectos, Paul Dinsmore define proyecto así: "A proyecto es un esfuerzo temporal emprendido para alcanzar un proceso único". Normalmente, los proyectos involucran a varias personas que realizan actividades interrelacionadas y con frecuencia el patrocinador principal del proyecto está interesado en el uso efectivo de los recursos para completar el proyecto de una forma eficiente y oportuna.

Atributos de un proyecto

Los siguientes atributos de un proyecto proporcionan un mayor entendimiento de cómo se diferencian los proyectos del trabajo habitual:

- Un proyecto tiene un propósito único y un objetivo explícito para completarse dentro de especificaciones de presupuesto y tiempo.
- Un proyecto es temporal y tiene un inicio y un final definido. Ocurre sólo una vez y luego se termina.

269

- Un proyecto requiere de recursos como dinero, gente, equipo y suministros. A menudo, éstos provienen de varias áreas de dentro y fuera de la empresa, a través de los departamentos, requieren diferentes conocimientos y destrezas y a veces involucran a contratistas y consultores externos. Los recursos son limitados, deben adaptarse al presupuesto y utilizarse efectivamente.

- Un proyecto debe tener un patrocinador principal o un cliente. El patrocinador proporciona la dirección y los fondos para el proyecto.

- Todos los proyectos implican incertidumbre. Debido a que cada proyecto es único, podría ser difícil definir claramente sus objetivos y estimar cuánto tiempo se tomará en completarlo o cuánto costará. La incertidumbre es la razón principal de por qué es tan desafiante la administración de proyectos, especialmente en el caso de proyectos de seguridad.

¿Qué es la administración de proyectos?

La definición de administración de proyectos de Dinsmore "...es la mezcla de personas, sistemas y técnicas necesarias para llevar al proyecto a una exitosa finalización". Para elaborar un proyecto de éxito, se debe tomar en consideración el costo, tiempo y su alcance. El papel del administrador del proyecto es crear un balance entre estas tres metas que a menudo compiten entre sí.

Un administrador de proyectos eficiente es la clave para el éxito de un proyecto y a menudo se ha dicho que "No existen administradores de proyectos buenos —únicamente los que tienen suerte". Para administrar un proyecto, se debe ser muy organizado, estar orientado hacia procesos, ser multidisciplinario, tener excelentes destrezas de seguimiento y tener un proceso de pensamiento lógico, poder determinar las causas de origen, tener buena capacidad analítica, ser excelente estimador y administrador y tener una excelente autodisciplina.

Además de tener buenas destrezas de proceso, un administrador de proyectos debe tener buen don para el manejo de personas. Esto incluye:

- Destrezas de administración general, necesarias para establecer procesos y garantizar que las personas los siguen.

- Destrezas de liderazgo para lograr que el equipo esté dispuesto a seguir su dirección. El liderazgo se trata de comunicar una visión y lograr que el equipo la acepte y luche por alcanzarla junto con el administrador de proyectos.

- Establecer expectativas razonables, desafiantes y claras acerca de las personas para luego hacerlas responsables de cumplir con dichas expectativas.

- Destrezas adecuadas que fomenten el espíritu de equipo para que las personas trabajen bien y unidas y se sientan motivadas a trabajar duro por el bien del proyecto y de los otros miembros del equipo.

- Destrezas de comunicación verbal y escrita proactivas, incluso destrezas auditivas adecuadas y activas.

- Capacidad de proporcionar retroalimentación de desempeño a los miembros del equipo.

Los administradores de proyectos trabajan junto a los interesados, personas involucradas o afectadas por las actividades del proyecto, como el patrocinador del proyecto, el equipo del proyecto, el personal de apoyo, clientes, usuarios, proveedores, instaladores y aún con quienes se oponen al proyecto.

(Consulte el **Glosario de términos de Administración de proyectos** a partir de la página 291).

Cualidades de los Administradores de proyectos que son eficientes

Los administradores de proyectos son la clave de un proyecto exitoso. Los administradores de proyectos exitosos se distinguen por poseer capacidades tácticas y estratégicas en:

- Organización.
- Seguimiento.
- Orientación hacia procesos.
- Lógica, análisis y resolución de problemas.
- Los administradores de proyectos exitosos también demuestran las siguientes capacidades en el "trato con personas":
- Liderazgo y fomento de espíritu de equipo.
- Establecimiento de expectativas razonables, desafiantes y claras —y de responsabilidades de las personas involucradas.
- Comunicación verbal y escrita proactiva, incluso destrezas auditivas adecuadas y activas.
- Capacidad de proporcionar retroalimentación de desempeño.

Atributos de proyectos exitosos

Los proyectos tienen éxito en proporcionar beneficios notorios a la empresa por los costos incurridos y poseen planes claros en cuanto a lo que logrará el proyecto. Los estudios de proyectos exitosos también coinciden en que los elementos comunes para el éxito son:

- Participación consistente de los usuarios finales.
- Apoyo de la administración ejecutiva.
- Definición clara de los objetivos y requerimientos.

(Consulte el **Apéndice** para una lista de los principios clave de la administración de proyectos).

Beneficios del proceso de administración de proyectos de calidad

La metodología del proyecto puede brindar muchos beneficios; algunos son evidentes, otros están ocultos. A continuación encontrará una lista de los beneficios que el autor considera que son los más importantes.

- Redactar los objetivos y expectativas de manera clara, fomenta comunicaciones abiertas y proporciona un punto focal y de compromiso para el equipo del proyecto a través del proceso.
- Normalmente los clientes obtienen lo que piden: un sistema completamente documentado que se ejecuta según las especificaciones.
- Las técnicas obtenidas de la experiencia ayudan a acelerar los proyectos, reducir el riesgo y asegurar un resultado de calidad.
- Se incrementa la productividad al hacer el uso máximo de todos los recursos: cada miembro del proyecto es responsable por las tareas que se le asignaron.
- Las prácticas de trabajo repetitivas y documentadas actúan como un lineamiento consistente para completar el proyecto.

271

- Actividades de capacitación y documentación exhaustivas.

- Tener un enfoque estandarizado facilita el camino al éxito.

- Los controles de proyectos ayudan a proporcionar advertencias tempranas para no excederse en tiempo y costo.

Planificación

"Fallar en planificar, planificar para fallar". Este viejo refrán se cumple en un proyecto de seguridad. Al planificar el proyecto se documentan las respuestas a varias preguntas clave:

- ¿Cuál es la verdadera necesidad o el propósito de este proyecto?

- ¿Qué métodos, procesos o acciones se utilizaron para definir el proyecto?

- El resultado de este proyecto, ¿qué hará por los interesados?

- ¿Cuál es la prioridad de este proyecto, cómo se determinó y cómo se compara con las prioridades de otros proyectos actuales?

Las respuestas a estas y otras preguntas deben ser parte de la información que se requiere para desarrollar el establecimiento de los objetivos precisos del proyecto, así como sus resultados convenidos. La documentación que se prepara durante la etapa de planificación es el documento sobre el alcance del proyecto y debe tener las siguientes secciones:

Resumen ejecutivo

Todo el documento sobre el alcance del proyecto podría tender a ser demasiado extenso y difícil para que lo asimilen los administradores superiores, así que debe incluir un resumen ejecutivo para que lo lea la administración.

Beneficios del proyecto

Agregue los beneficios comerciales del proyecto. Incluya algunas de las mejoras comerciales que este proyecto trata de alcanzar.

Objetivos del proyecto

Establezca los objetivos que el proyecto alcanzará. Estos objetivos del proyecto deben apoyar las metas y los objetivos comerciales. Las entregas que se presenten deben ayudar también a alcanzar los objetivos.

Alcance del proyecto

Agregue información en cuanto a lo que el proyecto producirá y lo que no producirá. En otras palabras, ¿qué está dentro y fuera del alcance del proyecto? Es muy importante ser claro sobre lo que producirá y lo que no producirá el proyecto. Esto facilitará mucho más el manejo de cambios en el alcance durante la etapa de ejecución del proyecto. Además de las entregas o productos, describa el alcance en términos más específicos, como:

- ¿Con qué datos trabajará el proyecto y cuáles datos están fuera del alcance?

- ¿Cuáles organizaciones se verán afectadas y cuáles no?

- ¿Qué procesos comerciales están dentro y fuera del alcance?

- ¿Qué transacciones están dentro y fuera del alcance?
- ¿Qué otros proyectos se verán afectados y cuáles no?

Horas estimadas del proyecto

Estime el total requerido de horas de personal. Proporcione información de cómo se preparó la estimación y qué suposiciones se hicieron.

Costo estimado

Estime el costo laboral basado en las horas esfuerzo. Agregue cualesquiera gastos no laborales como hardware, software, capacitación, viajes, etcétera.

Duración estimada

Estime cuánto tiempo tomará, en días, completar el proyecto una vez éste inicie. Si se conoce la fecha de inicio, también se puede determinar la fecha de finalización en este punto.

Suposiciones

¿Qué eventos externos deben ocurrir para que el proyecto sea exitoso? Las suposiciones pueden identificarse a través de la experiencia al saber qué actividades o eventos probablemente ocurrirán en su organización y a través de sesiones de lluvia de ideas con los clientes, interesados y los miembros de los equipos.

Riesgos principales

Para cada riesgo identificado, incluir un plan específico que muestre su intención de asegurarse de que el mismo no ocurra. Estas actividades de administración de riesgo también se deben incluir en las actividades y la estructura detallada del trabajo.

Objetivos

Los objetivos son declaraciones concretas que describen lo qué está tratando de alcanzar el proyecto. Los objetivos deben estar escritos para que puedan evaluarse al concluir un proyecto y constatar si se alcanzaron o no. Un objetivo bien redactado es específico, que se puede medir, agresivo, realista y atado al tiempo (SMART, por sus siglas en inglés). Un ejemplo de declaración de objetivo cuantificable, podría ser "modernizar el sistema de control de acceso a más tardar el 31 de diciembre para controlar el acceso en todas las puertas perimetrales con un tiempo de respuesta promedio de no más de dos segundos".

Metas contra objetivos

Metas	Objetivos
Declaraciones de alto nivel que proporcionan contexto general de lo que el proyecto pretende alcanzar.	Declaraciones de más bajo nivel que describen los productos específicos, tangibles y las entregas que el proyecto producirá.
Se deben organizar de acuerdo con las metas comerciales.	Deben apoyar las metas comerciales.
A menudo "visionarias". Ejemplo: La meta de John F. Kennedy de poner a un estadounidense en la luna al final de la década.	Deben poder medirse para que se puedan evaluar. Ejemplo: "Modernizar el Sistema de control de acceso a más tardar el 31 de diciembre para controlar el acceso en todas las puertas perimetrales con un tiempo de respuesta promedio de no más de dos segundos".
A menudo se vinculan a la misión y propósito de la organización.	Se refiere a entregas del proyecto (los ejemplos anteriores se refieren a modernizar el sistema de control de acceso).

Puntos clave:

Definir las metas y objetivos es más destreza que ciencia.

Si no puede determinar qué entregas se crean para alcanzar el objetivo, quiere decir que posiblemente la declaración del objetivo se ha escrito a un nivel muy alto.

Si los objetivos describen las características de las entregas, éstos se han escrito a un nivel muy bajo. Si describen las características y funciones, son requerimientos, no objetivos.

Etapas del proyecto

Los proyectos involucran cierta incertidumbre, por lo que es conveniente dividirlos en varias etapas:

Etapa 1: Viabilidad del proyecto

Durante esta etapa, se debe desarrollar la descripción del proyecto, la evaluación de amenazas y análisis de vulnerabilidad, los objetivos comerciales, los requerimientos del PPS, varios enfoques alternativos, estimaciones preliminares de costos, justificaciones y una visión general del trabajo que se debe llevar a cabo.

Etapa 2: Desarrollo del proyecto

Durante esta etapa, el equipo del proyecto prepara el enfoque del proyecto, define las entregas, desarrolla las actividades que tienen que realizarse para generar las entregas y elabora una secuencia de tareas para formar la estructura detallada del trabajo (WBS, por sus siglas en inglés). Divide el proyecto en segmentos de seis meses o menos y se asegura que cada uno de ellos es específico, que se puede medir, agresivo pero se puede lograr, pertinente a la estrategia y atado al tiempo (SMART, por sus siglas en inglés). También asocia todos los pagos del contrato a fases específicas del ciclo de vida.

Objetivos cuantificables y no cuantificables

Ejemplos de objetivos cuantificables:

- Eliminar la supervisión de alarmas por parte de terceros, ahorrando $50,000 cuando se implementa el sistema.

- Reducir las quejas de empleados en un 20 por ciento en un año.

- Reducir los robos por parte de los empleados en un 5 por ciento en un año.

- Aumentar la disponibilidad del sistema hasta 99 por ciento.

- Reducir los costos administrativos equivalentes a un año de personal.

- Reducir los costos administrativos en un 15 por ciento.

- Reducir las interferencias de alarma a < 5 por día.

- Responder correctamente al 99 por ciento de las alarmas.

Ejemplos de objetivos no cuantificables:

- Encajar con otras empresas.

- Convertirse en un líder de la industria.

- Proporcionar servicio de calidad mundial.

- Mejorar los niveles de servicio.

- Instalar los sistemas de seguridad más recientes.

- Satisfacer a nuestros usuarios.

- Reducir personal.

Etapa 3: Ejecución del proyecto

Durante esta etapa, el equipo del proyecto termina el trabajo requerido y hace las entregas de acuerdo con las actividades y la programación desarrollada en la Etapa 2. Se completan todas las actividades paralelas que involucran a todas las partes de la organización como capacitación, pruebas y documentación.

Etapa 4: Cierre del proyecto

Se completan todas las actividades de trabajo y se presentan las entregas. Las entregas se aceptan formalmente y el proyecto se cierra. Se prepara la documentación de seguimiento de la experiencia del proyecto en un informe de lecciones aprendidas.

Ciclo de vida de los sistemas de protección física

Como se discutió en el **Capítulo 6**, los sistemas de protección física llevan a cabo un ciclo de vida que incluye, planificación, diseño, adquisición, instalación, garantía, mantenimiento y evaluación.

Relación entre las Etapas del proyecto y los Ciclos de vida de los PPS

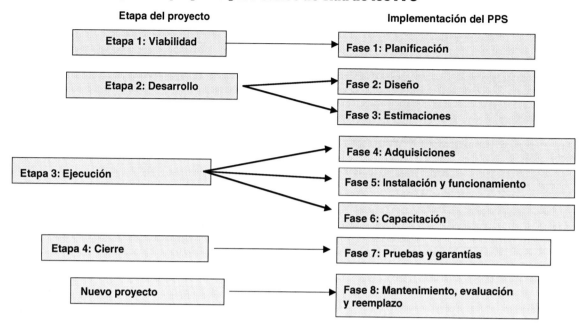

Entregas del proyecto

Las entregas son los productos que se generan de acuerdo con las actividades de trabajo definidas. Es importante identificar las entregas para cada fase de ciclo de vida del PPS. Se debe diferenciar entre las fases de ciclo de vida y las etapas del proyecto. Algunas veces pueden presentar cierta confusión. Ejemplos de algunas de las entregas del proyecto para cada fase:

Fase de planificación

- Evaluación de amenazas.
- Análisis de vulnerabilidades.
- Defensas recomendadas.
- Documento de requerimientos del PPS.
- Método de compras.
- Justificación de fuente única.
- Objetivos comerciales.
- Criterios de diseño.
- Requerimientos de diseño.
- Requerimientos de desempeño.
- Requerimientos de capacidad.

Fase de diseño

- Información del contrato.
- Instrucciones para los licitadores.
- Especificaciones del sistema.
- Criterios de evaluación.
- Programa de implementación.
- Lista del equipo.
- Programación de dispositivos de seguridad.
- Hardware para puertas.
- Programación de la cámara de CCTV.
- Planos.

Fase de compras

- Evaluaciones técnicas.
- Evaluaciones de costos.
- Resultados de entrevistas.
- Resultados de la diligencia debida.
- Contrato.

Fase de instalación

- Plan de prueba de fábrica.
- Plan de prueba de aceptación.
- Estudios de capacitación.
- Manuales de capacitación.
- Guías de resolución de problemas.
- Procedimientos de mantenimiento.
- Pruebas de aceptación de fábrica.
- Prueba de aceptación en el sitio.
- Planos conforme a obra.
- Evaluaciones de clases de capacitación.
- Guías de resolución de problemas.
- Procedimientos de funcionamiento.
- Procedimientos de respuesta.

- Datos del producto.

- Puesta en marcha del plan.

- Resultados de la prueba de aceptación.

- Lista de pendientes.

- Certificado de finalización del proyecto.

Fase de garantía

- Plan de garantía.

- Informes de garantía.

- Registros de garantía.

- Mejoras.

Fase de mantenimiento

- Registros de mantenimiento.

- Informes de problemas.

- Mejoras.

Fase de evaluación y reemplazo

- Revisión del registro de operaciones y registros.

- Costos operativos y registros de mantenimiento.

- Estudio de reemplazo.

Entregas: resumen

Entregas: Fases de implementación del PPS	
Planificación	(1) Objetivos del sistema, (2) requerimientos funcionales y (3) justificación operativa y económica.
Diseño	El "paquete de adquisición o compra" o "documentos de construcción": instrucciones para los licitadores, información de contrato, especificaciones del sistema, declaración del trabajo, planos y programas de equipo.
Estimación (a menudo se combina con la fase de diseño)	Estimación de costos presupuestarios (diseño preliminar, diseño final) y ciclo de vida estimaciones de costo.
Compras	(1) Calificaciones de licitadores y (2) elección de proveedor.
Instalación y operación	Un sistema de protección física nuevo y funcional.
Capacitación	Personal que entiende cómo operar, actualizar y mantener el PPS.
Pruebas y garantías	El sistema demuestra su efectividad cuando se prueba; el contratista de instalación trata con cualquier problema sin costo durante el período de garantía
Mantenimiento, evaluación y reemplazo	El sistema completa su vida útil y empieza el proceso de reemplazo.

Actividades

Las actividades o trabajos que se deben llevar a cabo se derivan de las fases y productos del ciclo de vida del Sistema de protección física (PPS, por sus siglas en inglés) Las actividades definen el trabajo que debe realizarse en el proyecto, representan las relaciones entre otras actividades y definen el trabajo necesario para producir las entregas. Como regla general, debe establecer la mayoría de actividades que se necesitan para producir las entregas con períodos de duración, que pueden ser desde una hasta cuatro semanas. Después de definir las actividades para cada entrega, se deben ordenar las tareas en secuencia de acuerdo a cómo se realizará el trabajo con los recursos que se tienen asignados al proyecto para preparar la estructura detallada del trabajo (WBS, por sus siglas en inglés).

Estructura detallada del trabajo

Determine las actividades que deben realizarse para completar todo el proyecto. La estructura detallada del trabajo (WBS, por sus siglas en inglés) debe estar en secuencia por fases de ciclo de vida y entregas. El punto de la WBS es capturar todos los elementos de trabajo. Después que termine el detalle inicial del trabajo, haga un estimado rápido para determinar si alguna de las entregas requiere más esfuerzo. Describa los pasos detallados que deben realizarse para completar cada entrega. Continúe dividiendo cada entrega como se hizo arriba hasta que todo el trabajo esté representado por completo, según sea necesario.

- **Definición de Estructura detallada del trabajo:** Una visualización del programa de un proyecto, la cual muestra todas las tareas que se requieren para producir todas las entregas y las fechas de vencimiento para cada una de ellas. Algunas veces se le llama gráfico de Gantt.

- **Proceso:**

  1. Después de completar la WBS, ordene las actividades en secuencia en un borrador de orden cronológico, determinando cuáles actividades deben hacerse de primero, segundo, tercero, etc.

  2. Repase las actividades otra vez y busque las relaciones y dependencias entre actividades.

  3. Identifique cuáles actividades deben completarse antes que otras, cuáles se pueden completar en paralelo con otro trabajo, etc.

- **Clave para un programa de proyecto bien fundado:** Determine adecuadamente las relaciones entre actividades y programación. Existen cuatro tipos de relaciones:

  1. Finalización a inicio: La actividad B no puede comenzar hasta que la actividad A se haya terminado (es la más común).

  2. Inicio a finalización: La actividad A debe empezar antes que la actividad B termine (muy poco común).

  3. Finalización a finalización: La actividad A debe terminar antes que la actividad B termine.

  4. Inicio a inicio: La actividad A debe comenzar antes que la actividad B pueda comenzar.

Diagrama de la red

Cuando la WBS esté completa, el siguiente paso es convertirla en un diagrama de red. Esto se hace al tomar todas las actividades detalladas y ordenarlas en secuencia en un borrador de orden cronológico. En este paso usted determina qué actividades necesitan hacerse de primero, segundo, tercero, etc.

Cuando ya tenga establecido un borrador del orden de secuencia, vuelva a repasar las actividades. En este momento, busque las relaciones y dependencias entre las actividades. Tome nota si una actividad no puede comenzar hasta que otra haya terminado. La mayoría de actividades tendrá este tipo de relación de "finalización a inicio". Sin embargo, existen cuatro tipos de posibles relaciones entre dos actividades. En la mayoría de casos, dos o más actividades necesitarán completarse antes de que otra pueda comenzar. Como parte de este esfuerzo, verá qué actividades dependen de otras. También verá qué trabajo puede hacerse en paralelo con otro. Este paso es muy importante y es la clave para tener un diagrama de red bien fundamentado para iniciar el proyecto.

Actividades de contingencia

Luego que la WBS se haya creado, debe hacer un detalle del alcance y los supuestos y abordar asuntos como la autoridad del administrador del proyecto, sus supuestos de la empresa y cuestiones de apoyo de la organización. Debe ver los obstáculos potenciales y clasificarlos de acuerdo con la probabilidad de incidencia. Luego debe incorporar más actividades para mitigar los riesgos potenciales.

Tome esos eventos de riesgos o cualquier impacto de costo que se haya programado y cree una actividad de contingencia para cada uno de ellos. Examine la estructura detallada del trabajo y determine cuáles actividades se verán afectadas por el evento de riesgo en caso que éste ocurra. Por medio de la probabilidad e impacto de evento de riesgo que tiene documentado, calcule la duración de la actividad de contingencia. Como ejemplo, si el evento de riesgo tuvo un impacto estimado de cuatro semanas y una probabilidad estimada de 25 por ciento, entonces la duración programada para la actividad de contingencia debería ser de una semana.

Cuando define su red de dependencia, puede crear un vínculo de dependencia de finalización a inicio para cada actividad afectada y su actividad de contingencia apropiada. El sucesor normal de la actividad afectada debe definirse como un sucesor de la actividad de contingencia. Cuando lo haya programado, habrá incorporado un factor de compensación para lo incierto del programa de su proyecto.

Para compensar la incertidumbre de costo, asigne el tipo de recurso que refleja el costo del impacto y la cantidad estimada para cada actividad. Por ejemplo, si el impacto del evento de riesgo es de $100,000 y la probabilidad es de 40 por ciento, entonces asignaría un recurso de presupuesto a la actividad y al plan de contingencia por un valor de $40,000.

Algunos de los problemas que podrían ocasionar riesgos:

- Requerimientos de construcción.

- Expectativas de desempeño.

- Desafíos tecnológicos.

- Cambios en las prioridades.

- Estimación inadecuada.

- Desastres naturales y artificiales.

Actividades paralelas

Una buena práctica al desarrollar actividades es darse cuenta de aquellas que pueden hacerse en forma paralela y cuáles dependen de otras actividades. Estas dependencias le ayudan a determinar las rutas críticas en las que necesita concentrar los esfuerzos. La secuencia de actividades más utilizada es de finalización a inicio, pero los gráficos de programas normalmente muestran hitos importantes que son de finalización a finalización.

Antes de preparar las actividades y secuencia finales, asegúrese de revisar los recursos, como personas y equipo especial, que se necesitarán en varias ubicaciones y momentos para evitar conflictos y asegurar su disponibilidad.

Algunas actividades paralelas son:

- Capacitación de personal.
- Programación del sistema para puntos de control de acceso.
- Programación del sistema para interacción de CCTV.
- Generación de placas de identificación y toma de fotografías de los empleados.
- Desarrollo de procedimientos de evaluación del sistema.
- Desarrollo de procedimientos de respuesta de incidentes.

Software de administración de proyectos

Si no ha ingresado las actividades a la herramienta de software de administración de proyectos, debe hacerlo en este momento. Mientras más extenso sea el proyecto, más crítico es que utilice una herramienta automatizada para crear y mantener el plan de trabajo. A pesar de que las actividades se pueden colocar en cualquier orden cuando se ingresan al software, será más fácil comprenderlas si las ingresa en un orden cronológico. A medida que ingresa las actividades, también puede ingresar las dependencias, ya que las actividades anteriores ya deberían haberse ingresado. Si no ingresa las actividades en orden cronológico, primero tendrá que ingresarlas y luego especificar las dependencias. También puede incluir el esfuerzo de trabajo estimado en incrementos de tiempo para cada actividad ingresada.

Ingrese cualquier urgencia en cuanto a fechas. Éstas se refieren a eventos que están fuera del control del equipo del proyecto y que deben manejarse. Por ejemplo, podría ser necesario que se completara una entrega antes de la reunión de la junta directiva en una fecha específica.

Afortunadamente, la mayoría de paquetes de software de administración de proyectos calculan las rutas críticas automáticamente a partir del diagrama de red. Los proyectos medianos y grandes necesitan utilizar una herramienta para manejar la red. Aproveche esta característica automatizada. Es posible que en un proyecto pequeño sólo haya una secuencia principal de actividades y debería ser fácil de identificarla.

Existen muchas herramientas disponibles de software de administración de proyectos. Consulte las referencias al final de este capítulo. Consulte la **Figura 7-1** para una hoja de muestra del programa Microsoft Project.

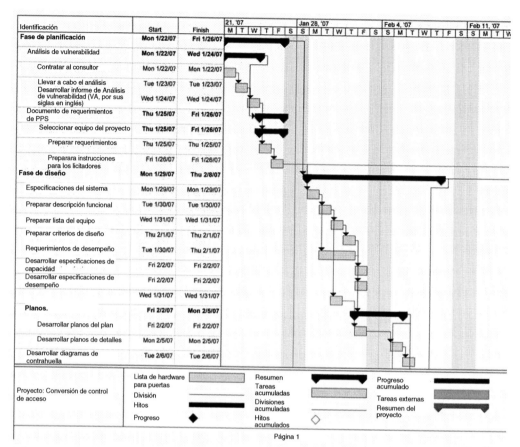

Identificación	Start	Finish
Fase de planificación	**Mon 1/22/07**	**Fri 1/26/07**
Análisis de vulnerabilidad	**Mon 1/22/07**	**Wed 1/24/07**
Contratar al consultor	Mon 1/22/07	Mon 1/22/07
Llevar a cabo el análisis	Tue 1/23/07	Tue 1/23/07
Desarrollar informe de Análisis de vulnerabilidad (VA, por sus siglas en inglés)	Wed 1/24/07	Wed 1/24/07
Documento de requerimientos de PPS	Thu 1/25/07	Fri 1/26/07
Seleccionar equipo del proyecto	Thu 1/25/07	Fri 1/26/07
Preparar requerimientos	Thu 1/25/07	Thu 1/25/07
Preparara instrucciones para los licitadores	Fri 1/26/07	Fri 1/26/07
Fase de diseño	**Mon 1/29/07**	**Thu 2/8/07**
Especificaciones del sistema	Mon 1/29/07	Mon 1/29/07
Preparar descripción funcional	Tue 1/30/07	Tue 1/30/07
Preparar lista del equipo	Wed 1/31/07	Wed 1/31/07
Preparar criterios de diseño	Thu 2/1/07	Thu 2/1/07
Requerimientos de desempeño	Tue 1/30/07	Thu 2/1/07
Desarrollar especificaciones de capacidad	Fri 2/2/07	Fri 2/2/07
Desarrollar especificaciones de desempeño	Fri 2/2/07	Fri 2/2/07
	Wed 1/31/07	Wed 1/31/07
Planos.	**Fri 2/2/07**	**Mon 2/5/07**
Desarrollar planos del plan	Fri 2/2/07	Fri 2/2/07
Desarrollar planos de detalles	Mon 2/5/07	Mon 2/5/07
Desarrollar diagramas de contrahuella	Tue 2/6/07	Tue 2/6/07

Proyecto: Conversión de control de acceso

Lista de hardware para puertas
División
Hitos
Progreso

Resumen
Tareas acumuladas
Divisiones acumuladas
Hitos acumulados

Progreso acumulado
Tareas externas
Resumen del proyecto

Página 1

Figura 7-1 Hoja de muestra del programa Microsoft Project

Recordatorios: Determinación y secuencia de actividades

- Utilice la WBS para crear un Diagrama en red (gráfico de Gantt).
- Analice los riesgos potenciales para el programa y los costos: cree actividades de contingencia.
- Determine los requisitos de ruta crítica.
- Determine cuáles actividades se pueden hacer en paralelo.

Recordatorios: Programación y control del proyecto

Mantenga el proyecto según el programa y bajo control al:

- Utilizar la WBS y el Diagrama de la red para supervisar el progreso.
- Conducir la fase de ciclo de vida y revisiones de entrega cada semana.
- Manejar las solicitudes de cambio formalmente.
- Revisar la WBS para mostrar los cambios.
- Mantener registros adecuados y
- Proporcionar informes frecuentes del estado a los interesados y a la administración.

Equipo del proyecto

Para garantizar el éxito de su proyecto, se debe asignar personal sobresaliente de cada área funcional a cada equipo. El equipo también debe contar con representantes del departamento de tecnología de información de la empresa. Cuando se selecciona a un equipo del proyecto, es crítico que estos principios básicos estén representados en el mismo. Cada equipo es diferente. En algunos casos contamos con una persona para varios requerimientos de destrezas. En otros equipos cierta destreza es tan importante que se requiere que varias personas del equipo posean dicha pericia profesional. Si las destrezas no están disponibles, el equipo debe suplirlas con consultores externos que las posean. Por ejemplo, la mayoría de equipos de proyectos que hemos visto tienden a estar sobrecargados con destrezas técnicas pero carecen de destrezas de comunicación. Sin embargo, preste atención a que los consultores externos no dominen la estructura o composición del equipo. El contratar demasiados recursos externos puede ser polémico al tratar de formar coaliciones entre los miembros del equipo porque los otros miembros del equipo podrían resentirse o no aceptarlos.

En cualquier proyecto significativo el equipo evolucionará y crecerá. El líder efectivo de proyectos tiene mecanismos en funcionamiento que permiten que los nuevos miembros del equipo se integren sin problemas al que ya existe. Se desarrolla un fuerte y rápido vínculo dentro del equipo del proyecto. A pesar de que es una herramienta fuerte, también puede entorpecer la aceptación de los tan necesitados recursos en puntos críticos del proyecto. La opinión del autor es que un estilo de administración participativa y de desarrollo de consenso es el más efectivo.

Los actores principales

Independientemente de que el proyecto sea grande o pequeño o involucre solamente una actualización o sea parte de la construcción de un edificio nuevo, el diseño de seguridad debe considerarse con atención. Los gerentes de seguridad necesitan determinar qué persona de su organización participará en el proceso y la relación con los profesionales de diseño y construcción. El estilo de administración de su organización determinará quién y cómo participará el personal, pero es muy beneficioso comenzar desde un principio a identificar a los posibles miembros del equipo. Los siguientes son los actores principales en un proyecto de seguridad:

Director ejecutivo (CEO, por sus siglas en inglés) o su representante
Proporciona apoyo jerárquico y garantiza que las metas del programa de seguridad reflejen la misión corporativa y que se mantenga o mejore la imagen. Nada puede echar a pique un programa bien diseñado más rápidamente que el hecho que la administración ejecutiva actúe como si los programas de seguridad no le importan.

Director financiero (CFO, por sus siglas en inglés)
Supervisa el factor costo/beneficio del proyecto y aprueba el financiamiento después de que se ha justificado.

Gerente de Recursos humanos
Es responsable de contratar y despedir y de mantener una base de datos de control de acceso y titulares de placas de identificación.

Gerente de Tecnología de información
Se asegura que se mantengan los estándares corporativos cuando el departamento de seguridad y las oficinas corporativas utilizan la misma infraestructura de telecomunicaciones, LAN y WAN.

Arquitecto del proyecto
Se involucrarán los proyectos más grandes que implican construcciones importantes. Los arquitectos pueden contratar a sub consultores en áreas de especialidad como mecánica, electricidad, plomería y elevadores.

283

Gerente de infraestructura
En organizaciones grandes, la administración de infraestructura está muy vinculada con la función de seguridad, especialmente con relación a la instalación de soluciones de tecnología de seguridad y a supervisión de sistemas durante todo el día.

Gerente de construcción
Por lo general es una firma especializada que es responsable por todos los aspectos de construcción e implementación del proyecto.

Ingeniero de seguridad
Podrían ser grandes organizaciones internas, pero por lo general es un consultor que diseña un sistema complejo. El ingeniero de seguridad completará la evaluación de riesgo y llevará a cabo el diseño del PPS.

Gerente de seguridad
Primordial para que el diseño e implementación de los sistemas tengan éxito. Carga con las consecuencias de cualquier falla y es responsable y propietario del sistema. Debe comprender el proceso del diseño e implementación y debe mantenerse directamente involucrado durante todo el proyecto.

Contratistas especializados
Se podrían solicitar contratistas especializados para el proyecto, como por ejemplo:

- Contratista eléctrico.

- Integrador de seguridad.

- Fabricante o proveedor del sistema.

El equipo de construcción

El equipo de construcción está formado por el siguiente personal:

- Administrador del proyecto.

- Personal de compras.

- Consultores de diseño.

- Contratista general.

- Contratista eléctrico.

- Contratista de puertas.

- Contratista de equipo de estacionamiento.

- Fabricantes de seguridad.

- Integrador de seguridad.

Equipo de aceptación del sistema

Se debe organizar un equipo especial para probar el sistema y para que lleve a cabo la aceptación final del sistema. El equipo debe estar formado por los siguientes miembros:

- Administrador del proyecto.
- Operadores del sistema.
- Administrador del sistema.
- Consultores de diseño.
- Ingeniero del proyecto.
- Fabricante del sistema.
- Integrador del sistema.
- Líder del equipo de capacitación.
- Oficiales de seguridad.

Control del proyecto

Es el esfuerzo de control que utilizará la mayor cantidad de tiempo de la administración del proyecto, día tras día, semana tras semana, durante todo el proyecto. La capacidad de controlar un proyecto está unida directamente a la efectividad de los pasos de planificación y programación. El administrador de proyectos debe dedicar una cantidad de tiempo suficiente para reunir con regularidad la información acerca del trabajo que se ha completado y del que no se ha completado. Esta información se debe incorporar al plan original para determinar las diferencias entre el estado planificado y el estado actual. Un asunto clave es identificar las discrepancias y registrarlas para referencia futura y para propósitos de estimaciones. Si utiliza el software de administración de proyectos, ingrese las fechas y horas reales de finalización de las actividades y el programa automáticamente actualizará la información e identificará las áreas que necesitan atención.

Debe solicitar reuniones de estado semanales así como un informe de horas trabajadas, porcentaje de actividades completadas y estimaciones de las horas de trabajo que faltan para completar la asignación. Esta combinación le permite al administrador de proyectos mantener un riguroso control mientras delega la responsabilidad de los logros en los miembros de los equipos. Las reuniones semanales deben documentarse con todos los temas discutidos y las decisiones que se tomaron. Recuerde— **"lo que no se escribió, no se dijo"**.

Algunos pasos importantes que deben llevarse a cabo para controlar el proyecto son realizar cada semana la fase de ciclo de vida y las revisiones de entregas, proporcionar informes frecuentes a los interesados acerca del proyecto, así como a administración, utilizar un proceso de control de cambio que incluya las aprobaciones de todos los cambios por los interesados y revisar las actividades y la estructura detallada del trabajo para reflejar los cambios. Los controles positivos revelan los problemas con anticipación, lo que ayuda a identificar, rastrear, manejar y resolver los problemas del proyecto. El administrador de proyectos también debe administrar el alcance del proyecto de manera proactiva para asegurar que se entregue sólo lo que se ha acordado, a menos que se aprueben los cambios a través del proceso de control de cambios.

De nuestra experiencia con controles de calidad, hemos aprendido que el viejo refrán sobre lo que se cuantifica se hace, así que también se desea definir y recolectar las medidas de éxito para indicar cómo progresa el proyecto y si las entregas que se llevan a cabo son aceptables. Finalmente, el administrador de proyectos debe administrar el plan de trabajo general para asegurar que el trabajo se asigna y completa a tiempo y dentro del presupuesto.

Visión general del procedimiento de control de cambios

El procedimiento formal de control de cambios comienza con la Etapa 3 e implica los siguientes pasos:

1. Durante las Etapas 1 y 2, el trabajo inicial de desarrollo para el proyecto, como los requisitos del proyecto y la estructura detallada del trabajo, se llevan a cabo sin solicitar control de cambios. En este período, los cambios del proyecto se pueden hacer libremente.

2. Cuando se completa la Etapa 2, se crea una línea de base del proyecto que establece los alcances aprobados del proyecto, las entregas y las actividades. En este momento, cuando inicia la Fase 3, Ejecución del proyecto, cualquier cambio relacionado con el alcance del proyecto, entregas y actividades, debe estar sujeto a un proceso de cambio más sistemático y someterse a una "Junta revisora de cambios". La Junta revisora de cambios (CRB, por sus siglas en inglés) usualmente está formada por representantes de cada una de las partes principales e interesadas del proyecto, por ejemplo, el administrador del proyecto, recursos humanos, tecnología de información, garantía de calidad y usuarios finales. En proyectos pequeños, la CRB podría estar integrada de únicamente uno, dos o tres miembros. En los proyectos más grandes que involucran a múltiples departamentos y compañías, puede llegar a tener 30 ó más miembros. La función más importante de la CRB es servir como centro de intercambio de informaciones para cambios para asegurar que se consideren todos los puntos de vista importantes.

3. Se tratan sistemáticamente cualesquiera cambios que se hagan al alcance del proyecto, entregas y actividades. Los cambios se proponen a través de la Solicitud de cambio. Una Solicitud de cambio es un documento formal que describe el proyecto, su alcance, entregas o actividades en cuestión, el cambio propuesto y el impacto del mismo (costo, programación y beneficio) desde el punto de vista de la parte que propone el cambio. El elaborar un formulario de Solicitud de cambio es una buena idea hasta para los proyectos más pequeños porque proporciona un registro de las decisiones del proyecto que es mucho más confiable que la memoria de las personas. Los elementos importantes a incluir en el formato de Solicitud de cambio son:

   - Número de solicitud de cambio: Una combinación arbitraria de números, usualmente 1, 2, 3...

   - Fecha de la solicitud: Solicitada por: Nombre e información de contacto del solicitante.

   - Descripción de la modificación del alcance: Describa brevemente la solicitud.

   - Prioridad: Clasifique la importancia/prioridad relativa de esta solicitud. Puede ser A/M/B (Alto/Mediano/Bajo) o en escala de 1/2/3.

   - Justificación para el cambio: Describa por qué es necesario el cambio y cómo beneficiará al proyecto o a la organización.

   - Impacto si no se aprueba: Describa el impacto en el proyecto si la solicitud de cambio no se implementa. Discuta los impactos pertinentes, como protección, seguridad, operabilidad, desempeño técnico, costos y programación.

   - Asignado a: ¿A quién se ha asignado para investigar el cambio y determinar el impacto al proyecto?

   - Impacto del cambio en los costos y programación.

   - Fecha de resolución: ¿Cuándo se resolvió la solicitud de cambio en el alcance?

   - Estado: usualmente está pendiente, en progreso, completo o no aprobado.

- Resolución/Comentarios: Descripción breve de cómo se resolvió el cambio en el alcance.

Una Junta revisora de cambios examina las solicitudes de cambio y las evalúa para determinar:

- Si los cambios son factibles en tiempo, recursos, costos y otras restricciones.

- Evalúa el impacto de los cambios en otros proyectos con los que interactúan.

- Dependiendo de la gravedad de los cambios, decide implementarlos en el proyecto actual o en un proyecto futuro.

La CRB identifica a las partes que podrían verse afectadas por el cambio y distribuye la Solicitud de cambio para su revisión. Cada una de las partes interesadas evalúa los costos y beneficios del cambio propuesto desde su punto de vista individual. Los miembros de la Junta revisora integran sus evaluaciones y priorizan la Solicitud de cambio. La aceptan, rechazan o posponen para más adelante. La Junta revisora notifica a las partes interesadas acerca de cómo se resolvió la Solicitud de cambio.

Reglas generales de los Sistemas de protección física (PPS, por sus siglas en inglés)

Algunas reglas generales referentes a los costos de los PPS se han desarrollado con el transcurrir de los años. A continuación se mencionan algunas de ellas:

- Los costos de ingeniería y diseño no deben ser en exceso del 12 ó 15 por ciento del costo total.

- El sistema de software y hardware, 25 por ciento del costo total.

- Mano de obra por instalación, 50 ó 65 por ciento del costo total.

- Personal de capacitación, 2 ó 3 por ciento del costo total.

- Contingencia, 10 por ciento del costo total.

- Servicio y mantenimiento, 10 ó 12 por ciento del costo del equipo.

- Repuestos, 5 por ciento del costo del equipo.

Nota: Tome en consideración que no se suman todas estas cifras.

Obstáculos

Aunque usted siga los procesos que hemos descrito y cumpla con todos los pasos, es posible que aún así encuentre problemas durante la etapa de ejecución del proyecto. A continuación se mencionan algunos obstáculos y las acciones correctivas necesarias:

La administración comienza a desinteresarse y le pide prestados algunos de los recursos de su proyecto. En este caso debe hacer lo siguiente:

- Reconfirmar el patrocinio.

- Comunicar de mejor manera los logros.

El síndrome del lavadero o arrastramiento del alcance (Scope creep en inglés), es una condición en la que muchos cambios pequeños comienzan a sumarse hasta llegar a ser uno de gran impacto. La mayoría de administradores de proyectos saben que deben apelar a los procedimientos de administración de cambios en el alcance si se les solicita agregar una función nueva importante o una entrega nueva importante a su proyecto. Sin embargo, algunas veces no parece que valga la pena apelar a estos procedimientos si el cambio que se solicita es pequeño. Lo que sucede es que una serie de cambios pequeños, ninguno de los cuales en sí parece tener mucho impacto en el proyecto, se acumulan hasta tener un impacto importante en dicho proyecto. Muchos proyectos fallan debido al síndrome del lavadero o arrastramiento del alcance y el administrador del proyecto necesita ser diligente en impedir que esto ocurra. Si se encuentra en esta situación debe:

- Evaluar las restricciones (características de tiempo, costo).
- Revisar de nuevo la definición del alcance.
- Desarrollar solicitudes de cambio.

Cuando usted comienza a incumplir con las fechas de entrega para la finalización de actividades importantes, debe:

- Volver a revisar las metas y estimaciones con el equipo.
- Examinar los recursos.

Si el equipo no muestra entusiasmo, debe:

- Reforzar las metas y el compromiso de administración.
- Volver a revisar la selección del equipo.
- Revisar el estilo de liderazgo.
- Reforzar la coordinación entre actividades.

Finalización del proyecto

El proyecto no está completo hasta que haya prueba de que todos los objetivos se han cumplido, junto con la transferencia de conocimiento necesario del equipo del proyecto al personal operativo que tendrá la responsabilidad de los sistemas luego de su implementación. El aspecto más importante es que el proyecto debe cerrarse, todos los conocimientos deben transferirse al personal operativo y que todos los miembros del equipo del proyecto estén de regreso en sus organizaciones. No permita que el proyecto entre en lo que se conoce como el síndrome del 99.9 por ciento de finalización. Haga lo que sea necesario para cerrar el proyecto y disolver el equipo.

Preparación para el examen de Profesionales en seguridad física (PSP, por sus siglas en inglés)

1. Explique el proceso para el desarrollo de entregas en cada etapa de un proyecto.

2. Explique el propósito de un Diagrama de red.

3. ¿Cuáles son los productos clave de la Etapa 2, Desarrollo del proyecto?

4. Describa los puntos clave que se deben recordar cuando se integra un equipo del proyecto.

¿Verdadero o falso? Lea las siguientes declaraciones y decida si son verdaderas o falsas. Si es falsa, revise la declaración para que sea verdadera.

1. La etapa de viabilidad del proyecto implica las siguientes actividades y productos: planificación, elaboración del documento sobre el alcance del proyecto y definición de objetivos.

2. Los objetivos del proyecto definen productos específicos y entregas y deben escribirse al estilo SMART, de manera que sean claros y puedan evaluarse.

3. El documento sobre el alcance del proyecto es un memorando informal que describe las metas y los proveedores del proyecto.

4. "Reducir los robos por parte de los empleados" es un objetivo cuantificable.

5. Los objetivos son los resultados clave de la Etapa de viabilidad de la administración del proyecto de seguridad.

Respuestas a las preguntas de Verdadero/Falso

1. **Verdadero.** La etapa de viabilidad del proyecto implica las siguientes actividades y productos: planificación, elaboración del documento sobre el alcance del proyecto y definición de objetivos.

2. **Verdadero.** Los objetivos del proyecto definen productos específicos y entregas y deben escribirse al estilo SMART, de manera que sean claros y puedan evaluarse.

3. **Falso.** El documento sobre el alcance del proyecto es un documento formal que incluye un resumen ejecutivo, beneficios del proyecto, objetivos y alcance, horas, costo y duración y enumera suposiciones o riesgos principales relacionados con la finalización del proyecto.

4. **Falso.** "Reducir los robos por parte de los empleados" es un objetivo no cuantificable. (Para que sea cuantificable, vuelva a escribir para que diga algo parecido a "Reducir los robos por parte de los empleados en un 15 por ciento en 12 meses").

5. **Falso.** El documento sobre el alcance del proyecto es el resultado clave de la Etapa de viabilidad.

Complete lo siguiente. Compruebe sus respuestas en la página siguiente.

1. Tratar _____ los cambios al alcance del proyecto, entregas y actividades al incorporar procedimientos de control de cambios del proyecto y someterlos a una _____ _____ _____.

2. Administrar el flujo de trabajo general, recopilando continuamente la _____ sobre el estado planificado y el estado actual de las actividades y proporcionar informes frecuentes a los _____.

3. Ningún proyecto está completo hasta que suceden tres cosas:

   a. _____

   b. _____

   c. _____

Respuestas a la sección de "completar"

1. Tratar sistemáticamente los cambios sobre el alcance del proyecto, entregas y actividades al incorporar procedimientos de control de cambios del proyecto y someterlos a una Junta revisora de cambios.

2. Administrar el flujo de trabajo general, recopilando continuamente la información sobre el estado planificado y el estado actual de las actividades y proporcionar informes frecuentes a los interesados.

3. Ningún proyecto está completo hasta que suceden tres cosas:

   a. Existe prueba de que todos los objetivos se han cumplido.

   b. El equipo del proyecto ha transferido todo el conocimiento necesario al personal de operaciones.

   c. Todos los miembros del equipo del proyecto han regresado a sus organizaciones.

Glosario de términos de Administración de proyectos

Actividad

Una actividad es una tarea individual que es necesaria para la finalización de un proyecto. Es el bloque distinto y más pequeño de tiempo y recursos que usualmente maneja el software de PM (Administración de proyectos). Es una tarea única que necesita hacerse en un proyecto. Las actividades múltiples se relacionan una con otra identificando a sus predecesoras inmediatas. Se permite actividades aisladas, las cuales no tienen predecesoras ni sucesoras. La mayoría de paquetes de software de administración de proyectos son sistemas de relación de precedencia, los cuales analizan programas con base en las relaciones de las actividades especificadas. A las actividades también puede llamárseles paquetes de trabajo, tareas o entregas.

Actividad crítica

Una actividad crítica posee holgura cero o negativa. Esta actividad no puede posponerse. Debe terminarse a tiempo o todo el proyecto se atrasará. (Las actividades no críticas cuentan con holgura o tiempo de espera y no se encuentran en la ruta crítica. Las actividades súper críticas poseen holgura negativa).

Actividad de finalización

Una actividad de finalización es la última actividad que debe completarse antes de que un proyecto pueda considerarse como cerrado. Esta actividad no es una predecesora de otra actividad — no tiene sucesoras. Muchos paquetes de software de PM permiten muchas actividades de finalización.

Actividad de inicio

Una actividad de inicio no tiene predecesoras. No tiene que esperar que otra actividad comience. Muchos paquetes de software de PM permiten actividades de inicio múltiple si es necesario.

Actividad sub crítica

El administrador del proyecto le asigna un valor de umbral de holgura a una actividad sub crítica. Cuando la actividad alcanza su umbral de holgura, se le identifica como crítica. Ya que este tipo de criticidad es artificial, normalmente no impacta la fecha de terminación del proyecto.

Actividad súper crítica

Una actividad que está atrasada se considera como súper critica. Se ha retrasada al punto que su holgura se calcula a un valor negativo. La holgura negativa representa el número de unidades que una actividad está en retraso.

Actividades paralelas

Las actividades paralelas son dos o más actividades que se pueden llevar a cabo al mismo tiempo. Esto permite que un proyecto se complete más rápidamente que si las actividades se ordenaran en serie en una línea recta.

Análisis de multiproyectos

El análisis de multiproyectos se utiliza para analizar el impacto e interacción de actividades y recursos cuyo progreso afecta el progreso de un grupo de proyectos o para proyectos con recursos compartidos o ambos. El análisis de multiproyetos también se puede utilizar para la presentación de informes combinados sobre proyectos que no tienen dependencias o recursos en común.

291

Análisis de red

El análisis de red es el proceso para identificar fechas de finalización e inicio tardío y anticipado para las actividades del proyecto. Esto se lleva a cabo con un paso hacia adelante y hacia atrás a lo largo del proyecto. Muchas herramientas de software de PM (Administración de proyectos) buscarán bucles en la red y emitirán un mensaje de error si encuentran alguno. El mensaje de error identificará el bucle y todas las actividades dentro de él.

Análisis forzoso

La mayoría de software de PM puede forzar el análisis de un programa, mediante lo cual el proyecto se vuelve a analizar aunque no se haya ingresado ningún dato o información nueva. La característica se utiliza para un autoanálisis del proyecto después de que se ha analizado con otros proyectos en procesos de proyectos múltiples (o viceversa). Un programa redistribuido también podría retirarse al forzar un análisis de programa.

Anotación precedente

La anotación precedente es un medio para describir el flujo de trabajo del proyecto. Algunas veces se le llama anotación de actividad en nodo. A cada actividad se le asigna un identificador único. La dirección del flujo de trabajo se indica mostrando cada predecesor de la actividad y sus relaciones de retraso. Gráficamente, las redes precedentes se representan utilizando cuadros descriptivos y flechas de conexión para indicar el flujo del trabajo.

Calcular el programa

El Método de ruta crítica (calcular el programa) es un proceso de modelado que define todas las actividades críticas del proyecto que deben completarse a tiempo. El botón Calc de la barra de herramientas en las ventanas PERT y Gantt (que se encuentran en la mayoría de software de PM (Administración de proyectos) con base GUI) calcula las fechas de inicio y de finalización de las actividades en el proyecto en dos pasos. El primer paso calcula las fechas de comienzo anticipado y finalización desde la fecha de inicio más próximo hacia adelante. El segundo paso calcula las actividades de límite de comienzo y finalización desde las últimas fechas de finalización hacia atrás. La diferencia entre las fechas pares de inicio y finalización de cada tarea es la holgura o tiempo de espera de cada tarea (consulte HOLGURA). Demora es la cantidad de tiempo que una tarea se puede retrasar sin afectar la fecha de conclusión del proyecto. Una gran ventaja de este método es la puesta a punto que puede lograrse para acelerar el proyecto. Acorte varias actividades de la ruta crítica y luego verifique el programa para corroborar cómo se afecta por estos cambios. Experimentando de esta manera, se puede determinar el programa óptimo para el proyecto.

Calendarios

El calendario de un proyecto enumera los intervalos de tiempo en los que las actividades o recursos pueden y no pueden programarse. Por lo general, un proyecto posee un calendario predeterminado para la semana laboral normal (de lunes a viernes), pero también podría tener otros calendarios. Cada calendario puede personalizarse con sus propios días festivos y de trabajo extra. Las actividades y recursos se pueden adjuntar a cualquiera de los calendarios definidos.

Carga de trabajo

La carga de trabajo es la cantidad de unidades de trabajo asignadas a un recurso en un período de tiempo.

Control

Control es el proceso de comparar el desempeño actual con el planificado, analizando las diferencias y tomando las acciones correctivas pertinentes.

Diagrama de la red

Un diagrama de red es una representación gráfica de secuencia de actividades y relaciones. Los cuadros de actividades se conectan con flechas de una sola dirección para indicar precedencia. La primera actividad se coloca al lado izquierdo del diagrama con la última actividad en el lado derecho. Los cuadros de actividades se colocan usualmente a diferentes niveles (no así en una fila única) para acomodar las actividades que se ejecutan simultáneamente.

Disminución

Disminución es la cantidad de tiempo de espera u holgura que utiliza la actividad actual debido a un inicio tardío. Si se retrasa una actividad sin holgura, todo el proyecto se pospone.

Duración

Duración es el tiempo que se necesita para completar una actividad. El tiempo se puede determinar por medio de la retroalimentación del usuario o el uso de recursos. Las actividades sin duración se llaman Hitos, los cuales actúan como marcadores (consultar HITOS). La estimación de la duración de actividades futuras es muy difícil. Se recomienda que el período más largo de duración se utilice para justificar posibles retrasos.

Duración con base en recursos

La duración con base en recursos proporciona la opción para determinar la duración de la actividad, duración que falta y porcentaje completo del uso de recursos. El recurso que requiere la mayor cantidad de tiempo para completar el trabajo especificado de la actividad determinará su duración. Puede cambiar el modo de duración de una actividad en cualquier momento. Es posible que esta característica no se utilice sin valores en los campos de Usos de recursos.

Duración de la actividad

La duración de la actividad especifica el tiempo (en horas, días, semanas, meses) que toma completar una actividad. Esta información es opcional en el ingreso de datos de una actividad. El flujo de trabajo (relaciones predecesoras) se puede definir antes de asignar la duración. Las actividades con duración cero se consideran hitos (valor del hito de 1 a 94) o hamacas (actividades totalizadoras) (valor del hito de 95 a 99).

Estructura detallada del trabajo (WBS)

La WBS es una herramienta para definir el detalle jerárquico de responsabilidades y trabajo de un proyecto. Se desarrolla al identificar el nivel más alto de trabajo del proyecto. Las categorías principales se dividen en componentes más pequeños.

La subdivisión continúa hasta que se establece el nivel de detalle más bajo que se requiere. Estas unidades finales de la WBS son las actividades de un proyecto. Cuando se implementa, la WBS facilita el informe resumido a distintos niveles.

293

Fechas reales

Las fechas reales se ingresan conforme el proyecto progresa. Estas son las fechas reales en las que las iniciaron y finalizaron las actividades a diferencia de las fechas proyectadas o planificadas.

Finalización anticipada

La fecha de Finalización anticipada se define como la fecha más próxima en que se calcula que una actividad pueda terminar. Se basa en el Inicio anticipado de la actividad, la cual depende de la finalización de las actividades predecesoras y de la duración de la actividad. (Consulte INICIO ANTICIPADO) La mayoría de software de PM (Administración de proyectos) calcula fechas anticipadas con un paso hacia adelante desde el comienzo del proyecto hasta su final. Esto se realiza seleccionando ANALYZE & PROCESS REPORTS (ANÁLISIS E INFORMES DE PROCESO) en el menú emergente Report (Informe).

Finalización establecida — Actividad

La finalización establecida es la fecha de finalización impuesta por el usuario para una actividad. Una fecha de finalización establecida se utiliza si existen fechas de compromiso predefinidas. La mayoría de software de PM no programará una fecha de Finalización tardía después que la fecha de finalización establecida. Su software de PM preferido podría alertarlo de la holgura negativa, la cual ocurre cuando una fecha de Finalización tardía se da después que una fecha de Finalización establecida. Esto lo ocasiona la duración de actividades predecesoras que hacen imposible cumplir con la fecha de Finalización establecida. La holgura negativa puede eliminarse al reducir la duración de actividades predecesoras o al extender la fecha de Finalización establecida.

Finalización establecida — Proyecto

La fecha de finalización establecida de un usuario puede imponerse en un proyecto de manera general. Una fecha de finalización establecida se utiliza si existe una fecha de conclusión predefinida. La mayoría de software de PM no programará alguna fecha de Finalización tardía posterior a la fecha de finalización establecida. Consulte ACTIVIDAD DE FINALIZACIÓN ESTABLECIDA para informarse cómo abordar la holgura negativa.

Finalización tardía

Las fechas de finalización tardía se definen como las últimas fechas en las que puede terminar una actividad para evitar ocasionar retrasos en el proyecto. Muchos paquetes de software de PM (Administración de proyectos) calculan las últimas fechas con un paso hacia atrás, desde el final del proyecto hasta su inicio. Esto se realiza seleccionando ANALYZE & PROCESS REPORTS (ANÁLISIS E INFORMES DE PROCESO) en el menú emergente Report (Informe).

Flujo de trabajo

Flujo de trabajo es la relación de las actividades en un proyecto desde principio a fin. El flujo de trabajo toma en cuenta todos los tipos de relaciones de las actividades.

Gráfico de Gantt (Barra)

Un gráfico de Gantt es la visualización gráfica de la duración de la actividad. También se le conoce como un gráfico de barra. Las actividades se enumeran con otra información tabular en el lado izquierdo con intervalos de tiempo en las barras. La duración de la actividad se muestra en forma de barras horizontales.

Hamacas (Actividades totalizadoras)

Una hamaca agrupa actividades, hitos u otras hamacas (actividades totalizadoras) para presentar informes. Un hito de hamaca enumera rangos de 95 a 99. Esto permite una acumulación de cinco niveles. Por ejemplo, dos hamacas (actividades totalizadoras) al nivel de 95 se pueden combinar en una hamaca de nivel 96. Se permite cualquier número de hamacas (actividades totalizadoras) dentro de los cinco niveles para un proyecto. La mayoría de software de PM (Administración de proyectos) calcula la duración de una hamaca (actividad totalizadora) desde las fechas tempranas y tardías de las actividades a la que está vinculada.

Histograma

Un histograma es una visualización gráfica del uso de recursos en un período de tiempo. Permite la detección de recursos utilizados en exceso o no utilizados plenamente. El uso de recursos se muestra en barras verticales a color.

El nivel ideal de un recurso se muestra en la pantalla en otro color (por lo general en rojo). La altura vertical se produce por el valor especificado en el campo de uso máximo de la ventana Resource Label (Etiqueta de recurso). (El histograma impreso utiliza una línea horizontal para mostrar el uso máximo establecido en la ventana Resource Label (Etiqueta de recurso)). Si la barra de recurso se extiende más allá del área roja para algún día en particular, es necesario que se redistribuyan los recursos (o se separen) para que se asignen adecuadamente. Los histogramas de recursos deben verificarse después de que los recursos se hayan asignado a las actividades del proyecto.

Hitos

Un hito es una actividad con duración cero (por lo general marca el final de un período).

Holgura

La holgura es el tiempo que una actividad puede posponerse después de su duración sin retrasar al resto del proyecto. El cálculo depende del tipo de holgura. Consulte HOLGURA DE INICIO, HOLGURA DE FINALIZACIÓN, HOLGURA POSITIVA y HOLGURA NEGATIVA. Toda holgura se calcula cuando se computa el programa de un proyecto.

Holgura cero

La holgura cero es una condición en la que no existe exceso de tiempo entre las actividades. Una actividad con holgura cero se considera una actividad crítica. Si la duración de una actividad crítica aumenta (la actividad se pospone) la fecha de finalización del proyecto también se pospondrá.

Holgura de finalización

La holgura de finalización es el tiempo en exceso con el que cuenta una actividad en el momento de su conclusión antes de que una actividad sucesora deba comenzar. Es la diferencia entre la fecha de inicio de la predecesora y la fecha de finalización de la actividad actual, usando el primer o último programa. (Las fechas anticipadas y tardías no se mezclan). Se puede referir a esto como tiempo de espera. Toda holgura se calcula cuando se computa el programa de un proyecto.

Holgura de inicio

Holgura de inicio es el tiempo en exceso que una actividad tiene entre sus fechas de Inicio anticipado e Inicio tardío.

Holgura libre

La holgura libre es el tiempo en exceso del cual se dispone antes de iniciar la siguiente actividad, asumiendo que ambas actividades inicien en su fecha de inicio anticipado. La holgura libre se calcula de la siguiente manera: HOLGURA LIBRE = INICIO MÁS PRÓXIMO DE LA SIGUIENTE ACTIVIDAD - INICIO MÁS ANTICIPADO DE LA ACTIVIDAD ACTUAL - DURACIÓN DE LA ACTIVIDAD ACTUAL En el calendario de actividades, la holgura libre es el tiempo del final de la actividad a la fecha más próxima de Inicio anticipado entre todas sus sucesoras. Si la actividad no tiene sucesoras, se utiliza la fecha de finalización del proyecto. Debido a que la holgura libre no tiene significado para las hamacas (actividades totalizadoras), ésta se establece en cero. En el caso común en donde todos los retrasos son de finalización a inicio de cero, la holgura libre representa el número de días de trabajo que una actividad se puede retrasar antes de que afecte a alguna otra actividad del proyecto.

Ejemplo: La actividad actual tiene un inicio anticipado el 1 de marzo y tiene una duración de 3 días. La actividad sucesora tiene un inicio anticipado el 7 de marzo. Asumiendo que todos los días sean de trabajo, entonces: HOLGURA LIBRE = 7 de marzo - 1 de marzo - 3 días = 6 días - 3 días = 3 días. La holgura libre se puede considerar como el tiempo que una actividad se puede extender sin afectar a la actividad que sigue. Si la actividad actual toma más tiempo en completarse que la combinación de la duración proyectada y la holgura libre, la actividad que sigue no podrá comenzar en la fecha de su inicio más próximo.

Holgura negativa

La holgura negativa indica las actividades que deben comenzar antes de que sus predecesoras terminen para cumplir con una fecha de finalización establecida. Toda holgura se calcula cuando se computa el programa de un proyecto. La holgura negativa se da cuando la diferencia entre las fechas tardías y las anticipadas (inicio o finalización) de una actividad son negativas. En esta situación, las fechas tardías son antes que las fechas anticipadas. Esto puede suceder cuando se agregan restricciones (fechas establecidas de actividades o fechas de finalización de proyectos establecidos) a un proyecto.

Holgura positiva

La holgura positiva se define como el tiempo que el inicio de una actividad se puede retrasar sin afectar la fecha de conclusión del proyecto. Una actividad con holgura positiva no está en la ruta crítica y recibe el nombre de actividad no crítica. La mayoría de paquetes de software calcula el tiempo de holgura durante el análisis del programa. La diferencia entre las fechas anticipadas y tardías (inicio o finalización) determina la cantidad de holgura.

El tiempo de holgura se muestra al final o principio de actividades no críticas cuando un gráfico de barra refleja programas anticipados y tardíos. La holgura se muestra en muchos informes de presentación en columnas.

Holgura total

Holgura total es el tiempo en exceso de que se dispone para que una actividad se extienda o retrase sin afectar al resto del proyecto — asumiendo que comience a su tiempo más próximo. Se calcula utilizando la formula siguiente: HOLGURA TOTAL = FINALIZACIÓN TARDÍA - INICIO MÁS ANTICIPADO - DURACIÓN

Inicio anticipado

La fecha de Inicio anticipado se define como la fecha más próxima en que se calcula que una actividad pueda comenzar. Depende de cuándo terminen todas las actividades predecesoras. La mayoría de software de PM (Administración de proyectos) calcula fechas anticipadas con un paso hacia adelante desde el comienzo del proyecto hasta su final.

Inicio establecido — Actividad

El inicio establecido es una fecha de inicio impuesta a una actividad. La mayoría de software de PM no programará una fecha de Inicio anticipado anterior a la fecha de Inicio establecido.

Inicio tardío

Las fechas de inicio tardío se definen como las últimas fechas en las que puede iniciar una actividad para evitar ocasionar retrasos en el proyecto. Muchos paquetes de software de PM (Administración de proyectos) calculan las últimas fechas con un paso hacia atrás, desde el final del proyecto hasta su inicio.

Microprogramación

La microprogramación es la programación de actividades que duran menos de un día (en horas o días fraccionados).

PERT (Técnica para la evaluación y revisión de programas)

PERT es una técnica de administración de proyectos para determinar cuánto tiempo necesita un proyecto antes de completarse. A cada actividad se le asigna el mejor, peor y más probable estimado de tiempo para su conclusión. Estas estimaciones se utilizan para determinar el promedio de tiempo de conclusión. Los tiempos promedio se utilizan para comprender la ruta crítica y la desviación estándar de tiempos de conclusión para todo el proyecto.

Predecesora

Una actividad que debe completarse (o estar parcialmente completa) antes de que una actividad específica pueda comenzar, recibe el nombre de predecesora. La combinación de todas las relaciones predecesoras y sucesoras (consulte SUCESORA) entre las actividades del proyecto forma una red. Esta red puede analizarse para determinar la ruta crítica y otras implicaciones de programación del proyecto.

Programación

Programación es el proceso de determinar cuándo se llevarán a cabo las actividades de un proyecto, dependiendo de la duración definida y de las actividades precedentes. Las restricciones de programa especifican cuándo debe comenzar o terminar una actividad con base en la duración, predecesores, relaciones predecesoras externas, disponibilidad de recursos o fechas establecidas.

Programación prevista

La programación prevista es el programa fijo de un proyecto. Es el estándar por medio del cual se mide el rendimiento de un proyecto. El programa actual se copia a la programación prevista que permanece igual hasta que se vuelve a establecer. Se vuelve a establecer cuando el alcance del proyecto ha sufrido cambios importantes. En ese momento, la programación original o actual ya no es válida y debe compararse con el programa real.

Proyecto

Un proyecto es un esfuerzo de tiempo único para alcanzar un objetivo explícito en un tiempo específico. Cada proyecto es único aunque pueden existir proyectos similares. Como la actividad individual, el proyecto tiene inicio y finalización distintos y un período de tiempo para su conclusión. Cada actividad del proyecto se supervisará y controlará para determinar su impacto en otras actividades y proyectos. El proyecto es el bloque distinto y más grande de tiempo y recursos que maneja la mayoría de software de PM.

297

Recurso

Un recurso es cualquier cosa que se asigna a una actividad o que se necesita para completar una actividad. Puede incluir equipo, personas, edificios, etc.

Redistribución de recursos

La redistribución de recursos proporciona la capacidad de ajustar los programas del proyecto para minimizar los máximos en el uso diario de recursos. Por lo general esto se hace cuando los recursos están sobre asignados. Las actividades se transfieren dentro de su holgura disponible para generar un programa nuevo.

Los recursos y proyectos pueden tener prioridades de redistribución. Algunas actividades puede que no tengan flexibilidad para volver a programarse debido a la falta de holgura. Se puede seleccionar la redistribución ya sea que esté restringido debido a recursos o a programación.

Reprogramar

Reprogramar es una característica de la mayoría de software de PM, el cual vuelve a calcular las fechas de inicio y finalización de todas las actividades pendientes de completar con base en el progreso a esa fecha específica.

Retraso

Retraso se refiere a la demora de tiempo entre el inicio y finalización de una actividad y el inicio o finalización de su(s) sucesora(s). Consulte RETRASO DE FINALIZACIÓN A FINALIZACIÓN, RETRASO DE FINALIZACIÓN A INICIO y RETRASO DE INICIO A INICIO.

Retraso de finalización a finalización

El retraso de finalización a finalización es el tiempo mínimo que debe transcurrir entre la finalización de una actividad y la finalización de su(s) sucesora(s). Si la finalización de la predecesora se retrasa, la actividad sucesora podría tener que demorarse o detenerse para permitir que transcurra el período de tiempo especificado. Todos los retrasos se calculan cuando se computa el programa de un proyecto. Los retrasos de finalización a finalización se utilizan comúnmente para retrasos de inicio a inicio.

Retraso de finalización a inicio

El retraso de finalización a inicio es el tiempo mínimo que debe transcurrir entre la finalización de una actividad y el inicio de su(s) sucesora(s). El retraso de finalización a inicio predeterminado es cero. Si la finalización de la predecesora se retrasa, el inicio de la actividad sucesora tendrá que retrasarse. Todos los retrasos se calculan cuando se computa el programa de un proyecto. En la mayoría de casos, los Retrasos de finalización a inicio no se utilizan con otros tipos de retrasos.

Retraso de Inicio a inicio

El retraso de inicio a inicio es el tiempo mínimo que debe transcurrir entre el inicio de una actividad y el inicio de su(s) sucesora(s).

Ruta

Una ruta es una serie de actividades conectadas. Consulte MÉTODO DE RUTA CRÍTICA para obtener información sobre rutas críticas y no críticas.

Ruta crítica

Pueden existir varias rutas dentro de un proyecto. La ruta crítica es aquella ruta (secuencia) de actividades que representa el período de tiempo total más largo que se requiere para completar el proyecto. El retraso en alguna actividad de la ruta crítica ocasiona un retraso en la conclusión del proyecto. Podría existir más de una ruta crítica dependiendo de la duración y la lógica del flujo de trabajo.

Secuencia

Secuencia es el orden en que las actividades ocurrirán con respecto de unas con otras. Esto establece la prioridad y dependencias entre actividades. Las relaciones predecesoras y sucesoras se desarrollan en un formato de red. Esto permite que los que participan en el proyecto puedan visualizar el flujo de trabajo.

Sub proyecto

Un sub proyecto es un grupo de actividades distintas que consiste de su proyecto propio que a su vez es parte de un proyecto más grande. Los sub proyectos se resumen en una sola actividad para ocultar el detalle.

Sucesora

Una sucesora es una actividad cuyo inicio o finalización depende del inicio o finalización de una actividad predecesora. Consulte PREDECESORA para más información.

Tiempo transcurrido

El tiempo transcurrido es el número total de días calendario (excluyendo los días que no se trabaja, como fines de semana o días festivos) que se necesita para completar una actividad. Nos da una "visión realista" de cuánto tiempo se ha programado que le tomará a una actividad para completarse.

Unidades de trabajo

Las unidades de trabajo son la medida de recursos. Por ejemplo, las personas como recurso pueden medirse por las horas que trabajan.

Referencias

Dismore, Paul C. (1999). *Winning in business with Enterprise Project Management* (Ganar en el comercio con la Administración de proyectos en la empresa). AMACOM, Nueva York.

Hoyle, David, (2001). *ISO 9000 Quality Systems Handbook* (Manual de sistemas de calidad del ISO 9000), 4th Edition Butterworth-heinemann, Burlington, MA.

Internacional Organization Standardization (Organización Internacional de Para la Estandarizacion). 2005. *ISO 9001:2000 Quality Management Systems.* (Sistemas de administración de la calidad del ISO 9001:2000). Génova, Suiza.

Patterson, David G. (2004). *Implementing Physical Protection Systems: A Practical Guide* (Implementación de Sistemas de protección física: Guía practica). ASIS International, Alexandria, VA.

Washington State Department of Transportation (Departamento de Transporte del Estado de Washington.). (2005). *Project Management Glossary of Terms* (Glosario de términos de Administración de proyectos). Disponible en: http://www.wsdt.wa.gov/NR/rdonlyres/3DDE6D10-C5FB-4D45-8386-4180CE905BD0/0/WSDOTPMGlossary.pdf

www.allpm.com, sitio web con enlaces a una variedad de recursos de administración de proyectos.

Derechos de autor © 2007 de ASIS International

Capítulo 7: Preguntas de práctica

Las siguientes preguntas se tomaron del material cubierto en este capítulo. No se pretende que incluyan todo el material de este capítulo, ni que representen preguntas verdaderas del examen de certificación.

Sin embargo, estas preguntas tienen la intensión de ayudarle a revisar la información importante relacionada con investigaciones de seguridad. Se le anima a consultar los recursos adicionales que se encuentran al final de este capítulo para prepararse a fondo para el examen de certificación ASIS.

Pregunta 1. Ningún proyecto de seguridad tendrá éxito sin:
a) Apoyo de la administración superior.
b) Software de administración de proyectos.
c) Recursos sin gastar.
d) Por lo menos una orden de cambio.

Pregunta 2. Un proyecto es distinto a un trabajo regular en muchas maneras. ¿Cuál de las siguientes no es verdadera?
a) Un proyecto tiene un propósito único y un objetivo explícito para completarse dentro de especificaciones de presupuesto y tiempo.
b) Un proyecto es temporal y tiene un inicio y un final definido. Ocurre solo una vez y luego se termina.
c) Un proyecto requiere recursos como dinero, gente, equipo y suministros que solo proceden del interior de la empresa.
d) Un proyecto tiene un patrocinador principal. El patrocinador proporciona la dirección y los fondos para el proyecto.

Pregunta 3. El administrador del proyecto debe crear un balance entre tres metas, ¿cuáles son estas metas?
a) Aspectos arquitectónicos, de sistemas de seguridad y operativos.
b) Geográficas, tecnológicas y de servicios de seguridad.
c) Alcance del proyecto, tiempo y costo.
d) Procedimientos, recursos humanos y capacitación.

Pregunta 4. ¿Cuáles son algunos de los elementos que los proyectos exitosos tienen en común?
a) El proyecto cuenta con la participación consistente de los interesados, el apoyo de la administración superior, una clara declaración de objetivos y requisitos y se completa a tiempo y de acuerdo con el presupuesto.
b) El proyecto cuenta con administración superior en el equipo del proyecto.
c) El proyecto utiliza software de administración de proyectos.
d) El proyecto no ha tenido cambios en el alcance.

Pregunta 5. Los interesados son las personas involucradas o afectadas por las actividades del proyecto. ¿Cuál de las siguientes describe mejor el tipo de interesados que usted encontraría en un proyecto de seguridad?
a) Clientes externos de la empresa.
b) Fabricantes de equipo de IT.
c) Patrocinador del proyecto y miembros del equipo del proyecto.
d) La junta directiva.

Capítulo 7: Administración del proyecto del PPS

Pregunta 6. La administración del proyecto puede brindar muchos beneficios; algunos son evidentes, otros están ocultos. ¿Cuál de los siguientes no es uno de los más importantes?

a) Redactar los objetivos y expectativas de manera clara, fomentar comunicaciones abiertas y proporcionar un punto focal y de compromiso para el equipo del proyecto a través del proceso.

b) El proceso estructurado de un proyecto genera capacitación y documentación exhaustivas.

c) Los controles de proyectos proporcionan advertencias tempranas para no excederse en tiempo y costo.

d) La productividad de cada miembro del equipo del proyecto se reduce debido a los requisitos de presentación de informes.

Pregunta 7. Los proyectos tienen cuatro etapas. ¿Cuáles son?

a) Viabilidad, desarrollo, ejecución y cierre.

b) Viabilidad, diseño, ejecución y cierre.

c) Viabilidad, desarrollo, examen y cierre.

d) Viabilidad, desarrollo, ejecución y finalización.

Pregunta 8. Es muy importante tener una idea clara de las cosas que logrará el proyecto y las que podría pero no logrará. Esto hará que la administración de la modificación del alcance sea más fácil a lo largo de todo el proyecto. Además de las entregas o productos, describa el alcance en términos más específicos, como:

a) Datos modificados, cambio de organizaciones, procesos externos afectados y equipo que se compró.

b) Datos con los que se trabajó, las organizaciones afectadas, los procesos comerciales afectados, transacciones que se consideraron y otros proyectos que se afectó.

c) Personas que se vieron afectadas, sistemas modificados y los procedimientos nuevos que se creó.

d) Procedimientos, recursos humanos y capacitación que se requirió.

Pregunta 9. Los objetivos son declaraciones concretas que describen lo que trata de alcanzar el proyecto. El objetivo debe estar escrito a un nivel adecuado para que pueda evaluarse al concluir un proyecto y así ver si se alcanzó o no. Un objetivo bien redactado se:

a) Relaciona con el tiempo, no es cuantificable, detallado y especializado.

b) Geográfico, tecnológico y superficial.

c) Objetivo, de alto nivel y detallado.

d) Específico, cuantificable, se puede lograr/alcanzar, realista y con límite de tiempo.

Pregunta 10. Las entregas son productos o resultados del trabajo necesario para cumplir con los objetivos del proyecto. ¿Cuál de los siguientes es verdadero de las entregas?

a) Las entregas se definen durante la etapa de viabilidad del proyecto.

b) Las entregas se definen cuando el proyecto se cierra.

c) Las entregas se identifican para cada fase de implementación del PPS.

d) Las entregas no necesitan desarrollarse para proyectos complejos.

Pregunta 11. Las actividades definen el trabajo que se necesita para producir las entregas en cada fase. ¿Cuál de estas es una regla general?

a) Las actividades no son necesarias para proyectos pequeños.

b) Las actividades deben durar entre una y cuatro semanas.

c) Las actividades deben durar más de ocho semanas.

d) Las actividades deben durar menos de una semana.

Pregunta 12. El objetivo de desarrollar la estructura detallada del trabajo es captar todas las tareas que se necesitan para generar las entregas de cada fase. ¿Cuál de estos es verdadero acerca de la estructura detallada de trabajo (WBS)?

a) Todas las actividades deben estar en secuencia mientras se prepara la WBS.

b) La duración de actividades debe desglosarse a un nivel no mayor que el ciclo de informe de trabajo del proyecto.

c) La duración de las actividades no se relaciona con el ciclo de informe del proyecto.

d) No debe tomar más de una semana para que una actividad se complete.

Pregunta 13. Para crear un diagrama de red, ordenamos las actividades en un borrador de orden cronológico, determinando cuáles actividades necesitan completarse de primero, segundo, tercero, etc. Después que hemos establecido la secuencia en borrador, volvemos a examinar las actividades y buscamos las relaciones y dependencias entre las actividades y llegamos finalmente a un diagrama de red que describe la secuencia de todas las actividades que nos conducen a la finalización del proyecto. Cuando se determina la secuencia, ¿qué relación tienen la mayoría de actividades?

a) Inicio a inicio

b) Finalización a inicio

c) Finalización a finalización

d) Inicio a finalización

Pregunta 14. Después de elaborar la WBS y el diagrama de red, debe identificar los otros posibles obstáculos y clasificarlos de acuerdo con su probabilidad de incidencia. Luego debe incorporar más actividades para mitigar los riesgos potenciales. Este proceso recibe el nombre de

a) Análisis de riesgo.

b) Administración de proyectos.

c) Planificación de contingencia.

d) Red de dependencia.

Pregunta 15. ¿Qué tareas lleva a cabo el administrador de proyectos durante la etapa de ejecución del proyecto?

a) Planificar, documentar los requisitos, seleccionar a los miembros del equipo.

b) Preparar las entregas, las actividades, la WBS y el diagrama de red.

c) Conducir la fase de ciclo de vida y revisiones de entregas cada semana, proporcionar informes frecuentes a los interesados acerca del proyecto, así como a la administración, utilizar un proceso de control de cambio que incluya las aprobaciones de todos los cambios por los interesados y revisar las actividades y la estructura detallada del trabajo para reflejar los cambios.

d) Preparar el informe de lecciones aprendidas.

Capítulo 7: Administración del proyecto del PPS

Respuestas a las preguntas del capítulo 7

1. a) Apoyo de la administración superior.

2. c) Un proyecto requiere recursos como dinero, gente, equipo y suministros que solo proceden del interior de la empresa.

3. c) Alcance del proyecto, tiempo y costo.

4. a) El proyecto cuenta con la participación consistente de los interesados, el apoyo de la administración superior, una clara declaración de objetivos y requisitos y se completa a tiempo y de acuerdo con el presupuesto.

5. c) Patrocinador del proyecto y miembros del equipo del proyecto.

6. d) La productividad de cada miembro del equipo del proyecto se reduce debido a los requisitos de presentación de informes.

7. a) Viabilidad, desarrollo, ejecución y cierre.

8. b) Datos con los que se trabajó, las organizaciones afectadas, los procesos comerciales afectados, transacciones que se consideraron y otros proyectos que se afectó.

9. d) Específico, cuantificable, se puede lograr/alcanzar, realista y con límite de tiempo.

10. c) Las entregas se identifican para cada fase de implementación del PPS.

11. b) Las actividades deben durar entre una y cuatro semanas.

12. b) La duración de las actividades debe desglosarse a un nivel no mayor que el ciclo del informe de trabajo del proyecto.

13. b) Finalización a inicio

14. c) Planificación de contingencia.

15. c) Conducir la fase de ciclo de vida y revisiones de entregas cada semana, proporcionar informes frecuentes a los interesados acerca del proyecto, así como a la administración, utilizar un proceso de control de cambio que incluya las aprobaciones de todos los cambios por los interesados y revisar las actividades y la estructura detallada del trabajo para reflejar los cambios.

Anexo
Principios clave de la administración del proyecto

Los administradores de proyectos deben concentrarse en las tres dimensiones del éxito del proyecto. Escriba simplemente que el éxito del proyecto significa completar todas las entregas del proyecto a ***tiempo,*** dentro del ***presupuesto*** y a un nivel de ***calidad*** que sea aceptable a los patrocinadores e interesados. El administrador del proyecto debe mantener la atención del equipo enfocada en lograr estas metas generales.

La planificación lo es todo —y es continua. Todos los textos de administración de proyectos y sus autoridades están de acuerdo con que: La actividad única y más importante en la que los administradores de proyectos deben involucrarse es en la planificación — detallada, sistemática, los planes que involucran al equipo es el fundamento único para el éxito del proyecto. Cuando eventos del mundo real conspiran para cambiar el plan, los administradores de proyectos deben elaborar uno nuevo que refleje los cambios. De manera que la planificación y replanificación es un medio de vida para los administradores de proyectos.

Los administradores de proyectos deben transmitirle a los miembros de sus equipos un sentido de urgencia. Debido a que los proyectos son esfuerzos limitados con tiempo limitado, dinero y otros recursos disponibles, ellos deben mantenerse en constante movimiento hacia su conclusión. Ya que la mayoría de miembros del equipo tiene muchas otras prioridades, depende del administrador del proyecto mantener su atención en las fechas de vencimiento y entregas del proyecto. Son esenciales las verificaciones periódicas de su estado, las reuniones y los recordatorios.

Todas las entregas del proyecto y todas sus actividades deben visualizarse y comunicarse en completo detalle. En conclusión, el administrador y el equipo del proyecto deben crear una imagen tangible de las entregas terminadas en las mentes de cada uno de los involucrados de manera que todo el esfuerzo se concentre en la misma dirección. A toda costa debe evitar las descripciones vagas, debe dar explicaciones de modo sencillo, descriptivo, con ejemplos y asegurarse de que todos concuerdan con él.

Las entregas deben evolucionar gradualmente, en aproximaciones sucesivas. Definitivamente que cuesta mucho y se arriesga mucho en el tiempo dedicado a volver a diseñar para lanzarse de lleno y comenzar a desarrollar todas las entregas del proyecto. Vaya un paso a la vez, obtenga revisiones graduales y aprobaciones y mantenga el control de su evolución.

Los proyectos requieren aprobaciones y cierres claros por parte de los patrocinadores. Los puntos de aprobación claros, en conjunto con cierres formales por parte de los patrocinadores, expertos en el tema y otros interesados clave, deben ser puntos prudentes y discretos en la evolución de las entregas del proyecto. Es así de sencillo: debe solicitársele a cualquier persona que tenga la autoridad para rechazar o exigir la revisión de las entregas después que éstas se hayan completado, que las apruebe conforme se vayan desarrollando.

El éxito del proyecto está relacionado con el análisis minucioso de la necesidad para las entregas del proyecto. Los estudios han demostrado que cuando un proyecto genera entregas que se diseñan para cumplir con una necesidad minuciosamente documentada, existe una mayor probabilidad de que el proyecto tenga éxito. De tal manera que los administradores deben insistir en que haya una necesidad comercial bien documentada para el proyecto antes que acuerden gastar los recursos organizacionales para llevarlo a cabo.

Los administradores de proyectos deben dedicar el tiempo necesario para asegurar que las cosas se hagan correctamente. En nuestra línea de trabajo, oímos muy a menudo esta queja: "¡Siempre parece que tenemos tiempo para volver a hacer el proyecto, solo desearía que hubiéramos hecho las cosas correctamente desde un principio!" Los proyectos debe tener disponible el tiempo suficiente para "hacerlo bien desde el principio". Los administradores de proyectos deben hacer lo imposible para tener este tiempo, demostrándole a los patrocinadores y altos ejecutivos por qué es necesario y cómo el tiempo dedicado dará como resultado entregas de calidad.

La responsabilidad del administrador del proyecto debe estar de acuerdo con su autoridad. No es suficiente que sea responsable por los resultados del proyecto, los administradores de proyectos deben solicitar y obtener la suficiente autoridad para ejecutar sus responsabilidades. Específicamente, los administradores deben tener la autoridad para adquirir y coordinar recursos, solicitar y recibir la cooperación de expertos en la materia y tomar las decisiones apropiadas y vinculantes que tienen impacto en el éxito del proyecto.

Los patrocinadores del proyecto y los interesados deben ser participantes activos, no clientes pasivos. La mayoría de patrocinadores de proyectos e interesados exigen legítimamente tener la autoridad para aprobar las entregas del proyecto, ya sea en parte o forma completa. Junto con esta autoridad va la responsabilidad de ser un participante activo en las etapas tempranas del proyecto (ayudar a definir las entregas), completar las revisiones de entregas intermedias a tiempo (mantener el proyecto en progreso) y ayudar a agilizar el acceso del administrador del proyecto a expertos en la materia, miembros del público al que va dirigido y documentación esencial.

Los proyectos deben venderse y volver a venderse. Existen ocasiones en que el administrador del proyecto debe hacer el papel de vendedor para mantener el compromiso de los patrocinadores y partes interesadas. Con los planes del proyecto en su poder, los administradores de proyectos necesitan recordarles a las personas periódicamente de la necesidad comercial que se cumple y que sus contribuciones son indispensables para ayudar a cumplir con esta necesidad.

Los administradores de proyectos deben conseguir el mejor personal que les sea posible y hacer lo que sea necesario para mantener lo inútil fuera de su camino. Al adquirir el mejor personal — los mejores capacitados, los más experimentados, los más competentes — el administrador del proyecto podrá compensar por lo general por el muy poco tiempo o dinero u otras restricciones del proyecto. Los administradores de proyectos deben hacer el papel de defensores de estos valiosos miembros del equipo, ayudando a protegerles de interrupciones externas y ayudándoles a adquirir las herramientas y condiciones de trabajo necesarias para aplicar sus habilidades.

La administración superior debe establecer prioridades en forma activa. En las organizaciones actuales, que se autoadministran, es muy común que se espere que los miembros del equipo del proyecto jueguen papeles activos en varios equipos de proyectos al mismo tiempo. Al final vendrá un tiempo cuando los recursos deban estirarse al máximo y simplemente habrá demasiados proyectos que puedan completarse exitosamente. En respuesta, algunas organizaciones han establecido una oficina de proyectos compuesta de administradores sobresalientes de todos los departamentos para que actúen como centro de intercambio de información para proyectos y solicitudes de proyectos. La oficina de proyectos revisa la misión general de la organización y sus estrategias, establece criterios para la selección y financiamiento del proyecto, supervisa las cargas de trabajo de los recursos y determina cuáles proyectos son de suficiente alta prioridad para que se aprueben. De esta forma, la administración superior proporciona el liderazgo necesario para prevenir los obstáculos en proyectos múltiples.

Capítulo 8: Instalación y funcionamiento de los sistemas de protección física

Temas a discutir

Este capítulo cubre los siguientes temas:

- Los requerimientos para instalar los componentes del PPS (Sistema de protección física).

- Las diferentes topologías de red utilizadas para conectar los componentes del PPS (Sistema de protección física) y los subsistemas.

- Supervisión del cable.

- Procedimientos de evaluación de alarmas.

- Procedimiento de respuesta de incidente.

- Reducción de interferencias de alarmas.

- Documentación requerida para el mantenimiento y funcionamiento del sistema.

- Diferentes tipos de pruebas a realizar en los sistemas para asegurarse de que funcionen de acuerdo con las especificaciones del diseño.

Funciones básicas de los sistemas de protección física

Regresando al tema de los sistemas de protección física (PPS, por sus siglas en inglés) que discutimos con anterioridad, definimos que las funciones básicas son:

- Proporcionar notificación de las condiciones de alarma, supervisión y problema.

- Alertar al personal que supervisa el sistema de un posible problema.

- Ayudar al personal de supervisión a evaluar alarmas.

- Ayudar al personal de supervisión a obtener una respuesta apropiada.

- Facilitar las comunicaciones de seguridad personal.

Generalidades de las actividades de instalación

- El contratista de instalación (a menudo denominado el integrador del sistema), instala todos los nuevos componentes, subsistemas y sistemas de acuerdo con los requerimientos de los fabricantes y en conformidad con todos los estándares correspondientes.

- Los contratistas de instalación deben tener todas las calificaciones necesarias para realizar el trabajo.

- El cliente debe proporcionar los lineamientos de instalación para instalar todos los componentes del sistema.

- Trabajando juntos, el cliente y el contratista preparan la documentación para el funcionamiento y mantenimiento.

Calificaciones del instalador

Durante la fase de compras de la implementación que se discute en el **Capítulo 6**, una de las actividades más importantes es identificar licitadores calificados para llevar a cabo la instalación de su sistema. Las siguientes calificaciones del integrador son importantes:

307

- Asegúrese de que su instalador esté calificado para realizar su instalación y que esté aprobado por la autoridad con jurisdicción (AHJ, por sus siglas en inglés). (Este es el aspecto más importante ya que la AHJ puede tener objeciones para el integrador).

Los siguientes son ejemplos de personal calificado:

- Personal de un fabricante de equipo capacitado y certificado.

- Personal autorizado y certificado por la autoridad local o estatal.

- Personal certificado por un programa de acreditación aceptado por la AHJ.

- El personal de instalación deberá ser supervisado por personas que estén calificadas y que posean experiencia en la instalación, inspección y prueba de sistemas de protección física.

  - Los instaladores de los sistemas de seguridad deberían estar familiarizados con el equipo a instalar. Esto incluye conocer los límites de los dispositivos y las aplicaciones de un diseño en particular.

  - Los instaladores deberían tener un entendimiento de las causas de las falsas alarmas y los métodos que pueden implementarse para disminuir su incidencia.

Actividades previas a la instalación

Antes de iniciar la instalación de un PPS, la empresa debe revisar las entregas del contratista. Todo el hardware de las puertas, lectores de tarjetas, sensores, paneles, cámaras, monitores y equipo de consola debe estar incluido en el paquete de diseño y ubicado en los diagramas.

- El contratista de instalación (a menudo denominado el integrador de sistemas), debe verificar las ubicaciones y anotar cualquier cambio.

- El administrador del proyecto y el contratista de la instalación deben examinar los requisitos de la instalación y asegurarse de que todos los problemas y diferencias se hayan resuelto antes de que ésta se lleve a cabo.

- Los procedimientos de funcionamiento deben desarrollarse de forma que proporcionen a los operadores del sistema instrucciones de cómo evaluar las distintas condiciones de las alarmas y cómo proporcionar asistencia.

- El contratista de instalación debe visitar el lugar y verificar que las condiciones concuerden con el paquete de diseño. Solicítele al contratista que prepare un informe escrito de todos los cambios que afectarán el desempeño del sistema.

- Instruya al contratista que no tome ninguna acción correctiva sin una autorización escrita del administrador del proyecto.

El contratista debe inspeccionar, probar y documentar todo el equipo **existente** de protección física, así como los cables de señal que se incorporarán al nuevo sistema.

- Para los artículos que no estén en funcionamiento, el contratista debe proporcionar especificaciones o requerimientos funcionales por escrito para respaldar los hallazgos y debe anotar el costo estimado para corregir cualquier deficiencia.

- El contratista debe anotar la fecha programada para la conexión del equipo existente. Si cualquier dispositivo, cable de señal o cable de control falla después de que el contratista ha comenzado a trabajar, el contratista debe diagnosticar la falla y corregirla.

- El contratista es responsable de los costos de reparación que se deriven de la negligencia o abuso del equipo de la empresa.

Actividades de instalación y funcionamiento

El contratista de instalación instala todos los nuevos componentes, subsistemas y sistemas de acuerdo con los requerimientos del fabricante y en conformidad con todos los estándares aplicables. Trabajando juntos, el cliente y el contratista preparan la siguiente documentación:

- Procedimientos de evaluación de alarmas que proporcionen a los operadores del sistema instrucciones de cómo evaluar las distintas condiciones de las alarmas y cómo proporcionar asistencia.

- Procedimientos de respuesta que describan qué acciones debe tomar la fuerza de respuesta cuando se presenten incidentes.

- Manuales y documentación del funcionamiento, mantenimiento y resolución de problemas del sistema.

Lineamientos de instalación

Es importante instruir al integrador sobre la instalación de los componentes del sistema, especialmente cualquier equipo entregado por el cliente. Los aspectos más importantes son:

- El contratista debe instalar todos los subsistemas de acuerdo con las instrucciones del fabricante y con la aprobación de la autoridad con jurisdicción (AHJ, por sus siglas en inglés), (inspector local del departamento de bomberos).

- La instalación debe cumplir con cualquier norma de instalación pertinente disponible de:
  - Asociación Nacional de Fabricantes Eléctricos (NEMA, por sus siglas en inglés).
  - Instituto Nacional Americano de Estándares (ANSI, por sus siglas en inglés).
  - Underwriters Laboratories, Inc. (UL, por sus siglas en inglés).
  - Asociación Nacional de Prevención de Incendios (NFPA, por sus siglas en inglés).
  - Asociación de la Industria de la Seguridad (SIA, por sus siglas en inglés).
  - Asociación de la Industrias Electrónicas (EIA, por sus siglas en inglés).

Componentes

Los componentes dentro del sistema deben configurarse con los puntos de servicio apropiados para determinar con precisión los problemas del sistema en menos de 20 minutos.

Cajas

La elección de una caja debe basarse en la aplicación, intereses ambientales, evaluación de riesgo y los requerimientos de la AHJ. Debe escogerse la caja que mejor proteja al componente del ambiente exterior. Algunas consideraciones son: interior o exterior, temperaturas extremas, alta humedad o concentración de humedad, exposición a agua salada, lluvia o nieve, atmósferas volátiles o peligrosas, vandalismo o alteraciones. La ubicación de cada componente debe ser analizada para determinar qué factores existen y qué tipo de caja es la más adecuada para dicha ubicación. El tamaño adecuado de la caja debe seleccionarse con base en las dimensiones del dispositivo y cualquier otro equipo que pueda necesitarse, tales como conectores y transformadores. El

309

nivel de resistencia al forzamiento de los componentes se determina por medio de la evaluación de riesgo o los requerimientos de la AHJ. En ausencia de una evaluación de riesgo o requerimientos de la AHJ, los componentes se instalarán de tal forma que no puedan ser retirados sin el uso de herramientas manuales.

Instalación de cerraduras electrificadas y seguridad

Las cerraduras eléctricas, cerrojos o cerraduras eléctricas deben diseñarse para que si ocurre un fallo del suministro de electricidad se abran automáticamente (fail safe) o permanezcan cerradas (fail secure), dependiendo de la ubicación de las puertas dentro de la instalación y si el personal necesita salir por las puertas en caso de emergencia. La libertad de ingresar o salir es requerida en todo momento desde cualquier lugar del edificio hacia un espacio exterior y abierto o vía pública, ya se que las cerraduras se abran o permanezcan cerradas. Si la puerta divide una superficie cubierta y el ingreso es requerido en ambas direcciones a través de la puerta, se requiere una salida "sin restricciones" en ambas direcciones.

Las cerraduras eléctricas utilizadas para restringir el acceso se consideran que no restringen el egreso al poseer un un mecanismo de apertura instalado en el lado del egreso (es decir, un picaporte que abre el cerrojo). Un pasador eléctrico dentro de un cerrojo sólido **no es permitido bajo ninguna circunstancia,** ya que puede fallar, por muchas razones, y cerrarse en una posición que evite el egreso.

Vestíbulos de los elevadores

Desde los vestíbulos de los elevadores, se debe proporcionar un área sin restricciones para salir en todo momento. Los dispositivos electromecánicos que afectan únicamente el picaporte de la puerta del lado del ingreso y mantienen un cerrojo positivo aun cuando esté cerrado (tales como las cerraduras eléctricas incrustadas) son aceptables.

Energía eléctrica, instalación eléctrica y métodos de transmisión

La disponibilidad de energía eléctrica influirá en la elección de los dispositivos de seguridad personal. Preguntas a considerar:

- ¿Qué potencia de energía eléctrica se encuentra disponible para el hardware de seguridad personal, si es que hay alguna?

- ¿Qué energía de reserva se proporciona para la seguridad personal?

- ¿Se ha considerado la fulguración de un rayo? ¿Se aconseja utilizar un sistema de protección contra rayos para el nuevo equipo electrónico?

- ¿Se protegerá toda la instalación eléctrica dentro del conducto?

- ¿Cómo se transmiten las señales de la alarma hacia el sistema de supervisión?

- ¿Se utilizarán sistemas de cableado interno y externo o se han considerado métodos de comunicación inalámbrica?

- ¿Qué ancho de banda está disponible para la transmisión de alarmas de seguridad personal e imágenes de vídeo? Por ejemplo, moduladores de transmisión a través de una línea telefónica o sistemas de telemetría por medio de transmisiones radiales para transmitir imágenes de vídeo, en tanto que las conexiones de banda ancha permiten una mayor velocidad y una reproducción de imágenes de vídeo más uniforme.

Potencia e instalación eléctrica

Sin una fuente de poder confiable y una instalación eléctrica intacta, un sistema de seguridad no puede funcionar. Efectivamente, la primera estrategia de un adversario podría ser cortar el poder de energía eléctrica de un dispositivo de seguridad personal. A continuación se presentan recomendaciones para un poder de energía confiable y una instalación eléctrica de seguridad personal.

Suministros de energía

Por lo general un sistema de seguridad incluye artículos que requieren un poder de energía de 120 VAC (voltios de corriente alterna) y un poder de energía de bajo voltaje (12 ó 24 VDC [voltios de corriente continua]). Si se incluye una fuente de alimentación alterna para suplir poder de energía de bajo voltaje, asegúrese de que se realicen los cálculos de la carga y caída de voltaje del sistema. La carga y caída de voltaje deben cumplir los siguientes criterios:

- La fuente de alimentación debe ser cargada a no más del 75 por ciento de su capacidad para permitir una expansión futura.

- La peor caída de voltaje no debe ser mayor del 10 por ciento para el circuito de bajo voltaje más largo de la fuente de alimentación al dispositivo.

Protección contra rayos

En muchos lugares del país, un sistema de protección contra rayos es esencial para la protección de dispositivos electrónicos. La meta de un sistema de protección contra rayos es:

- Limitar el voltaje de contacto o escalón y el voltaje inducido.

- Limitar la propagación del fuego.

- Reducir el efecto de sobre tensiones en un equipo sensible.

Generalmente, un sistema de protección contra rayos utiliza un sistema de puesta a tierra que está unido al sistema de puesta a tierra de la instalación. Considere lo siguiente al planificar un sistema de protección contra rayos:

- Se requiere coordinación con la instalación de techos, muros y el diseño interior del edificio para permitir la instalación de las terminales de aire o cables verticales.

- Los criterios para la protección contra rayos podrían involucrar a su empresa o compañía de seguros.

Para obtener información más específica, consulta NFPA 780, Estándar para la Instalación de Sistemas de protección contra rayos.

Reserva de energía

Para todos los componentes electrónicos del sistema de seguridad se recomienda un método de reserva de energía. Si se utilizan generadores automáticos de diesel para la reserva de energía y la energía de corriente alterna normal (AC, por sus siglas en inglés) falla, hay un retraso de 5 a 10 segundos antes de que el generador de reserva de energía empiece a funcionar. Con los sistemas manuales, este retraso de tiempo puede ser más largo.

A continuación algunas consideraciones básicas para la reserva de energía:

- Los sistemas de UPS (fuente de alimentación ininterrumpida) son recomendados para los dispositivos de seguridad personal que requieren una fuerza de 120 VAC, tales como computadoras y monitores de vídeo.

311

- Las baterías son menos costosas y más confiables para los dispositivos de bajo voltaje, tales como cámaras y sistemas lectores de tarjetas. Proporcionan un medio de carga automática que mantiene la carga de la batería bajo condiciones de energía normales.

- Los circuitos de recarga de batería deben automáticamente recargar las baterías dentro de las 24 horas después de que hayan sido descargadas.

- Los sistemas reserva de batería modular proporcionan una ventaja debido a que pueden expandirse al simplemente añadir más componentes y baterías. Conforme aumentan los requerimientos de reserva de energía, la capacidad de los sistemas de batería pueden ajustarse para satisfacer las necesidades actuales.

- Cuando considere los sistemas de UPS, compare el costo y flexibilidad de utilizar puntos de uso más pequeños de UPS contra un sistema grande y amplio de UPS. En algunos casos, se puede alcanzar una mayor flexibilidad y ahorro utilizando unidades para puntos de uso de UPS. Además, el costo de mantener una sola unidad de punto de uso de UPS es más bajo que proveer una unidad suplente y redundante de UPS para un sistema más amplio.

Instalación eléctrica de seguridad

Toda la instalación eléctrica interconectada entre los componentes del sistema de seguridad debe supervisarse para garantizar su integridad y que en el caso exista una condición anormal (por ejemplo, corto circuito, rompimiento del cable o falla en la conexión a tierra) sea automáticamente indicada cuando se arme el sistema.

Criterios de muestra para el desempeño del sistema

Los gerentes de seguridad podrían considerar incluir los siguientes estándares de seguridad al determinar qué tipo de sistema básico de seguridad física comprar e instalar:

- Debe proveerse a los componentes del sistema de seguridad una batería de reserva de cuatro horas, como mínimo.

- Toda la instalación eléctrica de seguridad que esté expuesta debe instalarse dentro de un conducto.

- No deben utilizarse empalmes o tuercas para cable dentro de los circuitos de la instalación eléctrica. Todas las terminaciones de la instalación eléctrica deben realizarse por medio de bloques de terminación mecánica.

- Toda la instalación eléctrica deberá cumplir con el NFPA 70 (Asociación Nacional de Protección de Incendios), Código Eléctrico Nacional, específicamente los Artículos 725 y 800, según corresponda.

- Los paneles de seguridad deberán aparecer en el listado de los UL al cumplir con el estándar UL-804.

Cableado, instalación eléctrica y conductos

Las siguientes son consideraciones importantes al seleccionar cableado y conductos:

- El contratista deberá proporcionar todo el alambre y cable que no se indica como equipo suministrado por el cliente.

- Toda la instalación eléctrica debe cumplir con los estándares del NFPA 70 (Código Eléctrico Nacional).

- El contratista debe instalar el sistema de acuerdo con las normas de seguridad descritas en NFPA 70, UL 681, UL 1037 y UL 1076 y con el manual de instalación adecuado para cada tipo de equipo.

- Toda la instalación eléctrica, incluyendo la instalación de bajo voltaje afuera de la consola del Centro de control de seguridad y estantes del equipo, deben instalarse en un conducto rígido de acero galvanizado en conformidad con UL 6.

- La instalación eléctrica de interconexión entre los componentes montados en el mismo estante o gabinete no necesita instalarse en conductos. El tamaño mínimo debe ser de 1/2 pulgada (1.27 cm.). Las conexiones deben ser con rosca sesgada hermética. No se deben utilizar conectores o acoplamientos sin rosca. Las cajas de los conductos deben ser de metal fundido o hierro flexible con rosca en la parte interna. La tubería metálica eléctrica (EMT, por sus siglas en inglés), cable blindado, cables con forro no metálico o conductos flexibles no deben permitirse en general, excepto en donde el cliente los requiera y los apruebe específicamente.

- Los medios de transmisión de datos no se deben meter dentro de los conductos ni colocarse en canales para conductores eléctricos, compartimientos, cajas de distribución, cajas de conexión o conectores similares a otra instalación eléctrica del edificio.

- Los cables flexibles o cables de conexión no se deben utilizar para suministrar energía a cualquier componente del PPS, excepto en donde el cliente lo requiera y apruebe específicamente.

- A menudo los Sistemas de control de acceso se instalan utilizando un cable clasificado Plenum que sea un conductor de calibre 17, de 6 a 7 alambres cubiertos de calibre 22, 4 conductores de energía de calibre 18 y los demás conductores de calibre 22 para los dispositivos perceptivos. Clasificado plenum significa que el cable es clasificado como un retardador de fuego y puede utilizarse en cielos falsos.

- Los sistemas de detección de intrusos utilizan cable plenum de 2, 4, 6, 8, 12 y 16 conductores dependiendo del número de componentes en el edificio.

- Los conductos deben utilizarse cuando la instalación eléctrica atraviesa paredes resistentes al fuego o cuando la instalación esta expuesta.

- Los conductos deben ser de ¾ pulgadas (1.90 cm.) de diámetro.

Con la integración de la tecnología de información y la tecnología de seguridad personal, los desarrollos más recientes incluyen la conexión de los componentes de seguridad personal y los sistemas de supervisión a la red local de la empresa o crear una red de seguridad personal separada utilizando el cableado de categoría 5 ó 6. Este concepto de cableado se ha hecho muy popular porque reduce los costos de instalación. En este caso el cableado deberá ser de acuerdo con la categoría 5 EIA ANSI/TIA/EIA-568A o ANSI/TIA/EIA-568-B.2-1, instalación eléctrica de categoría 6.

Topologías de la red

Los dispositivos en el sistema de seguridad pueden conectarse de varias formas. Las topologías que se muestran en la **Figura 8.1** son las que se utilizan comúnmente:

- **Topología lineal o en bus.** Una red en bus es en la que hay una sola línea (el bus) a la cual todos los nodos están conectados y los nodos se conectan únicamente a este bus. Ésta es la que se usa más comúnmente en la actualidad en muchas aplicaciones de "ethernet".

- **Topología en malla.** Una topología de red en la cual hay al menos dos nodos con dos o más rutas entre ellos. Un tipo especial de malla, limitando el número de puntos de conexión entre dos nodos, es un hipercubo.

- **Topología en anillo.** Una topología de red en la cual cada nodo tiene exactamente dos ramificaciones conectadas al mismo. Estos nodos y ramificaciones forman un anillo. Si alguno de estos nodos en el año fallan, entonces el anillo se rompe y no puede funcionar. Una topología dual de anillo tiene cuadro ramificaciones conectadas al mismo y es más resistente a las fallas.

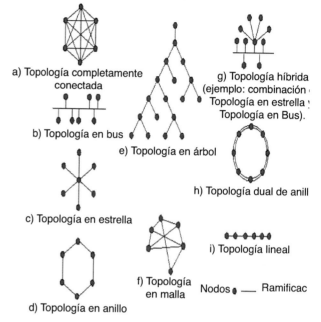

a) Topología completamente conectada

b) Topología en bus

c) Topología en estrella

d) Topología en anillo

e) Topología en árbol

f) Topología en malla

g) Topología híbrida (ejemplo: combinación Topología en estrella y Topología en Bus).

h) Topología dual de anill

i) Topología lineal

Nodos ● ── Ramificac

Figura 8.1 Topologías de la red

- **Topología en estrella.** Una topología de red en la cual los nodos periféricos están conectados al nodo central, el cual retransmite todas las transmisiones recibidas de cualquier nodo periférico a todos los nodos periféricos de la red, incluyendo al nodo que las originó. Todos los nodos periféricos pueden comunicarse entre sí con sólo transmitir hacia y recibir del nodo central.

- **Topología en árbol.** Una topología de red en la cual los nodos están dispuestos en forma de árbol. Desde un punto de vista de la topología, esto se asemeja a la interconexión de las redes en estrella en que los nodos periféricos individuales (es decir, hojas) se requiere que transmitan hacia y reciban de otro nodo y no se requiere que actúen como repetidores o regeneradores. De distinta forma que una red en estrella, la función del nodo central puede distribuirse.

- **Topología híbrida.** Una combinación de dos o más topología de red de tal forma que la red resultante no tiene una de las formas estándar. Por ejemplo, una red en árbol conecta a una red en árbol es todavía un red en árbol, pero dos redes en estrella conectadas entre si presentan topologías de redes híbridas. Una topología híbrida siempre se produce cuando se conectan dos redes básicas distintas.

Supervisión del cable

La resistencia al final del cable (EOL) está diseñada para proporcionar supervisión de contactos remotos normalmente abiertos. El dispositivo al final del cable está conectado a cada sensor en un cable del panel anfitrión. La presencia del dispositivo al final del cable es continuamente supervisado por el panel. Una señal de problema se recibirá en la consola maestra si el dispositivo, o la conexión al mismo, se desconecta.

Sensor para controlar la supervisión de los vínculos al panel

Asegúrese de que el integrador proporcione una supervisión actual y directa del cable para que el sensor controle los vínculos al panel. El circuito se supervisará al observar cambios en la corriente que fluye a través del circuito de detección al utilizar una resistencia al final del cable (EOL, por sus siglas en inglés) terminal. Los circuitos de supervisión iniciarán una alarma en respuesta a la apertura, cierre, cortocircuito o puesta a tierra de los conductores. Las unidades del supervisor del circuito proporcionarán una respuesta de alarma en el centro de control en no más de un segundo.

Puesta a tierra

Todos los sistemas deben conectarse a la tierra del edificio. Se deben realizar esfuerzos para eliminar los bucles de tierra. Un bucle de tierra es una corriente a través del conductor, creada por una diferencia en potencia entre dos puntos a tierra, como en dos edificios conectados por un tendido de cables de datos. Únicamente los trabajos de prevención utilizan —aislamiento óptico o cable de fibra óptica en todas los cables de datos para eliminar los bucles de tierra.

Detección de forzamiento

A las cajas, gabinetes, cubiertas, cajas y conectores que tienen puertas con bisagras o cubiertas removibles y que contienen circuitos o conexiones del sistema y fuentes de alimentación se les deberán dotar de interruptores contra forzamiento resistentes a la corrosión, que funcionen con cubierta, configurados para iniciar una señal de alarma cuando la puerta o cubierta se mueva. El interruptor contra forzamiento y la caja deberán funcionar en conjunto y no deberán permitir una línea de observación directa a ningún componente interno antes de que el interruptor se active. Los interruptores contra forzamiento deben:

- Ser inaccesibles hasta que se active el interruptor.

- Tener oculto el hardware de soporte de manera que la ubicación del interruptor no se pueda observar desde el exterior de la caja.

- Estar conectados a circuitos que están bajo la supervisión eléctrica en todo momento, independientemente del modo de protección en el cual opera el circuito.

- Que se cierren automáticamente mediante un muelle y que la puerta o cubierta los mantenga en posición de cerrado.

- Que estén conectados de manera que se interrumpa el circuito cuando la puerta o cubierta se altere.

Alarma local y paneles de control

Alarmas locales

Para edificios, el resonador de la alarma local debe instalarse en la parte delantera del edificio o en una ubicación en donde los transeúntes tendrán una vista total del mismo, ya que con solo verlo será un disuasivo para muchos de los ladrones. La alarma deberá colocarse lo bastante alto en el edificio para que esté fuera del alcance, sin poder usar una escalera especial. Para las puertas, el dispositivo de la alarma local debe instalarse en la pared próxima a la puerta en la parte asegurada.

Paneles de control

Idealmente, los paneles de control deben ubicarse bastante cerca de la entrada principal y del punto de salida. Deben colocarse en áreas restringidas o fuera del alcance sin el uso de una escalera y cerca de una fuente principal de electricidad. No coloque los paneles sobre material combustible.

Recomendaciones de visibilidad e iluminación

La visibilidad e iluminación son elementos críticos para un sistema de seguridad exitoso.

Visibilidad

Dentro de un estacionamiento, los árboles y arbustos no deben obstruir la vista. Las ramas y hojas de los árboles no deben estar más abajo de los 10 pies (3.04 m.) por encima de la superficie del terreno. Las plantas y arbustos interiores no deben estar más arriba que las 18 pulgadas (45.72 cm.) para no obstruir la visión o encubrir a un adversario.

Iluminación

La iluminación es una parte significativa de la visibilidad. La iluminación debe permitirle a las personas que se están estacionando notar la presencia de individuos en la noche a una distancia de 75 pies (22.86 m.) o más e identificar el rostro de una persona a 33 pies (10.05 m.) aproximadamente. Estas son las distancias que les permitirán, si es necesario, evitar a los individuos o defenderse al estar todavía a una distancia segura.

La iluminación de seguridad personal aumenta la efectividad de las fuerzas de vigilancia y la televisión de circuito cerrado (CCTV, por sus siglas en inglés) al incrementar el rango visual de los guardias o CCTV durante los períodos de oscuridad. También provee una mayor iluminación de un área en donde no llega luz natural o es insuficiente. La iluminación también es valiosa como un disuasivo para los individuos que buscan la oportunidad de cometer un crimen. Normalmente, la iluminación de seguridad personal requiere menos intensidad que la iluminación en las áreas de trabajo. Las puertas de entrada son una excepción.

La iluminación exterior para áreas como los estacionamientos deben proporcionar un nivel mínimo de visibilidad cuando los guardias realizan una inspección del área protegida. `Los guardias y los sistemas de vigilancia de CCTV deben ser capaces de:

- Ver placas de identificación, personas y otros guardias en los portones.
- Observar la actividad.
- Inspeccionar los vehículos.
- Observar los intentos ilegales de ingreso.
- Detectar intrusos en áreas protegidas.
- Observar circunstancias inusuales o sospechosas.

Cada estacionamiento presenta sus propios retos de seguridad con base en la distribución física, terreno, condiciones atmosféricas y requerimientos de seguridad. Las metas de la iluminación directa son proporcionar una intensidad específica en toda el área para apoyar a la fuerza de vigilancia o a la CCTV, proporcionar una buena visibilidad para los clientes y empleados y tener un destello mínimo .

El problema más severo es iluminar los "corredores" pequeños y angostos junto a los carros estacionados. Para llevar luz a estas áreas, se recomienda que cada punto de todo el estacionamiento esté iluminado al menos por dos o preferentemente 4 ubicaciones o postes de alumbrado. Las luces deben estar montadas a una altura máxima de 20 pies (6.09 m.).

Ejemplos de criterios de desempeño de un sistema de iluminación

- Proporcionar iluminación de un mínimo de 0.2 pie-bujía alrededor de los activos para observación por un ojo sin ayuda de lente.

- Proporcionar un mínimo de 1 pie-bujía (el promedio que se mantiene horizontal a la superficie) para áreas de estacionamiento por cuenta propia.

- La iluminación de los puntos de entrada y salida deben estar al menos 1.5 a 2.0 pies-bujía para una observación segura y adecuada por empleados o CCTV.

- Dos pies-bujías de iluminación deben proporcionarse para áreas con servicio de parqueo debido a la responsabilidad y posible daño a los automóviles.

- Cuando se considera una iluminación adicional para atracción de un negocio o para la conveniencia de los clientes, la iluminación que más se utiliza es de 5.0 pies-bujía o mayor.

- El radio de luz a oscuridad debe ser diseñado de la forma que el valor menor de iluminación en el pavimento es no menos de un cuarto del promedio recomendado (4:1 radio de luz a oscuridad). La iluminación debe mantenerse a no más de 6:1.

- RP-20-98, Iluminación para instalaciones de estacionamiento, publicado por la Sociedad de Ingenieros de América del Norte (IESNA, por sus siglas en inglés), proporciona los niveles de iluminación para instalaciones de estacionamiento.

Soporte para cámaras de CCTV

Soportes fijos para cámaras

- El integrador debe instalar los soportes fijos para las cámaras como lo especifica el fabricante.

- Proporcionar hardware del tamaño apropiado para el soporte para anclar la instalación, la cámara y la cubierta con la carga máxima de viento y acumulación de hielo que se encuentran en el lugar.

- Proporcionar un cimiento para cada poste de cámara tal como se especifica.

- Proporcionar una varilla de conexión a tierra para cada poste de cámara y conectar el poste de cámara a la varilla de conexión a tierra tal como se especifica.

- Proporcionar cableado de transmisión eléctrica y de señal a la ubicación de la instalación tal como se especifica.

- Conectar los cables de señal y la corriente alterna (AC, por sus siglas en inglés) para instalar las interfaces.

- Conectar un cableado de instalación eléctrica de poste a la cámara.

- Si las torres de CCTV, postes y soportes de pared no son rígidos, las cámaras están sujetas a vibración inducida por el viento, la cual puede causar pérdida de la capacidad de evaluación del vídeo.

- Siempre utilice un equipo de instalación firme para evitar las vibraciones causadas por fuertes vientos. Los postes de madera NO deben utilizarse para cámaras y no se aconseja el uso de soportes o postes con brazo voladizo porque preocupa su estabilidad con el viento. Las secciones triangulares de metal en las torres de antenas son ideales para la estabilidad.

317

Soporte panorámico o de inclinación

- El contratista debe instalar el pedestal panorámico/inclinación, el receptor/impulsor y los accesorios del soporte según lo especificado por el fabricante.

- Proporcionar hardware del tamaño apropiado para el soporte panorámico/inclinación para anclar la instalación, la cámara y la cubierta con la carga máxima de viento y acumulación de hielo que se encuentran en el lugar.

- Instalar el cableado de control panorámico/inclinación según se especifica.

- Conectar el dispositivo panorámico/inclinación para controlar el cableado y la corriente AC.

Cámaras de televisión de circuito cerrado (CCTV)

Al instalar la cámaras de CCTV, el integrador debe:

- Instalar las cámaras de CCTV con los lentes de largo focal apropiados para cada ubicación en los documentos de diseño.

- Conectar la energía y los cables de señal a las cámaras.

- Colocar las cámaras con los lentes de iris fijo a la apertura de la lente adecuada para proporcionar un nivel de vídeo completo.

- Dirigir y ajustar las cámaras y los lentes para obtener un campo de visual necesario con base en los requerimientos de identificación. Por ejemplo, las cámaras colocadas para grabar imágenes en el punto de transacciones de los clientes, tal como la ventana del cajero, el área de interés (cara, placa del vehículo, etc.) debe cubrir un mínimo del 15 por ciento del campo visual de la cámara bajo una resolución normal. La acción dentro de la escena requerirá al menos el 20 por ciento o más de todo el ancho de la escena que se utilice. Para una cabeza humana promedio son 6 pulgadas (15.25 cm.) de ancho, un campo visual de 3 pies (91.44 cm.) de ancho cumplirá con este lineamiento. Para una placa de automóvil de cerca de 12 pulgadas (30.48 cm.) de ancho, un campo visual de 6 pies (1.82 m.) de ancho será suficiente.

- Los soportes fijos para las cámaras instalados en el exterior viendo hacia el sol saliente o poniente deben de dirigirse lo suficientemente abajo del horizonte para impedir que la cámara vea directamente al sol.

- Enfocar la lente para que proporcione una imagen bien definida de todo el campo visual.

- Sincronizar todas las cámaras de manera que la imagen no gire en las pantallas cuando se seleccionan las cámaras.

Instalación eléctrica de CCTV

- Toda la instalación eléctrica interconectada entre los componentes del sistema de seguridad debe supervisarse para garantizar su integridad y que en el caso exista una condición anormal (por ejemplo, un corto circuito, rompimiento de un cable o una falla en la conexión a tierra) sea automáticamente indicada cuando se arme el sistema.

- Bajo los 1,000 pies (304.80 m.): cable coaxial RG-59U, el estilo de cable coaxial más común, está clasificado para hasta 750 pies (228.60 m.).

- Entre 1,000 pies (304.80 m.) y 1,500 pies (457.20 m.), tipo RG-6

- Entre 1,500 pies (304.80 m.) y 2,500 pies (762 m.), tipo RG-11

- Más largo de 2,000 pies (762 m.), puede utilizarse un cableado de fibra óptica o una instalación eléctrica del protocolo de voz en la red (NVP, por sus siglas en inglés).

- El cable de fibra óptica ofrece varias ventajas sobre el cable coaxial; es impenetrable por la interferencia electromagnética, interferencia de radio frecuencia y ofrece una buena seguridad contra el espionaje. Para las nuevas instalaciones de CCTV, se recomienda en lugar del cable coaxial, con excepción de tendidos muy cortos (bajo los 50 pies [15.24 m.]).

Punto clave: La tecnología más reciente para la instalación eléctrica de los sistemas de seguridad es utilizar una instalación CAT 5 o CAT 6 sobre la red de la empresa o una red de seguridad física separada.

Placas de identificación

Los principales artículos del equipo eléctrico y los principales componentes deberán etiquetarse permanentemente con una identificación del nombre, tipo o función del equipo y número de la unidad tal como se indica. Al menos que se especifique lo contrario, las placas de identificación deben hacerse de plástico laminado de acuerdo con ASTM D 709 con una capa exterior negra y base blanca. Las placas de identificación siempre se deberán colocar en un lugar claramente visible.

Instalación de software de los sistemas de protección física (PPS, por sus siglas en inglés)

El integrador debe instalar el sistema operativo y el software de aplicación del sistema en los componentes aplicables del PPS y demostrar la operación adecuada de todas las funciones. El integrador mantendrá un registro de los números de la versión del software instalado en la ubicación del PPS. Todo software deberá protegerse de los cambios no autorizados. A continuación se describe un método comúnmente utilizado en contra de los cambios no autorizados (en niveles ascendentes de acceso):

- Nivel de acceso 1, que es accedido por personas que poseen una responsabilidad general en la supervisión de la seguridad personal y de quienes se podría esperar que investiguen y respondan inicialmente a una alarma de seguridad o una señal de problema.

- Nivel de acceso 2, el cual es accedido por personas quienes tienen una responsabilidad específica en la seguridad personal y están capacitados para operar el sistema de seguridad.

- Nivel de acceso 3, el cual es accedido por personas capacitadas y autorizadas para hacer lo siguiente:

  o Reconfigurar los datos específicos del sitio que se mantienen dentro del sistema de seguridad o se controlan por el mismo.

  o Mantener el sistema de seguridad de acuerdo con las instrucciones y datos publicados por el fabricante.

- Nivel de acceso 4, el cual es accedido por personas capacitadas y autorizadas para ya sea reparar el sistema de seguridad o alterar los datos específicos del sitio o el funcionamiento del programa del sistema, por lo tanto cambiar el modo de funcionamiento básico.

Datos de configuración

El integrador debe ingresar los datos necesarios para hacer que el sistema sea operativo.

El cliente debe proporcionar la información acerca de los empleados quienes requerirán acceso a la instalación:

- Nombre del empleado.

- Departamento.

- Número de empleado.

- Derechos de acceso (grupos de portones: 1,2,3, etc.)
- Fotografía.

Los datos de configuración del sistema incluye un listado completo de todos los portones controlados por lectores de tarjetas y todos los puntos de alarma identificados en el sistema. Estos datos indican a dónde pueden ir los diferentes empleados dentro de la instalación con base en sus requerimientos de trabajo. El integrador deberá entregar estos datos al cliente en formularios adecuados. Los formularios completos deberán entregarse al cliente para revisión y aprobación por lo menos 30 días antes de la prueba de la base de datos. Consulte la **Figura 8.2** en donde verá un ejemplo de la información que debe entregarse.

Nivel de acceso Identificación del portón	Acceso general Grupo Núm. 1	IT Grupo Núm. 2	QA (Aseguramiento de calidad) Grupo Núm. 3
24 X 7 X 365 puertas perimetrales de todos los edificios	X	X	X
1700-0800 7X365 puertas perimetrales de todos los edificios	X	X	X
Puerta IT		X	
Laboratorio IT		X	
Áreas de equipo en todos los edificios		X	X
Servidor del laboratorio de QA			X
Área de QA			X

Figura 8.2 Información de la configuración

Zonas de horarios

Las zonas de horarios definen cuando una credencial autorizada tiene permiso para acceder o egresar por un portón. La mejor alternativa para asignar zonas de horarios es determinar si podrían ocurrir infracciones significativas en la seguridad personal si un empleado accede la instalación en horas fuera de su horario de trabajo. Si no existen razones convincentes para restringir las horas en que un empleado puede entrar a la instalación, entonces asígnele al empleado o grupo un permiso de acceso de 24 horas. Por favor consulte la **Figura 8.3** a continuación para observar un ejemplo de una tabla de zona de horario.

Zonas de horarios	Descripción	Inicio	Alto	L	M	M	J	V	S	D
1	Horas hábiles normales	0800	1600	X	X	X	X	X		
2	Cambio	1600	2400	X	X	X	X	X		
3	Media noche	2400	0800	X	X	X	X	X		
4	IT	2400	2400	X	X	X	X	X	X	X
5	QA (Aseguramiento de calidad)	0800	2000	X	X	X	X	X		
6	Empleados de limpieza	1600	2000	X		X		X		

Figura 8.3 Información de zona de horario

Gráficas

Cuando se requieran gráficas (tales como distribuciones físicas de sitios o edificios) y deban entregarse con el sistema, el integrador debe crear e instalar las gráficas necesarias para hacer operativo el sistema. El integrador deberá utilizar los datos de los documentos del diseño, estudios de campo y otra información pertinente para completar las gráficas. Las gráficas deben contener suficiente nivel de detalle para que el operador del sistema evalúe la alarma. El integrador también debe proporcionar una copia impresa, ejemplos a color de por lo menos 8 x 10 pulgadas (0.20 x 0.25 m) de tamaño de cada tipo de gráfica que se utilizará para el sistema completo. Los ejemplos de las gráficas deben entregarse al cliente para revisión y aprobación por lo menos 30 días antes de las pruebas de aceptación.

Arranque del sistema

El integrador no deberá conectar la corriente eléctrica al sistema físico de protección hasta haber completado lo siguiente:

- Todos los componentes del equipo del sistema PPS se han instalado de acuerdo con las instrucciones del fabricante y aprobado por la AHJ.

- Se ha llevado a cabo una inspección visual del sistema del PPS para garantizar que no se ha instalado ningún equipo defectuoso y que ninguna conexión está floja.

- Se ha probado y verificado que el cableado del sistema se haya conectado correctamente de acuerdo con los diagramas.

- Se ha verificado que todas las conexiones a tierra del sistema y los sistemas de protección transitoria se han instalado y conectado adecuadamente de acuerdo con los diagramas.

- Las fuentes de alimentación que se conectarán al PPS se han verificado en cuanto a voltaje, ajusta de fase y frecuencia de acuerdo con las especificaciones.

Funcionamiento del sistema

En las próximas páginas, nos enfocaremos en el funcionamiento del PPS y cómo hacer el mejor uso del sistema.

Describiremos los siguientes procedimientos de funcionamiento:

- Procedimientos de evaluación de alarmas.

- Procedimiento de respuesta de incidente.

- Perfeccionamiento del PPS de cada instalación.

- Mantenimiento de los procedimientos operativos.

- Documentación de funcionamiento y mantenimiento del sistema.

Procedimientos de evaluación de alarmas

El control de acceso y los sistemas de alarmas de intrusos están diseñados para dar aviso si un intruso trata de entrar en una instalación. Los sistemas de control de acceso deben alarmar si una persona no autorizada ingresa a la instalación detrás de una persona por medio de una puerta o molinete. Los sistemas de detección de intrusos deben alarmar si un intruso abre una puerta o ventana en el horario equivocado o sin presentar una tarjeta de identificación o código válido. Para cada punto de alarma, los oficiales de seguridad asignados a supervisar las alarmas deben tener los procedimientos detallados de funcionamiento, los que describen qué acciones se deben tomar para evaluar las alarmas.

La siguientes figuras muestran el tipo de información que debe documentarse para cada punto de alarma. La **Figura 8.4** muestra las ubicaciones de las alarmas, describe la hora de activación, el tipo de alarma, la interfase de CCTV y el número de procedimiento de evaluación. La columna "shunt" indica la acción requerida para prevenir que ocurra una alarma cuando exista una condición válida, tal como cuando un empleado presenta una tarjeta de acceso válida en el lector de tarjetas. La **Figura 8.5** describe cómo el CCTV debe interactuar con cada alarma para que el oficial de seguridad que supervisa la alarmas pueda utilizar escenas de la cámara para determinar qué causó la alarma. Los procedimiento de evaluación para cada punto de alarma se muestran en la **Figura 8.6**.

Ubicación	Horario de activación	Sensor tipo	Alarma tipo	Shunt	CCTV interfase	Evaluación procedimiento
Puerta frontal	1800 a 0600 sábado y domingo	Contacto de puerta	Abierta forzada	Tarjeta válida lectura	Pre/Post alarma Núm. 1 Registro de Escena de la cámara Núm. 1	Puerta frontal
Puerta frontal	1800 a 0600 sábado y domingo	Contacto de puerta	Se mantuvo abierta		Pre/Post alarma Registro de Escena de la cámara Núm. 1	Puerta frontal Núm. 2
Computadora área	24 X 7	Movimiento detector	No autorizado entrada	Tarjeta válida lectura	Pre/Post alarma Registro de Escena de la cámara Núm. 2	Computadora área Núm. 1
Cargar plataforma	24 X 7	Botones de pánico	Pánico		Pre/Post alarma Registro de Escena la cámara Núm. 3	Plataforma de carga Núm. 1

Tabla 8.4 Definición del punto de alarma

Cámara Número	Ubicación	Propósito	Características especiales	Horario de activación	Disparadores
#1	Dentro de la puerta frontal observando el interior de la puerta	Para identificar al personal ingresando la puerta frontal	Ajuste de la luz de fondo. El rostro de la persona debe tomar hasta el 20% de la visión de la cámara.	1800 a 0600 24 X 7 sábado y domingo	Puerta forzada abrir
#2	En el interior de la computadora visión del área dentro de la puerta	Para identificar al personal ingresando a la computadora área	Ajuste de la luz de fondo. El rostro de la persona debe tomar hasta el 20% de la visión de la cámara.	24 X 7	Detector de movimiento en la computadora área
#3	En el interior de la carga visión de la plataforma área de la plataforma	Para determinar la actividad en el área de la plataforma de carga que hace que el botón de pánico sea presionado.	Ajuste de la luz de fondo.	0600 a 1800	Botones de pánico presionado

Figura 8.5 CCTV Definición de la cámara

Evaluación ID del procedimiento Núm.	Horario	Tipo de alarma	Acciones de evaluación
Puerta frontal AP Núm.1	1800 a 0600, 5 días a la semana; 24 horas sábado y domingo	Puerta abierta forzada	Ver imagen actual de cámara Núm. 1 en CCTV monitor Núm.1. Vista de la imagen antes de la alarma cámara Núm. 1 del monitor Núm. 2. Si sospechoso actividad, enviar al oficial de patrulla a la ubicación. Advertir la alarma en el sistema de control de acceso. Ingresar información en la ventana acción tomada.
Centro de procesamiento de datos AP Núm.1	24 X 7	Ingreso no autorizado	Ver imagen actual de cámara Núm. 2 en CCTV monitor Núm.1. Vista de la imagen antes de la alarma cámara Núm. 1 del monitor Núm. 2. Sin importar actividad, enviar al oficial de patrulla al centro de procesamiento de datos. Reconocer la alarma en el sistema. Mantener contacto con el oficial de respuesta. Ingresar acción de respuesta en la ventana acción tomada.

Figura 8.6 Procedimientos de evaluación de alarmas

CCTV/Procedimientos de evaluación de la interfase de alarmas

El integrador de sistemas utilizará las tablas anteriores para programar al PPS para que proporcione las alarmas especificadas y activar las cámaras de CCTV, así como los grabadores para que muestren información a la persona asignada a la supervisión de los sistemas en el Centro de control de seguridad (SCC, por sus siglas en inglés).

El siguiente paso es escribir procedimientos detallados que debe seguir el operador en el centro de control de seguridad para evaluar correctamente las alarmas. El sistema debe mostrar los siguientes procedimientos para que la persona que supervisa pueda seguirlos inmediatamente. Debe haber disponible un libro de procedimientos con índice para cada alarma. La tabla que se muestra en la **Figura 8.7** muestra algunos ejemplos de los procedimientos de evaluación de alarmas.

Procedimientos de evaluación de alarmas. Procedimientos de respuesta de incidente.

El paso final en el desarrollo de los procedimientos de funcionamiento es preparar las acciones que se seguirán por la fuerza de seguridad al responder a varias alarmas que han sido generadas por el sistema.

Debe desarrollarse un procedimiento para cada tipo de alarma que se genera y cada tipo de situación que pueda encontrar el oficial que responde. Hacer un listado de todos los distintos tipos de situaciones que puede encontrar un oficial requiere mucha reflexión e imaginación. No obstante es importante enumerar tantas situaciones como sea posible para que se consideren la mayoría de las posibilidades y se desarrollen los procedimientos antes de que suceda el evento. La **Figura 8.7** muestra algunos ejemplos de procedimientos de respuesta de incidente.

Respuesta a incidente ID del procedimiento núm.	Horario	Tipo de alarma	Escenario	Acciones de respuesta
Puerta frontal IRP No. 1	1900 X 0600 5 días a la semana; 24 horas sábado y domingo	Puerta abierta forzada	Puerta abierta, inválido lector de tarjeta de ID.	Acérquese al intruso y reto. Solicitar identificación. Control de seguridad por radio Centro con información. Siga la instrucción de Centro de Control de Seguridad oficial.
Centro de procesamiento de datos IRP Núm. 1	24 X 7	Ingreso no autorizado	Movimiento detectado en centro de procesamiento de datos, no lectura válida de tarjeta de ID	Acérquese al intruso y reto. Solicitar identificación. Verificar derechos de acceso con centro de control. Si no posee acceso derechos, detenga al sospechoso y Control de seguridad por radio Centro llame a la policía. Mantener contacto con SCC. Documente las acciones.

Figure 8.7 Procedimientos de respuesta a incidente

Perfeccionamiento del PPS de cada instalación.

Una vez recopilada toda la información anterior, el director de seguridad tendrá un buen entendimiento del sistema de seguridad y la forma como ayudará a los oficiales de seguridad a mantener la instalación segura y libre de riesgos. Con esta información, el integrador de sistemas de seguridad estará en una mejor posición para instalar un sistema que pueda ser utilizado por el personal que lo opera. A este punto usted puede pensar que el trabajo está hecho, sin embargo, después de la instalación del sistema debe ajustarlo al funcionamiento de la instalación. De lo contrario, es posible que el sistema genere demasiadas alarmas no deseadas (interferencias) y confunda al personal operativo en vez de ayudarle. Esto significa que debemos conocer cómo opera la instalación, qué empleados vienen y van y qué tipo de actividades suceden en la instalación.

Períodos de tiempo para alarmas válidas

Perfeccionar el sistema requiere que genere informes de su sistema de forma periódica y vea el historial de alarmas. Usted debe revisar el historial de alarmas periódicamente para identificar la interferencia de las alarmas, en dónde ocurren, su frecuencia y cuándo ocurren. Si surge un patrón, entonces se deben realizar ciertos ajustes a dichos puntos de alarma. El historial le dirá mucho acerca de qué está sucediendo en su sistema y quién va viene en las distintas horas, qué tipos de alarmas se generan y en dónde se encuentran los sensores dentro de la instalación.

De esto usted podrá identificar patrones. Verá que ciertas alarmas se activan durante ciertos períodos durante las actividades diarias del negocio. En tales casos usted ajusta las horas de funcionamiento de acuerdo con el patrón para que las alarmas no se generen a esas horas. Ya que no desea responder a ese tipo de alarmas, usted debe establecer las horas de funcionamiento para que no generen alarmas a sus oficiales de seguridad. Estos tipos de alarmas proporcionan información de que algo está sucediendo cuando en realidad no es nada y causa que los oficiales de seguridad ignoren el sistema por completo.

Cambio de responsabilidad de la supervisión de alarmas

Si el Centro de Control de Seguridad recibe constantemente una alarma asociada con la plataforma de carga durante horas hábiles debido a que la puerta debe estar abierta para recibir una entrega, entonces las responsabilidad de supervisión de este punto de alarma debe transferirse al personal en el área de la plataforma de carga.

Si se reciben alarmas de las áreas de servicios o mecánicas debido a que el personal requiere acceso, se deben establecer procedimientos para notificar al centro de control central que se llevarán a cabo trabajos en un área determinada durante una hora específica, lo que permite que el operador del sistema de seguridad ignore temporalmente esos puntos de alarma.

Las puertas de entrada aseguradas, en donde se controla el movimiento del material deben contar con un procedimiento, tal como una llamada telefónica al operador de la estación central, para hacerle saber que la puerta se abrirá. Se puede necesitar un guardia de seguridad para asegurarse de que el acceso a dichas áreas es controlado de cerca.

Reducción de interferencia de alarmas

Muchas interferencias de alarmas se deben a errores causados por los empleados como abrir la puertas equivocadas, dejar las puertas abiertas, olvidar deshabilitar la alarma de los subsistemas o el mal funcionamiento del hardware.

- La señalización en las áreas como "Mantenga las puertas cerradas" puede ayudar.

- Otra forma de corregir estos problemas es ajustar el horario de patrullaje de los guardias para que sea más probable que detecten situaciones en que los empleados pasan por las puertas y las dejan abiertas. Los oficiales de patrullaje deben verificar todas las puertas y asegurarse que están cerradas.

- También debe examinar su programa de mantenimiento para asegurarse de que se realice de forma rutinaria en las puertas para que funcionen de forma adecuada.

- También debe realizar inspecciones frecuentes de todos los componentes y reemplazar los componentes defectuosos cuando sea necesario.

Mantenimiento de los procedimientos de funcionamiento

Es importante que periódicamente revise los procedimientos de funcionamiento para revisar, actualizar o adoptar nuevos cambios.

Siempre que se cambien los procedimientos se deben documentar con un número de revisión nuevo y la fecha. Guarde las revisiones antiguas ya que necesitará saber qué políticas o procedimientos en particular estaban vigentes en ciertos momentos; a lo mejor deba regresar y proporcionar información o defender acciones que se tomaron en un momento en particular en el pasado.

Aspectos legales de los procedimientos

Es necesario que revise sus políticas de respuesta a incidentes con su asesor legal. La revisión legal debe garantizar que sus procedimientos:

- Pueden defenderse y hacerse cumplir legalmente.

- Cumplen con los procedimientos y políticas generales de la empresa.

- Reflejan las mejores prácticas reconocidas de la industria y demuestran el ejercicio del debido cuidado.

- Cumplen con los reglamentos y leyes locales, estatales y nacionales.

- Protegen al personal contra demandas

- Asegura que su asesoría legal considera:

  o Cuándo presentar una demanda y qué debe hacerse para demandar a una persona a quien se descubrió violando las reglas de acceso a la instalación.

  o Los procedimientos que deben incluirse para asegurar la admisibilidad de la evidencia.

  o Cuándo informar de un incidente a las agencias del orden público locales, estatales o nacionales.

Posibles áreas de problema para los oficiales de seguridad

Debe considerar a su asesor legal cuando desarrolla sus procedimientos y al capacitar a sus oficiales de seguridad para evitar problemas que son a menudo causa de demandas como:

- **Adherirse a los lineamientos del deber.** Los oficiales deben cumplir con los estándares de conducta que no vayan más allá de sus deberes establecidos.

- **Incumplimiento del deber.** Los oficiales no deben involucrarse en una conducta poco razonable.

- **Causalidad.** Los oficiales no le causarán lesiones a las víctimas.

- **Previsibilidad.** ¿Existen algunos eventos, especialmente aquellos que pueden ocasionar pérdida, lesión o daño y que los oficiales o la gerencia pudieron haber determinado que era probable que sucedieran?

Documentación del sistema

El integrador debe proporcionar la documentación del sistema que incluya lo siguiente:

- Una descripción detallada y narrativa de las entradas, señalización, funciones complementarias, secuencia esperada del funcionamiento, expansión de capacidad, consideraciones de aplicación y limitaciones del sistema.

- Instrucciones para el operador sobre las funciones básicas del sistema, incluyendo el arranque y suspensión del sistema, reconocimiento de la alarma, restablecimiento del sistema, interpretación de los resultados proporcionados por el sistema (LED, mensajes en la pantalla e impresiones), operación de los controles manuales de la funciones complementarias y cambio de papel cintas para la impresora.

- Una descripción detallada del mantenimiento y prueba de rutina conforme se requiera y recomiende y conforme se proporcionará bajo el contrato de mantenimiento, incluyendo instrucciones de mantenimiento y prueba para cada tipo de dispositivo instalado. Esta información debe incluir lo siguiente:

  ○ Listado de los componentes individuales del sistema que requieren prueba y mantenimiento periódico.

  ○ Instrucciones paso a paso detallando los procedimientos de prueba y mantenimiento requeridos y los intervalos a los que estos procedimientos deberán realizarse para cada tipo de dispositivo instalado.

  ○ Un programa que correlacione los procedimientos de prueba y mantenimiento.

  ○ Instrucciones detalladas para la solución de problemas para cada condición generada por la supervisión de la instalación eléctrica, incluyendo fallas de apertura, puesta a tierra y bucles.

  ○ Estas instrucciones deben incluir un listado de todas las señales de problemas producidas por el sistema, una descripción de las condiciones que causan tales señales e instrucciones detalladas describiendo cómo aislar esos problemas y corregirlos (o cómo solicitar servicio, como sea apropiado).

Derechos de autor © 2007 de ASIS International

○ Un directorio de servicio, que incluya un listado de los nombres de las empresas y números de emergencia (24 X 7 X 365) de aquellas empresas que proporcionan servicio al sistema.

Planos conforme a obra

Como parte de la documentación, el integrador debe proporcionar planos conforme a obra.

- Los planos conforme a obra serán un registro de cómo se realizó la instalación en la construcción.

- Los planos serán impresiones de tamaño completo marcadas para incluir toda la información de los planos, las desviaciones, modificaciones y cambios realizados a los planos en el contrato, por menores que sean.

- Los planos conforme a obra se mantendrán en el sitio del trabajo y se actualizarán diariamente.

- Los planos conforme a obra deben estar completos y mostrarán la ubicación, tamaño, dimensiones, identificación de las partes y cualquier otra información requerida por el cliente.

Prueba de funcionamiento

Existen varias pruebas de funcionamiento que deben realizarse periódicamente por el personal de seguridad después de la implementación del PPS.

- Diseñe estas pruebas como si usted fuera el intruso tratando de vencer al sistema.

- Las pruebas deben incluir equipo, personal y procedimientos en varias combinaciones.

- Estas pruebas deberán simular condiciones reales y proporcionar evidencia concluyente acerca de la efectividad del sistema de seguridad.

Entre estas pruebas se incluyen:

- **Pruebas de funcionamiento.** Las pruebas se llevan a cabo periódicamente para comprobar la operación correcta del sistema pero no involucran la verificación de las especificaciones operativas del equipo, tales como la distancia exacta en que se abre una puerta protegida antes de que suene la alarma o los patrones de detección de sensores de movimiento. Las pruebas de funcionamiento podrían revisar la correcta activación de la alarma cuando las puertas protegidas se abran o si los sensores de movimiento se activan al caminar en lugares estratégicos, la revisión del desempeño de los interruptores contra forzamiento o los botones de pánico.

- **Pruebas de desempeño.** Las pruebas de desempeño se diferencian de las pruebas de funcionamiento al verificar que el equipo esté en conformidad con las especificaciones del equipo o el sistema. Estas pruebas determinan parámetros tales como la probabilidad de detección, vulnerabilidad de ser burlado y promedio de interferencias de alarma y podrían requerir dispositivos de medición, instrumentos calibrados o métodos de prueba específicos.

- **Pruebas después del mantenimiento.** Pruebas de funcionamiento que se llevan a cabo después de que el mantenimiento preventivo o correctivo se ha realizado en sistemas de seguridad para garantizar que los sistemas funcionan adecuadamente y de acuerdo con las especificaciones.

- **Pruebas de los subsistemas.** Pruebas que se llevan a cabo para garantizar que todas las partes grandes del sistema funcionan juntas, según se diseñaron originalmente. Las porciones coordinadas para medir cómo reacciona la fuerza de respuesta podrían incluir la detección de una

327

alarma con respuesta normal y la detección de una alarma con retrasos en la respuesta.

- **Pruebas de evaluación.** Pruebas independientes y periódicas del PPS para validar el análisis de vulnerabilidad y garantizar que se mantiene la efectividad total. Una prueba de evaluación debe realizarse por lo menos una vez al año.

- **Pruebas funcional.** Una prueba para determinar si un procedimiento, CCTV o la electrónica del sistema de control de acceso harán para lo que fueron diseñados.

- **Pruebas de seguridad personal.** Una prueba para determinar si el objeto o procedimiento pueden utilizarse sin causar lesión, pérdida o daño, tal como probar si el sistema de control de acceso automáticamente abre las puertas de salida cuando se activa una alarma de incendios.

- **Pruebas de estrés.** Una prueba que evalúa la tolerancia de una persona u objeto al abuso o mal uso bajo un estrés deliberadamente presentado.

- **Pruebas de regresión.** Pruebas que usualmente aplican a un subsistema, sistema o procedimiento que ha sido alterado para desempeñar una nueva función y debe todavía desempeñar algunas de las funciones para las cuales fue diseñado originalmente.

Anexo
Códigos y estándares aplicables

Los siguientes códigos y estándares, entre otros, son aplicables a la instalación de sistemas de protección física.

American National Standards Institute (ANSI)

ANSI C37.16 (2000) Low-Voltage Power Circuit Breakers and AC Power Circuit Protectors - Preferred Ratings, Related Requirements, and Application Recommendations.

ANSI C39.1 (1981; R 1992) Requirements for Electrical Analog Indicating Instruments

Sociedad americana para realización de pruebas (ASTM, por sus siglas en inglés).

ASTM B1(1995) Cable de cobre estirado.

Instituto de ingenieros eléctricos y electrónicos.

IEEE C2 (1997) Código Eléctrico Nacional.

EEE C37.13 (1990; R 1995) Interruptores de circuito de corriente de bajo voltaje y corriente alterna utilizados en cajas.

EEE C37.20.1 (1993) Equipo de conmutación interruptor del circuito de corriente de bajo voltaje de la caja de metal.

IEEE Std 81 (1983) Guía para la medición de la resistencia de tierra, impedancia puesta a tierra y potenciales de la superficie terrestre de un sistema de tierra (Parte 1).

Asociación Nacional de Fabricantes Eléctricos (NEMA, por sus siglas en inglés).

NEMA RN 1n (1998) Tubo-conducto rígido cubierto por cloruro de polivinilo (PVC) y conducto intermedio de metal.

NEMA TC 2 (1998) Conducto eléctrico (EPC-40 y EPC-80) y tubería aislante (EPT) de cloruro de polivinilo (PVC).

NFPA 101 (2000) Código de seguridad de la vida.

NFPA 70 (2002) Código Eléctrico Nacional.

Underwriter Laboratories.

UL 1 (2000) Conducto de metal flexible.

UL 294 (1999; Rev. a oct 2001) Unidades de acceso al sistema de control.

UL 467 (1993; Rev. a abril 1999) Equipo de conexión y puesta a tierra.

UL 486A (1997; Rev. a diciembre 1998) Conectores de cable y terminales de conexión para utilizarse con conductores de cobre.

329

UL 514A (1996; Rev. diciembre 1999) Cajas de distribución metálicas.

UL 514B (1997; Rev. octubre 1998) Conductores para cable y conductos.

UL 639 (1997; Rev. a marzo 1999) Unidades de detección de intrusos.

UL 681 (1999; Rev. a enero 2001) Instalación y clasificación de los sistemas de alarmas de robo y detención.

UL 796 (1999; Rev. a diciembre 2001) Tableros impresos de la instalación eléctrica.

UL 972 (1995; Rev. a diciembre 1996) Material brillante antihurto.

UL 1022 (1998) Monitores de aislamiento de cable

UL 1037 (1999) Dispositivos y alarmas antihurto.

UL 1076 (1995; Rev. a febrero 1999) Unidades y sistemas de alarma de robo de propiedad.

Alianza de Industrias Electrónica (EIA, por sus siglas en inglés).

EIA 170 (1957) Estándares de desempeño eléctrico; instalaciones de televisión monocroma. Consulte "SMPTE 170 (1999) Televisión: Señal análoga de vídeo compuesta NTSE para aplicaciones en el estudio"

EIA ANSI/EIA/TIA-232-F Interfase entre el equipo terminal de datos y el equipo terminal del circuito de datos que emplea el intercambio binario de datos secuencial.

EIA ANSI/EIA-310-D (1992) Estanterías, paneles y equipo asociado

EIA ANSI/TIA/EIA-568-A (1995; Inciso 3 1998) Estándar del cableado comercial de telecomunicaciones en edificios

ANSI/TIA/EIA-568-B.2-1, Instalación eléctrica de categoría 6

Preparación para el examen de Profesionales en seguridad física (PSP, por sus siglas en inglés)

Verdadero o falso: Determine si cada afirmación a continuación es verdadera o falsa. Si la afirmación es falsa, escríbala de nuevo para que sea verdadera.

1. La planificación es la parte más importante en la instalación y funcionamiento de un PPS.

2. Un contratista de instalación (también conocido como el fabricante de sistemas) instala todo el equipo de acuerdo con las recomendaciones del fabricante y los estándares aplicables.

3. El factor más importante en seleccionar un contratista de instalación es si el contratista está aprobado por la autoridad con jurisdicción (AHJ, por sus siglas en inglés).

4. Los sistemas de cerradura eléctrica deben diseñarse de tal forma que si la energía falla, la cerradura se abrirá automáticamente (fail safe) y no permanecerá cerrada.

5. No permita un pasador eléctrico dentro de un cerrojo sólido ya que puede fallar, por muchas razones, y restringir el egreso en caso de emergencia.

6. Mientras el equipo esté instalado de acuerdo con las recomendaciones del fabricante, los contratistas pueden ignorar los estándares de instalación pertinentes de las siguientes organizaciones: NEMA, ANSI, UL, NFPA, SIA, y EIA.

Respuestas de verdadero o falso

1. La planificación es la parte más importante en la instalación y funcionamiento de un PPS. **Verdadero.**

2. Un contratista de instalación (también conocido como **el integrador de sistemas**) instala todo el equipo de acuerdo con las recomendaciones del fabricante y los estándares aplicables.

3. El factor más importante en seleccionar un contratista de instalación es si el contratista está aprobado por la autoridad con jurisdicción (AHJ, por sus siglas en inglés). **Verdadero.**

4. Los sistemas de cerradura eléctrica deben diseñarse de tal forma que si la energía falla, la cerradura se abrirá automáticamente (fail safe) **o permanecerá cerrada (fail secure).**

5. No permita un pasador eléctrico dentro de un cerrojo sólido ya que puede fallar, por muchas razones, y restringir el egreso en caso de emergencia. **Verdadero.**

6. **Aún si** los contratistas instalan el equipo de acuerdo con las recomendaciones de los fabricantes, los contratistas **deben adherirse a los estándares de instalación pertinentes** de las siguientes organizaciones: NEMA, ANSI, UL, NFPA, SIA, y EIA.

Revise su entendimiento

Enumere los siguientes protocolos de forma que estén una secuencia que tenga sentido con respecto a las etapas de evaluación de alarmas y a la respuesta a incidentes. El primero se ha hecho para usted.

_____Desarrollar procedimientos para cada tipo de alarma y para cada posible situación.

_____Obtener los procedimientos de funcionamiento revisados por un asesor legal.

_____Proporcionar procedimientos detallados que describan cómo evaluar la alarma en cada punto.

_____Perfeccionar el sistema PPS al establecer períodos de tiempo para alarmas válidas, reducir la interferencia de alarmas y cambiar la responsabilidad de supervisar y responder una alarma.

_____Diseñar el sistema para que muestre los procedimientos de evaluación de alarmas.

_____Realizar una copia impresa de todos los procedimientos de alarmas.

_____Involucrar asesoría legal en el entrenamiento de los oficiales.

_____Mantener los procedimientos de funcionamiento y documentar cualquier cambio, guardando las versiones antiguas.

Respuestas para "Revise su entendimiento"

___2_**Desarrollar procedimientos para cada tipo de alarma y para cada posible situación.**

___7_**Obtener los procedimientos de funcionamiento revisados por un asesor legal.**

___1_**Proporcionar procedimientos detallados que describan cómo evaluar la alarma en cada punto.**

___5_**Perfeccionar el sistema PPS al establecer períodos de tiempo para alarmas válidas, reducir la interferencia de alarmas y cambiar la responsabilidad de supervisar y responder una alarma.**

___3_**Diseñar el sistema para que muestre los procedimientos de evaluación de alarmas.**

___4_**Realizar una copia impresa de todos los procedimientos de alarmas.**

___8_**Involucrar asesoría legal en el entrenamiento de los oficiales.**

___6_**Mantener los procedimientos de funcionamiento y documentar cualquier cambio, guardando las versiones antiguas.**

Ejercicio de repaso

Enumere cinco tipos de pruebas de funcionamiento para asegurarse de que el sistema se desempeñe de acuerdo con las especificaciones.

Enumere cuatro tipos de códigos y estándares que el integrados debe consultar al instalar el PPS.

Enumere tres categorías de documentación requeridas para el funcionamiento y mantenimiento del sistema.

Enumere dos recomendaciones con relación a la aplicación o almacenamiento de los planos conforme a obra.

Enumere el único registro que los contratista deben proveer.—Pista: Es un registro de cómo se realizó la instalación en la construcción.

Respuestas al ejercicio de repaso

- Cinco tipos de pruebas de funcionamiento: Enumere cualquiera de las siguientes: —funcionamiento, desempeño, después del mantenimiento, evaluación, subsistema, funcional, seguridad, estrés, regresión.

- Cuatro tipos de códigos y estándares: ANSI, ASTM, IEE, NEMA, UL, EIA.

- Tres categorías de documentación: procedimientos de evaluación de alarmas, procedimientos de respuesta, manuales del funcionamiento del sistema y otros documentos de solución de problemas.

- Dos recomendaciones en relación con los planos conforme a obra: Enumere cualquiera de las siguientes: —guardar en el sitio de trabajo, actualizado diariamente, marcado con todos los cambios, modificaciones, etc., completo, mostrando toda la información (tal como ubicación, tamaño dimensiones, etc.) requerida por el cliente.

- Un registro que los contratistas deben proporcionar: planos conforme a obra.

Complete un cuadro T, que se inició por usted a continuación, como una ayuda de estudio del presente capítulo.

Cuadro T	
PPS: Consideraciones de instalación y funcionamiento	
Ideas principales	**Detalles o ejemplos**
Revisión: Instalación y funcionamiento del PPS	Funciones básicas del PPS Revisión y verificación de los documentos Revisión y verificación del sitio
Instalación	Planificación Instalación de los componentes del hardware Topologías de la red Instalación de Software y datos de configuración
Funcionamiento	Procedimientos de evaluación de alarmas Procedimiento de respuesta a incidente Desarrollo y mantenimiento de la documentación

Referencias adicionales para el examen de PPS

Asociación Americana de Trabajos del Agua. (2004). *Guía provisoria de seguridad voluntaria para los servicios canalizados de agua.* Denver, CO.

Broder, James, CPP. (2006). *Risk Analysis and the Security Survey, 3rd ed. (Análisis de riesgo y encuesta de seguridad, 3a. edición)* Butterworth-Heinemann, Burlington, MA.

Fennelly, Lawrence J. (1997). *Effective Physical Security, 3rd ed. (Seguridad física efectiva, 3a. edición)* Butterworth-Heinemann, Burlington, MA.

Fischer, Robert J. y Green, Gion. (2003). *Introduction to Security, 7th ed. (Introducción a la seguridad, 7a. edición)* Butterworth-Heinemann, Burlington, MA.

García, Mary Lynne. (2001). *Design and Evaluation of Physical Protecftion Systems (Diseño y evaluación de los sistemas de protección física).* Butterworth-Heinemann, Burlington, MA.

Patterson, David G. (2004). *Implementación de Sistemas de protección física: Guía práctica.* ASIS International, Alexandria, VA.

U.S. Department of the Army (Departamento del Ejército de los Estados Unidos). (2001). *Physical Security (Seguridad física) FM 3-19.30* (extracto). Disponible en ASIS International, Alexandria, VA.

Capítulo 8: Preguntas de práctica

Las siguientes preguntas fueron tomadas del material cubierto en este capítulo. No se pretende que incluyan todo el material de este capítulo, ni que representen preguntas verdaderas del examen de certificación.

Sin embargo, estas preguntas pretenden ayudarle en la revisión de información importante relacionada con la instalación y funcionamiento del PPS. Se le anima a consultar los recursos adicionales que se encuentran al final de este capítulo para prepararse a fondo para el examen de certificación ASIS.

Pregunta 1. El contratista instala todos los nuevos componentes, subsistemas y sistemas de acuerdo con los requerimientos del fabricante y en conformidad con todos los estándares aplicables. Al mismo tiempo, el cliente y el contratista preparan la siguiente documentación:
a) Inspecciones, pruebas y documentación de todo el equipo de protección física existente así como los cables de señal que se incorporarán al nuevo sistema.
b) Manuales y documentación del funcionamiento, mantenimiento y resolución de problemas del sistema.
c) Procedimientos de respuesta que describan qué acciones debe tomar la fuerza de respuesta cuando se presenten incidentes.
d) Procedimientos de evaluación de alarmas que proporcionen a los operadores del sistema instrucciones de cómo evaluar las distintas condiciones de las alarmas y cómo proporcionar asistencia.

Pregunta 2. Un cliente debe evaluar muchas cosas al seleccionar un contratista o integrados de sistema para instalar el sistema de protección física. ¿Cuál de las siguientes es la más importante?
a) El integrador posee una certificación de PSP.
b) El integrador posee experiencia con la marca del sistema que usted está instalando.
c) El integrador posee un grado académico.
d) El integrador fue aprobado por la AHJ.

Pregunta 3. En el evento de un fallo en el suministro de electricidad, las cerraduras electrificadas pueden fallar en dos diferentes condiciones: Estas condiciones son:
a) Se abrirá automáticamente (Fail Safe) y permanecerá cerrada (Fail Secure).
b) Se abrirá automáticamente (Fail Open) y permanecerá cerrada (Fail Closed)
c) Permanecerá afuera (Fail Outside) y permanecerá adentro (Fail Inside)
d) Egresará (Fail Egress) e Ingresará (Fail Ingress)

Pregunta 4. Conectar los componentes como si hubiera una sola línea a la que todos los componentes estén conectados se refiera a:
a) Configuración en anillo
b) Configuración en estrella
c) Configuración en bus
d) Configuración en árbol

Pregunta 5. El circuito que inicia una alarma en respuesta a la apertura, cierre, cortocircuito o puesta a tierra de los conductores se refiere a:
a) Administración del cable
b) Evaluación del circuito
c) Supervisión del cable
d) Resistencia al final del cable

Pregunta 6. Un bucle de tierra es:
  a) Una corriente a través de un conductor, creada por una diferencia en la potencia entre dos puntos a tierra.
  b) Cuando dos o más edificios poseen una conexión de energía en una configuración de bucle.
  c) Cuando los edificios están conectados por medio de un cable de fibra óptica.
  d) Cuando los conductores son instalados en tierra.

Pregunta 7. ¿Cuál de los siguientes **no** es un ejemplo de los procedimientos de evaluación de alarmas?
  a) Los sistemas de control de acceso deben alarmar si una persona no autorizada ingresa a la instalación detrás de una persona por medio de una puerta o molinete.
  b) Los sistemas de detección de intrusos deben alarmar si un intruso abre una puerta o ventana en el horario equivocado o sin presentar una tarjeta de identificación o código válido.
  c) Debe desarrollarse un procedimiento para cada tipo de alarma que se genera y cada tipo de situación que pueda encontrar el oficial que responde.
  d) Para cada punto de alarma, los oficiales de seguridad utilizan procedimientos detallados del funcionamiento que describen las acciones a tomar para evaluar alarmas.

Pregunta 8. ¿Cuál de las siguientes acciones **no** es correcta con respecto a la reducción de interferencia de alarmas?
  a) Conducir inspecciones frecuentes de todos los componentes y reemplazar los componentes defectuosos.
  b) Examinar el programa de limpieza para asegurarse de que se realice la limpieza únicamente durante el día.
  c) Proporcionar señalización como "Mantenga las puertas cerradas" en las áreas problema.
  d) Corregir los problemas al ajustar el horario de patrullaje de los guardias para que sea más probable que intervengan cuando los empleados pasen por las puertas y las dejen abiertas.

Pregunta 9. Su asesor legal debe revisar periódicamente sus procedimientos de respuesta de incidentes. La revisión legal debe asegurar que los procedimientos incluyan todas menos una de las siguientes acciones:
  a) Reflejar las mejores prácticas reconocidas de la industria demostrando ejercicio del debido cuidado.
  b) Cumplir con los procedimientos y políticas generales de la empresa.
  c) Estar de conformidad con el Código Eléctrico Nacional
  d) Proteger al personal contra demandas.

Pregunta 10. Varias pruebas de funcionamiento deben llevarse a cabo periódicamente por el personal de seguridad después de la implementación del PPS. ¿Cuáles de las siguientes pruebas puede requerir un equipo de prueba especial?
  a) Evaluaciones de seguridad.
  b) Pruebas de los subsistemas.
  c) Pruebas de desempeño.
  d) Pruebas de estrés.

Respuestas a las preguntas del capítulo 8

1. a) Inspecciones, pruebas y documentación de todo el equipo de protección física existente, así como los cables de señal que se incorporarán al nuevo sistema.

2. d) El integrador fue aprobado por la AHJ.

3. a) Se abrirá automáticamente (Fail Safe) y permanecerá cerrada (Fail Secure).

4. c) Configuración en bus.

5. c) Supervisión del cable.

6. a) Una corriente a través de un conductor, creada por una diferencia en la potencia entre dos puntos a tierra.

7. c) Debe desarrollarse un procedimiento para cada tipo de alarma que se genera y cada tipo de situación que pueda encontrar el oficial que responde.

8. b) Examinar el programa de limpieza para asegurarse de que se realice la limpieza únicamente durante el día.

9. c) Estar de conformidad con el Código Eléctrico Nacional.

10. c) Pruebas de desempeño.

Notas

Notas